국민참여재판론

김형국 · 정선희 · 조수진 공저

法 文 社

머리말

사법의 민주적 정당성과 신뢰를 높이기 위하여 형사재판에 일반 국민의 참여를 보장하는 국민참여재판제도가 시행되고 8년이 흘렀습니다. 그동안 1,400건이 넘는 국민참여재판이 열렸고 적지 않은 일반 국민들이 국가형벌권의 행사절차인 형사재판절차에 관여하였습니다. 국가형벌권은 국가의 권력 중 가장 강력한 권한으로 사형, 자유형, 재산형을 통하여 국민들의 생명, 자유, 재산을 제한할 수 있으므로 국민들의 이해와 지지가 가장 중요한 분야입니다.

선진국에서는 그 형태에 있어서 차이가 있으나 일반국민들이 사법절차에 관여할 수 있는 제도를 마련해 왔고, 현대 민주주의의 발전에 따라 많은 나라들이 새롭게 국민의 사법참여제도를 도입하고 있습니다. 우리나라도 세계적인 추세에 따라 국민참여재판제도가 도입되어 일반국민이 사법절차에 관여할 수 있는 방법을 갖춘 나라가 되었습니다.

국민참여재판은 일반국민들이 배심원으로 참여하는 형사재판이어서 법원은 재판을 시작하기 전에 일반국민들에게 형사소송의 일반 원칙을 설명합니다. 근대 형법 이후 발전된 형사소송의 일반원칙은 피고인이 공정한 재판을 받을 수 있도록 형성된 것이고, 이러한 원칙이 다시 조명받는 것은 형사소송제도의 발전에 매우 바람직한 것입니다.

하지만 적지 않은 수의 국민참여재판이 열렸음에도 아직 국민참여재판을 경험해 본 법률가의 수는 적은 편이고, 국민참여재판이라는 새로운 제도에 대하여 체계적인 연구도 부족한 상황입니다.

본서는 서울서부지방법원에서 일하는 국선전담변호사 3명이 국민참여재판을 수행하면서 얻은 경험과 연구를 토대로 각자 주제를 분담하여 저술한 책입니다.

국민참여재판을 규율하고 있는 법령을 가능한 모두 소개하면서 국민참여재판의 진행순서에 따라 논의되고 있는 쟁점을 소개하고 이론을 정리하였습니다. 저자들은 본서를 통하여 국민참여재판을 경험해 보지 않은 법률가라고 하더라도 국민참여재판의 경험과 지식을 얻을 수 있기를 바라면서 저술하였습니다.

제 1편 제 1장 서론에서는 국민참여재판의 의의와 이상 및 외국의 제도를 소개하였고, 국민참여재판을 준비하는 과정으로 제 2 장 국민참여재판의 대상사건 및 신청절차, 제 3 장 준비절차를 해설하였습니다. 제 4 장에서는 국민참여재판이 열리기 전에 진행되는 배심원선정절차를 다루었고, 제 5 장에서는 국민참여재판의 공판절차를 다루었습니다. 제 1 장 서론 및 제 4 장은 김형국 변호사가, 제 2 장 및 제 3 장은 정선희 변호사가, 제 5 장은 조수진 변호사가 저술하였습니다. 제 2 편에서는 제1편에서 정리한 논의가 재판에 적용된 사례를 변호인의 입장에서 소개하였습니다.

우리나라의 국민참여재판은 아직 발전과정에 있는 제도로 완벽한 제도가 아닙니다. 많은 바람직한 성과에도 불구하고 아직 더욱 발전하고 정비되어야 할 부분이 많은 제도입니다. 한 예로 사법에 대한 신뢰부족은 우리 사회에서 '유전무죄 무전유죄'라는 말로 표현되고 있습니다. 현행 국민참여재판제도는 가난한 사람이라도 국민참여재판을 신청함으로써 공정한 재판에 대한 신뢰를 강화할 수 있는 반면, 대규모 환경재해나 뇌물사건과 같이 국민들에게 중대한 영향을 미치는 사건은 피고인이 국민참여재판을 원하지 않으면 일반 국민들은 그 사건에 배심원으로 참여할 기회가 없습니다. 즉 현행 국민참여재판제도는 '무전유죄'라는 사법불신을 해소하는데 매우 효과적인 제도이나 '유전무죄'라는 사법불신에 대하여는 무력한 제도입니다. 이러한 문제점을 수정하기 위한 노력은 계속되어야 하며 저자들은 본서가 국민참여재판제도의 발전에 조금이라도 기여할 수 있기를 바랍니다. 앞으로 우리나라의 국민참여재판은 세계에 자랑할 수 있는 우수한 제도가 될 수 있을 것입니다.

본서의 서문에서 가장 먼저 감사를 표시하고 싶은 분은 많은 반대에도 불구하고 어렵게 국민참여재판의 도입을 이루어 낸 선배 법률가들과 교수님들입니다. 이

분들로 인하여 우리나라의 형사재판 제도는 이전과는 매우 다른 도약이 가능하였습니다. 김형국변호사는 조언과 자문을 아끼지 않아 준 연세대학교 한상훈교수님과 잦은 질문에도 성실히 답해준 조원상변호사, 김연희변호사에게 감사를 표합니다. 정선희변호사는 참여재판을 같이 해 달라고 할 때마다 흔쾌히 도와주었던 정병록변호사님, 많은 질문에도 성실하게 답변해 주었던 남편 조희태변호사, 밤에 잠을 잘 자는 것으로 글 쓰는 엄마를 도와주었던 사랑하는 딸 조윤진 양과 가족들에게 감사를 표합니다. 조수진변호사는 사랑하는 가족들에게 감사와 사랑의 마음을 전합니다. 바쁜 업무 중에도 자료의 정리를 도운 사무직원 문수진 양에게도 감사를 표합니다.

끝으로 본서를 출간하도록 허락해주신 법문사 사장님과 편집부 최문용차장, 영업부 유진걸씨에게도 감사의 마음을 표합니다.

2016. 4. 6.

저자 들

차 례

제 1 편

국민참여재판론

제 2 편

국민참여재판사건 진행사례

제 1 편

국민참여재판론

제1장 서론
제2장 대상사건 및 신청절차
제3장 준비절차
제4장 배심원선정절차
제5장 공판절차

제1장 서 론

제1절 국민참여재판의 의의와 성격

Ⅰ. 국민참여재판의 의의

1. 국민참여재판의 개념

국민참여재판이란 직업법관이 아닌 일반국민이 형사재판과정에 참여하는 재판을 의미한다.

직업법관이 아닌 일반국민이란 직업에 따른 구분으로 직업상 형사재판에 참여할 것으로 예정되어 있는 법관은 물론이고 검사 및 변호사를 제외하며, 대통령이나 국회의원 및 지방의회의원, 국가기관의 정무직 공무원과 동원된 향토예비군 등을 제외한 일반국민을 말한다. 국민을 형사재판에 참여하는 제도를 둔 이유는 국민이 직접 형사재판에 참여함으로써 사법의 민주적 정당성과 신뢰를 높이기 위한 것이므로 참여할 국민은 일반 국민의 평균적인 정서와 상식을 구비한 국민이어야 한다. 이를 위해서 국민참여재판이 도입되기 전부터 사법절차에 참여해 온 직업군과 정치적 성향이 명백하거나 정치적 중립의무가 있어 특정 사건에 대하여 자신의 의견을 제시할 수 없는 직업군을 배제한 것이다.

형사재판과정이란 형법을 적용하고 실현하는 절차로서 범죄가 성립하는지 여부를 결정하고, 범죄가 성립한다면 그에 대한 법률효과로서 형벌과 보안처분을 정하는 일련의 절차, 즉 국가형벌권의 실현절차이다. 위에서 말한 형법이란 일반 형법 외에 범죄의 구성요건과 형벌 등을 규정하고 있는 특별법을 포함하는 개념으로 대표적으로 폭력행위등처벌에관한법률, 특정범죄가중처벌등에관한법률, 성폭력

범죄의처벌등에관한법률 등이 있다. 보안처분을 규정하고 있는 법률로는 대표적으로 보호관찰등에관한법률, 아동청소년의성보호에관한법률 등이 있다.

형사재판과정에 참여한다는 것은 심판의 주체로서 참여하는 것을 의미한다. 공소를 제기하는 검사의 입장이나 변호활동을 하는 변호인의 입장이 아니며, 증인이나 방청객이 아니라 제출된 증거를 통하여 범죄의 유무를 직접 판단하고 범죄가 인정될 경우 그 범죄에 대한 형벌을 정하는 것, 즉 심판을 하는 입장에서 재판에 참여하는 것이다. 형사재판과정에 참여한 사람들은 비록 법관이 맡게 되는 재판장과 같이 소송지휘권이 인정되지 않지만 그 사건의 실체에 대하여 법관과 유사한 위치에서 재판에 참여하게 된다.

우리나라에서 국민이 사법절차에 관여하는 것은 선거권의 행사를 통하여 선출된 대통령이나 국회의원을 통한 간접적인 방법으로만 허용되어 왔고, 사법절차에 국민이 직접 관여할 수 있는 수단은 오랫동안 존재하지 않았다. 사법절차는 법률에 대한 전문적 지식이 필요하다는 점이나 분쟁의 최종해결이라는 중대한 결과를 초래한다는 점에서 전문가인 직업법관이 수행하여야 하는 것이고 국민이 직접 관여하는 것은 적절하지 않는 것으로 여겨져 왔다.

하지만 여러 선진국에서는 그 방식에 있어서 차이가 있더라도 어떤 형태로든 국민이 사법절차에 관여할 수 있는 방법을 마련하여 왔고, 현대 민주국가에 이르러 국민이 사법절차에 직접 관여할 수 있도록 하는 것은 실질적 국민주권주의를 실현하는 중요한 민주주의 요소로 여겨진다.[1]

우리나라에서도 2008. 1. 1.부터 『국민의 형사재판 참여에 관한 법률』[2]이 시행되면서 국민이 형사재판이라는 사법절차에 직접 관여할 수 있는 방법으로 국민참여재판이 마련되었다.

---

1) 배심제는 사법과정의 민주성을 확보한다는 견해로 권영성, "헌법학원론", 법문사, 2009, 850면. 실질적 국민주권과 현대적 대표제에 대하여는 헌법재판소 1989.9.8.결정 88헌가6, 정회철, "기본강의헌법", 도서출판 여산, 2007, 107면.

2) 국민의 형사재판 참여에 관한 법률은 2007.4.30. 제정되었고, 2007. 6. 1. 법률 제8495호로 공포되었으며, 2008.1.1.부터 시행된 후 2010.4.15.개정되어 당일 시행되었고, 2012.1.17. 두 번째로 개정되어 일부는 당일 시행되고 일부는 2012. 7. 1.부터 시행되었다. 이후 2013. 3. 23. 법률 제11690호로 개정되었고, 2014. 11. 19. 법률 제12844호로 개정되어 공포한 날부터 시행되었다. 이후 2016. 1. 19. 법률 제13762호로 개정되어 공포한 날부터 시행되었다.

2. 형사절차법정주의와 국민참여재판

형사재판과정은 국가형벌권을 실현하는 절차로 국가형벌권은 사형의 경우 국민의 생명, 징역형의 경우 국민의 자유, 벌금형의 경우 국민의 재산과 같이 국민의 기본적 인권에 대한 제한 내지 박탈을 그 수단으로 하는 국가권력이다. 따라서 비록 형법이 보호하고자 하는 가치를 위해서 부득이 가하는 기능일지라도 여러 국가권력 중 가장 강력하게 국민의 인권을 제한 내지 박탈하는 기능을 한다. 따라서 형사재판과정에서는 형법이 보호하는 가치와 침해하는 인권사이에 적절한 균형이 필요하며 이를 위하여 미리 형사재판과정을 법률에 의하여 규정할 것이 어느 분야보다 강하게 요구된다. 이를 '형사절차법정주의'라고 한다.[3]

헌법 제12조 제1항은 「누구든지 법률에 의하지 아니하고는 체포 구속 압수 수색 또는 심문을 받지 아니하며, 법률과 적법한 절차에 의하지 아니하고는 처벌 보안처분 또는 강제노역을 받지 아니한다」라고 규정하고 있는바 이는 죄형법정주의 뿐만 아니라 형사절차법정주의를 규정하고 있는 것으로 해석되고, 이를 구체화하는 대표적인 법률이 형사소송법이다.

국민참여재판을 규정하고 있는 법은 『국민의 형사재판 참여에 관한 법률』인데 위 법 또한 형사재판에 관한 절차를 규정하고 있는 법으로 형사절차법정주의를 구체화하고 있는 법률에 포함된다.

Ⅱ. 국민참여재판의 법원과 적용범위

1. 국민참여재판의 법원

국민참여재판이 국가형벌권을 실현하는 형사재판인 이상 그 절차는 헌법이 위임한 바에 따라 법률에 의하여 규정되어야 하고, 국민참여재판을 규정하고 있는 법률은 『국민의 형사재판 참여에 관한 법률』이다.

위 법률은 국민이 형사재판에 참여하는 제도를 시행함에 있어서 참여에 따른

---

3) 이재상, "신형사소송법", 박영사, 2010, 제4면.

권한과 책임을 명확히 하고, 재판절차의 특례와 그 밖에 필요한 사항에 관하여 규정함을 목적으로 하므로 형사법, 공법, 절차법의 성격을 갖는다.

위 법률은 기술적으로는 재판절차의 특례와 그 밖에 필요한 사항을 규정하기 위한 법으로서 위 법률에 특별한 규정이 없는 경우에는 법원조직법, 형사소송법 등 다른 법령을 적용한다.[4] 따라서 형사재판절차 일반을 규정하고 있는 형사소송법에 대하여 『국민의 형사재판 참여에 관한 법률』은 특별법의 성격을 갖는다.

국민참여재판에 관한 대법원규칙으로 『국민의 형사재판 참여에 관한 규칙』이 있다. 우리 헌법 제108조는 「대법원은 법률에 저촉되지 아니하는 범위 안에서 소송에 관한 절차, 법원의 내부 규율과 사무처리에 관한 규칙을 제정할 수 있다」고 규정하고 있으므로 위 헌법 규정에 근거하여 제정된 대법원규칙도 국민참여재판의 법원이 된다. 다만 대법원규칙의 내용은 법률에 저촉되지 아니하여야 하고 소송당사자의 권리의무에 직접 영향을 미치는 사항이 아닌 기술적인 사항에 한정되어야 한다.[5]

형사재판절차에 관한 다른 대법원규칙도 위 『국민의 형사재판 참여에 관한 규칙』에 규정이 없는 경우 법원이 될 수 있다. 대표적으로 『형사소송규칙』이 있다.

2. 국민참여재판의 적용범위

(1) 장소적 적용범위

국민참여재판은 대한민국의 법원에서 심판되는 사건에 대하여 적용된다. 대한민국의 영역 외에 영사재판권이 미치는 지역에서는 형사소송법이 적용되지만 일반 국민이 배심원으로 참가하는 것이 사실상 불가능하므로 국민참여재판이 적용된다고 보기 어렵다. 일반 국민이 배심원으로 재판에 참여하는 배심재판제도의 전통을 오랫동안 가지고 있는 영국에서도 본국에서 멀리 떨어진 식민지의 해사법원(admiralty courts)에서 재판을 하는 경우에는 배심재판의 예외를 인정하여 왔다.[6]

---

4) 국민의 형사재판 참여에 관한 법률 제4조(다른 법령과의 관계).
5) 이재상, 신형사소송법, 박영사, 2010, 제8면.
6) 닐 비드마르 엮음, 김상준·김형두·이동근·이효진 옮김, "세계의 배심제도", 나남, 2007, 167면.

(2) 인적 적용범위

국민참여재판은 대한민국 영역 내에 있는 모든 사람이 누릴 수 있다. 『국민의 형사재판 참여에 관한 법률』 제3조 제1항은 「누구든지 이 법으로 정하는 바에 따라 국민참여재판을 받을 권리를 가진다」라고 규정하고 있어, 피고인의 국적·주거·범죄지에 무관하게 국민참여재판을 받을 수 있다. 따라서 외국인도 불법체류여부와 무관하게 국민참여재판을 받을 수 있다.[7)]

(3) 물적 적용범위

『국민의 형사재판 참여에 관한 법률』 제5조 제1항은 국민참여재판 대상사건으로 「법원조직법 제32조 제1항(제2호 및 제5호는 제외한다)에 따른 합의부 관할 사건」을 규정하고 있고, 『법원조직법』 제32조 제1항은 「지방법원과 그 지원의 합의부는 다음의 사건을 제1심으로 심판한다」라고 규정하고 있다. 따라서 국민참여재판은 제1심사건으로 합의부의 관할에 해당하는 사건에 한하여 받을 수 있다. 대표적으로 법정형이 사형, 무기 또는 단기 1년이상의 징역 또는 금고에 해당하는 사건이 규정되어 있다.[8)]

『법원조직법』 제32조 제1항 제1호에는 「합의부에서 심판할 것으로 합의부가 결정한 사건」이 규정되어 있는데 단독재판부에 배정된 사건이라 할지라도 검사 또는 변호인의 신청이나 법원의 직권에 의하여 합의부에서 심판할 것으로 합의부가 결정하였다면 기소된 범죄의 법정형이 경미하더라도 국민참여재판의 대상사건이 된다.[9)]

---

7) 김형국 변호사가 수행한 서울서부지방법원 2008고합253 사건은 최초로 외국인인 피고인이 신청한 국민참여재판이었다. 외국인이 신청한 국민참여재판 중 부산지방법원에서 열린 소말리아 해적 사건이 국민의 관심을 끌었다. 위 사건은 일부 피고인이 국민참여재판을 신청하였고 5일에 걸쳐 재판이 계속되었다. 부산지방법원, 소말리아해적재판백서, 2011. 참조.

8) 법원조직법 제32조 제1항 제3호 다만 위 법정형에 해당하는 사건이라도 같은 호에 열거된 제외사건에 해당할 경우 합의부 관할 사건이 아니다. 사안이 간단하고 사회적으로 빈번하게 발생하는 사건으로 상습절도, 병역법위반, 부정수표단속법위반 등이 규정되어 있다.

9) 형사단독재판부에서 재판을 받는 불구속피고인의 경우 사안이 경미한 탓인지 적극적으로 무죄를 주장하는 경우가 많다. 반면 형사 합의부에서 재판을 받는 피고인의 경우 자백하는 경우가 많다. 국민참여재판은 피고인이 무죄를 주장할 경우 적극적으로 고려될 필요가 있다.

(4) 시간적 적용범위

국민참여재판은 『국민의 형사재판 참여에 관한 법률』에 따른 것이므로 위 법률의 시행시부터 폐지시까지 효력을 갖는다. 국민참여재판은 헌법상 보장된 권리가 아니라 헌법의 위임에 의하여 법률로 창설된 것으로 법률의 개폐에 의하여 그 존속이 좌우된다. 위 법률은 절차법인 성격을 가지므로 법률의 변경이 있는 경우에는 재판시법이 적용된다. 다만 형사소송법 부칙의 규정에 따라 구법에 의하여 행한 소송행위의 효력에는 영향이 없다.[10)]

Ⅲ. 국민참여재판의 이상과 방법

1. 국민참여재판의 이상

국민참여재판도 형사재판인 이상 형사재판에서 일반적으로 추구하는 이상과 같은 이상을 추구하여야 한다. 통상 형사재판에서 실현하여야 할 이상으로는 실체진실주의, 적정절차 및 신속한 재판의 원칙을 들고 있다. 실체진실주의란 사건의 진상을 파악하여 판결의 실질적 정당성을 확보하여야 한다는 원칙을 말하고, 적정절차 및 신속한 재판의 원칙은 헌법정신을 구현한 공정한 절차에 의하여 신속한 재판을 받을 권리가 보장되어야 한다는 원칙을 말한다. 실체진실주의와 적정절차 및 신속한 재판의 원칙은 한쪽을 강조할 경우 다른 한쪽이 위축되는 긴장관계에 있으므로 모든 원칙이 조화를 이루도록 실체진실의 발견은 적정한 절차에 의하여 신속하게 이루어져야 한다.

그런데 실체진실발견이나 적정절차 및 신속한 재판의 원칙이 달성하고자 하는 것은 모두 국가형벌권의 적정한 행사로 귀결될 수 있다. 국가형벌권의 행사에 필요한 범위에서 실제진실을 발견하는 것이 필요한 것이며 어떤 사건에 대하여 모든 실체진실이 발견될 것을 요구하지 않는다. 적정절차 및 신속한 재판의 원칙 또한 국가형벌권의 적정한 행사와 관련된 절차의 적정성과 신속성이 요구되는 것이다.

---

10) 국민의 형사재판 참여에 관한 법률 제4조, 형사소송법 부칙 제2조.

국가형벌권의 적정한 행사에 있어서 현대민주국가는 위에서 살펴본 전통적인 이상에 추가하여 새롭게 중요한 이상을 제시하고 있다. 그것은 사법의 민주적 정당성과 신뢰제고이다.

사법의 민주적 정당성이란 가장 강력한 국가권력인 국가형벌권의 행사에 국민의 의사가 직접적으로 반영될 수 있도록 하는 것이며, 사법에 대한 신뢰제고는 민주적 정당성의 강화를 통하여 사법절차가 국민의 의사에 따라 정당하게 이루어지고 있다는 믿음을 얻는 것이다.

국가형벌권도 국민으로부터 나오는 권력이며, 국민들 스스로 가장 강력한 권력행사에 참여할 기회를 갖는 것은 국민들의 인식수준이 높아지고 민주주의가 발전하는 현대국가에서 당연한 요청이다. 이러한 이상은 일반 국민들이 형사재판과정에서 직접 참여함으로써 가장 효과적으로 이루어질 수 있다. 특히 일반국민들이 형사재판에 참여하는 과정에서는 민주적 정당성이 최대한 보장될 수 있도록 제도를 구성하고 운영하여야 한다.

2. 민주적 정당성과 신뢰제고를 위한 방법

(1) 배심원 자격 법정주의

배심원이란『국민의 형사재판 참여에 관한 법률』에 따라 형사재판에 참여하도록 선정된 사람을 말한다.[11] 국민참여재판이 사법의 민주적 정당성에 기여하기 위하여는 국민참여재판에 참여하는 배심원이 일반국민들의 상식을 대변할 수 있는 사람들로 구성되어야 한다. 이를 위하여『국민의 형사재판 참여에 관한 법률』은 배심원의 자격에 대하여 법률이 정하는 바에 따라 선정되도록 규정하고 있다.[12] 법률에는 미리 배심원이 될 수 없는 사유로 결격사유 및 직업에 따른 제외사유를 규정하고 있다.

(2) 배심원후보예정자명부의 작성 및 후보자의 결정방식

배심원후보예정자명부는 지방법원장이 행정자치부장관에게 매년 그 관할 구역

---

11) 국민의 형사재판 참여에 관한 법률 제2조 제1항.
12) 국민의 형사재판 참여에 관한 법률 제16조.

내에 거주하는 만 20세 이상 국민의 주민등록정보에서 일정한 수의 배심원후보예정자의 성명, 생년월일, 주소 및 성별에 관한 주민등록정보를 추출하여 전자파일의 형태로 송부하여 줄 것을 요청하여 만들어 진다.[13)]

위 주민등록정보는 무작위로 추출되어야 하고, 배심원후보예정자의 성별 및 생년월일은 주민등록번호의 기재로 갈음할 수 있다.[14)]

배심원후보예정자명부는 그 명부에 있는 사람 중에 배심원이 선정되므로 법관과 유사한 역할을 하는 사람을 선정하는 중요한 명부이다. 따라서 그 명부는 일반 국민을 대표할 수 있도록 무작위방식으로 추출되어야 한다. 추출방식은 매우 중요한 사항임에도 법률에 규정되지 않고 대법원규칙에 규정된 것은 아쉬운 일이다. 하지만 대법원규칙도 국민참여재판의 법원에 해당하므로 엄격히 준수되어야 할 것이다.

배심원후보예정자명부로부터 배심원후보자를 정하는 방식도 무작위 추출방식에 의한다.[15)]

(3) 배심원선정방식

배심원선정절차에서 검사 및 변호인은 배심원후보자에 대하여 기피신청을 할 수 있을 뿐 특정한 배심원을 선정되도록 할 수 없다. 즉 검사 및 변호인은 자신에게 유리하게 보이는 배심원을 선택할 수 있는 것이 아니라 각자 자신의 입장에서 불리한 성향을 가졌다고 보이는 배심원을 배제할 수 있을 뿐이다. 이를 '경쟁적 배제방식'이라고 한다. 불리한 성향을 가진 배심원후보자에 대하여 기피신청을 하게 되므로 검사 및 변호인에게 유리한 극단적인 성향을 보이는 사람은 배제되고 평균적인 성향을 가진 사람이 배심원으로 남게 된다. 이러한 방식을 통하여 배심원단의 판단기준을 최대한 국민일반의 판단기준에 근접시키는 것이다.

---

13) 국민의형사재판참여에관한법률 제22조 제1항.
14) 국민의 형사재판 참여에 관한 규칙 제12조.
15) 국민의 형사재판 참여에 관한 법률 제22조.

(4) 배심원 평의 및 평결방식

배심원의 평의는 유무죄에 대하여 판사가 관여하지 않고 배심원들만이 모여 평의한다. 배심원 전원의 의견이 일치되면 그에 따라 평결하고, 전원의 의견이 일치하지 않으면 판사의 의견을 들은 후 다수결의 방법으로 평결한다.[16] 배심원 전원의 의견이 일치되지 않아 판사가 의견을 제시할 경우에도 유무죄에 관한 의견을 진술하여서는 아니 된다.[17]

판사의 관여를 배제한 것은 일반 국민들의 의사가 판사에 의하여 왜곡되지 않도록 하기 위한 것이며, 배심원 각자의 의견이 아니라 배심원 전원의 만장일치를 요구하는 것도 토론을 통하여 일반 국민들의 의사가 모일 수 있도록 하기 위함이다.

평결이 유죄인 경우에는 배심원은 심리에 관여한 판사와 함께 양형에 관하여 토의하고 그에 관한 의견을 개진한다.[18] 양형에 대한 의견제시의 방법에 대하여는 특별한 규정이 없으나 무죄의견을 낸 배심원도 의견제시에서 제외되어서는 안되며, 일반 국민들의 의사가 모일 수 있도록 배심원 각자의 의견을 집계하는 방식이 아닌 배심원들의 토론을 통하여 집단적 의사표현이 도출되는 방식이 이루어져야 한다.[19]

(5) 판결서의 기재사항

법원이 배심원의 평결결과와 다른 판결을 선고하는 때에는 판결서에 그 이유를 기재하여야 한다.[20] 엄격한 선정절차를 거쳐 형사재판에 참여한 배심원들이 내린 평결과 다른 판결을 법원이 선고할 경우 그 이유를 기재하도록 한 것으로 특히 일반국민들인 배심원들과 다른 심증을 형성하게 된 이유가 기재되어야 한다. 일반 형사재판의 판결문에는 통상 자유심증주의에 따라 심증을 형성하게 된 이유를 기재하지 않는데 일반 국민들의 상식을 대표하는 배심원들의 평결과 다른 판

16) 국민의 형사재판 참여에 관한 법률 제46조 제2호, 제3호.
17) 국민의 형사재판 참여에 관한 규칙 제41조 제5호.
18) 국민의 형사재판 참여에 관한 법률 제46조 제4호.
19) 배심원들의 양형에 대한 의견제시에 대하여도 국민일반의 상식에 부합하기 위하여 집단적 의견이 제시되도록 법률에 명문의 규정을 둘 필요가 있다.
20) 국민의 형사재판 참여에 관한 법률 제49조 제2항.

결을 하는 경우 이를 밝혀 항소이유로 삼을 수 있도록 하기 위함이다. 이유를 기재하는 것은 민주적 정당성의 제고에 매우 중요한 수단이므로 판결서에 기재할 재판부가 배심원단과 다른 심증을 형성한 이유의 내용과 방법에 대하여 법률이나 대법원규칙에 명문의 규정을 두는 것이 바람직하다.

››› 제2절 국민참여재판의 역사 ‹‹‹

Ⅰ. 국민참여재판의 형태

1. 국민이 사법절차에 참여하는 형태

(1) 배심제

배심제란 배심원으로 일반국민을 선정하고, 배심원으로 선정된 일반 국민들은 재판에 참석하여 증거를 살펴본 후 직업법관과 독립하여 배심원들 사이의 토론과 협의를 통하여 참석한 재판에 대하여 판단을 하며, 배심원들의 판단은 원칙적으로 만장일치에 이르러야 하고 배심원의 판단은 법관을 기속하는 제도를 말한다.

배심제는 오랜 역사를 가지고 있는 재판형태로 그 기원에 대하여 1215년의 권리장전(Magna Carta)으로 보는 견해부터 그보다 더 거슬러 올라가 노르만족이 앵글로색슨족을 지배하면서 앵글로색슨족의 원로들을 모아 그 지역의 관습에 따른 재판을 하도록 한 것에서 유래하였다고 보는 견해도 있다.

근대적 의미의 배심제는 영국에서 18세기경 확립되었고, 이후 미국에서 헌법적 권리로 보장되면서 널리 채용되었으며 현재 캐나다, 호주 등 주로 영미법계 국가들을 중심으로 50여개 국가에서 시행되고 있다.[21)]

(2) 참심제

참심제란 배심제의 배심원에 대응하는 참심원을 일반국민 중에서 선정하고, 참

---

21) 김재환, 국민참여재판, 베리북스, 2013, 5면.

심원으로 선정된 일반 국민들은 직업법관과 함께 재판부를 구성하여 직업법관과 함께 재판에 참석하여 증거를 살펴본 후 직업법관 및 참심원들이 토론과 협의를 통하여 판단을 하며, 원칙적으로 다수결에 의하여 판단하고, 참심원의 의견이 법관을 기속하지 않는 제도를 말한다.

배심제와 가장 큰 차이점은 사법절차에 관여하는 일반국민이 직업법관으로부터 독립하여 재판을 하는 것이 아니라 직업법관과 함께 재판을 한다는 것이다. 참심제는 13세기에 스웨덴이 도입하였다는 견해[22]가 있으나, 18세기 영국의 선진적인 제도였던 배심제가 대륙법계 국가에 도입되었다가 변형된 형태로 보는 것이 일반적이며, 현재 프랑스, 독일, 이태리, 노르웨이, 일본 등에서 시행하고 있다.

(3) 검토

통상 배심제와 참심제는 거울에 비친 양면과 같은 장단점을 갖는다. 배심제의 장점으로는 일반국민이 직업법관과 독립하여 재판에 참석하므로 사법의 민주적 정당성이 강화되고, 사법에 대한 신뢰가 더욱 고양되며, 일반국민의 상식에 부합하는 판단을 할 수 있다는 점을 든다. 반면 배심제의 단점으로는 일반국민의 판단능력이 의심스럽고, 일반국민들이 배심원으로서 소극적인 태도를 보이며, 시간과 비용이 참심제에 비하여 많이 든다는 점을 든다.

참심제의 장점으로는 사법의 민주적 정당성이 배심제보다는 적지만 강화되는 측면이 있고, 참심원들의 감시를 통하여 사법에 대한 신뢰가 고양되며, 배심제에 비하여 시간과 비용을 절약할 수 있고, 직업법관이 갖기 어려운 전문지식을 가진 일반시민이 참여할 수 있다는 점을 든다. 반면 참심제의 단점으로는 참심원으로 참여하는 일반국민의 판단능력이 의심스럽고, 일반국민들과 직업법관이 함께 토론할 경우 직업법관의 설득에 경도되어 자신의 의견을 제대로 밝힐 수 없으며, 참심원의 재판참여는 형식적인 것에 그쳐 재판에 대한 무관심을 가져올 수 있다는 점을 든다.

생각건대 위에서 언급한 배심제와 참심제의 장단점은 일반적인 추론에 불과할

---

22) 김재환, 국민참여재판, 베리북스, 2013. 6면.

뿐 배심제를 선택한 국가에서 실제로 오판이 많이 일어난다는 증거는 없으며, 참심제를 선택한 국가에서 참심원들이 항상 무관심에 빠져 있거나 직업법관의 설득에 경도된다고 보기도 어렵다. 어떤 제도이든 그 제도의 장점을 살리고 단점을 보완하는 노력이 필요하다.

다만 분명한 차이를 보이는 것은 사법의 민주적 정당성과 사법에 대한 신뢰고양의 효과는 배심제가 참심제보다 더 효과적이며, 시간과 비용의 절감에는 참심제가 배심제보다 더 효과적이다.

2. 우리나라 국민참여재판의 형태

우리나라의 국민참여재판은 원칙적으로 배심원들이 직업법관과 독립하여 배심원단을 구성하고, 배심원단이 직업법관으로 이루어진 재판부와 의견교환을 하지 않은 상태에서 독립하여 평의 및 평결을 한다는 점에서 배심제와 가깝다. 다만 배심원들이 한 평결이 설령 만장일치라고 하더라도 직업법관을 기속하지 못하고 다만 권고적 효력을 가지며, 배심원들이 만장일치에 이르지 못하여 결국 다수결에 의하여 평결을 할 경우에는 표결을 하기 전에 반드시 재판부의 의견을 들어야 하고, 유죄로 인정할 경우 양형에 대하여 재판부와 함께 토의를 하게 된다는 점에서 참심제의 요소가 적지 않다.

우리나라가 온전한 배심제나 참심제를 도입하기 어려운 것은 우리나라의 헌법규정과 밀접한 관련이 있다. 우리 헌법 제27조는 「모든 국민은 헌법과 법률이 정한 법관에 의하여 법률에 의한 재판을 받을 권리를 가진다」라고 규정하고 있다. 배심원의 판결에 기속력을 부여할 경우 배심원은 헌법과 법률이 정한 법관이라고 볼 수 없으므로 위 헌법규정과 상충되는 문제가 발생한다.

결국 우리나라의 국민참여재판은 배심제의 요소와 참심제의 요소가 혼합되어 있는 특수한 형태로, 국민이 사법절차에 관여하는 새로운 방식을 제시하고 있는 것으로 볼 수 있다.

Ⅱ. 외국의 입법례

1. 영국의 배심재판제도

(1) 영국의 배심재판

영국의 배심제도는 800년 또는 더 오래된 역사를 갖고 있으며, 많은 학자들은 배심제의 기원에 대하여 더 거슬러 올라간 시기를 언급하고 있다.[23] 일반적인 견해로 배심제도는 1066년 노르만족이 영국을 정복한 후 도입된 것으로 추정한다. 스칸디나비아에서 온 노르만족은 일정한 수의 지역주민들을 모아놓고 선서를 시킨 다음 분쟁해결을 위하여 그 지역의 사실관계를 증언하도록 하는 제도를 가지고 있었다. 이때 모인 일정한 수의 지역주민이 초창기의 배심원이다. 처음 배심원은 토지의 소유관계와 같이 지역사회의 실상을 알리는 정보제공자의 역할이었으나 점차적으로 민·형사분쟁의 심판관으로 기능이 변모하였고 1367년경에는 배심원 만장일치의 원칙이 확립되었다. 이후 영국에서 배심제는 거의 유일한 재판형식이었고 폭넓게 민사재판 및 형사재판에서 사용되었다. 형사재판에서 배심재판은 1215년 교황 이노센트 3세가 '불과 물의 심판(ordeal of fire and water)'이라고 불리는 신성재판에 대한 카톨릭 교회의 지지를 철회하자 확고하게 확립되었다. '불과 물의 심판'이란 재판을 받는 사람의 육체에 불과 물을 이용한 고통을 가하고 그것을 이겨내는 사람을 무죄로 하는 재판방법이다. 배심재판의 초기에 배심원단은 법률분쟁을 해결하기 위해서 배심원의 자격을 사건에 대한 지식이 있거나, 사건과 관련이 있는 사람들로 제한하였다. 배심원은 자유인으로 상당한 재산을 가지고 있어야 한다는 엘리트 배심(the elite jury)[24]이나 배심원은 사건의 실체를 파악하는데 특별한 지식이나 기술을 갖춘 사람들이어야 한다는 블루리본 배심(the blue ribbon jury)[25]이 유행하였는데 배심원은 사건에 대한 사전 지식이 없고

23) 닐 비드마르 엮음, 김상준·김형두·이동근·이효진 옮김, "세계의 배심제도", 나남, 2007, 103면~105면, 115면~116면.
24) Vidmar, Neil & Hans, Valerie P. "American Juries : the verdict". Prometheus Books. 2007. 66면.
25) Vidmar, Neil & Hans, Valerie P. "American Juries : the verdict". Prometheus Books. 2007. 68면.

사건당사자와 관련이 없어야 한다는 원칙은 18세기에 이르러 확립되었다. 배심재판의 초기에 배심원들은 유죄평결을 내리도록 강제되거나 지시에 따르지 않을 경우 고문이 가해지기도 하였다. 배심원은 유죄평결을 내릴 때까지 추운 감옥에서 음식을 받지 못한 채 갇혀 있어야 했고, 성실법원(the star chamber)은 배심원이 유죄평결을 내리지 않자 배심원의 토지와 재산을 몰수하였다. 1670년 부쉘(Bushall)사건은 배심재판의 획기적 전환점이 되었는데 위 사건의 배심원단 12명은 집회선동 혐의로 기소된 퀘이커교도 윌리엄 펜과 윌리엄 미드에 대해 유죄평결을 내리기를 거부하였다. 그로 인하여 배심원들은 2박 3일 동안 음식, 음료수, 불, 담배 혹은 변기도 없이 감금되었고, 그럼에도 배심원들이 유죄평결을 내리지 않자 법원은 배심원들에게 벌금을 선고하고 벌금을 납부할 때까지 징역형에 처했다. 부쉘을 포함한 배심원들은 벌금납부를 거부하였고 인신보호영장(writ of habeas corpus)에 근거해 징역형에 대하여 이의를 제기하였는데 영국 항소법원 수석재판장은 구금된 배심원들을 석방하면서 사실판단에 대한 유일한 주재자로서 배심원의 지위를 확립하는 기념비적 결정을 내렸다. 부셸사건에 대한 결정이 내려진 후 배심원은 사실판단에 관하여 재판장과 견해를 달리하더라도 처벌받지 않게 되었고, 양심에 따라 평결을 내릴 권리를 가지게 되었다. 이로 인하여 배심재판은 '자유가 살아 있음을 보여주는 등불' 또는 '자유의 보루'라는 찬사를 받았다.[26)]

영국의 배심제도는 프랑스 혁명을 통하여 프랑스에 입법되었고, 나폴레옹 전쟁을 통하여 유럽대륙으로 급속히 전파되었다. 하지만 이후 수정을 통하여 프랑스나 다른 대륙국가에서는 당초 도입된 배심제도와 다른 참심제도로 변화되었다.[27)]

20세기 영국에서 배심제도는 극렬한 논쟁의 대상이 되었는데, 역사적 뿌리가 깊은 제도로서 자유와 민주주의의 수호자이고, 국민대중의 상식적 견해를 재판에 반영하여 국가 권력의 남용을 견제하는 수단이라고 강력하게 옹호된 반면, 다른 한편에서는 배심제도는 공적 비용으로 직업적 범죄자에게 악용의 기회를 제공할 뿐인 낭비적이고 쓸모없는 시대착오적 제도라고 비판받았다. 20세기 후반 영국에서는 후자의 견해가 더 많은 지지를 받고 있어 민사배심은 거의 사라졌고, 형사

26) Lore Atkin은 배심재판을 자유의 보류이고 부자와 권력자에 대한 빈자의 방패라고 하였고, 영국의 정치가 Blackstone은 배심재판을 영국민의 자유를 위한 위대한 보루라고 하였다.

27) 대검찰청, '각국의 국민형사재판참여 제도 : 영국', 2005, 13면.

배심은 끊임없이 그 존재를 위협받고 있다.

20세기 후반 영국의 전체 형사사건 중 1% 내지 2%만이 배심재판절차에 의하여 진행된다. 영국에는 치안판사법원(magistrates' court)이 대부분의 형사사건을 담당하는데, 세 명의 일반인 치안판사(lay magistrate)로 구성된 재판부가 거의 모든 사건을 심리하고, 법률전문가인 유급치안판사(stipendiary magistrate)가 일부 사건의 심리를 담당한다. 대부분의 치안판사는 일반인 치안판사인데 이들은 법률전문가가 아니고, 급여도 받지 않는 명예직이다. 법률전문가가 아닌 일반인 판사에 의한 재판은 다른 나라에서는 보기 힘든 영국 형사사법제도의 독특한 특징이다.

영국에서 배심재판은 기소된 형사사건이 형사법원(crown court)의 관할에 속하는 사건이고, 피고인이 자백하지 않고 무죄를 주장하는 경우에만 열린다. 형사법원의 관할에 속하는지 여부는 범죄유형에 따라 결정되는데, 범죄유형은 경죄(summary offences), 중죄(indictable offences), 중급범죄(triable either way offences)에로 분류된다. 경죄(summary offences)에 대한 재판은 치안판사법원의 전속관할로 형사법원에서 재판받을 수 없다. 가벼운 교통사고, 열차요금미납, 매춘 등 비교적 가벼운 범죄가 경죄로 분류된다. 중죄(indictable offences)에 대한 재판은 치안판사법원이 아닌 형사법원의 전속관할에 속한다. 경죄와 중죄 사이의 중급 범죄(triable either way offences)에 대한 재판은 치안판사법원 또는 형사법원에서 선택적으로 이루어지는데 치안판사의 재량으로 치안판사법원에서 재판하기로 결정하고 이에 대하여 피고인이 동의하는 경우 형사법원이 아닌 치안판사법원에서 재판이 이루어진다. 결국 영국에서는 재판을 받는 사건이 중죄나 중급 범죄이어서 형사법원의 전속관할 또는 관할에 속하고, 기소된 범죄에 대하여 피고인이 무죄를 주장하는 경우에 배심재판이 열린다.

1997년에는 186만명의 피고인이 치안판사법원에서 재판을 받은 반면 형사법원에서 재판을 받은 피고인은 91,300명이었다.[28] 형사법원에서 배심재판이 이루어진 사건 중 무죄판결이 선고된 비율은 40%였고, 1998년에 배심재판이 이루어진 사건 중 무죄판결이 선고된 비율은 35%였다.[29]

---

28) 닐 비드마르 엮음, 김상준 · 김형두 · 이동근 · 이효진 옮김, "세계의 배심제도", 나남, 2007, 116면.

(2) 영국의 배심원선발

영국에서 배심원단은 12명의 배심원으로 구성된다. 배심원의 자격요건에 대한 제한은 점차 사라져 1972년에 이르러 전면 확대되어 선거인명부에 등재된 자 중 배심원 결격요건이 없는 자로 규정되었다. 이전에는 '남자, 중년, 보통의 사고방식, 중산층'으로 배심원 자격을 설정하였고, 이 자격에 맞는 배심원을 선발하기 위하여 어느 정도의 재산을 가진 사람들 중에서만 선발하였다. 1988년에는 배심원의 자격요건 중 연령이 18세 이상 70세 이하로 확대되었다.

배심원이 되기 위해서는 13세부터 배심원선정일까지 최소한 5년 동안 영국에서 거주하고 있어야 한다. 결격사유로는 영국에서 5년 이상의 징역형을 선고받은 전과가 있는 사람, 과거 10년 사이에 형사처벌을 받은 전과가 있는 사람, 과거 5년 사이에 보호관찰처분을 받은 전력이 있는 사람, 현재 형사절차에서 보석 중인 사람은 배심원이 될 수 없다.[30)]

특정 부류의 사람은 배심원 결격사유에 해당되는 것은 아니지만 배심원이 되기에 부적당한 것으로 분류되는 직업군이나 특징이 있다. 법관과 사법절차에 관여하는 사람(변호사, 경찰관, 교정직원, 법원직원을 포함한다.), 성직자, 정신이상자가 이에 해당한다.

특정직업을 가진 사람은 배심원이 될 수는 있으나 배심원이 되는 것을 거부할 법적 권리가 있다. 하원의원, 상원의원, 귀족, 의사, 치과의사, 간호사, 수의사, 화학자, 군인이 이에 해당한다.

배심원후보자는 질병, 사업상의 선약, 이미 예약을 마친 휴가와 같은 특별한 사정을 이유로 법원으로부터 배심원 임무를 면제받을 수 있다. 배심원이 될 의무에 대하여 1988년 영국 형사소송법에서는 배심원의 의무 이행을 연기하는 제도를 도입하여 배심원후보자가 면제를 받기 보다는 후일로 배심원의 의무를 연기하는 것이 가능하게 되었다.

---

29) 닐 비드마르 엮음, 김상준·김형두·이동근·이효진 옮김, "세계의 배심제도", 나남, 2007, 116면 및 120면.

30) 닐 비드마르 엮음, 김상준·김형두·이동근·이효진 옮김, "세계의 배심제도", 나남, 2007, 126면에서 131면.

배심원 후보자는 선거인명부에서 무작위로 선발되는데 실제로 법원에 소집되기 전까지 결격사유 등을 조사한다. 조사를 위해 후보자 선정은 배심원후보자를 소집하기 6개월 전에 시행한다. 배심원후보자에게는 리플레이트(배심원안내서), 질문서, 회답서, 임금삭감증명서 양식 등을 보내는데 답변율은 약 80%정도라고 한다.[31]

1981년부터는 배심원 후보자를 컴퓨터에 의하여 선거인명부에서 무작위로 선발한 후 선발된 사람에 대하여 재판기일에 법정에 출석하도록 소환장을 보낸다. 출석한 배심원 후보자들 중에서 12명의 사람들이 공개된 법정에서 추첨으로 뽑혀 나오게 된다. 배심원 후보자들에 대한 기피여부를 심사한 결과 최종적으로 선발된 배심원이 선서를 하고 재판이 시작된다. 다만 컴퓨터로 선발하는 것은 필수적인 절차는 아니며 배심원의 수가 모자라는 경우 실무상 법원 직원이 거리에서 일반시민 중 배심원에 적합한 사람을 데려오기도 한다.

배심원 후보자들에 대한 기피여부의 심사에서 주로 배심원 후보자가 피고인에 대하여 편견을 가지고 있는지 여부를 심사한다. 배심원 후보자가 수개월이 걸릴 수 있는 장기간 재판을 감당할 수 있는지 여부를 심사하거나, 배심원 후보자가 재판 전에 과도한 언론보도를 접하고 편견을 형성하였는지 여부를 심사하거나, 심각한 문맹인 배심원 후보자를 제외시키기 위한 것이다.

판사는 재판이 시작된 후, 질병 또는 그 외 사유로 배심원의 임무를 수행하기에 부적절하다고 판단되는 경우 배심원 선발을 취소할 수 있고, 배심원이 평의 도중 외부인과 접촉하는 경우에는 배심원단 전체의 해산을 명할 수 있다. 배심원이 경솔한 행동을 하거나 만취, 배심원이 알아서는 안되는 정보의 취득 등 규율위반 행위를 하거나 기피권을 행사할 수 있는 단계를 지났지만 편견이 있음이 명백하게 밝혀진 경우 등에도 배심원 선발을 취소할 수 있다. 만일 배심원 선발이 취소되어 결원이 생길 경우 그 자리를 대신할 예비배심원 제도를 두지 않고 남은 배심원 수가 9명 미만이 되지 않는 한 재판은 계속 진행된다.

31) 대검찰청, '각국의 국민형사재판참여 제도 : 영국', 2005, 54면.

(3) 영국에서 배심원에 대한 기피권 및 검찰의 대기 요청권[32)]

영국에서는 배심원에 대한 기피권은 아주 제한된 범위 내에서만 인정된다. 영국에서는 1988년에 피고인의 오랜 권리였던 무이유부기피권(peremptory challenge)이 폐지되면서 피고인이 배심원단의 구성에 관여할 기회는 사실상 사라졌다. 배심원단의 구성에서 피고인의 방어권이 사라진 반면 검사의 대기요청권(stand aside)은 그대로 유지되고 있다. 피고인과 검사의 배심원에 대한 이유부기피권(challenge for cause)은 아직 유지되고 있지만 재판과정에서 사용되는 경우는 극히 드물다.

무이유부기피권은 변호인이나 피고인이 배심원 후보자가 선서를 하기 전까지 '기피(challenge)'라고 간단하게 의사를 표명하면 기피 이유를 명시할 필요가 없이 대상이 된 배심원을 다른 배심원으로 교체할 수 있는 권리이다. 이 권리는 지속적으로 축소되었는데 1925년에는 무이유부기피권의 행사 횟수가 25회에서 12회로, 1949년에는 7회로 축소되었고(피고인이 여러 명인 경우 피고인 별로 7회), 1977년에는 3회로 축소되었다가, 1988년 형사소송법에 의하여 폐지되었다. 피고인의 방어권 중 하나인 무이유부기피권은 피고인에게 불리한 편견을 가진 배심원을 배심원단에서 배제할 수 있는 기회를 제한적으로 부여한 것인데, 무이유부기피권을 비판하는 사람들은 키프로스 음모사건[33)] 등 구체적 사건에서 무이유부기피권이 남용되어 잘못된 무죄평결이 내려졌다고 주장하였다. 이후 무이유부기피권은 축소되기 시작하였는데 무이유부기피권을 비판하는 사람들은 무이유부기피권이 배심원 무작위 선발의 원칙을 침해하고, 무이유부기피권이 남용되어 피고인에게 우호적 배심원을 선발하려는 시도가 배심원단의 구성을 조작하려는 수준에 이르러 폐해가 심각하다고 주장하였다. 하지만 이러한 주장은 근거가 없는데 무이유부기피권이 인정되던 시기에 이루어 진 배심재판 2,500건을 분석한 자료에 의하면

---

32) 닐 비드마르 엮음, 김상준 · 김형두 · 이동근 · 이효진 옮김, "세계의 배심제도", 나남, 2007, 132면 및 138면.

33) 영국 공군 8명이 공무상 비밀 준수법을 위반한 혐의로 기소되었는데 피고인들의 변호인들이 배심원단을 젊은 남성 위주로 구성하기로 은밀히 모의하였다는 주장이 제기되었다. 이 사건의 재판결과 무죄평결이 이루어졌는데 이는 배심원단구성의 문제보다 증거가 불충분하여 기소자체에 문제가 있었다고 한다. 닐 비드마르 엮음, 김상준 · 김형두 · 이동근 · 이효진 옮김, "세계의 배심제도", 나남, 2007, 133면.

무이유부기피권의 행사와 무죄평결의 증가는 서로 관련이 없다고 한다.[34)]

이유부기피권은 존속하고 있으나 이유부기피권을 행사하는 당사자는 배심원에 대한 심문 이전에 기피권 행사의 근거가 되는 명백한 증거를 제출하여야 한다. 권력기관이 아닌 피고인이나 변호인이 배심원의 개인정보를 파악하는 것은 사실상 불가능하기 때문에 이유부기피권은 피고인에게 사실상 인정되지 않는다. 피고인측은 기피권 행사의 근거가 될 만한 어떤 정보를 가지고 있지 않고 배심원 후보자에게 가치관이나 성장과정에 대하여 탐색적 질문을 할 권리도 인정되지 않는다. 배심원 후보자에 대한 질문은 1972년 성난 여단(Angry Brigade) 사건[35)] 이후 극도로 제한되었는데 이 사건에서 배심원들에게 북아일랜드나 경찰에 친척이 있는지 여부, 보수당 당원인지 여부가 질문된 것이 문제점으로 지적되었다. 이후 정치적 성향을 파악할 수 있는 질문은 금지되었고, 배심원의 직업을 묻는 것도 금지되었다. 상황에 따라서는 배심원의 이름도 공개되지 않는데 배심원의 매수를 막기 위하여 필요하다고 인정되는 경우에 피고인의 기피권이 보장된다면 배심원의 이름을 밝히지 않는다.

검찰의 대기요청권이란 배심원을 대기하도록 요청하는 검사의 권리이다. 검사의 대기요청을 받은 배심원은 배심원석에서 떠나 배심원 후보자단의 마지막 순번으로 돌아가 대기하게 된다. 이론적으로는 배심원 후보자단에 남아 있는 후보자가 없게 되면 다시 배심원이 될 가능성이 있지만 사실상 배심원에서 제외되는 효과가 있다. 영국에서 검찰의 배심원에 대한 무이유부 기피권이 부당한 방법으로 배심원을 선택할 염려가 있다는 이유로 피고인의 무이유부기피권보다 먼저 폐지되었는데 이를 대신하는 기능을 할 제도로 검찰의 대기요청권이 개발되었다. 검찰의 대기요청권은 행사횟수에는 제한이 없고 이유를 밝히지 않아도 된다. 영국에서 피고인의 무이유부기피권이 폐지되면서 검찰의 대기요청권도 함께 폐지될 것으로 예상되었는데 영국정부는 대기요청권이 부당하게 이용된 증거가 없다는 이유로

34) 닐 비드마르 엮음, 김상준 · 김형두 · 이동근 · 이효진 옮김, "세계의 배심제도", 나남, 2007, 133면 각주 125.

35) 아일랜드의 독립과 관련하여 폭탄테러를 벌인 자유주의적 공산주의자들의 단체로 하원의원의 집에 폭탄을 투하한 혐의 등으로 기소된 사건이다.
http://europeanhistory.about.com/od/glossary/g/glangrybrigade.htm 2013년 2월 12일 방문.

검찰의 대기요청권은 존속시켰다. 대신 영국 법무부장관은 1988년 검찰의 대기요청권 행사에 대한 지침을 만들어 배심원이 명백하게 부적합한 때에만 명백하고 제한적인 기준에 따라 대기요청권을 행사하도록 하였다. 또한 검찰은 배심원이 되기에 부적합한 사유를 파악하기 위하여 배심원에 대한 기밀심사(jury vetting)를 할 수 있는데 경찰이나 정보부서가 보유하고 있는 배심원에 대한 정보를 이용한다. 국가안보사건이나 테러사건, 배심원 매수사건 등에서 기밀심사가 사용된다.

(4) 평가

배심제도는 영국의 법제도에서 가장 내세울 만한 것이지만 20세기 내내 지속적으로 축소되어 왔다. 주된 이유는 비용인데 치안판사법원의 재판에 비하여 배심재판에 더 많은 비용과 시간이 소요되는 것은 부인할 수 없다. 부가적인 이유로 영국 특유의 일반인 법관에 의한 재판이라는 특징이 있다. 일반인이 치안판사로 재판을 진행하므로 일반 국민과 괴리가 생길 가능성이 낮다. 하지만 배심제도 개혁의 정당성을 배심원의 합리성, 능력, 효율성의 관점에서만 찾는 것은 중요한 점을 간과한 것이다. 배심제도는 정치와 권력구조의 관점에서 이해할 필요가 있고 민주주의 실현수단이라는 점을 간과한 것이다.

무이유부기피권을 폐지하면서 영국에서 배심원단의 구성은 컴퓨터에 의한 추첨에 의지하게 되는데 추첨결과는 매우 우연한 결과이므로 편견이 있는 불공정한 배심원단이 구성될 수 있다. 국민의 인권에 심각한 피해를 입힐 수 있는 중요한 배심원단의 구성을 공정성과 대표성이 보장되지 않는 우연한 추첨에 의존하는 것은 바람직하지 않다. 무이유부기피권의 행사를 통하여 우연히 선발된 배심원단을 조율할 기회를 보장할 필요가 있다. 또한 무이유부기피권과 같은 효과를 가지고 있는 검찰의 대기요청권을 존속시키면서 피고인측의 무이유부기피권만 폐지하는 것은 형평의 원칙에 맞지 않아 무기평등의 원칙에 반하는 것으로 보인다.

여러 나라에서 배심제도가 부활하고 있는 세계의 추세에서 오히려 배심제도의 기원이 되는 영국의 배심제도가 쇠퇴하고 있다는 것은 특이한 현상이다. 하지만 아직 영국의 배심제도는 일부의 형사재판에서 본래의 기능을 하고 있고 많은 법조인들의 지지를 받고 있다고 한다.

또한 통계수치와 별도로 영국의 국민들은 정치가 블랙스톤의 말처럼 '배심제는 국민이 국가로부터 자유를 지키기 위한 방파제이다'라는 말을 지지하고 있으며, 참여형 민주주의라는 정치형태에 부합하는 민주적인 제도로서 지지를 받고 있다.[36)]

영국의 오랜 배심제도의 역사를 볼 때 최근의 변화로 배심제도의 미래를 단정하기는 어렵고 앞으로의 발전을 지켜보아야 할 것이다.

2. 미국의 배심재판제도

(1) 미국의 배심재판

미국의 형사배심제도는 신생국에 이주한 영국인들에 의하여 북미에 도입되었다. 이후 미국의 법과 문화의 특수성은 형사배심제도에 영향을 미쳤는데, 구체적으로 미국인의 사법부에 대한 불신, 미국인의 공개재판과 재판에 대한 자유로운 대중적 토론에 대한 열망, 인종적 · 민족적 불평등을 극복하기 위한 미국인의 노력, 미국인의 당사자주의 소송구조에 대한 신념, 주와 연방의 2원적 사법제도 등을 들 수 있다.[37)] 미국의 배심제도는 영국의 식민지였던 시대에 미국인들이 영국의 지배에 대항하는 과정에서 매우 중요한 권리로 부각되었는데 대표적으로 존 피터 쟁어(John Prter Zenger)사건을 들 수 있다. 뉴욕위클리(New York Weekly Journal)라는 신문의 발행인 쟁어는 1734년 영국 총독 코스비를 비난하는 글을 신문에 실었는데 식민지 당국은 쟁어를 문서에 의한 선동비방죄로 기소하였다. 쟁어에 대한 형사재판의 배심원은 선원, 양조업자, 제빵사, 도매상인, 대장장이, 목수, 점원 등 다양한 계층으로 구성되었는데 쟁어에게 무죄평결을 하였다. 이후 영국정부는 미국식민지에서 미국인들이 참여하는 배심재판을 축소하였고 기소된 피고인을 영국으로 압송하여 배심재판을 하는 방법으로 미국인들이 배심원으로 참여하는 것을 막았다. 하지만 이러한 영국의 조치는 오히려 미국인들의 독립의지에 불을 붙이는 결과가 되었고 미국인들에게 배심재판은 독립운동의 원인이 되는 중요한 권리가 되었다. 미국에서 배심재판을 받을 권리를 박탈당한 것에

36) 대검찰청, '각국의 국민형사재판참여 제도 : 영국', 2005, 139면.
37) 닐 비드마르 엮음, 김상준 · 김형두 · 이동근 · 이효진 옮김, "세계의 배심제도", 나남, 2007, 165면.

대한 항의는 미국독립선언서에 명문으로 기재되었고, 미국인들이 배심재판을 받을 권리는 미국헌법에 규정되기에 이르렀다.

미국이 독립하면서 공화국이 탄생하였고 미국인들은 국왕의 신민(subject)이 아닌 주권자인 국민(people)으로 신분이 전환되었다. 공화국에서 배심재판이 가지는 의미는 단순한 국가권력의 견제수단에 그치지 않고 국민주권의 원리를 사법의 영역에서 실현하는 주권자의 권리로 격상된 것이다.[38] 미국 헌법 제3조는 '탄핵사건을 제외한 모든 형사사건은 배심재판에 의하여야 하고 재판지는 범죄지 주에 있다'라고 규정하고, 수정헌법 제6조는 '모든 형사소추에서 피고인은 법에 의하여 규정된 범죄지 주 관할법원에서 배심원에 의한 신속한 공개재판을 받아야한다'[39] 라고 규정한다.

미국이 독립한 후 거의 2세기 동안 판사들은 배심제도에 관한 미국헌법의 규정을 연방 형법 위반혐의로 미국연방법원에 기소된 경우에만 적용되는 것으로 해석해 왔다. 그러나 주 형법 위반사건의 수와 규모는 연방 형법 위반사건을 압도하였고 전체 형사사건 중 극히 일부만 연방법원에 기소되었다. 그 결과 미국헌법은 주 법원에 주 형사법 위반혐의로 기소된 대다수의 형사피고인을 보호하지 못하였고, 모든 주가 일부 범죄에 관하여 배심재판을 받을 권리를 보장하였으나 그 내용은 매우 상이하였다. 미국 연방대법원은 1968년에 이르러 수정헌법 제6조에 따라 보장되는 배심재판을 받을 권리는 수정헌법 제14조에 의하여 모든 미국 시민에게 보장되는 적법절차의 한 요소라고 선언하였다. 연방국가인 미국에서 각 주 법원과 의회는 수정헌법 제6조에 의한 보장을 최소한으로 하여 각기 다른 배심재판절차를 형성할 수 있는 상당히 넓은 재량을 가지고 있다. 각 주의 자치권은 다양한 형태의 배심재판절차를 형성하였는데 다른 주에서 채택하거나 폐지한 배심제도의 변화와 기법은 미국 전체의 형사배심제도에 다양한 경험적 정보를 풍부하게 제공하였다.

---

38) 안경환, 한인섭, "배심제와 시민의 사법참여", 집문당, 2005, 153면.

39) 인용한 저서에서는 '연방형법 위반혐의로 기소된 피고인은'이라고 번역되었으나 미국수정헌법 원문의 규정을 살펴보면 'In all criminal prosecutuion, the accused shall enjoy the right to a speedy and public trial, by an impartial jury of the State and district wherein the crime shall have been committed,~'라고 규정되어 있으므로 모든 형사소추로 번역하였다.

배심재판의 대상사건에 대하여 미국헌법은 모든 형사사건에서 배심재판을 받을 권리를 보장하고 있으나, 연방대법원은 경범죄(petty offence, 단기 자유형이나 벌금형에 처할 범죄)[40]의 경우 역사적으로 배심원이 아닌 판사에게 재판받는 것이 실무관행이라는 이유로 배심재판을 받을 권리를 보장하지 않는다. 연방대법원은 연방중죄사건(federal felony cases)에서 배심재판을 받을 권리는 필수적인 것이 아니라 선택적인 것이라고 판시하였는데 Patton v. U.S. 사건에서 피고인에게 배심원을 배제하고 판사로부터 재판받을 것을 선택할 수 있는 권리를 부여하였다. 연방대법원은 주 법원에서 배심제도의 변형을 인정하였는데 피고인에게 1차적으로 유죄판결이 내려진 경우에만 배심재판을 받을 수 있도록 한 메사추세츠주의 2단계 배심제도[41]를 지지하였고, 헌법이 판사가 아닌 배심원만이 사형선고 여부를 결정할 것을 요구하고 있지 않다고 판시하여 배심재판이 아닌 형사재판에서도 사형을 선고할 수 있도록 하였다.

미국 배심재판에서 배심원단은 최소 6명으로 구성될 수 있고, 만장일치의 원칙에 따라 평결할 것이 요구되지 않는다. 하지만 대부분의 주에서는 배심원단은 12명의 배심원으로 구성되며, 만장일치가 원칙이고 루이지애나 주와 오리건 주에서만 중죄사건에서 다수결에 의한 평결을 허용한다. 하지만 평결이 성립하지 않는 경우(hung jury)가 잦아지면서 가중 다수결에 의한 평결을 허용하자는 주장이 제기되고 있다.

여러 주에서 재판 도중 배심원은 메모를 할 수 있으나 일부 주에서는 금지하고 있고, 일부 주에서는 배심원이 재판장에게 질문사항을 제출하여 증인에게 질문하는 것을 허용하지만 일반적으로 허용되는 제도는 아니다. 개개사건에 대하여 재판장이 행하던 배심원에 대한 설명은 배심원용 모법설명양식집(pattern jury instruction)으로 대체되었다. 1800년대에는 평결을 내릴 때까지 배심원이 격리되었으나 오늘날에는 배심원이 격리되는 경우는 매우 드물고, 배심원 중 한명이 질

---

40) 미국에서 보통법상 범죄는 ① 반역죄(treason), ② 중죄(felony), ③ 경죄(misdemeanor) 3가지로 구분된다. 경죄는 통상 1년 이하의 구금이나 벌금이 처해지는데 경죄 중에서도 경범죄(petty offence)는 6개월이 넘지 않는 구금 또는 500달러 이하의 벌금에 처해지는 범죄를 말한다. 후쿠다모리토시, 박덕영 옮김, “미국법과 법률영어”, 박영사, 2010, 95면.

41) 하지만 메사추세츠 주는 1978년 법 개정으로 판사 앞에서 받는 최초의 재판은 강제적인 것이 아니라 선택적인 것으로 바꾸었다.

병이나 위법행위를 이유로 배심원의 임무를 계속 수행할 수 없게 된 경우에도 재판이 중단되지 않고 공석인 상태로 평의를 계속한다. 다만 일부 주에서는 평의도 중에 예비배심원을 선발하기도 한다.

대부분의 주에서는 판사가 증거에 대한 자신의 생각이나 의견을 배심원에게 알리는 것을 금지하고 있다. 이는 다른 나라의 경우와 다른 점인데 사실에 대한 판단은 배심원에게 있고, 법률 해석에 대한 판단은 판사에게 있다는 점에서 상호 보완을 이루는 장점이 있다는 평가이다. 판사는 배심원들에게 그들이 접한 증거 중 어느 것을 배제하라고 이야기할 수 없지만 배심원이 위법수집증거 등을 접하는 것 자체를 막을 수 있다.

미국에서 중죄(felony)사건 중 3% 내지 10%만이 정식재판으로 진행되고, 그 중 3분의 1가량은 배심원이 없는 판사에 의한 재판으로 진행된다. 이는 미국에서 시행되는 양형협상(plea bargaining 또는 settlement)의 영향이라고 한다.

(2) 미국의 배심원선정

미국에서 배심원의 자격은 남북전쟁이전에는 재산소유자나 납세자로 한정되어 있었고 사실상 백인만 배심원이 될 수 있었으며, 각 주의 법에서는 배심원이 '지적 능력'을 갖추거나 '바른 성격'의 소유자일 것을 요구하기도 하였다. 남북전쟁 이후에 미국 연방대법원은 1880년 Strauder v. West Virginia 판결에서 흑인을 배심원후보자명단에서 배제하는 주법은 헌법상 적법절차위반이라고 판시하였다.[42] 하지만 20세기가 되어서도 배심원은 백인으로만 구성되는 관행은 유지되었다. 이후 연방대법원은 여러 사건에서 백인 배심원이 흑인 피고인에 대하여 내린 유죄평결을 고의적 인종차별을 이유로 파기하였고, 차츰 미국의 각 주 법원은 배심원 후보자 명단에 흑인을 포함시키기 시작하였다. 1968년 '배심원 선정 및 복무에 관한 법률(jury selection and service Act of 1968)'이 제정되면서 '배심원선정에 있어서 지역사회의 공정한 횡단적 구성(fair cross-section of the community)'의 원칙이 확립되었는데 배심원단을 구성할 때 인종, 성별, 종교 등을 차별하지 않고 무작위로 지역사회의 공정한 횡단적 구성집단으로부터 선발하여야 한다는

---

42) 한상훈, "미국의 배심제도 : 형사배심을 중심으로", 미래한국재단, 2011, 18면.

것이다.[43] 이에 따라 미국 연방의회는 1970년에 배심원 후보자를 선거인명부에서 무작위로 선발하는 방식을 채택하였고, 미국 연방대법원은 1975년 Taylor 사건에서 남성과 달리 여성은 신고를 해야만 배심원후보로 인정하는 루이지애나 주법은 헌법에 위반된다고 판시하였다.[44] 오늘날 컴퓨터기술이 보급되면서 미국 내 대부분의 법원은 배심원 후보자를 선거인명부나 운전면허대장에서 무작위로 추첨하여 선발한다.[45] 실제로 배심원이 되기 위해서는 결격사유가 없어야 하는데 결격사유로는 ① 법원관할구역에서 1년 이상 거주한 18세 이상의 미국시민이 아닌 자, ② 배심원설문양식을 작성할 수 있는 수준으로 영어를 읽고, 쓰고, 이해할 수 없는 자, ③ 영어로 말할 수 없는 자 ④ 정신적이거나 신체적인 질병으로 배심원 의무를 만족스럽게 수행할 수 없는 자, ⑤ 1년 이상 감금될 수 있는 범죄로 기소된 자 또는 위와 같은 범죄로 처벌받고 시민으로서 권리가 아직 회복되지 않은 자이다.[46] 배심원의 직무수행이 금지되는 자로 ① 미국군대에서 현재 복무중인 자, ② 각 주, 워싱턴 디시, 미국영토 및 소유지 또는 그 하급행정구역에 있는 소방서, 경찰서에 근무하는 자, 미국정부의 행정부·입법부·사법부에서 근무 중인 공무원이 있다.[47]

미국에서 배심원의 수는 보통법상의 전통에 따라 12명이었는데 1970년 연방대법원은 Williams v. Florida 사건에서 12인의 배심원에 의한 재판은 헌법상의 요구사항은 아니므로 6인의 배심원에 의해 평결하는 플로리다 주법은 헌법에 위배되지 않는다고 판시하였다.[48] 반면 Ballew 사건에서 5인의 배심원으로 중죄를 평결하게 한 조지아 주법은 너무 적은 배심원을 선발하는 것으로 배심재판을 받을 본질이 유지될 수 없다고 보아 헌법에 위배된다고 판시하였다.[49] 결국 미국에서 배심원의 수는 6명부터 12명까지 정해진다.

---

43) 한상훈, "미국의 배심제도 : 형사배심을 중심으로", 미래한국재단, 2011, 19면.
44) 한상훈, "미국의 배심제도 : 형사배심을 중심으로", 미래한국재단, 2011, 39면.
45) 이 명부에서 무작위로 추출하여 작성된 명부를 '표본배심원후보예정자명부(master jury wheel)'라고 하고, 이 명부에 있는 사람들에게 배심원질문서를 보내어 결격자를 제외하고 작성한 명부를 '자격배심원후보예정자명부(qualified jury wheel)'이라고 하는데 이 명부에서 배심원후보자를 추첨하여 법원에 출석하도록 한다.(한상훈, "미국의 배심제도 : 형사배심을 중심으로", 미래한국재단, 2011, 40면.)
46) 28 U.S.C. 1865 (b) http://www.outpost-of-freedom.com/28usc1865b5.htm 2013년 3월 18일 방문.
47) 28 U.S.C. 1863 (b) (6) http://www.law.cornell.edu/uscode/text/28/1863 2013년 3월 18일 방문.
48) 한상훈, "미국의 배심제도 : 형사배심을 중심으로", 미래한국재단, 2011, 23면.
49) 한상훈, "미국의 배심제도 : 형사배심을 중심으로", 미래한국재단, 2011, 24면.

미국 배심재판에서는 출석한 배심원후보자들에게 선입견이나 편견이 없는지 파악하기 위하여 판사 · 검사 · 변호인은 질문을 할 수 있다. 이러한 절차를 배심원질문절차(voir dire)라고 하는데 헌법상 권리로 인정되나 그 폭은 매우 좁고 재판을 진행하는 판사의 재량이 폭넓게 인정된다. 배심원후보자들에 대한 질문방법은 주체를 중심으로 3가지 유형이 있는데 첫째는 판사가 모든 질문을 하는 방식으로 검사나 변호인의 질문사항은 판사가 받아서 질문하는 방식(judge-conducted voir dire)이다. 둘째는 검사나 변호인이 직접 질문을 하고 판사가 감독하는 방식(attorney-conducted voir dire)이다. 셋째는 판사가 기본적인 질문을 한 후 검사나 변호인에게 질문할 기회를 주는 방식(judge/attorney-conducted voir dire)이다. 세 번째 방법이 가장 좋은 방법으로 평가된다.[50]

배심원후보자들에 대한 질문방법은 객체를 중심으로 3가지 유형이 있는데 첫째는 출석한 배심원후보자 전체에 대하여 질문을 하는 것이고, 둘째는 출석한 배심원후보자 중 필요한 수의 배심원후보자를 추첨한 후 추첨된 후보자에 대하여 질문하는 것이고, 셋째는 출석한 배심원 후보자 한 사람씩 차례로 질문하는 방식이다.[51] 질문의 내용에 대한 보통법상의 원칙은 사건에 대한 특별한 편견을 가지고 있는지 여부에 대한 것은 허용되지만 정치적 견해나 종교와 같은 일반적 편견에 대한 것은 허용되지 않는다는 것이었다.[52] 하지만 영국의 미국 식민지지배가 강화되면서 정치적 견해를 질문할 필요성이 커졌고 현재 미국에서는 질문의 내용에 대하여 재판을 진행하는 판사의 재량이 폭넓게 인정된다. 질문의 내용에 대한 헌법적 제약으로 거론되는 것은 인종적 차별이 문제된 사건에서 인종적 편견에 대하여 질문할 권리가 있다는 것과, 사형이 선고될 수 있는 사건에서 사형제도에 대한 찬반을 물을 수 있는 권리가 있다는 것이다.[53]

질문이 끝나면 검사와 변호인은 기피권을 행사한다. 이유부기피권과 무이유부기피권이 모두 인정된다. 이유부기피권의 행사횟수에는 제한이 없고, 무이유부기피권은 행사횟수가 제한되어 있다. 미국 연방법원의 사건 중 사형에 처할 수 있

---

50) 한상훈, "미국의 배심제도 : 형사배심을 중심으로", 미래한국재단, 2011, 42면.
51) 박광배 · 이수정, "국민참여재판 배심원 선정절차의 운용 및 개선방안", 법정심리학회, 2009, 17면.
52) 한상훈, "미국의 배심제도 : 형사배심을 중심으로", 미래한국재단, 2011, 44면.
53) 닐 비드마르 엮음, 김상준 · 김형두 · 이동근 · 이효진 옮김, "세계의 배심제도", 나남, 2007, 196면.

는 사건에서는 검사와 피고인은 각자 20회 무이유부기피를 할 수 있고, 다른 중죄사건에서 검사는 6회, 피고인은 10회까지 무이유부기피를 할 수 있다. 경죄사건에서는 검사와 피고인은 각 3회까지 무이유부기피를 할 수 있다.[54] 이유부기피의 사유나 무이유부기피의 허용여부에 대하여는 미국에서도 찬반논쟁이 있다.

기피신청의 방식은 두 가지인데 일괄기피방식(struck jury system 또는 struck method)과 순차기피방식(jury box system 또는 panel method)이다. 전자는 출석한 배심원 후보자 전체를 대상으로 한번에 기피할 배심원후보자에 대하여 기피권을 행사하고 기피권이 행사되지 않은 배심원 후보자가 배심원이 되는 방식이고, 후자는 출석한 배심원 후보자 중 필요한 수의 배심원후보자를 추첨한 후 추첨된 배심원후보자들에 대하여 기피권을 행사하고 기피된 수만큼 다시 배심원후보자를 추첨하는 것을 반복하여 배심원을 선정하는 방식이다.[55]

(3) 평가

미국에서 배심제도는 영국의 제도를 계수한 것이나 영국의 식민지배에 대항하는 과정에서 배심재판이 미국인을 보호하는 강력한 수단이라는 기능이 부각되면서 중요한 헌법적 권리가 되었고 국민주권을 실질화하는 중요한 장치로 기능하였다.

사법제도가 확립된 19세기 후반부터 배심제도의 성격은 사법주권의 행사라는 의미보다는 판사의 힘을 견제하여 사법제도 내에서의 균형을 이루는 수단으로서의 의미가 강해졌으나 어떤 경우에도 기본권의 본질적 내용으로서 배심의 속성은 손상되지 않았다고 한다.[56]

미국 형사재판 통계에서 2007년 10월부터 2008년 9월까지 연방형사사건 중 배심재판이 이루어지는 것은 전체 사건의 3.04%에 불과하고, 주형사사건 중 배심재판이 차지하는 비율을 대체로 3~5%정도이다. 배심재판이 통계상 차지하는 비율은 적지만 배심재판은 미국에서 핵심적인 재판제도로 평가되는데 모든 형사절차가 배심재판을 전제로 하여 이루어지며 사법에 대한 신뢰를 유지하는 중요한

---

54) 한상훈, “미국의 배심제도 : 형사배심을 중심으로”, 미래한국재단, 2011, 55면.
55) 한상훈, “미국의 배심제도 : 형사배심을 중심으로”, 미래한국재단, 2011, 57면. 기피방식을 말소방식(struck jury system)과 교차방식(strike and replace system)으로 소개하기도 하는데 내용은 본문의 분류와 유사하다.(대검찰청, ‘각국의 국민형사재판참여 제도 : 미국’, 2005, 307면)
56) 안경환, 한인섭, “배심제와 시민의 사법참여”, 집문당, 2005, 154면.

장치이기 때문이라고 한다.[57)]

미국의 배심재판은 역사적인 특수성 및 미국민의 기질 등이 결합되어 성공적으로 운영되는 국민의 사법참여제도로 평가된다.

3. 프랑스의 참심재판제도

(1) 프랑스의 참심재판

영국의 오랜 배심재판의 전통과는 달리 유럽대륙에서는 비공개수사와 밀실재판이 이루어졌고, 마녀재판으로 대표되는 참혹한 종교재판이 성행하였다. 이들 재판은 합리적인 이성과는 거리가 먼 형태로 사람들을 처벌하였는데 그 형태는 매우 잔혹하였다. 계몽주의 시대에 이르러 계몽주의자들은 형벌의 잔혹성과 형사절차의 자의성을 비판하였고, 베카리아는 인도주의와 공리주의의 토대 위에 근대적인 형벌제도를 설계하였는데 베카리아의 제안은 유럽에 큰 충격을 주었다.[58)] 볼테르・몽테스키외・디드로 등 프랑스 계몽철학자들은 영국의 배심재판을 높이 평가하였고, 미국독립선언에 배심재판을 받을 권리가 포함된 것도 큰 영향을 미쳤다.[59)]

1789년 프랑스 대혁명이 발생하였고, 혁명의 성과로 1791년 프랑스 헌법에는 이전의 비합리적이고 잔혹한 재판제도를 대신하여 영국식의 배심제가 규정되었다. 1791년 프랑스 헌법 제5장 제9조는 "어떤 시민도 12인 이상의 수로 구성된 배심원에 의해서가 아니면 재판받지 아니한다. 형의 선고는 법관의 영역이다. 그 절차는 공개적이어야 한다."라고 규정하였다. 위 헌법 규정에 따라 1791년 9월 의회는 배심제의 도입을 심의하였고 프랑스는 영국의 배심제를 채택하였다.[60)] 하지만 민사재판에서 배심제는 도입되지 않았고,[61)] 초기에 도입된 기소배심제도도 소추를 지체시켜 범죄를 증가시킨다는 비판에 따라 곧 폐지되었다.[62)]

---

57) 한상훈, "미국의 배심제도 : 형사배심을 중심으로", 미래한국재단, 2011, 114면.
58) 안경환, 한인섭, "배심제와 시민의 사법참여", 집문당, 2005, 323면.
59) 닐 비드마르 엮음, 김상준・김형두・이동근・이효진 옮김, "세계의 배심제도", 나남, 2007, 657면.
60) 안경환, 한인섭, "배심제와 시민의 사법참여", 집문당, 2005, 324면.
61) 닐 비드마르 엮음, 김상준・김형두・이동근・이효진 옮김, "세계의 배심제도", 나남, 2007, 658면.
62) 대검찰청, '각국의 국민형사재판참여 제도 : 프랑스', 2005, 3면.

당시 프랑스가 채택한 배심재판제도는 3명의 법관으로 구성된 재판부에 배심원의 수는 12명이었고 투표권이 있는 자 중에서 배심원을 선정한다. 다만 투표권이 있는 자는 어느 정도의 자산을 소유한 시민에게 부여되었으므로 배심원은 중산계급에 속하였고 연령은 30세 이상 70세 이하 이어야 했다. 유죄평결을 위해서는 배심원 12명 중 10명이 찬성해야 했고, 법관들이 현저한 오류가 있는 평결이라고 지적하며 재심리를 요구할 경우 3명의 예비배심원을 포함하여 15명의 배심원 중 12명이 찬성해야 유죄평결을 할 수 있었다.[63]

배심제는 이후 여러 차례 정치적인 격변을 거치면서도 존속되었고, 1808년 나폴레옹 형법에서도 약간의 수정을 가한 형태로 유지되었다. 수정된 내용은 배심원의 자격을 나이 외에 온전한 시민권을 소지한 자들로 제한한 것인데 그 결과 전문직과 유산자층만이 배심원이 될 수 있었다. 기소배심은 폐지되었고 대신 국왕의 대관이 검사로서 기소하는 역할을 맡았다. 1848년 2월혁명으로 모든 남성에게 보통선거권이 주어지자 배심원자격의 범위도 크게 확대되었지만 모든 유권자 중에서 무작위로 추출한다는 관념은 채택되지 않았다. 그럼에도 보통선거권의 확대는 배심원 자격의 확대에 큰 기여를 했다.[64]

프랑스의 배심제는 1940년대 프랑스가 독일의 침공을 받아 패배하면서 독일점령지역에서는 완전히 폐지되었고, 독일의 영향력 아래 설치된 괴뢰정부였던 비시정부는 배심제를 참심제로 바꾸었다. 공식적으로 '배심'이라는 명칭이 유지되었지만 법관과 배심원이 함께 평의를 하도록 하여 실질적으로 참심제가 되었고, 3명의 법관과 추첨으로 선발된 6명의 배심원이 다수결로 결정하는 구조였다. 비시정부의 배심재판에서 유태인, 70세 이상인 사람, 일용노동자는 배심원이 될 수 없었다. 1944년에 여성에게 배심원의 자격이 부여되었으나 전쟁이 끝난 후에도 이전의 배심제로 복귀되지 않았다. 다만 재판에 참여하는 시민의 수가 1명이 늘어 7명이 되었고, 1958년에는 배심원의 수가 7명에서 9명으로 늘어났다.[65]

프랑스 형법에서 범죄는 중죄(crime)와 경죄(délit), 위경죄(contravention)와 같이 3개의 범주로 구분하는데 무기징역 또는 10년 이상의 자유형이 규정된 범죄

63) 안경환, 한인섭, "배심제와 시민의 사법참여", 집문당, 2005, 325면.
64) 안경환, 한인섭, "배심제와 시민의 사법참여", 집문당, 2005, 327면.
65) 안경환, 한인섭, "배심제와 시민의 사법참여", 집문당, 2005, 350면.

가 중죄에 해당한다. 중죄는 중죄법원(Cour d'assises)에서 재판하고, 경죄는 경죄법원(Tribunal correctionnel), 위경죄는 경찰법원(Tribunal de police)에서 재판하는데 참심재판의 대상이 되는 것은 중죄사건으로 자백사건과 부인사건을 모두 포함한다. 피고인이 참심재판을 원하는지 여부 또한 불문한다.[66] 예외적 중죄법원으로 소년중죄원과 특별중죄원이 있는데 국가공안에 관한 범죄를 다루는 특별중죄원에는 참심제가 적용되지 않는다.[67]

(2) 프랑스의 참심원선발

프랑스에서 참심원이 되기 위해서는 프랑스 국민으로 23세 이상이어야 하며, 프랑스어를 사용할 수 있어야 하고, 공민권·사권·친족법상 권리를 갖는 자로 법률에서 정하는 결격사유에 해당하지 않는 자이어야 한다. 결격사유는 중죄로 소추를 받고 있는 자, 공무원으로 파면된 자, 파산선고를 받고 복권되지 않은 자, 법률에 의해 참심원의 직무를 행하는 것이 금지된 자, 공중위생법에 의해 정신병원에 수용된 자 등과 내각·의회·헌법평의회 등의 구성원이나 일정한 공직에 종사하는 자, 피고인 또는 변호인의 배우자와 일정 범위의 친족이다. 배심원의 면제사유로 70세 이상이거나 당해 중죄법원의 관할 내에 주소가 없는 자, 과거 5년 이내에 참심원의 직무를 현실적으로 수행한 적이 있는 자이다.[68]

참심원은 각 시·군·면의 선거인명부에서 공개추첨방식으로 예비명부를 작성한 후, 중죄법원 소재지의 법원에 통지하면 매년 9월 고등법원장, 법관 3인, 검사, 변호사 협회장 등으로 구성된 위원회가 공개추첨에 의하여 형사참심 명부와 예비참심원용 특별명부를 작성한다. 중죄법원의 개정기 30일 전에 고등법원장 또는 중죄법원 소재지의 지방법원장이 공개법정에서 형사참심 명부 중 공개추첨으로 35명의 정규 참심원 후보자를 선출하고, 예비 참심원용 특별명부에서 10명의 예비 참심원을 선출하여 개정기 명부(Liste de session)를 작성하는데 이 명부에 오른 사람들이 참심원 임무에 종사한다. 중죄법원이 제1회 공판기일을 열기 15일

---

66) 사법제도개혁추진위원회 기획추진단, "국민의 사법참여제도 외국의 입법례", 사법제도개혁추진위원회, 2005, 16~17면, (정별님, '국민참여재판의 시행평가와 개선방안에 관한 연구', 연세대학교 대학원 석사논문, 2012, 34면에서 재인용.)

67) 대검찰청, '각국의 국민형사재판참여 제도 : 프랑스', 2005, 19~21면.

68) 대검찰청, "각국의 국민형사재판참여 제도 : 프랑스", 대검찰청, 2005, 42면.

전까지 개정기 명부에 등록된 참심원 후보자에게 출석을 통지하고, 출석한 참심원 후보자의 수가 법정 정족수 23명에 달하지 못할 경우 23명이 될 때까지 예비참심원을 더한다. 출석한 참심원 후보자의 수가 23명이 되면 그 중에서 재판장은 추첨을 통하여 후보자를 선정하는데 선정된 후보자에 대하여 검찰관은 4인까지, 변호인은 5인까지 이유를 말하지 아니하고 기피할 수 있다. 이러한 절차를 통하여 9인의 참심원과 2인의 예비 참심원을 선정한다.[69]

(3) 평가

프랑스에 처음 배심제도가 도입된 것은 오랜 전통에 따른 영국과 달리 프랑스 혁명이라는 격변을 거치면서 혁명의 성과인 인권을 지키기 위한 제도로 도입된 것이었다. 하지만 갑자기 도입된 제도였으므로 프랑스의 배심제 지지자들은 영국식 제도를 어떻게 운영할 것인지에 대한 실무적 지식을 갖추지 못하였고 그 결과 프랑스 소송절차법의 시각에서 영국식 배심제도를 이해할 수밖에 없었다. 프랑스식 배심제도는 "직권탐지주의 및 서면심리에 의존하는 프랑스의 전통적 소송절차에 영국식의 구술심리절차를 결합시키는 것"이었다.[70]

이러한 배심제는 프랑스가 독일에 의하여 점령될 때까지 유지되었는데, 독일이 직접 점령한 북부지역은 아예 시민참여사법이 사라졌고, 독일의 영향을 받는 괴뢰정부였던 비시정부가 통치하는 지역에서는 명칭만 '배심'일 뿐 참심제로 변경된 것이다. 이를 근거로 독재 정권이나 외국인의 점령체제에서 배심제는 극단적으로 어울리지 않는 제도라는 평가가 있다.[71]

하지만 전쟁이 끝나고 독립을 회복한 후에도 프랑스는 다시 배심제를 채택하지 않았다. 이에 대하여 "직업법관의 영향력이 강하기 때문"이라는 해석이 있다.[72] 다만 참심원의 수를 지속적으로 늘려오고 있는 것은 시민참여사법이 강화되고 있는 것으로 볼 수 있다.

---

69) 사법제도개혁추진위원회 기획추진단, "국민의 사법참여제도 외국의 입법례", 사법제도개혁추진위원회, 2005, 19~20면,(정별님, '국민참여재판의 시행평가와 개선방안에 관한 연구', 연세대학교 대학원 석사논문, 2012, 36면에서 재인용.)

70) 닐 비드마르 엮음, 김상준 · 김형두 · 이동근 · 이효진 옮김, "세계의 배심제도", 나남, 2007, 658면.

71) 안경환, 한인섭, "배심제와 시민의 사법참여", 집문당, 2005, 330면.

72) 안경환, 한인섭, "배심제와 시민의 사법참여", 집문당, 2005, 331면.

4. 독일의 참심재판제도

(1) 독일의 참심재판

독일은 다른 유럽국가처럼 중세시대를 겪으면서 종교재판의 참혹함을 겪었고 19세기에 들어서면서 프랑스법의 영향으로 입헌주의의 요구와 관료재판관에 대한 국민의 불신에 근거하여 배심제가 주장되었다. 1798년 라인지방에 형사배심이 도입되었는데 다른 독일지역에서는 나폴레옹의 침략에 대한 반감으로 프랑스의 배심제는 받아들여지지 않았다. 라인지방의 주민들은 배심제를 경험한 후 배심제의 존속을 원했고 프러시아 정부는 배심제를 원하는 지방은 정치범을 제외하고 그대로 배심제를 유지하도록 허용하였다. 1848년 프랑크푸르트 국민의회는 헌법을 제정하면서 형사재판에 배심제의 도입을 명문화하였고, 1849년 배심법은 프로이센 지배 지역 전역에 형사배심재판을 설치하였다. 나폴레옹 법전과 같이 심리배심만 도입되었고 12명의 배심원이 다수결로 평결하였다. 1877년 독일 통일 이후 제정된 제국법원조직법 및 형사소송법도 배심제를 유지하였다. 다만 1850년 경범죄에 대하여 하노버 지역에서 1명의 법관과 2명의 시민이 재판하는 참심법원이 운영되었다.[73)]

그런데 독일이 제1차 세계대전에서 패배하면서 독일은 막대한 전쟁배상금과 극심한 인플레로 정상적인 재정운영이 불가능하였고 비용이 많이 드는 배심재판을 유지하기 어려웠다. 또한 1919년 성립된 바이마르 공화국은 정치적으로 매우 불안한 정권이었고 독일 정부는 강력한 사법적 통제를 필요로 하였다. 또한 독일 사법부는 1878년부터 철혈재상 비스마르크의 조치로 매우 보수화되었고, 독일법이 고도로 추상화되면서 시민의 일상과 괴리되어 일반 시민은 법의 내용을 점점 알 수 없게 되어갔다. 결국 1924년 배심제는 폐지되고 참심제가 채택되었고, 1933년 나치정권이 집권하자 정치적 범죄에 대하여 참심재판을 배제하고 특별법원의 관할에 속하도록 하였다. 모든 범죄는 정치적 범죄로 간주될 수 있었기에 사실상 참심제는 기능하지 않았고, 1939년 나치정권은 특별명령을 통해 명목상

---

73) 안경환, 한인섭, "배심제와 시민의 사법참여", 집문당, 2005, 332~333면.

남아 있던 참심제마저 폐지하였다. 제2차 세계대전이 종결되고 나치정권이 몰락한 후 참심제는 부활되었는데 1974년 재판에 참여하는 참심원의 수가 6명에서 2명으로 축소되었다. 이는 적군파와 같은 테러리즘에 대해 강력한 사법적 통제를 가하려는 정부의 방침 때문이라고 한다.[74)]

독일에는 구법원, 지방법원, 주상급법원, 연방법원이 있는데 참심제는 구법원과 지방법원에서 시행된다. 참심재판의 대상범죄는 다른 법원의 관할이 아닌 모든 중죄사건으로 4년의 자유형보다 중한 형벌이 선고될 수 있는 사건, 보안처분이 선고될 수 있는 사건이다.[75)] 참심재판은 직업법관 1인과 참심원 2인으로 구성되거나 직업법관 3인과 참심원 2인으로 구성되는데 유죄판결을 위해서는 3분의 2이상의 다수결이 필요하다.[76)]

독일에서 참심원은 직업법관과 같은 지위를 가지며 독일연방공화국기본법 92조는 '재판권은 법관에 위탁된다'라고 규정하는데 여기서 법관은 직업법관과 함께 참심원으로 참가하는 시민법관을 포함하는 것으로 해석된다. 참심원의 임기는 4년이다.[77)]

(2) 독일의 참심원선발

독일에서 참심원이 되기 위해서는 독일국민이어야 한다.[78)] 참심원 부적격자로는 ① 판결에 의하여 공직에 임명될 수 있는 자격을 가지지 않거나 혹은 고의적 범죄행위로 인하여 6월 이상의 자유형에 처하여진 사람, ② 공직에 임명될 수 있는 자격의 상실을 초래할 수 있는 범죄행위로 인하여 수사절차가 진행 중인 사람이다.[79)] 참심원으로 부적합한 사람으로 ① 재임기간의 개시 시에 만 25세에 이르지 못할 사람, ② 만 70세가 이미 되었거나 재임기간이 개시될 때 70세가 될 사람, ③ 후보자명부 작성 당시 당해 지방자치단체에 1년을 채 거주하지 아니한 사람, ④ 정신적 또는 신체적 결함으로 인하여 참심원직에 적합하지 못한 사람, ⑤

74) 안경환, 한인섭, "배심제와 시민의 사법참여", 집문당, 2005, 333~336면.
75) 대검찰청, "각국의 국민형사재판참여 제도 : 독일", 대검찰청, 2005, 7면.
76) 안경환, 한인섭, "배심제와 시민의 사법참여", 집문당, 2005, 337면.
77) 대검찰청, '각국의 국민형사재판참여 제도 : 독일', 대검찰청, 2005, 10면.
78) 독일법원조직법 제31조 2문, 성영훈, "주석 독일법원조직법", 법무부, 2001, 102면.
79) 독일법원조직법 제32조, 성영훈, "주석 독일법원조직법", 법무부, 2001, 103면.

재산상실에 빠진 사람이다.[80] 참심원이 되는 것은 국민의 의무로 법률상 거부사유가 없다면 참심원으로 일할 의무가 면제되지 않는다. 거부사유로 연방의회의원, 이전에 40일간 참심원으로 근무한 자, 의사, 가족의 부양을 위하여 참심원의 의무이행이 특별히 곤란한 자, 65세 이상인 자 등이 규정되어 있다.[81]

주의 법원장은 각 구법원 관내의 지방자치단체 행정부에 그 주민 수에 비례한 참심원 추천수를 통지하고 지방자치단체는 참심원으로 적절하다고 판단해 선택한 사람들을 기재한 참심원추천명부를 작성하는데 이 명부에는 성별・연령・직업・사회적 신분이 적정하게 고려되어야 한다.[82] 이 명부는 지방자치단체 의회에서 3분의 2이상의 동의를 얻어야 한다. 참심원추천명부는 1주일 이상 일반에 열람된 후 1주일의 이의신청을 거쳐 구법원의 재판관에게 송부한다. 구법원은 참심원의 선정을 위한 위원회를 여는데 법관을 위원장으로 하고 행정관리 1명과 대표위원 10명으로 구성되며, 3분의 2이상의 찬성으로 의결한다. 참심원 선정을 위한 위원회는 4년마다 열리며[83] 선정된 참심원에 대한 사건배당은 무작위로 행해지는데 공개법정에서 추첨하는 방식으로 정해진다.[84]

(3) 평가

독일도 프랑스와 마찬가지로 중세시대의 재판제도로부터 벗어나면서 그 대안으로 배심재판제도를 채택하였다. 하지만 프랑스로부터 잦은 침략을 당하였고 특히 나폴레옹의 공격을 받은 독일에서 배심제는 프랑스의 수입품이라는 비판을 받았고, 독일 특유의 전통인 관료사법의 강한 영향력으로 법학자들의 반대를 받았다.[85] 결국 세계대전을 겪으면서 배심제는 참심제로 변경되었고, 나치정권은 참심제마저 폐지하였다. 2차 대전이 끝난 후 참심제는 부활하였으나 공산국가에 대한 견제 및 테러리즘의 위협아래 참심제는 극단적으로 축소되었다. 독일에서는 2명의 참심원이 재판에 관여할 수 있고 직업법관의 숫자가 오히려 참심원보다 더 많은

---

80) 독일법원조직법 제33조, 성영훈, "주석 독일법원조직법", 법무부, 2001, 106면.
81) 독일법원조직법 제35조 성영훈, "주석 독일법원조직법", 법무부, 2001, 111면.
82) 독일법원조직법 제42조 제2항, 성영훈, "주석 독일법원조직법", 법무부, 2001, 118면.
83) 독일법원조직법 제40조 제1항, 성영훈, "주석 독일법원조직법", 법무부, 2001, 116면.
84) 안경환, 한인섭, "배심제와 시민의 사법참여", 집문당, 2005, 338~339면.
85) 안경환, 한인섭, "배심제와 시민의 사법참여", 집문당, 2005, 335면.

참심재판이 되었다.

독일에서 참심제는 재판의 효율성을 떨어뜨리고 평결의 질을 향상시키지 못하며, 법원의 독립을 충분히 지키지 못한다는 비판이 자주 제기된다. 다만 참심제의 장점으로 민간인의 참여를 고려하여 사법부가 스스로 사법을 알기 쉽게 하기 위하여 노력하고 있고, 일반인의 전문지식을 활용할 수 있으며, 이익집단의 대립을 조정하는 역할이 있다고 한다. 하지만 참심제에 대한 비판은 독일의 참심제가 직업법관 중심적으로 운영되고 직업법관의 영향이 압도적인 점을 고려하면 타당하지 않다. 참심원의 무능함과 수동성이 발생하는 것은 참심원의 품성에서 기인한 것이 아니라 독일의 참심제도자체가 시민의 참여수준을 낮게 설정하고 있기 때문이다.[86] 또한 법관의 수가 참심원의 수를 능가하는 상황에서는 참심제가 법원의 독립을 지켜줄 유용한 수단이 될 수 없다.

독일에서 참심원 선정절차는 다양한 사회계층이 반영될 수 있도록 하라는 명문의 규정에도 불구하고 종종 사회적 지위가 높고 재산이 있는 계층의 사람들이 참심원으로 선정되는 경향이 있다.[87] 참심원의 선정절차에서 처음 후보자명부를 작성할 때 무작위추첨이 아니라 행정기관이 후보자명부를 작성하기 때문이다.

독일의 참심제는 민주주의 원리에 비추어 철저하지 못하다는 비판을 받는다.[88] 국민의 사법참여는 재판의 효율성이라는 관점보다는 사법의 민주적 정당성의 강화와 사법절차에 대한 신뢰증진에서 찾아야 한다. 독일에서 참심제에 대한 비판과 장점에 대한 언급은 재판의 효율성이라는 관점에서 제기되고 있는 것인데 이는 국민의 사법참여가 갖는 중요한 의의를 과소평가하는 것이다. 다만 대상사건에 대하여 피고인의 선택권을 인정하지 않고 모두 참심재판을 하고 있다는 점은 국민주권주의를 실현하는 민주주의 요소에 부합하는 것으로 평가된다.

86) 안경환, 한인섭, "배심제와 시민의 사법참여", 집문당, 2005, 342~343면.
87) 안경환, 한인섭, "배심제와 시민의 사법참여", 집문당, 2005, 336면.
88) 안경환, 한인섭, "배심제와 시민의 사법참여", 집문당, 2005, 344면.

5. 일본의 재판원제도

(1) 일본의 재판원재판

일본은 1867년 메이지유신을 겪으면서 근대화의 길을 시작하였고, '다이쇼민주주의'라고 알려진 전국적인 민주화운동 기간인 1923년 배심재판을 받아들여 '배심원법'을 제정하였다. 배심원법은 1928년부터 시행되어 1943년 정지될 때까지 15년간 유지하였다. 배심재판의 대상은 법정최고형이 사형이거나 무기징역인 범죄 또는 법정형이 장기 3년 이상이거나 단기 1년 이상인 범죄였다.[89] 전자는 법정배심사건 후자를 청구배심사건이라고 하는데 양자는 모두 피고인이 포기할 수 있었다. 일본황실에 대한 범죄 등 국사범이나 내란죄 및 소요죄 등 정치범의 혐의에 대하여는 배심제를 적용하지 않았다.[90] 배심원은 유죄나 무죄의 평결을 내리지 않았고 사실인정여부에 대한 판사의 질문에 답변하였고, 배심원의 답변에는 판사를 기속하는 힘이 없었다. 오히려 판사는 배심원의 답변이 부당할 경우 다른 배심원을 소환하여 다시 재판을 할 수 있었다.[91]

일본이 일찍 도입했던 배심제는 일본에서 군국주의와 파시즘이 득세하면서 배심재판을 원하는 계층이 오히려 배심재판을 기피하거나 받지 못하게 만들었고, 배심원법 자체의 내용도 판사가 배심원의 답변을 무시하고 새로운 배심원을 소환할 수 있도록 함으로써 배심재판의 의미가 거의 사라졌다. 또한 배심재판을 받을 경우 항소심에서 감형을 받기 어려웠고[92], 배심재판과정에서 판사가 배심원에게 하는 지시에 이의를 할 수 없었다. 이와 같이 일본의 배심제는 배심제의 본질과 반하는 제도였고, 동료보다는 상급자에 의한 재판을 선호하는 일본의 권위주의적 문화가 결합되어 결국 일본의 배심제도는 실패하였다.[93] 다만 일본의 문화를 원인으로 드는 것에 대하여 비판하면서 일본의 배심제 실패는 일본의 민주주의가 대

---

89) 닐 비드마르 엮음, 김상준 · 김형두 · 이동근 · 이효진 옮김, "세계의 배심제도", 나남, 2007, 550면.
90) 안경환, 한인섭, "배심제와 시민의 사법참여", 집문당, 2005, 120면.
91) 닐 비드마르 엮음, 김상준 · 김형두 · 이동근 · 이효진 옮김, "세계의 배심제도", 나남, 2007, 551면.
92) 피고인이 배심을 사퇴할 수 있음에도 사퇴하지 않는 것이 당시 일본에서 형을 가중하는 사유가 되었다고 한다.(대검찰청, '각국의 국민형사재판참여 제도 : 일본', 2005, 11면)
93) 닐 비드마르 엮음, 김상준 · 김형두 · 이동근 · 이효진 옮김, "세계의 배심제도", 나남, 2007, 553~555면.

폭 후퇴하면서 유지될 수 없었던 것이라는 견해가 있다.[94]

배심제와 거리가 있으나 일본의 특유한 제도로 검찰심사회가 있다. 일본의 패전 후 미군정이 시행되면서 미국식 기소배심에 대한 논의가 있었으나 일본 사법당국의 반대로 종전처럼 검사가 기소·불기소 권한을 행사하되 시민들이 사후에 검사의 결정이 올바른 것인지 심사할 수 있는 권한을 부여하는 제도가 검찰심사회이다.[95] 검찰의 기소에 대한 유죄판결비율이 비정상적으로 높은 일본의 풍토를 고려할 때 검찰심사회는 비록 재판이 아니라 기소단계에 대한 심사이고 사후적 심사라는 한계가 있지만 사법절차의 민주화에 기여하는 바는 적지 않다.

이후 일본에서 형사사법의 문제점으로 조서재판과 공판심리의 형해화, 자백중심주의가 제기되었다. 사법개혁을 위해 1999년 사법제도개혁심의회를 설치하였으며, 이 심의회는 국민의 재판참가제도를 사법제도개혁의 주요과제로 삼았다. 2004년 '재판원이 참가하는 형사재판에 관한 법률'을 제정·공포하였고 2009년 5월부터 재판원에 의한 재판을 시작하였다.[96]

재판원재판의 대상사건은 법정형이 사형 또는 무기징역 혹은 무기금고에 해당하는 범죄에 관한 사건과 고의의 범죄에 의해 피해자를 사망시킨 범죄에 관한 사건[97]으로 규정되어 있다. 대상사건에 해당하면 재판원재판을 받게 되고 피고인의 선택권은 인정되지 않는다.[98] 재판부는 재판관 3인, 재판원 6인으로 이루어지는데 자백사건의 경우에 양 당사자가 이의가 없다면 재판관 1인, 재판원 4인으로 구성될 수 있다. 재판원은 재판관과 협동하여 유·무죄의 판단 및 양형의 결정에 주체적·실질적으로 관여한다.[99]

94) 안경환, 한인섭, "배심제와 시민의 사법참여", 집문당, 2005, 123면.
95) 안경환, 한인섭, "배심제와 시민의 사법참여", 집문당, 2005, 124면.
96) 권순민, "일본 형사재판에서의 국민 참여에 관한 쟁점과 그 시사점", 「법학연구」 제26집 제4호, 원광대학교 법학연구소, 2010, 203~204면.
97) 상해치사, 위험운전치사 등의 범죄는 일본 국민의 관심이 높다고 한다.(김용세, "일본 재판원제도의 구조와 특성", 「형사정책연구」 제16권 제2호 통권 제62호, 한국형사정책연구원, 2005, 22면.)
98) 정진수, "일본의 재판원 제도-그 성립경위와 주요내용", 「형사정책연구」 통권 제71-2호, 2007, 846면.
99) 권순민, "일본 형사재판에서의 국민 참여에 관한 쟁점과 그 시사점", 「법학연구」 제26집 제4호, 원광대학교 법학연구소, 2010, 205면.

(2) 일본의 재판원선정

재판소는 시・정・촌의 선거관리위원회가 보유하고 있는 선거인명부(20세 이상)에서 일정한 절차를 거쳐 1년마다 재판원후보자명부를 작성한다. 명부에 등재한 사람에게는 그 취지가 통보된다. 재판소는 구체적인 형사사건이 계속되면 그 사건에 대하여 재판원후보자명부 중에서 일정한 숫자의 재판원후보자를 선임절차 기일에 호출한다. 선임절차는 비공개이며 검찰관과 변호인이 출석하는데 피고인의 출석은 요하지 않는다. 재판원후보자에 대한 질문은 재판장이 하고, 검찰관과 변호인은 필요한 질문을 할 것을 재판장에게 청구할 수 있다. 선임절차에서 결격사유 등이 밝혀지면 해당되는 재판원후보자에 대하여 불선임결정을 한다. 검찰관과 변호인도 재판원후보자가 불공평한 재판을 할 우려가 있는 경우 불선임청구(이유부기피신청)를 할 수 있고, 이유를 제시하지 않는 불선임청구(무이유부기피신청)를 할 수 있다. 전자의 경우 횟수에 제한이 없지만, 후자의 경우 6인의 재판원을 선정할 때 4인에 대하여만 행사할 수 있다. 불선임결정이 되지 않은 재판원후보자 중에서 추첨을 통하여 재판원 및 예비재판원이 결정된다.[100)]

재판원의 결격사유로 의무교육을 종료하지 않은 자(단 이와 동등이상의 학식이 있는자는 그러하지 않다), 금고이상의 형에 처해진 자, 심신의 고장으로 인해 재판원의 직무를 수행하기에 지장이 있는 자가 규정되어 있다.[101)] 재판원취직제한사유로 국회의원, 국무대신, 재판관, 검찰관, 변호사, 변리사, 공증인, 자위관 및 금고이상의 형에 해당하는 범죄로 소추되거나 체포 또는 구류된 자가 규정되어 있고[102)], 부적격사유로 70세 이상인 자, 지방공공단체의회의원, 학생 및 당해 사건의 피고인 또는 피해자와 그 친족 등이 규정되어 있다.[103)]

(3) 평가

일본의 재판원제도는 배심제와 참심제의 요소를 결합한 제도이나 재판원이 판

---

100) 정진수, "일본의 재판원 제도-그 성립경위와 주요내용", 「형사정책연구」 통권 제71-2호, 2007, 849~850면.
101) 일본의 '재판원이참가하는형사재판에관한법률'(평성19년) 제14조 제1호내지 제3호.
102) 일본의 '재판원이참가하는형사재판에관한법률'(평성19년) 제15조.
103) 일본의 '재판원이참가하는형사재판에관한법률'(평성19년) 제16조 및 제17조.

사와 함께 사실심리와 양형과정에 참여한다는 점에서 참심제에 가까운 제도이다. 다만 그 선정절차는 배심제의 배심원 선정 방법 중 하나인 일괄선정방식을 채택하고 있는 것으로 보인다. 일본의 초기 배심제가 실패한 원인을 분석한 후 그러한 실패를 반복하지 않도록 고심한 결과 재판원과 재판관이 공동으로 심리하고 판결하며, 대상 사건에 대하여는 피고인의 선택권을 배제하여 국민의 관심이 큰 사건에 대하여 반드시 재판원재판을 받도록 한 것이다. 이는 사법의 민주화에 큰 기여를 할 것이며 재판과정의 투명화에도 기여할 것이다.

다만 아직 대상사건의 폭이 매우 좁고, 국민적 관심이 큰 정치적 사건이나 대규모 환경재해와 관련된 사건이 제외되어 있어 국민이 사법에 참여함으로써 얻을 수 있는 민주주의를 증진시키는 장점이 충분히 발휘되기는 어렵다.

6. 중국의 인민배심제도

(1) 중국의 인민배심재판

중국은 사회주의국가로 배심제도는 중요한 재판원칙으로 받아들여졌었다. 중국의 제1심 재판은 합의정과 단독정이 맡는데 합의정은 심판원(우리의 법관)과 배심원으로 구성되거나 심판원만으로 구성될 수 있다. 합의정은 3명 이상으로 구성되며 그 수는 반드시 홀수이어야 한다.[104] 배심원의 구성비율에 대하여는 합의정 구성원의 3분의 1이상이어야 한다. 배심재판의 대상은 ① 사회적 영향이 비교적 큰 형사·민사·행정사건, ② 형사사건의 피고인, 민사사건의 원고와 피고, 행정사건의 원고가 합의정에 인민배심원의 참가를 요청하는 사건이다.[105] 배심원은 심판장이 될 수 없을 뿐 심판원과 같은 권리와 의무를 가지고 사건을 심리하므로 인민배심제라는 명칭과는 달리 참심제에 가까운 제도이다.[106]

(2) 중국의 인민배심원선출

배심원이 되기 위해서는 만 23세에 달한 신체 건강하고 품행이 양호한 사람으

104) 손한기, "중국민사소송법", 연세법무대학원 중국법강의안, 2012, 77면.
105) 손한기, "중국민사소송법", 연세법무대학원 중국법강의안, 2012, 82면.
106) 손한기, "중국민사소송법", 연세법무대학원 중국법강의안, 2012, 80면.

로서 전문대학 이상의 학력을 소지하여야 한다. 결격사유로 전국인민대표대회 상무위원회의 구성원, 법원, 검찰원, 공안기관, 국가안전기관이나 사법행정기관의 구성원 또는 개업 변호사는 배심원이 될 수 없고, 전과자나 파면을 당한 사람도 배심원이 될 수 없다. 특이한 것은 자격자를 구하기 곤란한 지방의 경우에는 비교적 연령이 많고 대중의 위망이 높으며 인민배심원을 담당할 수 있다고 인정되는 자 중에서 선임해도 된다고 한다.[107)]

기층인민법원은 자기 구역의 사건 수, 인구, 면적, 민족분포, 상급법원의 차출수요 등의 요소를 고려하여 인민배심원의 정원을 같은 급의 인민대표대회 상무위원회에 제안하여 확정한 후 기층인민조직의 추천이나 본인의 추천을 받아 후보자 명부를 만든다. 인민대표대회 상무위원회는 후보자 명부 중에서 배심원을 임명하는데 배심원의 임기는 5년이며 연임은 불가능하다.[108)]

(3) 평가

사회주의 국가인 중국에서는 배심제를 중요한 사법원칙으로 삼았지만 중국의 인민배심제, 사실상 참심제는 중국내에서 많은 비판을 받고 있다. 종래부터 배심제는 거의 활용되지 않았고, 임명방식이므로 심지어 자기 법원의 직원을 배심원으로 임명하기도 하였다. 배심원은 형사재판에 참여한다고 해도 실제 재판활동을 하지 않았고 들러리로 앉아 있는 현상이 보편화되었다. 이외에 배심원의 자질부족이나 배심원의 보수가 너무 낮아 배심원을 구하기 어려운 사정이 있다. 이런 문제점으로 최근에는 배심제를 폐지하자는 의견이 많았으나 2004년 전국인민대표대회 상무위원회에서는 배심원의 보수 인상 등 개선조치를 발표하여 인민배심제의 활성화를 위해 노력하였다.[109)]

중국의 인민배심제는 사실상 참심제로 배심원의 자격이나 선정방식이 계약직 공무원을 임명하는 형태를 보이고 있으며, 선정기간이 5년으로 너무 길어 국민의 상식과 정서를 반영하기 보다는 오히려 공무원으로서 업무를 처리하게 될 가능성이 크다. 또한 배심원의 수가 너무 적어 재판에 어떤 영향을 미치기 어렵다. 결국

---

107) 손한기, “중국민사소송법”, 연세법무대학원 중국법강의안, 2012, 82면.
108) 손한기, “중국민사소송법”, 연세법무대학원 중국법강의안, 2012, 82면.
109) 손한기, “중국민사소송법”, 연세법무대학원 중국법강의안, 2012, 81면.

중국의 인민배심제는 사법의 민주적 정당성이나 신뢰증진의 효과를 거두기에는 미흡해 보인다. 하지만 형식적으로나마 국민의 사법참여통로가 존재한다는 점은 긍정적이다.

Ⅲ. 우리나라 국민참여재판의 도입과 발전

1. 국민참여재판의 도입과정

우리나라는 1980년대 후반 민주주의가 크게 진전되면서 경제발전이 고도화되었고 이에 따라 1990년대부터 사법제도의 개혁논의가 활발해지기 시작하였다고 한다. 1993년에는 대법원에 '사법제도발전위원회'가 설치되었고 위 위원회는 1994년 2월 16일 건의안을 채택하였는데 건의안에는 아직 국민의 사법참여에 관한 내용은 포함되지 않았다.[110] 이후 1995년 경 국무총리 산하에 '세계화추진위원회'가 설립되어 사법개혁방안을 논의하였으나 마찬가지로 국민의 사법참여에 관한 내용은 포함되지 않았다. 국민의 사법참여에 관한 논의가 제기된 것은 1999년 대통령 자문기구로 '사법개혁추진위원회'가 설치되면서 1999년 12월 경 중장기적이고 긍정적인 연구 및 검토과제로 선정된 것이 처음이라고 한다.[111]

이후 2000년 2월 법원행정처의 '21세기 사법발전계획'에서 국민참여재판 제도를 논의 대상과제로 채택하였는데 이행과제가 아닌 심포지엄과제로 선정하였다. 같은 해 10월에 열린 '국민과 사법' 심포지엄에서는 배심제의 도입에 반대하고 참심제를 점진적으로 도입할 것이 논의되었다. 2001년에 창립된 대법원의 '사법제도비교연구회'에서는 창립 첫해의 중요 연구과제로 국민의 사법참여방안으로서 참심제, 배심제를 지정하고 연구를 진행하였고, 2003년 1월 대법원의 '21세기 사법발전계획'에서 제2차 추진계획으로 배심제, 참심제의 도입을 긍정적인 입장에서 연구·검토하되, 우선 우리 실정에 적합한 '시민사법모니터'제도의 실시방안을 검토하고 다음 단계로 '준참심제'의 시범실시방안을 검토하기로 논의되었다.[112]

110) 사법제도개혁추진위원회, "사법선진화를 위한 개혁 : 사법제도개혁추진위원회 백서 상", 사법제도개혁추진위원회, 2006, 26면.
111) 박미숙·이정민·황지태·김광준·추형관·임유석, "형사정책과 사법개혁에 관한 조사·연구 및 평가(Ⅱ)", 한국형사정책연구원, 2008, 51면.

2003년 10월 28일 대법원규칙인 '사법개혁위원회규칙'에 따라 대법원 산하의 심의기구로 법조계 · 법학계 · 노동계 · 여성계 · 시민단체 등 각계각층을 대표하는 21명의 위원으로 구성된 '사법개혁위원회'가 설치되었고, 이 위원회에서 2004년 말 사법개혁을 위한 건의문을 채택하였는데 그 내용 중 국민의 사법참여에 관하여 '배심제와 참심제가 혼합된 1단계의 국민재판참여 제도 도입 건의'가 포함되었다. 위 건의의 구체적인 내용은 2012년부터 국민의 사법참여가 실질적으로 보장되는 완성된 제도를 시행하는 것을 목표로 하고, 우선 1단계 국민 사법참여 제도를 고안 · 실시하여 그 시행 성과를 실증적으로 분석한 후 우리나라에 적합한 완성된 국민 사법참여 제도를 설계하여 2012년에 시행하도록 하는 것이었다. 제1단계 국민 사법참여 제도의 시행에 있어서는 배심이나 참심과 같은 단일한 형태의 기본 모델을 결정하지는 아니하고, 배심 · 참심 요소를 혼용한 제도를 모델로 하는 것이었다.[113]

사법개혁위원회의 건의사항을 추진하기 위하여 대통령 산하의 추진기구로 '사법제도개혁추진위원회'를 두기로 하고 2004년 12월 15일 대통령령 제18599호 '사법제도개혁추진위원회규정'이 제정되었다. 2005년 1월 사법제도개혁추진위원회가 구성되었으며, 위 위원회에서 2005년 5월 16일 '국민의 형사재판참여에 관한 법률안'을 마련하여 의결하였다.[114]

위 법률안은 2005년 11월 29일 국무회의에서 의결되어 2005년 12월 6일 국회에 제출되었다, 당초 제출된 위 법률안은 모두 89개조로 구성되어 있었고 그 시행일은 2007년 3월 1일로 정하여져 있었다. 그런데 국회심의과정에서 형사소송법과 중복되는 규정이 삭제되고 피고인이 국민참여재판을 원하는지 확인하는 절차가 변경되는 등 일부 조항이 수정되었다. 결국 2007년 4월 30일 모두 60개조로 구성된 『국민의 형사재판참여에 관한 법률』이 국회 본회의를 통과하여 2007년 6월 1일 공포되었고, 그 시행일은 2008년 1월 1일로 정해졌다. 이로써 우리 사법

112) 박미숙 · 이정민 · 황지태 · 김광준 · 추형관 · 임유석, "형사정책과 사법개혁에 관한 조사 · 연구 및 평가(Ⅱ)", 한국형사정책연구원, 2008, 51면.

113) 법원행정처, "국민의 형사재판 참여에 관한 법률 해설", 법원행정처, 2007, 6면.

114) 한상훈, "입법동향분석 : 국민의 형사재판참여제도 입법논의", 「법과 사회」 제30권, 법과사회이론학회, 2006, 303면.

사상 처음으로 일반 국민이 형사재판에 참여하는 국민참여재판이 탄생하게 되었다.[115]

2. 『국민의 형사재판참여에 관한 법률』 및 대법원규칙의 개정과정

(1) 개정안의 검토

『국민의 형사재판참여에 관한 법률』이 제정된 후 2013년까지 모두 9건의 일부개정법률안[116]이 제기되었고, 그중 7건은 대안으로 수렴되어 의결되었다. 이후 2016. 1. 19. 1차례 개정되었으나 성년후견에 대한 민법개정내용이 반영되어 배심원후보자 결격사유가 수정된 것으로 법률의 주된 내용은 변하지 않았다.

제출된 개정안을 살펴보면 주로 국민참여재판의 대상사건을 확대하자는 내용이 대부분이며, 장애인을 위한 배심원의무 면제규정 삭제와 피해자보호를 위한 참여재판의 시행제한 등을 주장하는 안건이 있었다.

의안번호 1804445호는 배심원 직무 수행 면제 사유 가운데 장애로 인한 출석곤란을 삭제하는 것을 주된 내용으로 한다. 장애를 가진 배심원에게 장애를 이유로 배심원 직무 수행을 면제하여 주는 것은 또 다른 장애인차별이 될 수 있으므로 삭제되어야 한다는 것이다. 장애가 있다고 하여 배심원 직무 수행을 면제하는 것보다는 적극적으로 배심원 직무를 수행할 수 있도록 필요한 도움을 제공하는 것이 장애인을 차별하지 않는 올바른 방향이다.

의안번호 1808720호는 아동 성폭력 범죄를 국민참여재판의 대상으로 하는 것을 주된 내용으로 하는데 아동 성폭력 범죄에 대한 엄중한 처벌을 담보하고 사회적 경각심을 제고하며 국민의 법감정에 충실한 판결이 선고될 수 있도록 하려는 것을 주요내용으로 한다.

다만 이 법안에 대하여는 "국민참여재판이 감정에 치우친 여론재판으로 변질될 가능성이 크고, 최근 아동 성폭력사건에 대한 국민의 정서를 고려할 때 배심원인 국민들이 객관적인 입장에서 판결을 내릴 수 있을지 의문이며 국민참여재판

115) 법원행정처, "국민의 형사재판 참여에 관한 법률 해설", 법원행정처, 2007, 2면.
116) 의안번호 1804445,1808720,1808813,1809276,1809388,1810286,1814358,1902477,1903657로 제기되었다. 의안정보시스템 http://likms.assembly.go.kr/bill/jsp/BillSearchResult.jsp 2013.3.9.방문.

은 피고인의 신청에 따라 진행되는데 피고인이 신청을 기피할 우려가 있고 특히 아동이 국민참여재판에 증인으로 출석하는 것이 적절한 것인지 여부에 대한 논의가 필요하다"는 비판이 있다.117)

의안번호 1808813호는 국민참여재판의 대상사건을 고의로 사람을 살해한 사건으로 하되 피고인이 공판준비기일이 종결되기 전까지 포기 의사를 밝히는 경우에는 국민참여재판으로 진행하지 않도록 하고, 신청대상사건에 대하여 제1회 공판기일 전까지 국민참여재판을 원하는지 여부를 확인하여 피고인의 선택권을 보장하도록 하는 것을 주요내용으로 한다.

이 안건은 일정한 유형의 형사사건에 대하여 원칙적으로 국민참여재판을 진행하도록 하였다는 점에서 의미가 있다. 다만 "고의살인죄의 범위가 명확하지 않고 피고인의 국민참여재판 선택권을 보장하면서 일정한 사건에 대하여 의무적으로 국민참여재판을 진행하도록 하는 것은 결국 법원의 부담을 가중시키는 것이고, 피고인이 국민참여재판을 원하는지 여부를 중복적으로 확인하도록 하여 오히려 참여재판의 진행을 저해할 수 있다"는 비판이 있다.118) 이 안건은 피고인의 재판청구권과 국민의 사법주권행사를 조화시키기 위한 것으로 국민참여재판의 발전방향에 대하여 상당한 시사점을 준다.

의안번호 1809276호는 성폭력범죄는 다른 범죄와 달리 피해자가 국민참여재판에 증인으로 출석하게 될 경우 불특정다수의 배심원들에게 피해자의 신원 및 피해사실 등이 노출됨에 따라 2차 피해를 입게 되므로, 성폭력범죄의 피해자가 국민참여재판을 원하지 아니하는 경우에 법원이 직권으로 국민참여재판의 배제결정을 할 수 있도록 명문화함으로써 형사절차에 있어서 '피해자의 소외현상'을 방지하고, '피고인의 인권보장'과 '피해자의 명예보호'간에 균형과 조화를 유지하려는 것을 주요내용으로 한다.

이 안건에 대하여 찬성하는 견해는 '국민참여재판의 대상사건으로 성범죄가 적합한가의 여부에 대한 논란이 있어왔고 실제 재판업무에 종사하는 판검사의 경우

---

117) 탁희성, 최수형, "형사정책과 사법제도에 관한 연구(Ⅴ) : 국민참여재판제도의 평가와 정책화 방안", 한국형사정책연구원, 2011, 75면.

118) 탁희성, 최수형, "형사정책과 사법제도에 관한 연구(Ⅴ) : 국민참여재판제도의 평가와 정책화 방안", 한국형사정책연구원, 2011, 77면.

참여재판에 부적합한 범죄유형이라고 지적하는 경우가 많았으며, 성범죄의 경우 피해자가 국민참여재판을 원하지 않는 경우가 많고 비록 국민참여재판과정에서 증인석에 차폐시설을 하여 피고인과 배심원들의 시선으로부터 피해자를 차단해도 다수의 배심원 앞에서 신원이 노출되는 것을 두려워하는 피해자에 대한 인권보호적 고려가 행해질 필요가 있으므로 피해자의 기본권 보호의 측면에서 접근할 때 바람직안 제안'이라고 한다.[119]

하지만 형사재판과정에서 피해자보호는 매우 신중한 접근을 요한다는 점을 지적할 필요가 있다. 형사재판과정은 피고인이 어떤 범죄를 저질렀는지 여부를 가리는 절차이고 판결이 확정되기까지 피고인은 무죄로 추정된다.[120] 무죄로 추정되는 피고인의 범죄유무를 가리는 형사재판절차에서 이미 피고인의 범죄행위로 인한 피해자가 존재한다고 설정하고 그 피해자의 보호필요성을 강구하는 것은 헌법상 규정된 무죄추정의 원칙과 배치될 위험이 있다. 아울러 국민참여재판에서 증인의 공개는 매우 다양한 수준으로 제한될 수 있다. 즉 위에서 언급한 차폐시설은 가장 낮은 단계이며, 다른 방법으로 법정 바깥에 설치된 영상녹화실에서 영상중개장치를 통하여 배심원을 보지 않고 증언할 수 있고, 배심원에게 얼굴이 드러나지 않도록 증인의 얼굴을 모자이크처리로 가린 채 음성증언만 하는 것도 가능하다.[121] 피해자의 성명도 공개되지 않고 주소나 연락처도 공개되지 않는다. 다양한 증인보호수단이 있음에도 이를 활용하지 않고 가장 낮은 보호수단만을 가정하여 피고인의 국민참여재판을 받을 권리를 제한하는 것은 타당하지 않다. 피해자의 보호는 피해자라고 주장하는 자가 실제 범죄의 피해자라면 가능한 빠른 시기에 시작하는 것이 타당하므로 피고인의 유죄가 확정될 때까지 피해자보호를 미룰 수는 없다. 따라서 피해자보호는 수사단계, 제1심선고단계, 유죄의 확정단계 별로 보호의 정도를 달리하는 단계적 보호방안이 필요하고, 피고인의 방어권보장과 피해자의 인권보장의 균형을 고려하여야 한다. 위에서 살펴본 다양한 증인 보호 장치를

119) 탁희성, 최수형, "형사정책과 사법제도에 관한 연구(Ⅴ) : 국민참여재판제도의 평가와 정책화 방안", 한국형사정책연구원, 2011, 78면.

120) 헌법 제27조 제4항 '형사피고인은 유죄의 판결이 확정될 때까지는 무죄로 추정된다.'

121) 음성변조를 한 증언도 기술적으로는 가능할 것으로 보이나, 김형국 변호사가 수행한 국민참여재판에서는 아직 시도된 바가 없고, 시행한 전례도 파악되지 않는다.

보면 굳이 성폭력범죄만 한정하여 피해자의 의사에 따라 국민참여재판을 배제하는 것보다는 다양한 증인보호장치를 활용하는 것이 균형잡힌 해결책으로 보인다.

의안번호 1809388호는 당시 『국민의 형사재판 참여에 관한 법률』이 국민참여재판의 대상 사건을 당해 법률에 직접 구체적인 죄명을 규정하는 한편 일정한 범위를 정하여 국민의 형사재판 참여에 관한 규칙에 위임하는 이원적 방식을 취하고 있음을 지적하면서 2008년에 국민참여재판이 65건, 2009년에 국민참여재판이 94건만이 열렸는데 이는 전체 국민참여재판 대상사건의 1.4%에 불과하여 처음 예상한 국민참여재판 사건수에 미흡하므로, 법원의 재판에 건전한 국민의 상식을 반영하고, 사법신뢰 향상을 위해 참여재판 대상 사건을 확대할 필요가 있어 참여재판 대상 사건을 1심 합의부 사건[122]으로 확대할 것과 성폭력 피해자 등 일정한 유형의 피해자들은 참여재판을 원하지 않는 경우가 많으므로 명문의 규정을 두어 2차 피해를 방지하기 위하여 참여재판 배제결정 및 통상절차 회부결정을 할 수 있도록 하자는 것을 주요 내용으로 한다.

이 안건에 대하여 '국민참여재판의 대상사건을 확대하는 것은 모처럼 도입된 국민참여재판을 활성화하고 피고인의 국민참여재판을 받을 권리를 확대보장하는 것으로 바람직한 것이나 아직 충분한 준비가 되어 있다고 보기 어려운 상태에서 대상사건이 확대될 경우 이를 정상적으로 처리할 수 있을 것인지에 대한 의문이 있다는 비판과 성폭력 피해자의 2차피해를 막기 위한 것에 한정하지 않고 다른 범죄의 피해자도 국민참여재판을 원하지 않는 경우 법원이 국민참여재판 배제결정을 할 수 있도록 하는 것은 피고인의 국민참여재판을 받을 권리가 피해자에 의하여 제한되는 결과를 초래한다'는 점을 지적하는 비판이 있다.[123]

하지만 이미 상당한 시행기간을 거치고 수백건의 국민참여재판의 경험이 축적된 이상 국민참여재판의 준비가 미흡한 것으로 보이지 않는다. 다만 지나치게 많은 국민참여재판이 법원이나 검찰의 처리능력을 초과하여 폭주할 가능성은 존재하지만 현재 국민참여재판의 신청건수와 철회건수를 살펴보면 기우에 불과한 것

122) 법원조직법 제32조 제1항 제3호는 합의부의 관할사건으로 사형·무기 또는 단기 1년 이상의 징역 또는 금고에 해당하는 사건을 원칙으로 하되, 여러 예외규정을 두고 있다.

123) 탁희성, 최수형, "형사정책과 사법제도에 관한 연구(Ⅴ) : 국민참여재판제도의 평가와 정책화 방안", 한국형사정책연구원, 2011, 81면.

으로 보인다. 피해자의 의사에 따라 피고인이 국민참여재판을 받을 권리를 제한하는 것은 위에서 살펴본 피고인의 무죄추정의 원칙과의 상충될 위험이 있다.

의안번호 1810286호는 정권의 교체로 행정부처의 명칭이 변경됨에 따라 법률상의 행정부처명을 과거의 표현에서 현재의 행정부처명에 맞게 수정하는 기술적인 내용으로, '행정자치부장관'을 '행정안전부장관'으로 수정한 것이다.

의안번호 1814358호는 위에서 살펴본 6건의 법률안을 심사한 후 대안으로 제시한 법률안으로 국민참여재판의 대상사건을 '법원조직법' 제32조 제1항(제2호 및 제5호는 제외한다)에 따른 합의부 관할사건으로 확대하고, '성폭력범죄의 처벌등에 관한 특례법' 제2조에 규정된 범죄로 인한 피해자가 국민참여재판을 원하지 아니하는 경우 배제결정을 할 수 있도록 하고, '성폭력범죄의 처벌등에 관한 특례법' 제2조에 규정된 범죄로 인한 피해자 보호를 위하여 국민참여재판을 계속 진행하는 것이 부적절하다고 인정하는 경우 통상절차 회부결정을 할 수 있도록 하는 것을 주요내용으로 한다. 이 안건에 포함된 개정내용에 대한 평가는 위에서 살펴본 것과 같으므로 생략한다.

의안번호 1902477호[124]는 국가 기능의 적정한 수행에 대한 국민의 신뢰와 국민경제질서에 미치는 부정적 파급효과가 중대한 주요 부정부패범죄 또는 경제범죄는 주로 고위공직자 또는 대기업 경영자 등 이른바 사회지도층이 범하는 경우가 많은 반면 이들 범죄에 대한 그간의 사법적 판결의 경향이 일반 범죄와 비교하여 온정주의적이라는 비판이 꾸준히 제기되었는바, 국민참여재판의 대상사건 중 『특정범죄가중처벌등에관한법률』에 따른 뇌물 및 알선 수재, 『특정경제범죄 가중처벌 등에 관한 법률』에 따른 횡령, 배임 및 수재 등 사회지도층이 그 직무상의 권한과 직위를 이용하여 범하는 사례가 많다고 보여지는 주요 부정부패범죄와 경제범죄에 관한 형사재판의 경우 국민참여재판을 의무적으로 실시하도록 하여 이들 사건 전반에 관하여 일반 국민의 법의식이 반영된 형사사법적 판단이 이루어질 수 있도록 하고, 경제민주화에 기여할 수 있는 제도적 장치를 마련하는 것을 주요내용으로 한다.

국민참여재판을 도입하면서 미국식의 제도를 주로 참고하여 피고인의 인권보

---

124) 이 법률안은 2012년 11월 7일 제안되어 현재 소관위원회에 접수된 상태이다.

장을 주된 목표로 삼은 결과 피고인의 신청에 의하여만 국민참여재판을 하도록 제도가 설계되었다. 하지만 현대국가에서 배심제는 인권보장에 한정된 제도가 아니라 민주주의의 실현수단으로서 국민주권주의를 실질화하는 방법으로 인정되고 있는 것이다. 국가의 주권자인 국민의 상식과 정서를 형사재판에 반영하기 위해서는 국민생활에 중대한 영향을 끼치는 사건이라면 비록 피고인은 국민참여재판을 받기를 거부하는 사건이라고 해도 의무적으로 국민참여재판을 받도록 하는 조치가 필요하다. 이 법률안에서 언급하고 있는 뇌물이나 사기사건 외에 중대한 환경재해나 대규모 부실공사로 인한 사건도 포함될 필요가 있다. 어떤 사건을 의무적으로 국민참여재판에 회부할 것인지 여부는 사건의 내용을 검토하여 법원이 판단하도록 하는 것이 타당하며, 검사에게도 국민참여재판신청권을 부여할 필요가 있다.

의안번호 1903657호는 사건의 당사자가 법관 또는 검사인 경우 그 신분적 특성으로 인하여 재판의 공정성에 대한 국민적 의혹과 불만이 제기될 가능성이 크므로 국민참여재판 대상 사건 중 사건당사자가 법관 또는 검사인 경우에는 피고인의 의사와 무관하게 원칙적으로 국민참여재판을 실시하도록 하고, 법원의 국민참여재판 배제결정이나 통상절차 회부결정의 요건을 보다 엄격히 규정함으로써 이러한 사건에 대한 사법적 불신을 불식시킬 수 있도록 제도적 장치를 마련하고, 추상적인 국민참여재판 배제결정 사유를 삭제하고 배제결정의 요건을 구체적으로 제한하여 국민참여재판제도 운영의 적정을 기하려는 것을 주요내용으로 한다.

이 안건 역시 피고인이 특수한 신분을 가지고 있는 경우에는 비록 피고인이 원하지 않더라도 국민참여재판을 받도록 함으로써 배심제가 가지고 있는 국민주권주의를 실질화하는 기능을 강조하고 있다.

(2) 개정과정의 검토

『국민의 형사재판 참여에 관한 법률』은 2007년 6월 1일 법률 제8495호로 제정되어 2008년 1월 1일부터 시행되었고, 2010년 4월 15일 법률 제10258호로 개정되어 당일부터 시행되었으며, 2012년 1월 17일 법률 제11155호로 개정되어 일부는 당일부터 시행되었고 일부는 2012년 7월 1일부터 시행되었다.

2010년 4월 15일 법률 제10258호로 개정된 것은 참여재판의 대상사건으로 규정되어 있던 범죄 중 『성폭력범죄의 처벌 및 피해자보호 등에 관한 법률』위반 사건에 대하여 위 법률이 『성폭력범죄의 처벌 등에 관한 특례법』으로 개정되면서 법률의 명칭과 조문의 순서를 정리하기 위한 것으로 실질적으로 법의 내용은 바뀌지 않았다.

2012년 1월 17일 법률 11155호로 개정되어 당일부터 시행된 내용은 배심원후보예정자명부에 대한 규정으로 지방법원장은 배심원후보예정자명부를 작성하기 위하여 행정안전부 장관에게 매년 그 관할구역 내에 거주하는 만 20세 이상 국민의 주민등록정보에서 일정한 수의 배심원후보예정자의 성명·생년월일·주소 및 성별에 관한 주민등록정보를 추출하여 전자파일의 형태로 송부하여 줄 것을 요청할 수 있고, 요청을 받은 행정안전부장관은 30일 이내에 주민등록자료를 지방법원장에게 송부하여야 한다는 내용으로 개인정보수집의 근거규정을 마련한 것이다.

2012년 1월 17일 법률 제11155호로 개정되어 2012년 7월 1일부터 시행된 내용은 앞에서 살펴본 대안 의결(의안번호 1814358호)과 같은 내용으로 국민참여재판의 대상사건을 형사 1심 합의부가 관할하는 모든 사건으로 확대하고, 성폭력범죄의 피해자가 원하지 않는 경우 국민참여재판을 하지 않을 수 있도록 하며 일단 시작된 국민참여재판도 성폭력범죄의 피해자가 원하지 않을 경우 통상의 재판절차로 재판할 수 있도록 하는 내용을 담고 있다.

2013년 3월 23일 법률 제11690호로 개정된 것 및 2014년 11월 19일 법률 제13762호로 개정된 것은 정부조직법이 개정되어 주무부처의 명칭이 변경된 것으로 법률 내용이 변경되지 않았고, 2016년 1월 19일 법률 제13762호로 개정되어 당일 시행된 내용은 성년후견 등 제도가 도입된 민법의 개정내용을 배심원후보자 결격사유에 반영한 것으로 주된 내용은 변하지 않았다.

『국민의 형사재판 참여에 관한 규칙』은 『국민의 형사재판 참여에 관한 법률』이 대법원규칙에 위임한 사항, 그 밖에 국민참여재판절차에 관하여 필요한 사항을 규정함을 목적으로 2007년 10월 29일 대법원규칙 제2107호로 제정되어 법률과 같이 2008년 1월 1일부터 시행되었다.

처음 제정되었을 때에는 『국민의 형사재판 참여에 관한 법률』이 대법원규칙에 위임한 사항 중 국민참여재판의 대상사건으로 규칙 제2조에서 1. 『보건범죄단속에 관한 특별조치법』 제2조 제1항 제3호(부정식품제조등)와 제3조 제1항 제1호, 제3호(부정의약품제조 등의 처벌), 2. 『환경범죄의 단속에 관한 특별조치법』 제3조 제2항(오염물질불법배출), 3. 『특정범죄가중처벌등에 관한 법률』 제11조 제1항, 제2항 제1호(마약)을 규정하였다.

위 대법원 규칙은 이후 6차례에 걸쳐 개정되었는데 2009년 6월 1일 대법원규칙 제2237호로 개정되면서 국민참여재판의 대상사건으로 『특정범죄가중처벌 등에 관한 법률』 제2조 제1항 제2호, 제3호(뇌물), 제5조의4 제2항, 제3항, 제6항(상습강도, 절도), 제5조의10 제2항(운전자등폭행치사상)이 추가되었고, 일반 형법상의 범죄로 『형법』 제297조(강간), 제299조(준강간), 제333조(강도), 제334조(특수강도), 제335조(준강도), 제336조(인질강도)가 추가되었다. 이 대법원 규칙은 2009년 7월 1일부터 시행되었다.

이후 2012년 5월 29일 대법원규칙 제2404호로 개정되면서 대상사건을 규정한 제2조는 삭제되었는데 이는 법률에 대상사건을 명확히 규정하고 위임규정을 삭제한 것에 따른 것이다. 이 규칙은 2012년 7월 1일 시행되었다.

위 규칙은 2015년 6월 2일 대법원규칙 제2602호로 개정되면서 재정합의결정을 통하여 단독판사의 관할 사건이 국민참여재판의 대상사건이 될 수 있는 경우에 대비하여 피고인의 의사를 확인하는 절차 및 국민참여재판 안내서의 송달을 규정하였다. 이 규칙은 2015년 7월 1일 시행되었다.

이상에서 살펴본 바와 같이 『국민의 형사재판 참여에 관한 법률』이나 『국민의 형사재판 참여에 관한 대법원규칙』은 주로 국민참여재판의 대상사건을 확대하는 방향으로 개정되어 왔다. 특히 2012년 1월 17일 법률 제11155호로 개정되어 2012년 7월 1일부터 시행되는 국민의 형사재판 참여에 관한 법률은 국민참여재판의 대상사건을 1심 합의부가 관할하는 모든 사건으로 확대시키는 매우 진전된 내용을 담고 있다. 다만 이 개정법률에서 대법원규칙으로 국민참여재판의 대상사건을 규정할 수 있도록 한 조항이 삭제되었는데 앞으로는 국민참여재판의 대상사건은 법률로 규정할 수밖에 없게 되어 사회변화에 따른 탄력적인 대응이 어려워 질 우려가 있다.

3. 국민참여재판의 시행경과

국민참여재판이 시행된 첫해인 2008년에 참여재판의 대상사건 수는 4,451건이었고, 이중 5.2%인 233건이 국민참여재판으로 신청되었다. 2009년에는 참여재판의 대상사건수가 7,047건이었고 이중 4.8%인 336건이 국민참여재판으로 신청되었으며, 2010년에는 참여재판의 대상사건수가 7,933건이었고 이중 5.5%인 438건이 국민참여재판으로 신청되었다.[125] 2008년 1월 1부터 2014년 12월 31일까지 전체 대상사건 83,747건 중 4.3%인 3,624건이 국민참여재판으로 접수되었고 접수된 사건 중 40.4%인 1,464건이 국민참여재판으로 진행되었다.[126] 접수된 사건 중 피고인이 국민참여재판의사를 철회한 경우는 39.4%인 1,428건이었고, 법원이 국민참여재판 배제결정을 한 것은 17.2%인 623건이었다.

[표 1] 국민참여재판 접수사건수 및 시행사건수(2008.1.1.~2014.12.31.)[127]

시기	국민참여재판 접수사건수	배제결정된 사건수	피고인이 신청을 철회한 사건수	국민참여재판 시행사건수
2008년	233	61	90	64
2009년	336	75	138	95
2010년	438	75	177	162
2011년	489	63	178	253
2012년	756	124	278	274
2013년	764	118	334	345
2014년	608	107	233	271

대상사건의 증가에 비하여 신청건수의 비율이 크게 늘지는 않지만 신청건수

125) 탁희성, 최수형, "형사정책과 사법제도에 관한 연구(V) : 국민참여재판제도의 평가와 정책화 방안", 한국형사정책연구원, 2011, 117면.
126) 법원행정처, "국민참여재판성과분석(2008~2014)", 법원행정처 사법지원실, 2015, 2~3면.
127) 탁희성, 최수형, "형사정책과 사법제도에 관한 연구(V) : 국민참여재판제도의 평가와 정책화 방안", 한국형사정책연구원, 2011, 117면. 법원행정처, "국민참여재판성과분석(2008~2014)", 법원행정처 사법지원실, 2015, 2~3면. 2012년 이후 국민참여재판의 대상사건이 확대되면서 대상사건에 대한 통계는 작성되지 않고 신청건수 및 시행건수에 대한 통계만 작성되었다.

자체는 꾸준히 증가하고 있다. 2009년 참여재판의 대상사건수가 크게 증가한 것은 2009년 7월 1일 개정된 대법원규칙이 시행되면서 국민참여재판의 대상사건으로 『특정범죄가중처벌 등에 관한 법률』 제2조 제1항 제2호, 제3호(뇌물), 제5조의4 제2항, 제3항, 제6항(상습강도, 절도), 제5조의10 제2항(운전자등폭행치사상)이 추가되었고, 일반 형법상의 범죄로 『형법』 제297조(강간), 제299조(준강간), 제333조(강도), 제334조(특수강도), 제335조(준강도), 제336조(인질강도)가 추가되었기 때문이다. 2012년에는 국민참여재판의 대상사건이 모든 합의부 관할 사건으로 확대되면서 신청건수가 갑자기 증가하였으나 이후 큰 폭으로 감소하였다.

범죄유형별로 국민참여재판이 신청된 건수를 살펴보면 2012년 이전에는 기타 유형을 제외하면 강도살인 · 강도상해 등의 범죄가 참여재판의 대상사건으로 가장 많이 포함되고 있으며, 대상사건 대비 참여재판 접수비율이 가장 높은 범죄는 살인 · 살인미수 등이고, 그 다음이 상해치사 · 폭행치사 등인 것으로 나타났다. 이 통계에 대하여 '살인죄와 치사의 경우 그 동기 및 정황과 관련한 법적 · 사실적 판단이 명확하지 않은 경우가 많고, 우발적 결과로 사망의 결과가 초래되는 경우도 적지 않아서, 피고인의 입장에서는 일반이 배심원으로 참여하는 참여재판을 통해 자신의 양형에 대해 배려를 호소하려고 하는 경우가 있기 때문'이라고 분석하

[표 2] 범죄유형별 국민참여재판 진행건수(2008.1.1.~2012.12.31.)[128]

범죄유형	국민참여재판진행건수	
	건수	비율(%)
살인 · 살인미수 등	454	20.3
상해치사 · 폭행치사 등	107	4.8
강간상해 · 강간치상 등	240	10.8
강도살인 · 강도상해 등	499	22.4
성폭력범죄의처벌등에관한특례법위반 등	212	9.5
기타	720	32.3
합계	848	38

128) 법원행정처, "국민참여재판성과분석(2008~2012)", 법원행정처 사법지원실, 2013, 5면.

는 견해가 있다.[129)]

앞의 표에서 강간상해·강간치상 등 사건을 성폭력범죄의 처벌 등에 관한 특례법위반 사건과 구분하였으나 형법이 적용되는 강간상해·강간치상 등 사건은 일부이며 오히려 발생하는 사건의 많은 부분은 『성폭력범죄의 처벌 등에 관한 특례법』이 특별법우선의 원칙에 따라 우선 적용되고, 사건의 성질 또한 상해보다는 성폭력범죄에 중심이 있으므로 함께 성폭력범죄로 평가하는 것이 타당하다.[130)] 그렇다면 성폭력범죄의 신청비율은 사람의 사망이라는 결과가 발생한 사건에 이어 두 번째로 높은 비율을 차지한다. 이는 성폭력범죄가 전혀 모르는 사람사이에서 발생하기 보다는 친분이 있는 사이에서 더 많이 발생하며, 통상 술에 취한 상태에서 성관계를 하게 되면서 의사에 반하여 성관계를 한 것인지 합의하에 성관계를 한 것인지에 대하여 피고인과 고소인의 입장이 상반되어 피고인이 억울함을 호소하는 경우가 많고 피고인이 법관보다는 일반국민의 관점에서 판단받는 것이 더 유리하다고 생각하기 때문이다.

범죄유형별 국민참여재판 접수사건수에 대한 2014년 12월 31일까지의 통계를 살펴보면 성범죄 등(24.1%). 살인 등(17.4%), 강도 등(16.9%), 상해 등(3.4%)의 순서로 기타사건을 제외하면 성범죄가 가장 큰 비중을 차지한다.

[표 3] 범죄유형별 국민참여재판 접수사건수 (2008.1.1.~2014.12.31.)[131)]

범죄 유형	대상건수	접수건수
살인 등	5,467	632
강도 등	11,666	611
상해 등	2,097	124
성범죄 등	23,356	874
기타	41,161	1,383

129) 탁희성, 최수형, “형사정책과 사법제도에 관한 연구(Ⅴ) : 국민참여재판제도의 평가와 정책화 방안”, 한국형사정책연구원, 2011, 118면.

130) 특별법이 적용되는 성폭력사건으로 인한 강간상해·강간치상 등 사건은 ‘성폭력범죄의 처벌 등에 관한 특례법’으로 개정되기 전 ‘성폭력범죄의 처벌 및 피해자보호등에 관한 법률’이 제정될 무렵부터 특별법에 별도로 규정되어 가중처벌되었다.

131) 법원행정처, “국민참여재판성과분석(2008~2014)”, 법원행정처 사법지원실, 2015, 4면.

기타 사건으로 분류된 것 중 주목해야 할 것이 특정범죄가중처벌등에관한특례법위반(절도) 사건이었다. 대법원규칙의 개정으로 국민참여재판의 대상사건이 되었고, 『특정범죄가중처벌등에 관한 특례법』 제5조의4 제6항에서는 형의 하한을 두 배 가중하도록 규정하고 있어 감경을 하지 않는 한 최저형이 징역 6년에 해당하는 범죄이다. 이는 살인죄의 최저형인 징역 5년보다 무거운 법정형이다. 그런데 전과가 있는 피고인의 경우 매우 경미한 절도죄를 저질러도 이 조항이 적용되어 기소되므로 억울함을 호소하는 경우가 많다. 위 통계 이후에도 특정범죄가중처벌등에관한특례법위반(절도) 사건은 지속적으로 국민참여재판신청이 증가할 것으로 예상되었다. 하지만 이후 헌법재판소는 특정범죄가중처벌등에관한특례법 제5조의4 제1항에 대하여 위헌결정을 하였고 위 조항은 효력을 상실하였다.

월별 참여재판의 신청건수는 2008년 1월부터 증감을 반복하다가 2009년 8월에 51건이 접수되었고, 다시 증감을 반복하다가 2010년 10월 접수건수가 55건, 2010년 12월 38건을 기록하였다. "2010년도에 들어서면서 월별 접수건수가 30건 이하로 내려가는 경우는 거의 없어 비교적 안정적으로 시행되고 있는 것으로 평가된다."고 한다.[132] 2008년 1월 1일부터 2014년 12월 31일까지 7년간 월 평균 43.1건이 접수되었다.

2014년 12월 31일까지 국민참여재판의 시행 건수를 살펴보면 전체 신청건수 3,624건 가운데 철회된 경우가 1,428건으로 39.4%에 달했고, 국민참여재판이 실시된 경우는 1,464건으로 40.4%였다. 법원이 배제결정을 한 경우는 623건으로 17.2%이다. 연도별 경향성을 보면 법원에 의한 참여재판 배제결정비율은 감소하는 반면에 피고인에 의한 철회율과 국민참여재판 실시율은 높아지는 것을 알 수 있다. 특히 국민참여재판 실시건수가 차지하는 비율이 2008년도에는 전체 233건 가운데 64건으로 27.5%였으나 2010년에는 437건 가운데 162건으로 37.1%로 증가하였고, 2014년에는 608건 가운데 271건이 실시되어 44.6%로 증가하였다. 실시건수의 비율은 2011년 크게 증가하였다가 2012년에는 2010년과 유사한 비율이 되었고, 2013년과 2014년에 다시 증가하였다.

---

132) 탁희성, 최수형, "형사정책과 사법제도에 관한 연구(V) : 국민참여재판제도의 평가와 정책화 방안", 한국형사정책연구원, 2011, 119면.

국민참여재판에 대한 통계를 보면 2013년까지 국민참여재판이 시행되는 건수는 지속적으로 증가하고 있음을 알 수 있다. 법원의 홍보로 국민의 인식이 넓어진 측면과 함께 국민참여재판이 피고인에게 유리한 측면이 부각되었기 때문으로 보인다.[133] 다만 2014년에는 큰 폭으로 감소하였는데 국민참여재판의 대상사건이 확대되면서 피고인의 국민참여재판 신청철회비율은 감소한 반면 법원이 국민참여재판에 대하여 배제결정을 한 비율은 상승하였기 때문으로 보인다.

국민참여재판이 피고인에게 유리한 측면을 파악하기 위하여 일반형사사건과 무죄율을 비교하면 2008년 1월 1일부터 2009년 12월 31일까지 국민참여재판 대상사건 중 일반형사사건으로 진행된 사건의 무죄율은 3.0%였는데, 같은 기간 국민참여재판의 무죄율은 8.8%에 이르렀다.[134] 이후 2014년 12월 31일까지의 통계를 살펴보면 국민참여재판의 무죄율은 7.8%로 같은 기간의 전국 법원의 형사합의사건의 1심 무죄율 4.0%에 비하여 높은 수준이다.[135]

[표 4] 죄명별 국민참여재판 판결내용(2008.1.1.~2014.12.31.)[136]

죄명	피고인수	사형	무기형	유기형	실형률	집행유예	재산형	무죄	기타
살인 등	387	1	4	311	81.7%	63	1	5	2
강도 등	268	0	5	164	63.1%	65	6	22	6
상해 등	74	0	0	53	71.6%	15	0	5	1
성범죄 등	244	0	2	137	57.0%	37	14	48	6
기타	491	0	1	339	69.2%	66	45	34	6
합계	1,464 (100%)	1 (0.1%)	12 (0.8%)	1,004 (68.6%)	1,017 (69.5%)	246 (16.8%)	66 (4.5%)	114 (7.8%)	21 (1.4%)

재판의 결과에 불복하여 항소하는 비율을 살펴보면 국민참여재판 전체의 항소율은 81.8%로 지방법원 본원 형사합의사건의 항소율 62.4%보다 높다. 피고인이 항소한 비율도 62.4%로 지방법원 본원 형사합의사건의 피고인 항소율 52.0%보

133) 국민참여재판이 피고인에게 유리한 점에 대하여는 "김형국, '국민참여재판이 피고인에게 유리한 점에 관한 변호인의 고찰', 2009 국선전담변호사 워크숍 자료집, 법원행정처, 2009. 참조.

134) http://blog.naver.com/law_zzang?Redirect=Log&logNo=150083368015 2013년 3월 10일 방문.

135) 법원행정처, "국민참여재판성과분석(2008~2014)", 법원행정처 사법지원실, 2015, 18면.

136) 법원행정처, "국민참여재판성과분석(2008~2014)", 법원행정처 사법지원실, 2015, 17면.

다 높다. 검사가 항소한 비율은 46.3%로 지방법원 본원 형사합의사건의 검사 항소율 27.5%에 비하여 매우 높다.[137)]

[표 5] 국민참여재판의 항소율(2008.1.1.~2014.12.31.)[138)]

판결	항소			미항소
	검사	피고인	전체	
1,464	678(46.3%)	913(62.4%)	1,198(81.8%)	266(18.2%)

피고인이 항소하는 이유는 판결결과에 불복하는 이유 외에도 구치소에서 미결구금상태로 머물면서 보다 자유로운 생활과 접견을 하기 위한 목적과 같이 소송수행상의 편의를 도모하기 위한 경우가 있으므로 피고인이 항소한 것을 모두 재판에 불복하는 것으로 단정하기 어렵다. 반면 검사의 항소율이 높은 것은 무죄율이 높은 것과 연관이 있는 것으로 보이며 유죄인지 무죄인지 여부뿐만 아니라 양형에 있어서도 검사의 구형에 미치지 못하는 배심원의 평결과 법원의 판결이 많았음을 시사한다.

4. 국민참여재판의 최종형태안

(1) 국민참여재판 최종형태안의 내용

국민참여재판이 처음 도입되는 과정에서 살펴보았듯이 일단 국민이 사법절차에 관여할 수 있는 제도를 설계하여 약 5년간 시행하고 그 시행결과에 따라 국민참여재판의 최종형태를 결정하도록 예정되었다. 국민참여재판이 2008년 1월 1일부터 시행되었으므로 5년이 지난 2013년 초부터 국민참여재판의 최종형태를 정하기 위한 논의가 본격적으로 시작되었고, 대법원산하 국민사법참여위원회는 2013년 1월 18일 제7차 회의에서 국민참여재판의 최종형태안을 마련하였다. 국민사법참여위원회는 2013년 2월 18일 최종형태안에 대한 공청회를 거쳐 2013년 3월 6일 제8차 회의에서 공청회 결과를 논의한 후 최종형태안을 확정 의결하였다.

137) 법원행정처, "국민참여재판성과분석(2008~2014)", 법원행정처 사법지원실, 2015. 18면.
138) 법원행정처, "국민참여재판성과분석(2008~2014)", 법원행정처 사법지원실, 2015. 19면.

최종형태안의 주된 내용은 2008년부터 5년간 국민참여재판의 시행성과에 대하여 큰 문제점이 드러나지 않고 전반적으로 잘 운영되어 왔으며 형사재판제도의 발전에 상당한 기여를 한 제도로 앞으로 더욱 발전시켜야 한다고 평가한 것과 '배심원 평결의 효력'과 '실시요건' 등 일부 쟁점에 대하여 수정하고 대부분은 현행 제도를 유지하기로 한다는 것이다. 수정할 쟁점 중 주된 쟁점은 다섯 가지로 정리할 수 있다.

첫째 쟁점은 배심원 평결의 효력에 대한 것으로 현행『국민의 형사재판 참여에 관한 법률』은 '배심원의 평결은 법원을 기속하지 않는다.'라고 규정하여 배심원의 평결에 대하여 권고적 효력만 인정하나, 최종형태안은 권고적 효력에서 한걸음 더 나아가 '사실상의 기속력'을 부여하기로 하고 이에 따라 배심원 평결 존중의 원칙을 법률에 명시하기로 하였다. 다만 양형에 관한 배심원의 의견은 종전과 같이 권고적 효력만 유지하도록 하였다.

둘째 쟁점으로 배심원 평결의 방식에 관한 것으로 현행『국민의 형사재판 참여에 관한 법률』은 만장일치 평결을 원칙으로 하지만 만장일치가 되지 않는 경우 단순다수결 평결도 허용하고 있으나, 최종형태안은 배심원 평결의 효력에 사실상의 기속력을 부여하는 것과 연계하여 단순다수결 평결을 폐지하고 배심원의 3/4 이상이 찬성하는 경우에만 평결이 성립하는 '가중다수결제'를 채택하였다. 다만 가중다수결의 요건이 충족되지 않는 경우(미국에서 이런 경우를 'hung jury'라 한다.) 다시 국민참여재판을 실시하지 않고 배심원의 평결없이 판결하되 배심원의 의견을 참고할 수 있도록 하였다.

셋째 쟁점으로 국민참여재판의 실시요건에 대하여 일부 강제주의를 도입할 것인지에 대하여, 현행『국민의 형사재판 참여에 관한 법률』은 피고인이 적극적으로 국민참여재판을 신청하는 경우에만 참여재판을 실시하도록 하는 신청주의를 채택하고 있는데 이러한 신청주의에 대하여 사회적으로 이목이 집중되거나 일반 국민의 건전한 상식과 의견을 재판과정에 반영할 필요가 있는 주요 사건들이 피고인의 신청이 없다는 이유로 국민참여재판으로 진행되지 못하고 있다는 비판이 꾸준히 제기되었다. 최종형태안은 이러한 문제점을 극복하기 위하여 피고인의 신청이 없는 경우에도 사법의 민주적 정당성과 투명성을 증진시키기 위하여 필요하다고 인정되는 경우에는 법원의 직권 또는 검사의 신청에 따른 결정으로 국민참여재판에 회부할 수 있도록 함으로써 강제주의적 요소를 일부 도입하였다. 다만 피고인의 의견을 반드시 듣고 결정하도록 하는 절차의무조항을 단서에 도입하였다.

넷째 쟁점으로 국민참여재판의 배심원의 수에 대하여 현행 「국민의 형사재판 참여에 관한 법률」은 법정형에 사형·무기징역(금고)이 포함된 범죄는 9인의 배심원을, 나머지 범죄는 7인의 배심원을 선정하되 피고인이 자백하는 경우에는 5인의 배심원을 선정할 수 있도록 규정하고 있으나, 최종형태안에서는 5인의 배심원을 선정하는 비율이 전체 사건의 10% 미만인 점 등을 고려하여 5인의 배심원을 선정할 수 있는 규정을 삭제하였다. 5인의 배심원은 국민의 상식과 정서를 형사재판에 반영하기에는 너무 적은 숫자라는 미국연방대법원의 판례 및 일반적인 법감정도 반영된 것으로 보인다.

다섯째 쟁점으로 국민참여재판의 법정구조에 대하여 현행 「국민의 형사재판 참여에 관한 법률」은 검사와 피고인 및 변호인이 서로 대등하게 마주 보고 위치하도록 하고 있는데, 이런 법정구조에 대하여 검사석에서 배심원의 표정을 제대로 확인할 수 없고, 피고인 및 변호인 석에서는 증인의 표정을 제대로 확인할 수 없다는 문제점이 제기되었다. 이에 최종형태안은 검사와 피고인 및 변호인이 민사법정에서의 원고와 피고처럼 대등하게 법대를 바라보면서 나란히 앉는 것으로 좌석배치를 변경하도록 하였다.

기타 쟁점으로 판결서를 기재할 때 재판에 참여한 배심원의 수, 유무죄 및 양형에 관한 배심원의 의견을 반드시 기재하도록 하였고, 민법상 성년자의 연령이 만 19세로 낮아짐에 따라 배심원 후보자의 자격연령을 만 19세로 낮추었고, 평의 전 재판장의 설명사항에 검사 주장 요지를 포함시키도록 하였다.

(2) 국민참여재판 최종형태안의 검토

국민참여재판의 최종형태를 정하는 논의에서 제기된 쟁점 중 배심원 평결의 효력에 사실상 기속력을 부여하는 것은 1심의 국민참여재판의 결과를 뒤집은 항소심판결에 대한 대법원판례가 나온 이후로 사실상 인정되어 왔던 효력을 명문으로 규정하는 것에 의미가 있다.

평결의 방식에 대하여 가중다수결제를 도입한 것은 배심원단의 국민대표성을 강화하는 의미가 있으므로 찬성할 만하다. 다만 가중다수결을 할 수 없을 경우 다시 재판을 열지 않고 그대로 판결을 선고하도록 한 것에 대하여는 배심원들이 부담스러운 판결을 회피하는 수단으로 사용할 위험이 있고 법원 또한 배심원들의 의견을 제대로 참작하지 못할 가능성이 있어 국민참여재판의 의미가 퇴색할 수 있다. 최종형태에서 논의한 대로 비록 평결에 이르지 못하였더라도 배심원들의 의견을 충실히 반영할 수 있는 구체적인 규정이 대법원규칙 등에 포함될 필요가 있다.

최종형태안 중에서 가장 중요한 것은 국민참여재판을 강제로 실시할 수 있는 규정을 도입하는 문제일 것이다. 국민적 관심이 크고 다수의 국민들에게 중대한 영향을 미치는 사건에 대하여 국민의 상식과 정서를 반영하는 것이 매우 필요하다. 국민참여재판이 도입될 무렵 제정된 대법원규칙은 위와 같은 취지를 고려하여 국민참여재판대상사건으로 '1. 보건범죄단속에 관한 특별조치법 제2조 제1항 제3호(부정식품제조등)와 제3조 제1항 제1호, 제3호(부정의약품제조 등의 처벌), 2. 환경범죄의 단속에 관한 특별조치법 제3조 제2항(오염물질불법배출), 3. 특정범죄가중처벌등에 관한 법률 제11조 제1항, 제2항 제1호(마약)'을 제정 당시부터 규정하였고, 이후 개정을 통하여 '특정범죄가중처벌 등에 관한 법률 제2조 제1항 제2호, 제3호(뇌물)' 등을 추가하였다. 하지만 위와 같은 사건의 피고인은 국민참여재판을 원하지 않는 경우가 많을 것이며, 설령 원하는 피고인이 있다고 하더라도 이는 무죄를 주장하는 경우이지 국민의 상식과 정서에 부합하는 형벌을 정하기 위한 목적은 아닐 것으로 보인다. 앞으로 사법의 민주적 정당성과 투명성을 증진시키기 위하여 필요한 경우에는 피고인의 의사와 관계없이 국민참여재판에 회부할 수 있게 된다면 국민참여재판이 가지고 있는 민주주의 요소, 구체적으로 실질적 국민주권주의의 구현수단이라는 기능이 더욱 강화될 것으로 보인다.

Ⅳ. 국민참여재판을 바라보는 관점

『국민의 형사재판 참여에 관한 법률』은 제1조 목적에서 '이 법은 사법의 민주적 정당성과 신뢰를 높이기 위하여 국민이 형사재판에 참여하는 제도를 시행함에 있어서 참여에 따른 권한과 책임을 명확히 하고, 재판절차의 특례와 그 밖에 필요한 사항에 관하여 규정함을 목적으로 한다.'라고 규정하고 있다. 위 규정이 명문으로 규정한 것과 같이 국민참여재판은 사법의 민주적 정당성과 신뢰를 증진시키는 것이 가장 큰 목적이다.

그런데 국민참여재판도 형사재판인 이상 형사재판의 이상인 적정한 절차에 의한 실체적 진실발견과 피고인의 인권보장 또한 중요한 목적이라고 해야 한다.

통상 국민참여재판의 도입 필요성으로 ① 민주적 정당성의 제고, ② 시민적 가치와 감각의 반영, ③ 법이론과 법현실의 괴리를 극복한 적법절차의 실현 및 인권옹호의 선진화, ④ 법조비리의 극복과 윤리성의 제고, ⑤ 연고주의 대신 능력주의의 정착을 들고 있다.[139] 이는 국민참여재판 특유의 목적과 함께 일반 형사재판의 목적도 고려한 것으로 보인다. 국민참여재판의 도입 필요성으로 언급된 목적은 모든 형사재판에서 추구해야 할 과제이나 현실적으로 볼 때 "법조인의 폐쇄주의, 엘리트주의, 연고주의, 권위주의적 특성 모두가 사법을 공급자의 관점에서 운영해 온 결과의 산물로 사법수요자의 관점을 전면적으로 반영하고 법을 통치규범에서 생활규범으로 정착시키기 위해서는 시민의 사법접근성을 높이고 시민사법참여를 제도화하는 것이 근본적인 해결책"이라고 한다.[140]

사법절차에 국민이 참여할 수 있는 제도는 형사사법체계를 국가의 손에만 맡겨놓기에는 국가형벌권이 너무나도 강력한 권한이므로 국민이 참여해야 한다는 인식에서 출발하고 있다. 시민을 참여시키고 사실여부에 대한 결정권한을 맡김으로써 형사절차에서 사실발견의 가능성을 높이는 것이다. 배심원이 형사재판에서 사실판단에 대한 전문적 경험이 없다는 것은 다른 말로 전문법관이 가질 수 있는

139) 안경환, 한인섭, "배심제와 시민의 사법참여", 집문당, 2005, 32면.
140) 안경환, 한인섭, "배심제와 시민의 사법참여", 집문당, 2005, 32면.

선입관을 배제한 채 '상식에 터 잡은 판단(common sense judgement)'을 행할 수 있다는 것을 뜻한다. 결국 배심제도의 존재의의는 "자의적이고 보복적인 법집행을 방지하고, 사실발견 절차에 도움이 되며, 민주사회에서의 형사절차에 대한 공공참여를 유도하는데 있는 것"으로 평가된다.[141]

역사적으로 볼 때 영국의 배심제도는 주민자치의 전통에서 주민이 재판권을 행사하는 제도로 역사적으로 형성된 제도일 뿐 어떤 의도나 목적을 갖고 출발한 제도는 아니다.[142] 반면 대륙법계에서 국민의 사법참여는 고문과 밀행성으로 표상되는 절대왕정 시대의 규문절차와 귀족법관들의 자의적 재판으로 인한 폐해를 극복하기 위하여 도입된 제도로서의 의미를 갖는다. 이처럼 대륙법계에서의 국민참여제도는 사법을 왕이나 귀족의 대리인인 판사의 재판에서 국민의 재판으로의 변화를 의미하는 것이다. 다만 독일에서는 권력분립과 시민주권이 정착됨에 따라 왕과 시민의 대립구도가 아니라 권력 그 자체가 시민의 것이 되면서 국민의 사법참여방식이 영국식의 배심제일 필요는 없게 되었다는 인식하에 독자적인 참심제를 고안한 것이라고 한다.[143] 미국의 배심제도는 영국의 식민지배에 대항하는 수단으로 사용되었다. 1734년 존 피터 쨍거(John Peter Zenger)라는 신문기자가 뉴욕총독인 영국인 코스비(Cosby)를 강하게 비판하자 뉴욕 주의 검찰총장이 쨍거를 기소하였는데 당시 영국 정부에 편향적인 판사와 법원 관계자들은 배심원단에 코스비의 지지자들이 포함되도록 하기 위해 노력했지만 배심원 중 몇몇은 네덜란드계였고 영국에 대한 반감을 유지했다. 선정된 배심원에는 선원, 양조업자, 포도주상인, 공예가, 빵 굽는 사람, 상인, 대장장이, 목수, 제혁공, 무역상, 회사원 등이 포함되었다. 이 사건에서 변호사 앤드류 해밀턴(Andrew Hamilton)은 '이것은 불쌍한 인쇄업자 때문도 아니고, 단순히 뉴욕 때문도 아닙니다. 이는 미국의 중심

141) 박미숙・이정민・황지태・김광준・추형관・임유석, "형사정책과 사법개혁에 관한 조사・연구 및 평가(Ⅱ)", 한국형사정책연구원, 2008, 38면.

142) 영국의 배심제의 기원에 대하여 주민자치의 전통이라기보다는 1066년 노르만족 윌리엄 1세의 영국정복과 함께 도입되었고, 이후 헨리 2세는 배심제를 발전시켰는데 왕이 파견한 재판관이 지방에서 재판을 할 때 지방사정에 능통한 유력자들을 12명 소집하여 인명, 토지, 건물, 수확량 등에 대한 자문을 구하였던 것에서 시작된 것으로 보는 것이 일반적이라고 한다.(한상훈, "미국의 배심제도 : 형사배심을 중심으로", 미래한국재단, 2011, 3면.)

143) 박미숙・이정민・황지태・김광준・추형관・임유석, "형사정책과 사법개혁에 관한 조사・연구 및 평가(Ⅱ)", 한국형사정책연구원, 2008, 38면.

에 있고 영국 정부 하에 살고 있는 모든 자유인들에게 큰 영향을 미칠 수 있습니다. 이것이 가장 큰 이유입니다. 자유 때문입니다.'라고 변론하였고, 1735년 재판에서 배심원들은 쨍거에게 무죄평결을 하였다. 이 소식은 미국 전역에 퍼졌고 미국인들이 배심제를 지지하는 중요한 계기가 되었다. 이후 영국은 배심재판의 대상을 축소하는 한편 영국인의 범죄에 대하여 재판지를 변경하여 영국에서 재판하도록 하고, 반역법의 위반자에 대한 재판은 영국으로 이송하여 재판을 받도록 하였는데 이런 조치는 식민지에 살고 있는 미국인들에게 더욱 배심제를 절실히 요구하게 되었다. 1776년 토마스 제퍼슨(Thomas Jefferson)은 미국독립선언서에서 '영국으로부터의 분리를 요구하는 이유 중 하나는 많은 사건에서 우리로부터 배심재판의 혜택을 박탈해 간 영국의 행위였다'라고 기술하였고, 배심재판을 받을 권리는 미국헌법상의 권리로 규정되었다.[144]

국민참여재판의 목적으로 제시되는 민주적 정당성의 증진, 사법에 대한 신뢰고양, 적정한 절차에 의한 실체진실발견, 피고인의 인권보장 모두 포기할 수 없는 중요한 가치이나 위에서 살펴본 역사적 배경을 고려하면 영국과 미국에서는 피고인에게 공정한 재판을 받을 기회를 보장하기 위하여 필요한 제도로서 발전된 것으로 피고인의 인권보장이라는 요소가 강조되었고, 대륙법계에서는 절대군주에 대한 저항이라는 측면에서 민주주의 실현수단으로 민주적 정당성의 증진이라는 측면이 강조되었다. 주의할 점은 이러한 견해는 역사적인 측면에서 바라본 관점으로 영국과 미국의 배심제가 피고인의 인권보장과 더 친숙하다거나 독일과 프랑스의 참심제가 민주적 정당성의 증진과 더 친숙하다고 볼 수는 없다. 배심제나 참심제 모두 민주적 정당성의 증진과 중요한 관련을 맺고 있으며 오히려 현실에서는 배심제가 강력한 견제수단으로 기능하는 반면 참심제는 직업법관의 의견에 참심법관이 압도되어 거의 기능을 하지 못한다는 비판이 제기되고 있다.[145]

우리나라의 국민참여재판을 바라보는 관점도 크게 두 가지로 나눌 수 있는데 하나는 피고인의 인권보장을 강조하는 견해이고, 다른 하나는 국민참여재판의 민주주의적 성격을 강조하는 견해로 구분된다. 두 견해는 국민참여재판의 개시요건

144) 한상훈, "미국의 배심제도 : 형사배심을 중심으로", 미래한국재단, 2011, 7면.
145) 박미숙 · 이정민 · 황지태 · 김광준 · 추형관 · 임유석, "형사정책과 사법개혁에 관한 조사 · 연구 및 평가(Ⅱ)", 한국형사정책연구원, 2008, 40면.

에서 차이를 보이는데 피고인의 인권보장을 강조하는 견해는 국민참여재판을 피고인이 원할 경우에만 열리도록 해야 한다고 주장하는 반면, 국민참여재판의 민주주의적 성격을 강조하는 견해는 피고인이 원하지 않더라도 국민 전체에 중대한 영향을 미치고 관심이 큰 사건에 대하여는 국민참여재판을 열 수 있도록 해야 한다고 주장한다.

일본에서 시행되고 있는 재판원제도는 그 대상사건을 사형·무기징역 또는 무기금고에 해당하는 죄와 고의의 범죄행위로 피해자를 사망하게 한 사건으로 규정하고, 피고인의 의사와 관계없이 모든 대상사건에 대해서 재판원에 의한 재판이 이루어진다.[146] 신청주의가 아닌 강제주의를 채택한 면에서는 우리나라의 국민참여재판제도에 비하여 민주주의적 성격을 더 강조하고 있다고 볼 수 있다.

생각건대 우리나라가 국민참여재판에 대하여 신청주의를 채택함으로써 피고인의 인권보장적 요소를 강조한 것은 주로 미국의 배심제도를 도입하면서 그 제도의 성격에 따른 것으로 보인다. 미국은 헌법에서 시민의 권리로 배심재판을 받을 권리를 보장하고 있다.[147] 하지만 피고인의 인권보장이 배심재판을 통해서만 달성할 수 있는 것은 아니며 미국에서 배심재판이 중시된 이유는 위에서 살펴본 독특한 역사적 사건에 기인한 것으로 다른 역사적 배경을 가지고 있는 우리나라에서 필수적인 절차라고 할 수 없다. 반면 국민참여재판의 민주주의적 성격은 국민의 사법참여를 통하여 매우 효과적으로 달성할 수 있는 목표이다.[148] 형식적 국민주권주의가 보통선거제도를 통하여 구현된다면 실질적 국민주권주의는 주민제안, 주민소환, 여론조사 등과 함께 배심제도를 통하여 구현된다.[149] 현대 민주국가는 형식적 국민주권주의를 넘어 실질적 국민주권주의로 나아가고 있으므로 세계적인

146) 이은모, "공법 : 현행 국민참여재판제도의 내용과 문제점-일본의 재판원제도와의 비교를 중심으로", 「법학논총」 26권, 2009, 408면.

147) 미국연방수정헌법 제6조 '모든 형사 소추에서 피고인은 범죄가 행하여진 주 및 법률이 미리 정하는 지역의 공정한 배심에 의한 신속한 공판을 받을 권리, 사건의 성질과 이유에 관하여 통고받을 권리, 자기에게 불리한 증언과 대질 심문을 받을 권리, 자기에게 유리한 증언을 얻기 위하여 강제 수속을 취할 권리, 자신의 변호를 위하여 변호인의 도움을 받을 권리가 있다.'

148) 사법에 있어서 민주적 정당성의 증진은 배심제도외에 법관 및 검사에 대한 직접선거제, 소환제 등에 의하여 구현될 수 있다.

149) 국내의 대부분 헌법 교과서에서는 실질적 국민주권주의의 요소로 배심제를 명시적으로 언급하고 있지 않다. 하지만 실질적 국민주권주의에 대한 언급이 있는 헌법재판소의 결정례나 교과서는 국민의 의사를 직접 반영할 수 있는 성격을 주된 특성으로 들고 있어 배심제는 사법권에 있어서 실질적 국민주권주의를 실현하는 수단으로 볼 수 있다.

흐름에 따라 우리 국민참여재판제도에 있어서 민주주의적 성격이 보다 강조될 필요가 있다. 우리 『국민의 형사재판 참여에 관한 법률』 제1조에서 민주적 정당성의 증진을 명문으로 규정하고 있는 것도 같은 취지로 보인다.

위에서 살펴본 최근의 국민참여재판에 대한 논의에서 국민참여재판의 최종형태에 대한 수정사항으로 사법의 민주적 정당성과 투명성을 증진시키기 위하여 필요하다고 인정되는 경우에는 법원의 직권 또는 검사의 신청에 따른 결정으로 국민참여재판에 회부할 수 있도록 하였다. 국민참여재판 최종형태안은 국민참여재판의 실시에 강제주의적 요소를 일부 도입함으로써 우리나라의 국민참여재판제도에서 민주주의 실현수단의 성격을 강화하는 방향으로 제안되었다.

제 2 장

대상사건 및 신청절차

››› 제1절 대상사건 및 관할 ‹‹‹

Ⅰ. 개　　요

대한민국의 모든 소송은 헌법 및 법률에 따라 법관에 의하여 재판을 하였으나, 2008. 1. 1. 『국민의 형사재판 참여에 관한 법률』이 제정되면서 형사재판에서 일반국민이 배심원으로 참여하는 국민참여재판이 가능하게 되었다. 당시 제정된 『국민의 형사재판 참여에 관한 법률』에서는 대상사건을 한정적으로 열거하는 방식으로 규정을 하였으나,[1] 법원의 재판에 건전한 국민의 상식을 반영하고 사법신뢰의

---

1) 2012. 7. 1. 국민의 형사재판 참여에 관한 법률 제11155호로 개정되기 전의 규정은 아래와 같았다.
국민의 형사재판 참여에 관한 법률 제5조 ① 1.「형법」 제144조 제2항 후단(특수공무집행방해치사), 제164조제2항 후단(현주건조물 등 방화치사), 제172조 제2항 후단(폭발성물건파열 치사), 제172조의2 제2항 후단(가스・전기 등 방류치사), 제173조 제3항 후단(가스・전기 등 공급방해치사), 제177조 제2항 후단(현주건조물 등 일수치사), 제188조 후단(교통방해치사), 제194조 후단(음용수혼독치사), 제250조(살인, 존속살해), 제252조(촉탁・승낙에 의한 살인 등), 제253조(위계에 의한 촉탁살인 등), 제259조(상해치사・존속상해치사), 제262조 중 제259조 부분(폭행치사), 제275조 제1항 후단 및 제2항 후단(유기 등 치사), 제281조 제1항 후단 및 제2항 후단(체포・감금 등 치사), 제301조(강간 등 상해・치상), 제301조의2(강간 등 살인・치사), 제305조 중 제301조・제301조의2 부분(미성년자간음추행 상해・치상・살인・치사), 제324조의4(인질살해・치사), 제337조(강도상해・치상), 제338조(강도살인・치사), 제339조(강도강간), 제340조 제2항 및 제3항(해상강도상해・치상・살인・치사・강간), 제368조 제2항 후단(중손괴치사)
2.「특정범죄가중처벌 등에 관한 법률」 제2조제1항제1호(뇌물), 제4조의2 제2항(체포・감금 등의 치사), 제5조 제1호(국고 등 손실), 제5조의2 제1항・제2항・제4항・제5항(약취・유인), 제5조의5(강도상해・치상・강도강간), 제5조의9 제1항・제3항(보복범죄), 「특정경제범죄 가중처벌 등에 관한 법률」 제5조 제4항 제1호(배임수재), 「성폭력범죄의 처벌 및 피해자보호 등에 관한 법률」 제5조 (특수강도강간 등), 제6조(특수강간 등), 제9조(강간 등 상해・치상), 제10조(강간 등 살인・치사)
3.「법원조직법」 제32조 제1항 제3호에 따른 합의부 관할 사건 중 대법원규칙으로 정하는 사건
4. 제1호부터 제3호까지에 해당하는 사건의 미수죄・교사죄・방조죄・예비죄・음모죄에 해당하는 사건

향상을 위하여 2012. 7. 1. 국민참여재판 대상사건을 「법원조직법」 제32조 제1항에 따른 합의부 관할사건으로 확대하는 방식으로 개정하여 대상사건이 확대되었다.[2)]

Ⅱ. 대상사건

1. 합의부 관할 사건 및 관련 사건

현행 『국민의 형사재판 참여에 관한 법률』의 규정[3)]에 따르면 합의부 관할 사건 및 관련 사건을 그 대상사건으로 하고 있는데, 구체적으로는 아래와 같다.

(1) 『법원조직법』 제32조제1항(제2호 및 제5호는 제외한다)에 따른 합의부 관할 사건

『법원조직법』 제32조 제1항에 따른 합의부 관할 사건이란 ① 합의부에서 심판할 것으로 합의부가 결정한 사건(재정합의사건), ② 사형, 무기 또는 단기 1년 이상의 징역 또는 금고에 해당하는 사건,[4)] 및 이와 동시에 심판할 공범사건, ③ 다른 법률에 따라 지방법원 합의부의 권한에 속하는 사건을 말한다. 다른 법률에 따라 지방법원 합의부의 권한에 속하는 사건으로는 공직선거법위반사건[5)], 국민투표법위반사건[6)], 치료감호법사건[7)], 부착명령청구사건[8)] 등이 있다.

---

5. 제1호부터 제4호까지와 「형사소송법」 제11조에 따른 관련 사건으로서 병합하여 심리하는 사건

2) 2012. 7. 1. 국민의 형사재판 참여에 관한 법률 제11155호, 일부개정 제・개정문 참조.

3) 국민의 형사재판 참여에 관한 법률 제5조.

4) 다만, 다음 각 목의 사건은 제외한다.
가. 「형법」 제331조, 제332조(제331조의 상습범으로 한정한다)와 그 각 미수죄에 해당하는 사건
나. 「폭력행위 등 처벌에 관한 법률」 제2조 제1항・제3항, 제3조 제1항, 제6조(제2조 제1항・제3항, 제3조 제1항의 미수죄로 한정한다) 및 제9조에 해당하는 사건
다. 「병역법」 위반사건
라. 「특정범죄 가중처벌 등에 관한 법률」 제5조의3 제1항, 제5조의4 제1항・제4항・제5항(제1항・제4항에 해당하는 죄로 한정한다) 및 제5조의11에 해당하는 사건
마. 「보건범죄 단속에 관한 특별조치법」 제5조에 해당하는 사건
바. 「부정수표 단속법」 제5조에 해당하는 사건
사. 「도로교통법」 제148조의2 제1항・제2항 제1호에 해당하는 사건

5) 공직선거법 제269조는 「선거범과 그 공범에 관한 제1심 재판은 「법원조직법」 제32조(합의부의 심판권) 제1항의 규정에 의한 지방법원합의부 또는 그 지원의 합의부의 관할로 한다.」고 규정하고 있다.

6) 국민투표법 제123조는 「국민투표사범과 그 공범에 관한 제1심 재판은 지방법원합의부의 관할로 한다.」고 규정하고 있다.

치료감호사건의 경우, 단독재판부 관할 사건에 속하던 사건이 치료감호가 청구되면 합의부 관할이 되기 때문에 『국민의 형사재판 참여에 관한 법률』 제5조에 의하여 국민참여재판의 대상사건이 된다는 점에 의의가 있다.

부착명령청구의 대상이 되는 특정범죄사건은 강력범죄를 그 대상으로 하고 있어 대부분 합의부 관할사건이지만[9], 형법상 강제추행·준강제추행사건과 같이 단독 재판부 관할사건이 기소된 후 부착명령청구가 되면서 합의부 관할이 되는 경우 국민참여재판 대상사건이 된다.

다만, 예외적으로 이미 판결이 확정된 후에도 부착명령을 청구할 수 있는데[10] 이러한 경우에도 국민참여재판의 대상사건이 되는지 의문이 있다. 이는 법원이 검사의 부착명령 청구를 인용할 때 결정으로 하고 있어 결정도 국민참여재판의 대상이 되는지에 관한 문제이다. 『국민의 형사재판 참여에 관한 법률』 제5조 제1항 제1호 및 『법원조직법』 제32조 제1항 제6호를 보면 합의부 관할사건의 경우 국민참여재판의 대상이 되고, 다른 법률의 규정에 의하여 합의부 권한에 속하는 사건의 경우에도 합의부가 심판하는 것으로 규정하고 있으나, 『국민의 형사재판 참여에 관한 법률』은 공판을 전제로 규정되어 있어 결정, 명령을 포함한다고 보기 어려워 판결만을 그 대상으로 한다고 보는 것이 타당하다. 따라서 이미 판결이

---

7) 치료감호법 제3조 제2항은 「치료감호사건의 제1심 재판관할은 지방법원합의부 및 지방법원지원 합의부로 한다. 이 경우 치료감호가 청구된 치료감호대상자(이하 "피치료감호청구인"이라 한다)에 대한 치료감호사건과 피고사건의 관할이 다른 때에는 치료감호사건의 관할에 따른다.」고 규정하고 있다.

8) 특정 범죄자에 대한 보호관찰 및 전자장치 부착 등에 관한 법률 제7조 제2항은 「부착명령 청구사건의 제1심 재판은 지방법원 합의부(지방법원지원 합의부를 포함한다. 이하 같다)의 관할로 한다.」고 규정하고 있다.

9) 특정 범죄자에 대한 보호관찰 및 전자장치 부착 등에 관한 법률 제2조 제1호는 「"특정범죄"란 성폭력범죄, 미성년자 대상 유괴범죄, 살인범죄 및 강도범죄를 말한다.」고 규정하고 있다.

10) 특정 범죄자에 대한 보호관찰 및 전자장치 부착 등에 관한 법률 부칙<법률 제9112호, 2008. 6. 13.> 제2조(제1심판결 후의 부착명령 청구 등에 관한 경과조치 및 적용 특례) ① 검사는 성폭력범죄를 저질러 2008년 9월 1일 이전에 제1심판결을 선고받아 이 법(법률 제10257호 특정범죄자에 대한 위치추적 전자장치 부착 등에 관한 법률 일부개정법률을 말한다. 이하 이 조에서 같다) 시행 당시 징역형 이상의 형, 치료감호 또는 보호감호(이하 "징역형등"이라 한다)의 집행 종료일까지 6개월 이상이 남은 사람(이하 "출소예정자"라 한다), 징역형등의 집행 종료일까지 6개월 미만이 남은 사람(이하 "출소임박자"라 한다) 및 징역형등의 집행이 종료, 가종료·가출소·가석방 또는 면제된 후 3년이 경과되지 아니한 사람(이하 "출소자"라 한다)으로서 종전 법(법률 제9112호 특정 성폭력범죄자에 대한 위치추적 전자장치 부착에 관한 법률 일부개정법률을 말한다. 이하 이 조에서 같다) 제5조 제1항 각 호의 어느 하나에 해당하고 성폭력범죄를 다시 저지를 위험성이 있다고 인정되는 사람에 대하여는 종전 법 제5조 제2항, 제7조 및 제9조 제3항에도 불구하고 제1심판결을 한 법원 또는 출소예정자, 출소임박자, 출소자의 주거지 또는 현재지를 관할하는 지방법원(지원을 포함한다. 이하 같다)에 부착명령을 청구할 수 있다.

확정된 후 검사가 부착명령을 청구하는 경우 법원은 결정으로 하고 있어 국민참여재판의 대상사건이 된다고 볼 수 없다.

설령 부착명령청구사건이 국민참여재판의 대상이 된다 하더라도 부착명령청구사건의 경우 성폭력범죄, 미성년자 대상 유괴범죄, 살인범죄 및 강도범죄를 그 대상범죄로 하고 있어, 사실상 국민참여재판으로 재판을 받는 것이 피청구인[11]에게 매우 불리한 경우가 대부분이기 때문에 실무상 실익은 거의 없다.

(2) 합의부 관할 사건에 해당하는 사건의 미수죄 · 교사죄 · 방조죄 · 예비죄 · 음모죄에 해당하는 사건

합의부 관할사건에 해당하는 사건의 미수죄는 감면할 수 있을 뿐 기수죄의 법정형과 같기 때문에 합의부 관할사건이 되고, 합의부 관할사건에 해당하는 사건의 방조죄도 감경사유가 존재할 뿐 정범의 법정형과 같기 때문에 합의부 관할사건이 된다. 합의부 관할사건에 해당하는 사건의 교사죄를 범한 자는 죄를 실행한 자와 동일한 법정형으로 처벌되기 때문에 합의부 관할사건이 된다.[12][13] 그러나 합의부 관할사건에 해당하는 예비죄, 음모죄의 경우 각 본조에서 정한 형에 따라 달라진다. 『국민의 형사재판 참여에 관한 법률』은 합의부 관할사건에 해당하는 사건의 미수죄, 교사죄, 방조죄, 예비죄, 음모죄를 국민참여재판의 대상사건으로 명시적으로 규정하여 각 본조에서 정한 형과 관계없이 합의부 관할사건에 해당하는 사건의 예비죄, 음모죄를 국민참여재판의 대상사건으로 하였다.

(3) 제1호, 제2호에 해당하는 사건과 『형사소송법』 제11조에 따른 관련사건으로서 병합하여 심리하는 사건

『형사소송법』 제11조에 따른 관련사건이란 ① 1인이 범한 수죄, ② 수인이 공동으로 범한 죄, ③ 수인이 동시에 동일 장소에서 범한 죄, ④ 범인은닉죄,

11) 부착명령청구의 경우 피고인이 아니라 피청구인이 된다.

12) 형법 31조 제1항, 「타인을 교사하여 죄를 범하게 한 자는 죄를 실행한 자와 동일한 형으로 처벌한다.」고 규정하고 있다.

13) 다만, 형법 제31조 제2항 및 제3항은 「교사를 받은 자가 범죄의 실행을 승낙하고 실행의 착수에 이르지 아니한 때에는 교사자와 피교사자를, 교사를 받은 자가 범죄의 실행을 승낙하지 아니한 때에도 교사자를 음모 또는 예비에 준하여 처벌한다」고 규정하고 있어 이러한 경우 각 본조에 정한 형으로 처벌하기 때문에 각 본조의 법정형에 따라 관할이 정해진다.

증거인멸죄, 위증죄, 허위감정통역죄 또는 장물에 과한 죄와 그 본범의 죄를 말한다.

1) 1인이 범한 수죄의 경우

1인이 범한 수죄의 경우 피고인이 1인이기 때문에 피고인의 의사에 따라 국민참여재판으로 하는 것이 가능하다. 더욱이 1인이 범한 죄 중 일부는 합의부 관할사건이고 일부는 단독재판부 관할사건인 경우 『형사소송법』에 따라 합의부가 관할권을 갖게 되어[14] 수죄 모두 합의부 관할사건으로서 당연히 국민참여재판의 대상이 되는데, 『국민의 형사재판 참여에 관한 법률』은 제5조 제1항 제3호에 수죄 모두 참여재판의 대상이 됨을 명시적으로 규정하고 있다.

2) 수인이 관련된 죄의 경우

수인이 관련된 죄는 수인이 공동으로 범한 죄, 수인이 동시에 동일 장소에서 범한 죄 및 범인은닉죄, 증거인멸죄, 위증죄, 허위감정통역죄 또는 장물에 과한 죄와 그 본범의 죄가 있다. 공범관계에 있는 피고인들이 모두 국민참여재판을 원하거나 원하지 아니하는 경우에는 피고인들의 의사에 따라 국민참여재판으로 하거나 하지 않으면 되기 때문에 특별히 문제되지 않는다. 그러나 공범관계에 있는 피고인들 중 일부가 국민참여재판을 원하지 아니하는 경우 그 진행에 어려움이 있는지 여부 등을 검토하여야 한다.

법원은 공범 관계에 있는 피고인들 중 일부가 국민참여재판을 원하지 아니하여 국민참여재판의 진행에 어려움이 있다고 인정되는 경우 국민참여재판을 하지 아니하기로 하는 결정 즉, 배제결정을 할 수 있다.[15] 법원은 배제결정을 하기 전에 검사·피고인 또는 변호인의 의견을 들어야 하고, 배제결정에 대하여 피고인 또는 변호인은 즉시항고를 할 수 있다.[16] 수인의 국민참여재판이 문제된 사건으로 부산지방법원 2011고합93 삼호주얼리호 해상강도살해사건이 있는데, 5명의 피고인들 중 4명이 국민참여재판으로 진행하는 것을 원하였고 1명의 피고인은

14) 형사소송법 제9조, 제10조.
15) 국민의 형사재판 참여에 관한 법률 제9조 제1항 제2호
16) 국민의 형사재판 참여에 관한 법률 제9조 제2항, 제3항.

원하지 아니하여 국민참여재판을 원하는 4명의 피고인만 국민참여재판으로 진행하였다.

2. 단독재판부 관할사건

『국민의 형사재판 참여에 관한 법률』은 대상사건에 관하여 명시적으로 『법원조직법』 제32조 제1항(민사사건 및 지방법원판사에 제척・기피사건은 제외한다.)에 따른 합의부 관할 사건 및 이와 관련된 사건을 그 대상사건으로 하고 있어, 원칙적으로 단독재판부 관할사건의 경우 국민참여재판의 대상사건이 된다고 볼 수 없다. 다만,『국민의 형사재판 참여에 관한 법률』은 『법원조직법』 제32조 제1항에 따른 합의부 관할 사건을 그 대상사건으로 하고 있는데, 『법원조직법』 제32조 제1항 제1호는 '합의부가 심판할 것으로 합의부가 결정한 사건'은 합의부가 심판한다고 규정하고 있어 합의부가 단독재판부 관할사건에 관하여 합의부에서 심판할 것으로 결정을 한다면 이는 재정합의사건으로 합의부 관할사건이 되어 국민참여재판의 대상이 된다.

3. 약식명령사건

약식명령사건은 검사가 공판절차를 거치지 않는 약식절차로 피의자를 기소하는 것을 말하는데, 지방법원은 그 관할에 속한 사건에 대하여 검사의 청구가 있는 때에는 공판절차 없이 약식명령으로 피고인을 벌금, 과료 또는 몰수에 처할 수 있다.[17] 약식명령사건은 원칙적으로 국민참여재판의 대상이 되지 않는다. 그러나 검사 또는 피고인은 약식명령의 고지를 받은 날로부터 7일 이내에 정식재판의 청구를 할 수 있고,[18] 정식재판 청구되면 『법원조직법』제32조 제1항에 따라 사물관할이 정해진다. 정식재판 청구된 사건이 합의부 관할사건인 경우 국민참여재판의 대상이 되고,[19] 단독재판부 관할사건인 경우 원칙적으로 국민참여재판의 대

17) 형사소송법 제448조 제1항.
18) 형사소송법 제453조 제1항 본문.
19) 정선희 변호사는 약식명령 고지 후 정식재판 청구된 사건인 서울서부지방법원 2013고합27 아동・청소년의성보호에관한법률위반(강간등) 등 사건을 국민참여재판으로 진행하였고, 피고인은 무죄를 선고받았다.

상이 되지 않지만 재정합의결정이 있는 경우 국민참여재판의 대상이 된다.

4. 성폭력범죄사건

성폭력범죄 중 합의부 관할사건은 국민참여재판의 대상이 되고, 성폭력범죄 중 단독재판부 관할사건은 재정합의결정이 있는 경우를 제외하고 국민참여재판의 대상이 되지 않은 것이 원칙이다.

제정 당시의 『국민의 형사재판 참여에 관한 법률』은 명시적으로 성폭력범죄 중 일부 중한 범죄를 국민참여재판의 대상사건으로 하면서 『국민의 형사재판 참여에 관한 법률』 제9조 제1항의 배제결정의 사유로 성폭력범죄 피해자의 의사를 규정하지 않았다.[20] 따라서 성폭력범죄의 피해자 등이 국민참여재판을 원치 않는 경우가 많음에도 불구하고 피해자의 이러한 의사를 반영할 수 있는 명문의 규정이 없어 2차적 피해가 우려된다는 비판이 있었다. 그 후 성폭력범죄 피해자의 안전 및 보호에 만전을 기하기 위하여 성폭력범죄 피해자가 국민참여재판을 원하지 않는 경우 또는 성폭력범죄의 피해자를 보호할 필요가 있는 경우에는 국민참여재판 배제결정 또는 통상절차 회부결정을 할 수 있게 관련 규정을 개정하였다. 『국민의 형사재판 참여에 관한 법률』 제9조 제1항 제3호에 성폭력범죄피해자가 국민참여재판을 원하지 아니하는 경우 배제결정을 할 수 있다는 규정을 신설하였고,[21] 통상절차사유에 성폭력범죄 피해자의 보호를 추가하였다.[22]

이로 인하여 성폭력범죄의 경우 준비절차에서 피해자 또는 법정대리인의 의사를 확인하는 절차를 반드시 거치게 되었고, 재판부는 피해자 또는 법정대리인이 국민참여재판을 원하지 아니하는 의사를 표시한 경우 검사, 피고인 또는 변호인의 의견을 들은 후 배제결정을 할 수 있게 되었다. 그러나 재판부의 성향에 따라 피해자의 의사를 어느 정도 고려할 것인지 달라지는 문제점이 있어 대법원 예규 등으로 일관된 기준을 정할 필요가 있다.

---

20) 제정 당시에는 형법 제297조(강간), 제299조(준강간)이 포함되어 있지 않았으나, 2009. 7. 1. 국민의 형사재판 참여에 관한 규칙 제2조 제4호가 개정되면서 형법상 강간, 준강간이 포함되었다.

21) 2012. 1. 17. 국민의 형사재판 참여에 관한 법률 제11155호 일부개정, 개정이유.

22) 국민의 형사재판 참여에 관한 법률 제11조 제1항.

5. 공소장의 변경

(1) 대상사건에 해당하지 아니하게 된 경우

법원은 공소사실의 일부 철회 또는 변경으로 인하여 대상사건에 해당하지 아니하게 된 경우에도『국민의 형사재판 참여에 관한 법률』에 따른 재판을 계속 진행한다. 다만, 법원은 심리의 상황이나 그 밖의 사정을 고려하여 국민참여재판으로 진행하는 것이 적당하지 아니하다고 인정하는 때에는 결정으로 당해 사건을 지방법원 본원 합의부가 국민참여재판에 의하지 아니하고 심판하게 할 수 있다.[23] 법원이 국민참여재판에 의하지 아니하고 일반 형사재판으로 하도록 결정을 하는 경우 피고인은 이에 대하여 불복할 수 없고, 당해 재판에 참여한 배심원과 예비배심원은 해임된 것으로 본다.[24] 결정 전에 행한 소송행위는 그 결정 이후에도 그 효력에 영향이 없다.[25]

(2) 대상사건에 해당하게 된 경우

법원은 공소장 변경으로 대상사건이 된 사건에 대하여 피고인 또는 변호인에게 국민참여재판의 절차, 7일 이내에 국민참여재판을 원하는지 여부에 관한 서면의 제출, 공판준비기일이 종결되거나 제1회 공판기일이 열린 이후에는 종전의 의사를 바꿀 수 없다는 의사번복의 제한, 그 밖의 주의사항이 기재된 국민참여재판에 관한 안내서를 지체 없이 송달하여야 한다.[26]

이 경우 피고인은 '공소장변경 허가결정을 고지받은 날부터' 7일 이내에 국민참여재판을 원하는지 여부에 관한 의사가 기재된 서면을 제출하여야 한다. 피고인의 의사가 기재된 서면이 제출된 이후의 첫 공판기일이 열린 이후에는 종전의 의사를 바꿀 수 없게 된다.[27]

23) 국민의 형사재판 참여에 관한 법률 제6조 제1항.
24) 국민의 형사재판 참여에 관한 법률 제6조 제2항, 제3항.
25) 국민의 형사재판 참여에 관한 법률 제6조 제4항.
26) 국민의 형사재판 참여에 관한 규칙 제5조 제1항.
27) 국민의 형사재판 참여에 관한 규칙 제5조 제2항.

6. 지방법원 지원 사건

지방법원 지원 사건의 피고인이 『국민의 형사재판 참여에 관한 법률』 제8조에 따라 국민참여재판을 원하는 의사를 표시한 경우 지방법원 지원 합의부가 배제결정을 하지 아니하는 경우에는 국민참여재판절차 회부결정을 하여 사건을 지방법원 본원 합의부로 이송하여야 한다.[28] 지방법원 지원 합의부가 심판권을 가지는 사건 중 지방법원 지원 합의부가 위와 같이 국민참여재판절차 회부결정을 한 경우 지방법원 본원 합의부가 관할권을 가진다.[29] 따라서 회부결정에 따라 지방법원 본원 합의부가 관할권을 가진 후 통상절차로 회부되더라도 지방법원 본원 합의부에서 통상절차로 재판을 하여야 한다.

지방법원 지원 합의부는 국민참여재판절차 회부결정을 한 날부터 3일 이내에 소송기록과 증거물을 지방법원 본원 합의부로 송부하여야 하고, 송부를 받은 법원은 지체 없이 그 법원에 대응하는 검찰청 검사에게 그 사실을 통지하여야 한다.[30] 피고인이 교도소 또는 구치소에 있는 경우에는 지방법원 본원에 대응한 검찰청 검사는 위의 통지를 받은 날부터 7일 이내에 피고인을 지방법원 본원 소재지의 교도소나 구치소로 이감한다.[31]

7. 결정, 명령

유・무죄 및 공소기각・면소 등의 종국재판인 판결과 달리 종국재판 이전의 결정, 명령의 경우 국민참여재판의 대상이 되는지 의문이 있다. 결정은 보석허가결정, 공소장변경의 허가결정, 전자장치 부착명령청구 등이 있고, 명령은 공판준비에 필요한 명령, 퇴정명령, 신상정보공개명령 등 재판장 등이 법관으로서 하는 재판을 의미하는데,[32] 결정과 명령은 구두변론을 하지 않을 수 있다는 점에서 판결과 근본적으로 다른 점이 있다.[33]

---

28) 국민의 형사재판 참여에 관한 법률 제10조 제1항.
29) 국민의 형사재판 참여에 관한 법률 제10조 제2항.
30) 국민의 형사재판 참여에 관한 규칙 제7조 제1항, 제2항.
31) 국민의 형사재판 참여에 관한 규칙 제7조 제3항.
32) 형사소송법 제95조, 제298조, 제266조의6, 제330조.

『국민의 형사재판 참여에 관한 법률』은 대상사건에서 합의부 관할사건 및 기타 관련사건을 그 대상으로 하고 있고, 공판준비기일 및 공판기일 등을 전제하고 있어 국민참여재판의 대상사건은 판결만을 의미하고, 결정과 명령은 포함하지 않는다고 보는 것이 타당하다 할 것이다.

Ⅲ. 국민참여재판의 관할

1. 토지관할

국민참여재판의 토지관할은 일반적인 『형사소송법』에서의 관할과 같이 범죄지, 피고인의 주소, 거소 또는 현재지로 한다.[34] 다만, 『국민의 형사재판 참여에 관한 법률』 제10조 제2항에 따라 지방법원 지원 합의부가 심판권을 가지는 사건 중 지방법원 지원 합의부가 국민참여재판절차 회부결정을 한 사건에 대하여는 지방법원 본원 합의부가 관할권을 가져 관할의 변경이 생긴다.

2. 사물관할

국민참여재판은 그 대상사건을 합의부 관할사건 및 관련사건 등으로 규정하고 있으므로 국민참여재판의 사물관할은 합의부에 속한다. 단독사건의 경우에도 『형사소송법』제32조 제1항 제1호에 의하여 합의부가 재정합의결정을 하면 합의부 관할사건이 된다. 결국 일반적인 형사소송절차와는 달리 국민참여재판의 사물관할은 항상 합의부에 속한다.

3. 토지관할의 중요성

일반 형사재판은 전문 법관으로 구성되기 때문에 토지관할의 위반이 피고인의 이익에 크게 영향을 미치는 것은 아니나, 국민참여재판에서는 토지관할의 위반이 피고인의 이익에 큰 영향을 미칠 가능성이 있어 이에 대한 검토가 필요하다.

33) 형사소송법 제37조.
34) 형사소송법 제4조 제1항.

토지관할 위반이 있는 경우 피고인의 신청이 없으면 토지관할에 관하여 관할 위반의 선고를 하지 못하고, 관할 위반의 신청은 피고사건에 대한 진술 전에 하여야 한다.[35] 즉, 피고사건에 대한 진술이라 함은 인정신문이 마쳐진 후 모두절차에서 피고인의 사건에 대한 의견진술이 이루어지기 전을 의미한다고 보아야 한다. 결국 피고인이 토지관할 위반의 신청을 하지 않고 진술을 한 경우 그 하자는 치유된다.

한편, 국민참여재판에서는 지방법원장이 배심원후보예정자명부를 작성하기 위하여 행정자치부장관에게 매년 그 관할 구역 내에 거주하는 만 20세 이상의 국민의 주민등록정보에서 일정한 수의 배심원후보예정자의 정보를 송부하여 줄 것을 요청할 수 있고,[36] 미리 작성한 배심원후보예정자명부에서 배심원을 선정한다. 결국 배심원은 법원의 관할 구역 내에 거주하는 만 20세 이상의 국민 중에서 결정되기 때문에 사건의 토지관할이 변경되게 된다면 국민참여재판의 배심원이 모두 변경되는 결과가 된다. 우리나라는 미국과 달리 지역에 따라 인종 차별의 문제가 발생할 여지가 크지 않으나, 사건에 따라서는 외국인이 많이 거주하는 지역을 관할하는 법원과 그렇지 않은 법원, 부유한 지역을 관할하는 법원과 그렇지 않은 법원, 진보적인 성향의 지역을 관할하는 법원과 보수적인 성향의 지역을 관할하는 법원, 젊은 층이 많이 거주하는 지역을 관할하는 법원과 중·장년층이 많이 거주하는 지역을 관할하는 법원, 남성이 많은 지역을 관할하는 법원과 여성이 많은 지역을 관할하는 법원 중 어느 법원에서 재판이 이루어지는지에 따라 배심원의 구성이 달라지고, 배심원의 구성이 달라지면 재판의 결과가 달라질 수 있어 매우 중요한 문제이다.[37] 따라서 변호인은 피고인을 접견하는 과정에서 토지관할 위반이 있다고 판단되는 경우 어떤 법원에서 재판을 받는 것이 유리한지 여부를 면밀히 따져 토지관할 위반의 신청을 할 것인지 판단할 필요가 있다. 즉, 토지관할 위반이 있다 하더라도 기소된 법원에서 재판받는 것이 더 유리하다고 판단되는 경우 토지관할 위반 신청을 하지 않는 방법으로 기소된 법원에서 재판을 받

35) 형사소송법 제320조.

36) 국민의 형사재판 참여에 관한 법률 제22조.

37) 실무에서 배심원 선정이 결과를 좌우하는 경우가 종종 있는데, 그러한 사건의 경우 배심원 선정이 그 어떠한 절차보다 중요하다.

을 수 있다.

제2절 신청절차

Ⅰ. 피고인 의사의 확인

1. 법원의 서면 송달

피고인이 원하는 경우에만 국민참여재판을 할 수 있기 때문에 피고인의 의사가 가장 중요하다.[38] 법원은 대상사건의 피고인에 대하여 국민참여재판을 원하는지 여부에 관한 의사를 서면 등의 방법으로 반드시 확인하여야 한다. 법원은 대상사건에 대한 공소의 제기가 있는 때에는 공소장 부본과 함께 피고인 또는 변호인에게 ① 국민참여재판의 절차, ② 7일 이내에 국민참여재판을 원하는지 여부에 관한 의사가 기재된 서면의 제출, ③ 국민참여재판을 하지 않기로 하는 배제결정이 있거나, 통상절차로의 회부결정, 공판준비기일이 종결되거나 제1회 공판기일(피고인의 의사가 기재된 서면이 제출된 이후의 첫 공판기일)이 열린 이후에는 종전의 의사를 바꿀 수 없다는 의사번복의 제한, ④ 그 밖의 주의사항이 기재된 국민참여재판에 관한 안내서를 송달하여야 한다.

피고인에게 송달하는 국민참여재판에 관한 안내서는 아래와 같다.

---

38) 검사도 국민참여재판을 신청할 수 있게 하자는 의견이 있으나, 현행 『국민의 형사재판 참여에 관한 법률』에서는 피고인만 국민참여재판을 신청할 수 있다.

국민참여재판 안내서[39)]

국민참여재판은 「국민의 형사재판 참여에 관한 법률」에 따라 배심원이 참여하는 형사재판절차를 말합니다. 국민참여재판도 일반 형사재판절차에 따라 진행되지만, 배심원이 공판에 참여하여 증거를 조사한 후 유·무죄 평결을 하는 것이 특징입니다.

피고인이 국민참여재판을 희망하는 경우에는 **공소장 부본을 송달(공소장변경 허가결정을 고지)받은 날로부터 7일 이내에 별지로 첨부된 국민참여재판 의사확인서에 희망 의사를 기재하여 법원에 제출**해야 합니다. 다만, 7일이 지난 이후에도 국민참여재판을 희망할 경우에는 **제1회 공판기일 전까지** 의사확인서를 제출할 수 있습니다.

1. 지방법원 지원에 공소가 제기된 피고인이 국민참여재판을 원하는 경우에는 지원 합의부가 배제결정하지 않는 한 사건이 지방법원 본원 합의부로 이송되어 재판이 진행됩니다.

2. 지방법원 관할구역 내에 거주하는 만 20세 이상 국민 중에서 배심원후보자를 무작위로 추출하여 선정기일을 통지합니다. 판사, 검사, 변호인은 선정기일에 출석한 배심원에게 질문한 후 선정합니다. 피고인은 재판장의 허가를 받아 선정기일에 출석할 수 있습니다.

3. 배심원은 변론종결 후 유·무죄에 관한 평의를 진행한 후 평결합니다. 유·무죄 평결은 만장일치를 원칙으로 하되, 만장일치가 이루어지지 않은 경우에는 판사의 의견을 들은 후 다수결로 평결합니다. 평결이 유죄인 경우 배심원은 판사와 함께 양형을 토의하고 의견을 개진합니다.

4. 법원은 배심원의 유·무죄 평결 및 양형의견을 참고하여 판결을 선고합니다. 만약 법원이 평결과 다른 판결을 선고할 때에는 법정에서 피고인에게 이유를 설명하고 판결서에 이유를 기재합니다.

○ ○ 지방법원

2. 피고인 의사의 확인절차

(1) 피고인의 서면 제출

피고인은 공소장 부본을 송달받은 날부터 7일 이내에 국민참여재판을 원하는지 여부에 관한 의사가 기재된 서면을 제출하여야 한다.[40] 이 경우 피고인이 서면을 우편으로 발송한 때, 교도소 또는 구치소에 있는 피고인이 서면을 교도소장·구치소장 또는 그 직무를 대리하는 자에게 제출한 때에 법원에 제출한 것으로 본다.[41] 피고인이 위 서면을 제출하지 아니한 때에는 국민참여재판을 원하지 아니하는 것으로 본다.[42] 위 각 규정은 피고인이 국민참여재판을 원하는 경우에 문제되는 것으로 피고인이 국민참여재판을 원하지 아니하는 경우에는 특별히 문제되지 않는다. 변호인은 접견과정에서 미리 피고인에게 국민참여재판에 대한 설명을 자세히 한 후 국민참여재판을 원하는지 여부를 확인하여 의견서를 제출하면서 서면의 맨 처음에 국민참여재판에 관한 의사를 기재할 필요가 있다. 이는 재판부가 재판이 열리기 전에 피고인의 의사를 미리 확인하여 검토할 시간을 주는 것과 동시에 피고인의 의사를 제대로 확인하지 못하고 재판이 진행되는 것을 방지하기 위함이다.[43]

국민참여재판 의사 확인서는 아래와 같다.

---

39) 국민참여재판의 접수 및 처리 예규 (재형 2007-4) 제5조 국민참여재판 안내서.

40) 국민의 형사재판 참여에 관한 규칙 제3조(피고인 의사의 확인) ② 피고인이 법 제8조 제2항의 서면을 법원에 제출할 때에는 다음 각 호의 사항을 기재하고, 기명날인 또는 서명하여야 한다.
1. 피고인의 성명 기타 피고인을 특정할 수 있는 사항
2. 사건번호
3. 피고인이 국민참여재판을 원하는지 여부

41) 국민의 형사재판 참여에 관한 법률 제8조 제2항.

42) 국민의 형사재판 참여에 관한 법률 제8조 제3항.

43) 정선희 변호사는 합의부 재판을 담당할 당시 의견서 맨 위에 '국민참여재판에 관한 의견'을 기재하여 재판부가 피고인이 국민참여재판을 원하는지 여부를 바로 알 수 있게 하였다. 변호인이 재판 전에 피고인에게 국민참여재판에 관한 내용을 설명하지 않는 경우 피고인은 '국민참여재판을 원하는지'에 관한 재판장의 질문에 제대로 답변을 하지 못하거나 국민참여재판에 대하여 제대로 알지 못한 채 성급히 의사를 결정할 수 있기 때문에 재판 전 변호인의 설명은 매우 중요하다.

<table>
<tr><td>재 판 부</td><td colspan="3"></td><td rowspan="2">재판장</td><td>확 인</td></tr>
<tr><td colspan="4">국민참여재판 의사 확인서[44)]</td><td></td></tr>
<tr><td>사건번호</td><td colspan="2"></td><td>죄 명</td><td colspan="2"></td></tr>
<tr><td rowspan="2">피 고 인</td><td>성 명</td><td></td><td>구속 여부</td><td colspan="2">□ 구속</td></tr>
<tr><td>주 거</td><td></td><td>연락처</td><td colspan="2"></td></tr>
<tr><td>수령 (고지) 일시</td><td colspan="5">□ 위 사건의 공소장부본을 20 . . . 에 수령하였습니다.
□ 위 사건의 공소장변경허가 결정을 20 . . . 에 고지받았습니다.</td></tr>
<tr><td>국민 참여 재판에 대한 의사</td><td colspan="5">국민참여재판에 관한 안내를 틀림없이 받았음을 확인합니다.
국민참여재판 여부에 관한 의견은 다음과 같습니다(해당란에 ☑ 표시).

□ 위 사건을 국민참여재판으로 진행하기를 원합니다.
□ 위 사건을 국민참여재판으로 진행하기를 원하지 않습니다.</td></tr>
<tr><td>주의 사항</td><td colspan="5">※ 피고인은 공소장 부본을 송달받은 날로부터 7일 이내 참여재판을 원하는지 여부가 기재된 이 서면을 제출하여야 합니다. 다만, 위 기간이 지난 후에도 국민참여재판을 희망할 경우 제1회 공판기일 전에는 이 서면을 제출할 수 있습니다.
※ 피고인의 의사는 국민참여재판을 하지 않기로 하는 배제결정이 있거나, 지방법원 지원 합의부가 국민참여재판 회부결정을 하는 경우, 공판준비기일이 종결되거나 제1회 공판기일(공소장 변경으로 대상사건이 된 경우에는 피고인의 의사가 기재된 서면이 제출된 이후의 첫 공판기일)이 열린 이후에는 종전의 의사를 바꿀 수 없습니다.</td></tr>
<tr><td colspan="6">20 . . .
피 고 인 ㉧</td></tr>
</table>

44) 국민참여재판의 접수 및 처리 예규 (재형 2007-4) 제5조 국민참여재판 의사확인서.

(2) 국민참여재판의 신청시기

1) 문제점

『국민의 형사재판 참여에 관한 법률』 제8조 제3항은 피고인이 공소장부본을 송달받은 날로부터 7일 이내에 국민참여재판에 관한 의사가 기재된 서면을 제출하지 아니하는 경우 국민참여재판을 원하지 아니하는 것으로 본다고 규정하고 있고, 제8조 제4항은 피고인은 배제결정 또는 회부결정이 있거나 공판준비기일이 종결되거나 제1회 공판기일이 열린 이후에는 종전의 의사를 바꿀 수 없다고 규정하고 있다. 피고인이 공소장부본을 송달받은 날로부터 7일 이내에 국민참여재판에 관한 의사가 기재된 서면을 제출하지 아니하여 제8조 제3항에 따라 국민참여재판을 원하지 아니하는 것으로 보았는데, 제8조 제4항에 의하여 제1회 공판기일이 열리기 전에 국민참여재판을 원하는 것으로 의사를 변경할 수 있는지 문제된다.

2) 견해의 검토

가. 긍정하는 견해

『국민의 형사재판 참여에 관한 법률』 제8조 제4항의 규정은 피고인이 국민참여재판을 원하지 아니하는 의사를 명백히 표시한 서면을 제출한 경우에도 적용되어 그 의사를 변경할 수 있는 것과 비교하여 제8조 제3항으로 간주되는 경우만 적용하지 아니할 이유가 전혀 없고, 국민참여재판을 원하지 아니하는 것으로 본다고 하여 별다른 절차가 진행되는 것은 아니기 때문에 법적안정성 및 검사의 예측가능성을 고려할 필요성도 낮다는 이유로 제8조 제4항을 적용할 수 있다는 견해이다.

나. 부정하는 견해

『국민의 형사재판 참여에 관한 법률』 제8조 제2항, 제3항이 피고인의 의사확인 기간을 7일로 정하고 위 기간 내에 서면을 제출하지 아니한 때에는 국민참여재판을 원하지 아니하는 것으로 본다고 규정한 것은 피고인의 국민참여재판을 받을 권리와 법적 안정성의 조화를 도모하는 것으로 위 기간을 불변기간으로 보아 피고인이 책임질 수 없는 사유가 확인되는 경우 외에는 그 의사를 변경할 수 없다는 견해이다. 즉, 부정설은 국민참여재판의 실시 여부에 관한 법원과 검사의 예측가능성, 소송경제 등을 중요시하여 위 제8조 제3항을 문리적으로 해석하여야 한다는 것이다.[45]

3) 판례의 태도

대법원은 『국민의 형사재판 참여에 관한 법률』 제8조 제3항의 취지를 위 기한이 지나면 피고인이 국민참여재판 신청을 할 수 없도록 하려는 것으로는 보기 어려운 점, 당초 국민참여재판을 희망하지 않는다는 의사확인서를 제출한 피고인도 제1회 공판기일이 열리기 전까지 의사를 변경하여 국민참여재판 신청을 할 수 있는 것인데, 의사확인서를 제출하지 아니한 피고인은 제1회 공판기일이 열리기 전에도 국민참여재판 신청을 할 수 없다고 보는 것은 형평성에 어긋나는 점, 의사확인서를 제출하지 아니한 피고인이 제1회 공판기일이 열리기 전까지 국민참여재판 신청을 할 수 있도록 허용하더라도 재판이 지연되는 정도는 중하지 아니하며 오히려 국민참여재판으로 진행되는 경우 재판이 더욱 신속하게 종결될 가능성이 큰 점 등에 비추어 보면, 공소장 부본을 송달받은 날부터 7일 이내에 의사확인서를 제출하지 아니한 피고인도 제1회 공판기일이 열리기 전까지는 국민참여재판 신청을 할 수 있고 법원은 그 의사를 확인하여 국민참여재판으로 진행할 수 있다고 봄이 상당하다고 하여 제8조 제4항의 적용할 수 있다고 판시하였다.[46]

---

45) 광주고등법원 2009.8.10. 자 2009로1 결정 항고이유의 요지.

46) 대법원 2009.10.23. 자 2009모1032 결정, 국민참여재판을 시행하는 이유는 사법의 민주적 정당성과 신뢰를 높이기 위한 것으로서(법 제1조) 누구든지 법으로 정하는 바에 따라 국민참여재판을 받을 권리를 가지는 것이나(법 제3조) 시행 초기의 제반 부담 등을 고려하여 국민참여재판 대상사건을 중죄 사건으로 한정한 것 뿐이므로, 법에서 정하는 대상사건에 해당하는 한 피고인은 원칙적으로 국민참여재판으로 재판을 받을 권리를 가지는 것이고, 피고인이 국민참여재판을 원하지 아니하거나 법 제9조 제1항에 따른 배제결정이 있어 국민참여재판을 진행하지 않는 경우(법 제5조 제1항, 제2항)를 예외로 보아야 하는 점, 법에서 국민참여재판 배제결정에 대하여 즉시항고를 할 수 있도록 규정하면서도(법 제9조 제3항), 국민참여재판으로 진행하기로 하는 법원의 판단에 대하여는 불복의 방법을 따로 규정하지 않은 것도 같은 취지에서 비롯된 것으로 볼 수 있는 점, 당초 정부가 제출한 법률안에서는 의사확인서를 제출하지 아니한 피고인의 경우 필요적으로 기일을 열어 피고인을 상대로 국민참여재판을 원하는지 여부를 확인하도록 하였으나, 국회심사과정에서 위와 같은 의사확인 절차로 인한 법원의 부담을 감소시키고 피고인의 필요적 소환으로 인한 절차지연을 방지할 목적으로 공소장 부본을 송달받은 날부터 7일 이내에 의사확인서를 제출하지 아니한 때에는 국민참여재판을 원하지 아니하는 것으로 본다는 내용으로 수정되어 법이 제정된 것인 점 등 입법경과를 그 근거로 제시하였다.

4) 소결

『국민의 형사재판 참여에 관한 법률』 제8조 제2항과 제3항은 피고인이 공소장부본을 송달받은 날부터 7일 내에 의사확인서를 제출하지 아니한 경우 국민참여재판을 원하지 아니하는 것으로 간주하면서, 같은 조 제4항에 제1회 공판기일이 열린 이후에는 종전의 의사를 바꿀 수 없다고 규정하고 있다. 제8조 제4항의 규정은 피고인이 국민참여재판을 원하지 아니하는 의사를 명백히 표시한 서면을 제출한 경우에도 적용되어 그 의사를 변경할 수 있는데 의사확인서를 제출하지 아니한 경우 그 의사를 변경할 수 없다고 보는 것은 형평에 어긋나고, 피고인이 국민참여재판을 잘 이해하지 못한 상태에서 서면을 제출하지 아니하였을 가능성을 배제하기 어려우며, 국민참여재판으로 진행된다면 오히려 재판이 신속하게 종결될 가능성이 크기 때문에 재판지연이 거의 없고, 국민참여재판을 원하지 아니하는 것으로 본다고 하여 별다른 절차가 진행되는 것은 아니기 때문에 법적안정성 및 검사의 예측가능성을 고려할 필요성도 낮다. 피고인이 공소장 부본을 송달받은 날부터 7일 이내에 국민참여재판을 원하는지 여부에 관한 의사가 기재된 서면을 제출하지 않았더라도 제8조 제4항을 적용하여 제1회 공판기일 전이라면 그 의사를 변경하여 국민참여재판을 신청할 수 있다고 보는 것이 타당하다.

(3) 피고인 의사확인을 위한 심문기일 등

법원은 피고인의 국민참여재판을 받을 권리가 최대한 보장되도록 하기 위해 피고인이 제출한 서면만으로는 피고인의 의사를 확인할 수 없는 경우에는 법원은 심문기일을 정하여 피고인을 심문하거나 서면 기타 상당한 방법으로 피고인의 의사를 확인하여야 한다. 피고인이 국민참여재판 의사확인서면을 제출하지 아니하는 경우에도 법원은 위와 같이 피고인을 심문하거나 서면 기타 상당한 방법으로 피고인의 의사를 확인할 수 있다.[47] 법원은 심문기일을 정한 때에는 검사, 피고인 또는 변호인, 피고인을 구금하고 있는 관서의 장에게 심문기일과 장소를 통지하여

---

47) 2012. 5. 29. 개정된 국민의 형사재판 참여에 관한 규칙 재・개정이유. 국민참여재판의 활성화를 위하여 국민참여재판 의사확인서를 제출하지 아니한 피고인에 대하여 심문 등의 방법으로 국민참여재판의 신청 여부를 확인할 수 있도록 국민의 형사재판 참여에 관한 규칙 제4조 후단에 근거 규정을 마련한 것이다.

야 하고, 피고인을 구금하고 있는 관서의 장은 위 심문기일에 피고인을 출석시켜야 한다. 또한 법원은 피고인의 심문을 합의부원에게 명할 수 있다.[48]

3. 변호인의 역할

(1) 서설

피고인이 국민참여재판으로 재판받는 것이 피고인에게 어느 정도 유리한 것인가는 매우 중요한 문제이다. 대부분의 피고인은 국민참여재판이 어떻게 진행되는지, 피고인에게 유리한지, 불리한지에 관하여 거의 알지 못하기 때문에 국민참여재판이 피고인에게 유리한지 여부를 판단할 때 변호인의 역할이 매우 중요하다. 변호인은 피고인을 접견하는 과정에서 국민참여재판으로 재판할 것인지 여부를 확인한 후 피고인이 국민참여재판을 원한다면 유·무죄 판단에 있어 일반재판과의 다른 점, 양형판단에 있어 일반재판과의 다른 점 등을 설명해줄 필요가 있다. 피고인이 국민참여재판을 원하지 않는 경우에도 변호인이 국민참여재판으로 하는 것이 유리하다고 판단하면 피고인을 설득할 필요가 있다.[49]

(2) 사건 종류별 판단

1) 성폭력 사건

(가) 서설

성폭력 사건의 경우 유죄판결이 확정되면 형벌 외에 신상정보 등록대상자가 되는 것이 원칙이고,[50][51] 사건에 따라서는 등록 정보의 고지·공개, 취업제한, 전자장치 부착명령을 하는 것이 가능하여 다른 범죄에 비하여 피고인에게 불이익한 부수처분이 많아 국민참여재판으로 할 것인지에 대하여 더욱 신중하게 판단할 필

---

48) 국민의 형사재판 참여에 관한 규칙 제4조.

49) 아래의 내용은 정선희 변호사의 실무상 경험을 바탕으로 한 의견이다.

50) 성폭력 범죄로 유죄판결이 확정된 경우 신상정보 등록대상자가 되는 것이 원칙이고, 예외적으로 성폭력범죄의 처벌 등에 관한 특례법 제42조 제1항 단서에 의하여 아동·청소년의 성보호에 관한 법률 제11조 제5항(아동·청소년이용음란물의 소지)에 의하여 벌금형을 선고받은 자는 제외하고 있다.

51) 2014헌마340·672, 2015헌마99. 최근 헌법재판소는 신상정보 등록에 관한 조항 중 등록정보를 20년간 보존·관리하여야 한다는 조항에 관하여 헌법불합치 결정을 하였으나, 2016. 12. 31.을 시한으로 입법자가 개정할 때까지 계속 적용한다고 결정하였다.

요가 있다.

(나) 강간 사건

가) 범인이 아니라는 주장을 하는 경우

피고인이 자신이 공소사실과 같은 범행을 한 사실이 전혀 없다고 하면서 범인이 아니라는 주장을 하는 경우에는 디엔에이, 지문, 피고인의 정액검출 여부, CCTV 영상, 블랙박스 영상 등 객관적이고 과학적인 증거가 존재하는지 여부 및 피해자 및 목격자의 범인에 대한 진술 등을 검토하여 국민참여재판으로 하는 것이 유리한지 결정하여야 한다. 만약, 수사기관이 디엔에이, 지문, CCTV 등 객관적인 증거를 발견할 수 있었음에도 수사를 제대로 하지 아니하여 발견하지 못한 경우, 발견하지 못한 책임은 수사기관에 있어 객관적인 증거가 없는 불이익은 피고인에게 지울 수 없다는 점을 지적하여 배심원에게 피고인에 유리한 심증을 줄 수 있다.

나) 합의에 의한 성관계라 주장하는 경우

피고인이 자신이 공소사실과 같은 행위를 한 것은 사실이나, 합의에 의한 행위라는 주장을 하는 경우 다음과 같이 사건별로 나누어 판단할 필요가 있다. 인적 구성으로 피고인과 피해자가 모두 성인인 사건, 피고인이 성인이고 피해자가 청소년인 사건, 피고인과 피해자가 모두 청소년인 사건으로 구별할 수 있고, 행위 태양으로 술집이나 인터넷 채팅을 통하여 만난 후 숙박업소에 투숙한 사건, 지인끼리 숙박업소나 집에서 같이 있던 중 일어난 사건, 불특정한 사람에 대한 사건 등으로 구별할 수 있으며, 상해와 관련하여 상해의 결과가 있는 경우와 그렇지 않는 경우로 구별할 수 있다.

i) 성인 사이의 사건

① 성인 사이의 사건 중 술집이나 인터넷 채팅으로 통하여 만난 후 숙박업소에 투숙하였으나 피해자가 상해를 입지 않은 경우에는 배심원들이 공소사실 자체에 의문을 품을 수 있어 무죄를 선고받을 확률이 매우 높으며, 설령 무죄가 선고되지 않는다고 하더라도 양형에 있어 매우 유리할 수 있다.[52]

② 성인 사이의 사건 중 지인끼리 숙박업소나 집에서 같이 있던 중 일어난

사건으로 상해가 발생하지 아니한 경우에는 피고인과 피해자 간의 평소 관계,[53] 다른 사람들과 같이 있었는지 여부, 사건 당시 피임기구의 착용 등을 고려하여 결정하여야 한다.

③ 성인 사이의 사건 중 불특정한 사람에 대한 사건과 피해자가 상해를 입은 사건은 국민참여재판으로 하는 것이 불리한 경우가 많으므로 피고인이 국민참여재판을 원한다면 그 이유를 들어보고, 양형에 있어 매우 불리할 수 있다는 설명을 해준 후 피고인이 결정하게 하는 것이 옳다.

ii) 성인과 청소년 사이의 사건

① 성인과 청소년 사이의 사건 중 술집이나 인터넷 채팅을 통하여 만난 후 숙박업소에 투숙하였으나 피해자가 상해를 입지 않은 경우에는 상대 청소년의 나이[54], 숙박업소에 투숙하게 된 경위, 술에 취한 정도 등을 검토하여 국민참여재판을 신청할 것인지 결정하여야 한다. 다만, 성인과 청소년 사이의 사건에서 피해자가 국민참여재판을 원하지 아니한다면 재판부는 청소년인 피해자의 의사에도 불구하고 국민참여재판으로 진행하는 결정을 하는 것이 쉽지 않아 배제결정을 할 가능성이 매우 높다.[55] 이러한 경우 변호인은 국민참여재판의 필요성, 피해자 보호 방안을 구체적으로 적시한 서면을 제출함으로써 재판부를 설득할 필요가 있다.

② 성인과 청소년 사이의 사건 중 지인끼리 숙박업소나 집에 같이 있다가 일어난 경우 청소년의 나이, 숙박업소에 투숙하게 된 경위, 다른 사람들과 같이 있었는지 여부, 평소 관계 등을 종합하여 결정하여야 한다. 다만, 성인사이의 관계와 달리 피해자가 청소년인 경우 배심원들이 심리적으로 청소년의 입장에서 판단할 가능성이 매우 크다 할 것이므로 이러한 사정을 피고인에게 충분히 설명하여야 한다.

③ 성인과 청소년 사이의 사건 중 불특정한 사람에 대한 사건 및 피해자가 상해를 입은 사건의 경우 배심원들을 설득하기 매우 어렵고, 배심원들은 양형에

52) 일반 형사재판에서 재판부는 강간 사건의 경우 피해자와 합의가 되지 않는다면 대부분 징역형의 실형을 선고하는 경우가 많다.

53) 사건 이전의 성관계 유무, 연락한 횟수, 문자내역 등을 고려할 필요가 있다.

54) 청소년의 나이가 성인에 가까울수록 국민참여재판으로 진행하는 것이 더 유리하다 할 것이다.

55) 국민의 형사재판 참여에 관한 법률 제9조 제1항 제3호.

있어서 법관에 비하여 감정적으로 형을 정할 수 있어 피고인에게 불리할 가능성이 매우 높다. 변호인은 피고인에게 이러한 사정을 설명하고 국민참여재판을 신청하지 않도록 조언할 필요가 있다.

iii) 청소년 사이의 사건

① 청소년 사이의 사건 중 인터넷 채팅으로 만나 숙박업소에 투숙하였는데 피해자가 상해를 입지 않은 경우에는 성인 간의 사건과 비슷하게 배심원들이 공소사실 자체에 의문을 품을 수 있어 무죄를 선고받을 확률이 매우 높으며, 설령 무죄가 선고되지 않는다고 하더라도 양형에 있어 매우 유리할 수 있다. 다만, 이러한 경우에는 피고인과 피해자 간의 나이 차이 등을 고려하여 피해자가 매우 어린 경우에는 국민참여재판으로 진행하는 것을 신중히 결정할 필요가 있다. 이 경우에도 청소년인 피해자나 그 법정대리인이 국민참여재판을 원하지 아니하는 의사를 표시할 수 있는데, 변호인으로서는 성인과 청소년 사이의 사건과 달리 피해자 뿐 아니라 피고인도 청소년이라는 점을 강조하면서 국민참여재판으로 진행할 것을 주장할 필요가 있다. 만약 재판부가 청소년인 피해자를 증인으로 신문하는 것에 큰 부담을 느낀다면, 변호인은 차폐시설을 설치하고 목소리를 변조하는 방법, 증인이 법정이 아닌 다른 장소에 재정하여 화상으로 신문하는 방법, 공판기일 전에 피해자를 증인으로 신문하는 방법 등을 적극적으로 요청하여 국민참여재판으로 진행할 수 있도록 의견서를 제출하는 것이 좋다.[56)][57)]

② 청소년 사이의 사건 중 지인끼리 숙박업소나 집에서 같이 있던 중 일어난 사건으로 상해가 발생하지 아니한 경우에는 피고인과 피해자 간의 평소 관계,[58)] 피고인과 피해자의 나이 차이, 다른 사람들과 같이 있었는지 여부, 사건 당시 피

56) 형사소송법 제165조의2(비디오 등 중계장치 등에 의한 증인신문) 법원은 다음 각 호의 어느 하나에 해당하는 자를 증인으로 신문하는 경우 상당하다고 인정하는 때에는 검사와 피고인 또는 변호인의 의견을 들어 비디오 등 중계장치에 의한 중계시설을 통하여 신문하거나 차폐(遮蔽)시설 등을 설치하고 신문할 수 있다. <개정 2009.6.9., 2011.8.4., 2012.12.18.>

1. 「아동복지법」 제71조제1항제1호부터 제3호까지에 해당하는 죄의 피해자
2. 「아동 · 청소년의 성보호에 관한 법률」 제7조, 제8조, 제11조부터 제15조까지 및 제17조제1항의 규정에 해당하는 죄의 대상이 되는 아동 · 청소년 또는 피해자
3. 범죄의 성질, 증인의 연령, 심신의 상태, 피고인과의 관계, 그 밖의 사정으로 인하여 피고인 등과 대면하여 진술하는 경우 심리적인 부담으로 정신의 평온을 현저하게 잃을 우려가 있다고 인정되는 자

57) 형사소송법 제273조의 공판기일 전의 증거조사를 충분히 활용할 수 있다.

58) 사건 이전의 성관계 유무, 연락한 횟수, 문자내역 등을 고려할 필요가 있다.

임기구의 착용 등을 고려하여 결정하여야 한다.

③ 청소년 사이의 사건 중 불특정한 사람에 대한 사건, 피해자가 상해를 입은 사건은 국민참여재판으로 하는 것이 불리한 경우가 많으므로 피고인이 국민참여재판을 원한다면 그 이유를 들어보고, 양형에 있어 매우 불리할 수 있다는 설명을 해준 후 피고인이 결정하게 하는 것이 옳다. 다만, 성인 사이의 사건과 달리 피고인이 청소년인 경우 변호인과의 접견시 부모님과 대동하여 이러한 내용을 부모님에게도 설명하여야 한다.

(다) 강제추행 사건

가) 범인이 아니라는 주장을 하는 경우

피고인이 자신이 공소사실과 같은 범행을 한 사실이 전혀 없다는 즉, 범인이 아니라는 주장을 하는 경우 강간 사건에서와 같이 디엔에이, 지문, CCTV 영상, 블랙박스 영상 등 객관적이고 과학적인 증거가 존재하는지 여부, 피해자 및 목격자의 범인에 대한 진술 등을 검토하여 국민참여재판으로 할 것인지 결정하여야 한다. 강제추행 사건의 경우 수사기관이 피해자의 말을 신뢰하여 인근 CCTV나 블랙박스, 목격자 등의 조사를 소홀히 하는 경우가 종종 있는데, 이러한 사건은 배심원에게 수사기관의 수사미진으로 인한 책임을 피고인에게 지울 수 없다고 설득할 수 있어 국민참여재판으로 진행하는 것이 피고인에게 유리하다.[59] 또한, 피해자의 고소이력을 확인할 필요가 있는데, 피해자가 당해 사건 전에 비슷한 사건으로 고소한 전력이 있는 경우 피고인에게 유리한 자료가 될 수 있다. 이는 피해자가 청소년이라 하더라도 같다.[60] 다만, 제1회 공판기일 전까지 피해자의 고소이력을 확인하기 어려운 경우에는 일단 국민참여재판을 원하는 것으로 의사를 밝힌 후 공판준비기일에 사실조회 등을 통하여 확인하여야 한다.

---

59) 실제 국민참여재판을 진행하다보면, 수사기관의 수사소홀로 인하여 객관적인 증거가 멸실된 경우(CCTV 영상의 기간경과로 인한 삭제 등) 배심원들은 피해자의 진술을 일방적으로 신뢰하는 것에 부담을 느껴 피고인에게 무죄의 평결을 하는 경우가 많다. 이는 수사기관의 수사소홀로 인하여 과학적인 증거가 멸실되었다 하더라도 피해자의 진술이 일관된다면 피고인에게 유죄의 판결을 하는 일반 형사재판의 모습과는 다른 점이라 할 것이다. 따라서 변호인은 위와 같은 사건의 경우 피고인을 설득하여 국민참여재판으로 진행하는 것이 필요하다.

60) 정선희 변호사는 청소년인 피해자가 강제추행 피해를 당하였다고 성인인 피고인을 고소한 사건을 진행하였는데, 피해자가 사건 이전에도 당해 사건과 매우 비슷한 강제추행으로 제3자를 고소한 사실이 있다는 것을 밝혀 피해자의 진술을 탄핵할 수 있었고, 배심원들은 만장일치 무죄평결을 하였다.

나) 합의에 의한 행위라거나 강제추행에 이르렀다고 볼 수 없다는 주장을 하는 경우

피고인이 공소사실과 같은 행위를 한 것은 사실이나, 합의에 의한 행위라는 주장, 강제추행에 이르렀다고 볼 수 없다는 주장 등을 하는 경우 사건을 구별하여 판단할 필요가 있다. 강제추행 사건은 인적 구성으로 성인 사이의 사건, 성인과 청소년 사이의 사건, 청소년 사이의 사건 등으로 구별할 수 있고, 범죄 대상과 관련하여 불특정 또는 다수인에 대한 범죄, 특정인에 대한 범죄 등으로 구별할 수 있으며, 행위 태양과 관련하여 가벼운 신체접촉인 경우, 중한 신체접촉인 경우로 구별할 수 있다.

i) 불특정 또는 다수인에 대한 범죄

불특정 또는 다수인에 대한 범죄는 인적 구성이 성인인지, 청소년인지 여부 및 가벼운 신체접촉인지 중한 신체접촉인지 여부와 관계없이 국민참여재판으로 하는 것이 적절하지 아니하다.

ii) 성인 사이의 사건

① 성인 사이의 사건 중 특정인에 대한 가벼운 신체접촉인 경우에는 배심원들에게 공소사실의 행위를 강제추행으로 볼 수 있는지 합리적인 의심이 들게 할 수 있는 가능성이 매우 크고, 가벼운 신체접촉을 강제추행으로 볼 수 있을지 국민의 관점에서 판단해볼 필요가 있어 국민참여재판으로 진행하는 것이 적절하다.[61] 또한, 성인 간의 가벼운 신체접촉 사건의 경우에는 피해자가 국민참여재판을 원하지 아니한다 하더라도, 변호인은 가벼운 신체접촉이 피해자의 내밀한 부분을 다루는 것이 아니고, 이로 인하여 피해자에게 2차 피해가 있다고 볼 수 없으며, 오히려 일반 폭행 사건과 다르다 할 수 없으므로 배제결정을 하지 않아야 한다는 주장을 강력하게 할 수 있다.

② 성인 사이의 사건 중 특정인에 대한 중한 신체접촉인 경우에는 피해자와의 관계, 사건 이전의 신체접촉 여부 등을 고려하여 이와 관련된 객관적인 증거 등

---

61) 실무에서 가벼운 신체접촉 사례로는 '술집 사장인 피고인이 손님인 피해자와 이야기를 나주던 중 몇 차례 팔을 친 사건'이 있었는데, 국민참여재판으로 진행하여 무죄를 선고받았다.

이 있는지 검토한 후 국민참여재판 여부를 결정하여야 한다.[62)]

iii) 성인과 청소년 사이의 사건

① 성인과 청소년 사이의 가벼운 신체접촉인 경우에는 청소년의 나이, 평소 관계, 피고인과 청소년 사이의 나이 차이 등을 고려하여 국민참여재판 여부를 결정하여야 한다. 다만, 배심원이 피해자가 청소년이기 때문에 피해자의 진술에 쉽게 동화될 가능성을 배제하기 어려운 점을 피고인에게 설명하여야 한다.

② 성인과 청소년 사이의 중한 신체접촉의 경우에는 평소 관계, 피해자와의 관계, 피고인과 피해자 사이의 나이 차이 등을 고려하여 결정하여야 하나, 일반적으로 성인의 청소년과의 중한 신체접촉은 피고인에게 불리할 가능성이 높고, 이는 피해자의 나이가 어리면 어릴수록 더 불리하다. 재판부가 중한 신체접촉의 경우 청소년인 피해자를 증인으로 신문하는 것에 큰 부담을 느낀다면, 변호인은 강간사건과 같이 차폐시설을 설치하고 목소리를 변조하는 방법, 증인이 법정이 아닌 다른 장소에 재정하여 화상으로 신문하는 방법, 공판기일 전에 피해자를 증인으로 신문하는 방법 등을 적극적으로 요청할 수 있다.

iv) 청소년 사이의 사건

청소년 사이의 사건은 피고인과 피해자의 평소 관계, 나이 차이, 행위 당시의 상황 등을 고려하여 결정하여야 한다. 다만, 성인과 청소년과의 관계와 달리 피고인도 청소년이기 때문에 배심원이 청소년인 피해자의 진술에만 동화될 가능성이 그리 높지 않은 점이 다르다.

① 청소년 사이의 사건 중 특정인에 대한 가벼운 신체접촉인 경우에는 배심원들에게 공소사실의 행위를 강제추행으로 볼 수 있는지 합리적인 의심이 들게 할 수 있는 가능성이 매우 크고, 가벼운 신체접촉을 강제추행으로 볼 수 있을지 국민의 관점에서 판단해볼 필요가 있어 국민참여재판으로 진행하는 것이 적절하다. 다만, 피해자의 나이, 피고인과의 평소 관계, 피고인과의 나이 차이 등을 고려하여야 한다.

② 청소년 사이의 사건 중 특정인에 대한 중한 신체접촉인 경우에는 피해자와

62) 변호인은 상담과정에서 피고인이 피해자와 주고받은 문자 내역 등 객관적인 증거가 있는지 검토해본 후 결정해야 한다.

의 관계, 사건 이전의 신체접촉 여부 등을 고려하여 이와 관련된 객관적인 증거 등이 있는지 검토한 후 국민참여재판 여부를 결정하여야 한다.

다) 상해의 결과가 발생한 경우

강제추행 사건에서 상해의 결과가 발생한 경우에는 주로 피고인에게 불리한 경우가 대부분이라 할 것이므로 피고인이 자신이 범인이 아니라는 주장을 하는 경우가 아니라면 국민참여재판으로 하지 않는 것이 유리하다.

2) 절도사건

절도 사건의 경우에는 범행 자체를 부인하는 사건, 상습성을 부인하는 사건, 양형판단을 위한 사건 등으로 나눌 수 있다.

(가) 범행을 부인하는 사건

범행을 부인하는 사건의 경우에는 현장 CCTV, 현장에서 발견된 지문, 현장에서 발견된 DNA, 피해자 진술, GPS 기록[63], 피해자 및 목격자 진술을 검토하여 결정하여야 한다. 국민참여재판의 경우 대부분의 배심원들은 통상의 재판에 비하여 객관적인 증거의 존재 여부를 중요시하는 경우가 많으므로 객관적인 증거가 존재하는지 파악해볼 필요가 있다. 검사가 제출한 증거 중에 오히려 피고인의 주장과 일치하는 증거가 있는 경우도 있어 증거기록을 면밀하게 검토하는 것이 무엇보다 중요하다. 한편, 객관적인 증거가 제출되어 있는 경우라 할지라도 오류가능성 및 양립가능성을 주장할 수 있는 상황인지 검토할 필요가 있다. 예를 들어, 피고인의 혈흔이 현장에서 발견된 경우, 현장에서 피고인의 혈흔이 발견되었다는 이유만으로 강력한 유죄의 증거라 판단할 것이 아니라, 피고인이 업무상 등의 이유로 현장에 자주 들릴 수 있는 사정이 있고 그와 관련된 증거가 있어 배심원에게 피고인에 유리한 심증을 줄 수 있는 가능성이 있다면 국민참여재판으로 하는 것이 유리하다. 만약 변호인이 증거기록을 면밀하게 살펴보았음에도 국민참여재판으로 하는 것이 유리할 것인지에 관한 판단이 되지 않는다면, 사건 현장에 직접 방문해 보는 것도 필요하다. 사건 현장에 방문하는 경우 공소사실 및 피고인의

---

63) 피고인이 차량운행을 하는 경우 GPS 기록을 통하여 사건 당시 피고인의 위치를 확인할 수 있다.

주장의 모순점 등을 더 쉽게 확인할 수 있어 국민참여재판으로 진행할 것인지 판단하는데 큰 도움이 된다.

(나) 행위는 인정하나 상습성을 부인하는 사건

상습성을 부인하는 사건은 공소 제기된 사건의 공소사실이 수회라는 이유로 상습절도로 공소 제기된 경우와 공소사실 범죄는 1회에 불과하나 과거 전과가 많다는 이유로 상습절도로 공소 제기된 경우로 나눌 수 있다.

먼저 공소 제기된 사건의 공소사실이 수회에 이르러 상습절도로 공소 제기된 경우에는 상습성을 부인하기 어려운 경우가 많고, 양형판단 등에 있어서 배심원들을 설득하기 어려워 국민참여재판으로 하지 않는 것이 피고인의 이익에 부합한다.

절도죄나 절도미수죄를 한 번 저질렀으나 전과가 많아 상습절도로 기소된 경우에는 피고인이 범행을 하게 된 경위, 이전 전과 이후 경과된 기간의 정도, 피고인의 경제적인 여건, 피고인이 나이, 건강상태 등을 파악한 후 국민참여재판 여부를 결정하여야 한다. 피고인이 이전 전과 이후 상당한 기간이 경과될수록, 고령일수록, 건강이 매우 좋지 않을수록, 병원비 마련 등 급박한 경제적 사정이 있을수록 국민참여재판으로 하는 것이 더 유리하다. 물론 위와 같은 사정이 있다면 통상의 재판으로 한다 하더라도 상습성 판단에 있어 많은 부분이 고려될 수 있지만, 통상의 재판에서 다수의 전과가 있는 피고인의 상습성을 인정하지 않는 것은 흔하지 않은 일임을 고려하면 국민참여재판으로 하는 것이 더 유리하다.[64)]

(다) 양형판단을 위한 사건

양형판단을 위한 사건은 초범이고, 범행 횟수가 적으며, 피해의 정도가 적고, 피고인이 소년이거나 고령이며, 경제적으로 급박한 사정이 있는 경우에는 일반 형사재판으로 한다 하더라도 양형에 있어 좋은 결과가 예상되므로 굳이 국민참여재판으로 할 필요가 없다. 국민참여재판은 그 준비기간이 길고, 피고인의 신상정보 등 내밀한 정보가 배심원들에게 공개되며, 양형에 있어 예측 가능한 범위를 넘는 경우가 있어 일반 형사재판으로도 좋은 결과가 예상되는 경우라면 국민참여재판

64) 정선희 변호사는 전과가 매우 많은 피고인의 상습성을 부인하는 국민참여재판을 두 번 진행하였는데, 모두 상습성이 인정되지 않는다는 배심원의 결정이 있었다. 이는 일반 형사재판과 비교하면 매우 특이한 일이었다.

으로 하지 않는 것이 오히려 피고인의 이익에 부합한다.

3) 사기 사건

사기 사건의 경우 범죄의 유형에 따라 ① 대여금 사건, ② 부도로 인한 채무불이행 사건, ③ 인터넷 사기 사건, ④ 보이스피싱 사기 사건, ⑤ 투자 유치 사건 등으로 구별할 수 있다.

(가) 대여금 사건

일반 형사재판에서는 경제적으로 어려움이 있음에도 불구하고 자신의 재산상태 등에 대하여 자세히 알리지 않고 금원을 차용한 후 변제하지 않은 사건의 경우 처음부터 변제할 의사와 능력이 없었다고 보아 유죄로 선고하는 경우가 많다. 그러나 타인으로부터 금원을 차용하는 대부분의 사람들은 경제적인 어려움이 있는 것이 당연하고, 금원을 차용하면서 자신의 재산 상태를 아주 상세하게 이야기하는 일은 오히려 흔하지 않은 일이라는 점, 단순한 민사채무를 형사사건화하여 범죄자를 만들고 있다는 점 등을 주장한다면 배심원들을 설득할 가능성이 높아 국민참여재판으로 진행하는 것이 바람직하다. 위와 같은 사례에서 그 대여금이 많은 경우 일반 형사재판에서는 그 액수에 따라 양형을 결정하는 때가 많은데, 국민참여재판으로 진행한다면 양형에 있어 더 유리할 수 있다. 다만, 이러한 사안에서도 피고인이 피해자로부터 용도를 속이고 돈을 차용한 후 바로 다른 용도로 사용한 증거가 있는 경우, 피고인의 재산 상태나 능력을 과하게 부풀려 이야기한 믿을 만한 증거가 있는 경우, 비슷한 전과가 있는 경우 등은 국민참여재판으로의 진행을 신중하게 결정하여야 한다.

(나) 부도로 인한 채무불이행 사건

부도로 인한 채무불이행 사건으로는 ① 사업을 하다가 부도가 나 거래처에 대금을 결제해주지 못한 사건, ② 부도를 막기 위해 급하게 금원을 차용하였으나 변제하지 못한 사건으로 나눌 수 있다.

가) 피고인이 사업을 하다가 부도가 나 거래처에 대금을 결제해주지 못하자 거래처가 고소한 사건의 경우에 일반 형사재판에서는 피고인이 회사가 어려워진

사정, 그로 인하여 대금을 결제하지 못할지도 모른다는 사실, 피고인의 재산 상태 등에 대하여 거래처에 고지하여야 하고 고지하지 않은 상태에서 거래처로부터 물품 등을 공급받은 후 대금을 결제해주지 못한 경우 유죄로 선고되는 경우가 매우 흔하다. 이러한 사안에서 피고인이 사업을 시작한 시기가 오래되면 될수록, 피고인이 거래처와 거래한 시기가 오래되면 될수록, 피고인이 과거 부도 위기를 겪었으나 그 후 사업을 잘 진행해온 사실이 있을수록, 피고인의 재산 대부분을 사업에 투자한 사실이 있으면 있을수록 국민참여재판으로 진행하는 것이 바람직하다. 더욱이 사업을 하다가 잠시 적자가 난다고 하여 주변 거래처에 이러한 사실을 다 알리고 사업을 그만두어야 한다는 것은 상식에 맞지 않고, 만약 피고인이 경제적으로 어려운 시기임에도 거래처와 계속 거래를 하다가 경제적인 어려움이 해결되었다면, 사기죄로 기소조차 되지 않았을 경우와 비교하여 사업의 실패와 성공이라는 결과에 따라 죄의 성립여부가 달라지는 점을 배심원들에게 주장 할 수 있고, 이러한 부분은 국민의 법감정에도 맞지 않는다고 볼 수 있어 국민참여재판으로 하는 것이 매우 유리하다.

나) 부도를 막기 위해 급하게 금원을 차용하였으나 변제하지 못한 사건의 경우에는 대여금 사건과 같이 타인으로부터 금원을 차용하는 사람의 경우 경제적인 어려움이 있는 것이 당연하고, 금원을 차용하면서 사업이 어려운 사정을 상세하게 이야기하는 일은 오히려 흔하지 않은 일이라는 점, 단순한 민사채무를 형사사건화하여 범죄자를 만들고 있다는 점 등을 주장한다면 배심원들을 설득할 가능성이 높아 국민참여재판으로 진행하는 것이 바람직하다. 더욱이 부도를 막기 위해 금원을 대여할 수밖에 없었다는 점을 주장한다면 배심원들이 설령 유죄로 판단한다 하더라도 양형에 있어 유리할 수 있다.[65]

다만, 피고인이 차용한 금원을 개인적으로 사용하는 등의 방만한 경영을 한 증거가 있는 경우, 회사의 부도가 가시화된 상황에서 거래처로부터 물건을 납품받아 덤핑으로 판매한 증거가 있는 경우, 피고인에게 비슷한 전과가 있는 경우 등은 국민참여재판으로의 진행을 신중하게 결정하여야 한다.

---

65) 사업이 어려워진다고 하여 그냥 모든 것을 포기하고 그만두어야 하는 것인지, 배심원들은 만약 피고인과 같은 경우 사업을 포기할 수 있는지 주장한다면 배심원들의 양형판단에 큰 영향을 미칠 수 있다.

(다) 인터넷 사기사건

인터넷 중고 사이트 등에 허위의 물품이나 티켓 등을 판매한다는 글을 올린 후 금원을 받아 가로챈 사건은 피고인이 부인하는 경우와 인정하는 경우로 나눌 수 있다.

가) 피고인이 부인하는 경우에는 피고인이 글을 쓴 인터넷 기록, 피고인 명의의 통장 내역 등을 검토하여 피고인 명의가 도용되었을 가능성이 있는 경우에는 국민참여재판으로 진행하는 것이 유리할 수 있다. 그러나 인터넷 사기 사건에서 피고인 명의의 인터넷 글이나 통장내역이 있다면 이러한 증거를 탄핵시킬 다른 증거를 찾기 어려운 경우가 많아 국민참여재판으로 진행하기 쉽지 않을 것으로 보인다. 더욱이 인터넷 사기 행위는 일반 국민인 배심원들의 생활과 밀접한 관련이 있는 문제로 죄질을 나쁘게 볼 수 있어 국민참여재판으로 진행하는 것에 신중을 기해야 한다.

나) 피고인이 인정하는 경우에는 피고인이 이러한 범행을 할 수밖에 없었던 급박하고 진지한 경제적인 어려움이 있다면 국민참여재판으로 할 수 있다. 그러나 인터넷 사기 사건은 배심원들의 생활과 밀접하게 관련이 있는 범죄로 죄질을 나쁘게 볼 여지가 있고, 국민참여재판은 그 준비기간이 길며, 피고인의 신상정보 등 내밀한 정보가 배심원들에게 공개되는 점, 양형에 있어서 예측이 가능한 일반의 형사재판과는 달리 예측 가능한 범위를 넘는 경우가 있는 점 등을 고려하면 국민참여재판으로 하지 않는 것이 오히려 피고인의 이익에 부합한다.

(라) 보이스피싱 사기사건

보이스피싱 사기사건의 경우에는 ① 인출책 등 가담정도가 약한 경우 ② 모집책 이상으로 가담정도가 중한 경우 등으로 나눌 수 있다.

가) 가담 정도가 약한 경우

인출책 등 가담 정도가 약한 경우 대부분 범행 현장에서 검거가 되는 경우가 많고, 인출과정이 찍힌 CCTV 영상 등의 증거가 있어 인출 사실 자체를 부인하는 경우는 거의 없고, 대부분 보이스피싱이라는 점을 알지 못했다는 주장을 하게 된다. 최근 판례를 보면 대부분 피고인이 보이스피싱이라는 사실을 알지 못한 상태에서 인출에 가담하였다는 주장을 받아들이지 않고 유죄를 선고하는 추세이며, 그 양형에 있어서도 보이스피싱의 사회적인 파장 등으로 고려하여 점점 세지고 있다. 따라서 인출책 등 가담정도가 약한 사건의 경우 전과가 없을수록[66], 가담한 일수가 적을수록, 피고인이 아르바이트로 오인할 수 있는 다른 증거가 존재할수록[67], 피고인이 어릴수록[68], 대한민국 국민인 경우[69] 국민참여재판으로 진행하는 것이 유리할 수 있다. 특히 보이스피싱 사기 사건을 엄벌에 처하는 최근 법원의 추세를 고려하면 위와 같이 가담정도가 매우 약한 경우 유·무죄 여부 뿐 아니라 양형에 있어서도 국민참여재판으로 진행하는 것이 유리할 것이다.

나) 가담 정도가 중한 경우

모집책 이상의 가담정도가 강중 경우에는 피고인이 범행을 모두 부인하고 있는 사건과 인정하는 사건으로 나눌 수 있다.

① 피고인이 범행을 모두 부인하는 경우에는 전과의 여부, 피고인의 사건 전 직업, 피고인의 알리바이를 입증할 수 있는 다른 증거의 존재, 진술증거에 있어서 진술자가 신뢰할 만한 사람인지, 피고인의 국적 등을 고려하여 결정하여야 한다. 그러나 검사가 보이스피싱 사기 사건에 있어서 단순히 진술증거만 제출하는 경우는 거의 없고 전화통화 내역, 문자 대화 내용, CCTV 영상 등 객관적인 증거를 제출하는 경우가 대부분이기 때문에 국민참여재판으로 하는 것이 쉽지 않다.

② 피고인이 범행을 모두 인정하는 경우에는 보이스피싱 범죄에 대한 국민의 법감정이 매우 악화되어 있고, 피해자가 대부분 노인이거나 경제적인 약자인 경우가 많으며, 피해의 규모가 큰 경우가 많아 국민참여재판으로 할 경우 일반 형사재판에 비하여 양형에 있어 매우 불리할 수 있어 국민참여재판으로 하지 않는 것이 유리하다.

---

66) 보이스피싱 범죄 인출책은 범죄 전력이 전혀 없는 초범인 경우가 매우 많다.
67) 피고인이 실제 커피숍 등에서 직원이라는 사람을 만나 면접을 본 사례 등이 있다.
68) 피고인이 어린 청소년인 경우 성인에 비하여 보이스피싱 범죄에 가담한다는 사실을 인식하지 못했을 가능성이 더 높기 때문이다.
69) 일반적으로 보이스피싱 범죄가 중국에서 시작된다는 인식이 강하기 때문에 피고인이 조선족 등 중국인인 경우 배심원들이 편견을 가질 수 있어 국민참여재판으로 하는 것이 부적절할 것으로 보인다.

(마) 투자유치사건

투자유치사건은 ① 피해자가 투자금이 아닌 대여금이라고 주장하는 경우와 ② 피고인으로부터 속아 잘못 투자한 것이라고 주장하는 경우로 나눌 수 있다.

가) 대여금이라고 주장하는 경우

피해자가 투자금이 아닌 대여금이라고 하면서 피고인이 변제할 의사와 능력이 없는 상태에서 돈을 차용한 것이기 때문에 사기죄에 해당한다고 주장하는 경우가 있다. 투자금에 해당한다면 피고인이 투자대상의 투자가치 등에 대하여 사실대로 고지하였다면 설령 투자의 결과가 예상과 달리 손실을 본다하더라도 사기죄로 의율하기 어려운 반면, 대여금에 해당한다면 피고인의 재산 상태에 관한 사실을 피해자에게 고지하지 않았다면 사기죄로 의율하는 것이 가능하다는 점이 다르다. 피고인의 재산 상태가 좋지 아니하였으나 투자대상의 투자가치에 대한 설명은 사실인 경우 계약서의 존재, 수익금에 관한 약정여부[70], 약정된 수익금의 정도[71] 등을 검토하여 국민참여재판으로 할 것인지 결정하여야 한다. 한편, 명백한 계약서 등이 존재하지 아니하는 상태에서 피해자의 진술만을 증거로 기소된 사건의 경우 배심원들은 직업 법관에 비하여 진술증거를 덜 신뢰하는 경향이 있어 국민참여재판으로 진행하는 것이 유리할 수 있다.

나) 피해자가 피고인으로부터 투자가치 등에 대하여 부풀려진 정보를 받고 잘못 투자한 것이라고 주장하는 경우 투자당시 투자대상의 가치에 관한 신문기사 내용, 투자당시의 정부나 지방자치단체의 정책과 관련된 자료, 피해자가 투자 현장이나 투자 목적물을 직접 보고 검토한 사정이 있는지, 당시 투자목적물의 가치 등을 검토하여 당시 투자가치에 대한 판단이 크게 다르지 아니하는 경우에는 국민참여재판으로 진행하는 것이 유리할 수 있다. 한편, 일부 투자가치에 대한 사실이 다르다 하더라도 피해자가 스스로의 판단 아래 투자하였다는 점, 투자를 유치할 때는 장점을 부각하여 설명하는 경향이 있다는 사실 등을 강조한다면 배심원을 설득하는데 있어 유리할 수 있다.

---

70) 약정된 수익이 일반적인 경우보다 높다 하더라도 투자대상의 성과와 관계없이 일정금의 수익을 약속하는 경우에는 투자금으로 보는 것이 어려울 수 있다.

71) 약정된 수익금이 이자라고 보기 어려운 수준인 경우 투자라고 주장할 수 있다.

4) 마약류 사건

마약류 사건의 경우 부인하는 사건과 인정하는 사건으로 나눌 수 있다. 부인하는 사건의 경우에는 소변검사, 모발검사 등에서 마약 양성 판정을 받은 경우와 그렇지 않은 경우로 나눌 수 있다.

(가) 부인하는 사건

가) 양성판정 받은 경우

소변검사, 모발검사 등에서 마약 양성 판정을 받은 경우 피고인이 자신도 모르는 사이에 마약을 흡입했을 가능성에 관한 증거가 존재하는지 검토하여 국민참여재판으로 진행할 것인지 결정하는 것이 필요하다.[72] 다만, 마약사건의 경우 양형에 있어서 예측이 어려운 편이고, 국민의 법감정상 마약류 사건에 대하여는 좋지 아니한 편이기 때문에 무죄 가능성이 낮은 사건이라 판단되는 경우 국민참여재판으로 하지 않는 편이 유리할 것으로 보인다. 예를 들어 피고인이 경제적으로 어려워 절도죄에 이르게 되었다는 양형사유는 배심원들을 설득하기 매우 쉬운 편이나, 피고인이 가정이 화목하지 못하여 정신적으로 힘들었고 그로 인하여 마약을 하게 되었다는 양형사유는 배심원들을 설득하기 매우 힘든 편이다.[73] 즉, 절도죄, 사기죄, 폭행죄 등과 같은 일반 시민들의 생활에 밀접한 범죄와 달리 마약류 사건은 일반 시민들의 생활과 동떨어진 편이기 때문에 배심원들이 마약류 사건에서 피고인의 감정에 이입되는 일이 쉽지 않다는 것이다.

나) 음성판정 받은 경우

소변검사, 모발검사 등에서 음성판정을 받았으나 참고인의 진술 등을 증거로 하여 기소된 사건의 경우 피고인과 참고인과의 관계, 피고인의 알리바이, 참고인

---

72) 실제로 클럽 등에서 술에 마약을 타서 건네주는 일이 있기 때문에 이러한 주장을 할 가능성이 있는지 검토해볼 필요가 있다. 피고인이 경찰로부터 소환통보를 받은 후 클럽에 간 사실이 있고 그 후 소환조사에서 마약 양성판정이 있었는데, 마약투약시기가 소환통보를 받은 후 소환조사를 받기 전까지로 추정되어 검사가 그 시기를 특정하여 기소한 사안에서 피고인이 경찰소환통보를 받은 후 자의적으로 마약을 투약했다고 볼 수 없다고 주장하여 무죄를 선고받았다. 위 사례는 국민참여재판으로 진행된 것은 아니었으나 이러한 사정이 존재하는 경우 국민참여재판으로 진행한다면 배심원을 설득하기 수월할 것으로 보인다.

73) 정선희 변호사가 실제로 진행한 사건에서 배심원들은 마약류 사건에 있어서 굉장히 비판적인 시각을 가지고 있었고, 일반 형사재판에서 예측되는 형보다 더 무거운 형을 받았다.

이 마약류 사건에 연루된 자인지 여부 등을 고려하여 국민참여재판으로 할 것인지 결정하여야한다. 특히, 마약류 사건으로 검거된 자가 자신의 공적을 위하여 다른 사람과 같이 했다고 거짓 진술하는 경우가 있어 이러한 주장을 할 수 있는 사정이 있다면 국민참여재판으로 진행하는 것이 유리할 것으로 보인다.

(나) 인정하는 사건

피고인이 인정하는 사건의 경우에는 경한 마약류 사건과 중한 마약류 사건으로 나눌 수 있다. 경한 마약류 사건 즉, 대마를 처음 흡입한 사건 등의 경우에는 일반 형사재판에서 주로 벌금형이 내려지고 있기 때문에 이러한 사건에 있어서 양형 예측이 어렵고, 절차가 복잡하며, 피고인의 신상이 공개될 수 있는 국민참여재판으로 진행하는 것이 바람직하지 않다. 중한 마약류 사건의 경우에도 국민참여재판으로 진행하는 경우 형이 지나치게 높을 수 있고, 피고인의 신상이 공개될 수 있어 일반 형사재판으로 진행하는 것이 더 유리하다. 위와 같이 마약류 사건의 경우에는 양형에 있어서 불리할 수 있는 소지가 많아 마약류 사건을 국민참여재판으로 할 경우에는 다른 사건보다 더 신중하게 결정하여야 한다.

5) 살인 사건

살인 사건은 부인하는 사건과 인정하는 사건으로 나눌 수 있고, 인정하는 사건으로는 피해자에게 책임이 있는 사건과 책임이 없는 사건으로 나눌 수 있다.

(가) 부인하는 사건

피고인이 부인하는 사건의 경우 디엔에이 및 지문, CCTV 영상, 블랙박스 영상, 흉기 발견 장소 등 객관적이고 과학적인 증거가 존재하는지 여부 및 목격자 등의 진술 등을 검토하여 결정하여야 한다. 이러한 사건에 있어서 피고인의 휴대전화 사용내역, 카드 사용내역 등이 증거로 제출되어 있지 않은 경우 이를 적극적으로 확인한 후 국민참여재판으로 할 것인지 결정하여야 한다. 살인 사건의 경우 만약 유죄로 인정된다면 양형에 있어 일반 형사재판보다 불리할 가능성이 있기 때문에 더욱 신중하게 판단하여야 한다.[74]

---

74) 검사는 현장, 피해자의 검시 및 부검 과정에 관한 자료를 증거로 제출하는데, 국민참여재판을 함에 있어

(나)인정하는 사건

피고인이 인정하는 사건으로는 피해자에게 책임이 있는 사건과 책임이 없는 사건으로 나눌 수 있는데, 피해자에게 책임이 있는 사건으로는 대표적으로 가정폭력 사건이 있다. 대법원 판례는 오랜 기간 남편이나 부모로부터 지속적인 폭행이나 학대를 당해오던 피고인이 그 남편이나 부모를 살해한 사안에서 살해 당시 객관적으로도 피고인 등의 법익에 대한 침해나 위난이 현존하고 있었다고 보기 어렵다는 이유로 정당방위나 긴급피난의 성립을 부정하고 있기 때문에 가정폭력으로 인한 살인 사건의 경우 일반 형사재판에서 무죄를 받을 가능성은 매우 낮다.[75] 따라서 가정폭력 등 피해자에게 책임이 있는 사건의 경우 피해자의 폭력행사의 정도, 폭력 행사의 기간, 피고인의 피해의 정도, 범행이 우발적인지, 범행수법 등을 고려하여 오랜 기간 동안의 폭력을 견디다가 우발적으로 일어난 사건이라고 판단되는 경우 국민참여재판으로 진행하는 것이 유리할 수 있다.[76][77]

피고인이 인정하는 사건으로 피해자에게 책임이 없는 경우에는 국민참여재판으로 하는 것에 있어 매우 신중한 판단을 하여야 한다. 직업 법관의 경우 많은 형사사건을 경험하면서 범행 현장 사진이나 부검 사진 등을 볼 때 일반인보다 객관적인 시각을 유지할 수 있는 가능성이 높지만, 일반 국민들의 경우 범행 현장의 혈흔 사진이나 피해자 검시 사진, 부검 과정에 관한 사진을 여과 없이 보게 된다면 사건에 대한 객관적인 시각을 유지하기 어려울 가능성이 높아 피고인에게 불리할 수 있기 때문이다. 따라서 피해자에게 책임이 없는 살인 사건의 경우 가급적 국민참여재판으로 진행하지 않는 것이 피고인에게 유리하다.

검사가 이러한 자료 특히 컬러사진을 배심원에게 제시하면 배심원들에게 큰 영향을 미칠 수 있다. 이러한 시각적 영향은 배심원들이 형을 정함에 있어 피고인에게 매우 불리하다.

75) 평소 남편으로부터 지속적인 폭행이나 학대를 당해오던 피고인이 잠자고 있는 남편을 살해한 사안에서, 사회심리학자의 견해(이른바 '학대나 폭력의 지속적인 재경험')나 오랜 기간 동안 남편으로부터의 폭력이나 학대에 시달려온 피고인의 특별한 심리상태를 수긍하더라도, 그러한 사정만으로는 살해 당시 객관적으로도 피고인 등의 법익에 대한 침해나 위난이 현존하고 있었다고 보기 어렵다는 이유로 정당방위나 긴급피난의 성립을 부정한 사례(대전지방법원 2006.10.18. 선고 2006고합102 판결).

76) 무죄를 선고받지 못한다 하더라도 집행유예를 이끌어낼 수 있다.

77) 다만, 이러한 사안에게 피해자가 얼마나 나쁜 사람이었는지에 관한 부분에 너무 치중하다보면 배심원들에게 좋지 않은 인상을 줄 가능성이 있어, 피해자가 비록 나쁜 사람이었지만 범행에 대하여 매우 후회한다는 취지의 변론을 하는 것이 바람직하다.

6) 폭행 · 상해 사건

폭행 및 상해 사건은 피고인이 부인하는 사건과 인정하는 사건으로 나눌 수 있다.

(가) 부인하는 사건

피고인이 부인하는 사건은 피고인의 범죄전력, CCTV 등 객관적인 증거의 유무, 쌍방 폭행인지 여부, 피해자의 범죄전력 등을 고려하여 결정하여야 한다. 특히 CCTV 등 객관적인 증거가 없고 진술증거만 존재하는 경우에는 피고인의 범죄전력 및 피해자의 범죄전력 유무[78]를 검토하여 결정하여야 한다. 전과가 없는 피고인이 강력하게 무죄를 주장하고 있는데 증거로는 피해자의 진술만 존재한다면 배심원들에게 검사가 특별한 증거 없이 피해자의 일방적인 주장을 믿고 기소한 것이라고 설득할 수 있어 국민참여재판으로 하는 것이 더 유리하다.[79]

(나) 인정하는 사건

피고인이 인정하는 사건의 경우에는 폭행 및 상해 사건에 있어 그 양형이 비교적 무겁지 않고, 국민참여재판으로 하는 경우 피고인의 신상이 공개될 수 있는 점, 절차가 복잡하여 피고인이 신속한 재판을 받을 수 없는 점 등을 고려하면 국민참여재판으로 진행하는 것이 부적절하다.

7) 공직선거법위반 등 정치적인 사건

공직선거법위반 등의 정치적인 사건의 경우 국민참여재판으로 진행하는 것이 피고인에게 유리한지 여부에 관하여 판단하는 것은 쉽지 않다. 먼저 정치적인 성향에 의하여 결과가 좌우될 수 있는 사건으로는 공직선거법위반, 정치자금법위반, 국가보안법위반 등이 있다. 정치적인 사건의 경우에는 그 무엇보다 배심원 선정이 중요하다 할 것이므로 배심원 선정의 기준이 되는 토지관할이 그 어떤 사건에 있어서보다 중요하다. 따라서 변호인으로서는 사건이 토지관할에 위반되는지 면밀히

78) 피해자의 범죄전력은 해당 검찰청에 사실조회를 신청하는 등의 방법으로 알 수 있다.
79) 일반 형사재판에서는 피해자의 진술이 특별하게 이상하지 않은 이상 피해자의 진술의 신빙성을 배척하지 않는 편임을 고려하면 국민참여재판에서 배심원을 설득하는 것이 더 수월하다는 것이다.

검토한 후 만약 위반이 있다고 한다면 토지관할위반의 주장을 하는 것이 피고인에게 유리한지 검토하여야 한다. 예를 들어 정치적으로 보수적인 정당이 항상 승리하는 지역에서 국가보안법위반 사건을 국민참여재판으로 진행하는 것은 피고인에게 불리할 수 있고, 정치적으로 진보적인 정당이 항상 승리하는 지역에서 보수적인 정당 소속의 정치인이 공직선거법위반으로 재판을 받는 경우에는 국민참여재판으로 진행하는 것이 피고인에게 불리할 수 있다. 보수적인 정당 소속의 정치인이 진보적인 정당이 항상 승리하는 지역에서 공직선거법위반으로 기소되었으나 토지관할위반이 발견된 경우, 변호인으로서는 토지관할위반의 주장을 함으로써 피고인에게 불리한 지역에서 벗어날 수 있다는 것이다. 그 반대로 피고인이 자신에게 유리한 지역에서 기소되었으나 토지관할위반이 있는 경우에 변호인은 토지관할위반의 주장을 하지 않고 재판을 진행함으로써 유리한 지역에서 재판을 받을 수 있다. 위와 같은 사정은 직업 법관이 재판을 하는 일반 형사재판에서는 문제되지 않지만 국민참여재판에서는 매우 중요한 요소이다.

4. 의사확인을 하지 않은 경우

(1) 서설

『국민의 형사재판 참여에 관한 법률』의 규정에도 불구하고 피고인의 의사를 확인하지 않은 상태에서 일반 형사재판으로 진행하는 경우 피고인의 국민참여재판을 받을 권리를 침해하여 위법한 것인지 문제된다.

(2) 의사확인을 하지 아니한 경우 그 절차의 위법여부

1) 합의부 관할사건

국민참여재판은 사법의 민주적 정당성과 신뢰를 높이기 위하여 도입된 제도로서 누구든지 법으로 정하는 바에 따라 국민참여재판을 받을 권리를 가지므로,[80] 법과 그 규칙에 따라 국민참여재판의 대상이 되는 사건은 국민참여재판의 절차에 따라 진행되는 것이 원칙이다. 다만 피고인이 국민참여재판을 원하지 아니하거나

---

80) 국민의 형사재판 참여에 관한 법률 제1조, 제3조 제1항.

『국민의 형사재판 참여에 관한 법률』 제9조 제1항 각 호의 사유가 있어 법원이 배제결정을 하는 경우에만 예외적으로 국민참여재판을 하지 아니한다.[81)]

결국, 국민참여재판 실시 여부는 일차적으로 피고인의 의사에 따라 결정되므로 국민참여재판 대상사건의 공소제기가 있으면 법원은 피고인에 대하여 국민참여재판을 원하는지에 관한 의사를 서면 등의 방법으로 반드시 확인하여야 하고, 이를 위해 공소장 부본과 함께 피고인 또는 변호인에게 국민참여재판의 절차, 7일 이내에 국민참여재판을 원하는지 여부에 관한 의사가 기재된 서면의 제출, 국민참여재판을 하지 않기로 하는 배제결정이 있거나, 통상절차로의 회부결정, 공판준비기일이 종결되거나 제1회 공판기일(피고인의 의사가 기재된 서면이 제출된 이후의 첫 공판기일)이 열린 이후에는 종전의 의사를 바꿀 수 없다는 의사번복의 제한, 그 밖의 주의사항이 기재된 국민참여재판에 관한 안내서를 송달하여야 한다. 만일 이러한 규정에도 불구하고 법원에서 피고인이 국민참여재판을 원하는지에 관한 의사 확인절차를 거치지 아니한 채 통상의 공판절차로 재판을 진행하였다면, 이는 피고인의 국민참여재판을 받을 권리에 대한 중대한 침해로서 그 절차는 위법하고 이러한 위법한 공판절차에서 이루어진 소송행위도 무효라고 보아야 한다.[82)] 대법원도 이와 같은 취지로 판시하였다.[83)]

2) 단독재판부 관할사건

『국민의 형사재판 참여에 관한 법률』 제8조 제1항에서 『법원은 대상사건의 피고인에 대하여 국민참여재판을 원하는지 여부에 관한 의사를 서면 등의 방법으로 반드시 확인하여야 한다.』고 하여 법원의 의무로 규정하고 있으므로 이러한

81) 국민의 형사재판 참여에 관한 법률 제5조.

82) 대법원 2011.09.08. 선고 2011도7106 판결, 제1심법원이 피고인의 강간치상 사건에 대하여 공소장 부본 송달일로부터 7일이 경과하기 전에 제1회 공판기일을 진행하면서 국민참여재판 신청 의사를 확인하지 않고, 피고인이 공판기일 전날 구치소장에게 제출한 국민참여재판 신청서가 공판기일이 진행된 후에 법원에 접수되었으나 신청에 대해 배제결정도 하지 않은 채 통상의 공판절차로 재판을 진행한 사안에서, 피고인이 국민참여재판을 받을 권리를 침해당하였을 뿐 아니라 이를 위해 배제결정에 대하여 즉시항고할 권리조차 박탈당한 위법한 공판절차에서 이루어진 소송행위는 무효라고 보아야 하므로 제1심판결에는 직권파기사유가 있는데도, 제1심판결의 위법에 대하여 아무런 심리, 판단을 하지 아니한 채 피고인의 항소를 기각한 원심판단에 국민참여재판을 받을 권리 및 소송절차상 하자에 관한 법리오해의 위법이 있다는 이유로, 원심판결과 제1심판결을 모두 파기하고 사건을 제1심법원에 환송한 사례.

83) 대법원 2012.4.26. 선고 2012도1225 판결, 대법원 2012.6.14. 선고 2011도15484 판결.

절차를 거치지 아니하는 경우 그 절차는 위법하고 이러한 위법한 공판절차에서 이루어진 소송행위도 무효라고 보게 되는 것이다. 그러나 단독재판부 사건의 경우 『국민의 형사재판 참여에 관한 규칙』 제3조에서 『법원은 지방법원이나 그 지원의 단독판사 관할사건의 피고인에 대하여도 국민참여재판을 원하는지 여부에 관한 의사를 서면 등의 방법으로 확인할 수 있다.』고 하여 법원의 의무로 규정하고 있지 않다. 단독재판부 관할사건은 원칙적으로 국민참여재판의 대상사건에 해당하지 않고, 단독재판부 사건에서의 피고인 의사 확인은 법원의 의무라 볼 수 없어 그 절차를 거치지 않는다고 하더라도 위법하다 할 수 없다. 『국민의 형사재판 참여에 관한 규칙』 제3조는 서면 등의 방법으로 의사를 확인할 수 있다고 규정하여 재량사항으로 규정하였다.

(3) 하자치유

1) 하자치유의 요건

제1심법원이 국민참여재판 대상이 되는 사건임을 간과하여 이에 관한 피고인의 의사를 확인하지 아니한 채 일반 형사재판절차로 재판을 진행하였더라도, 피고인이 항소심에서 국민참여재판을 원하지 아니한다고 하면서 위와 같은 제1심의 절차적 위법을 문제삼지 아니할 의사를 명백히 표시하는 경우에는 하자가 치유되어 제1심 공판절차는 전체로서 적법하게 된다고 보아야한다. 다만 국민참여재판 제도의 취지와 피고인의 국민참여재판을 받을 권리를 실질적으로 보장하고자 하는 관련 규정의 내용에 비추어 피고인의 권리를 침해한 제1심 공판절차의 하자가 치유된다고 보기 위해서는 『국민의 형사재판 참여에 관한 법률』 제8조 제1항 및 동 규칙 제3조에 따라 피고인에게 국민참여재판절차 등에 관한 충분한 안내와 그 희망 여부에 관하여 숙고할 수 있는 상당한 시간이 사전에 부여되어야 한다.[84)]

2) 하자치유 사례

(가) 하자치유를 부정한 사례

제1심법원이 국민참여재판 대상사건의 피고인에게 국민참여재판을 원하는지

84) 대법원 2012.4.26. 선고 2012도1225 판결.

확인하지 아니한 채 통상의 공판절차에 따라 재판을 진행하였는데, 항소심법원이 제1회 공판기일에 피고인과 변호인이 이에 대하여 이의가 없다고 진술하자 같은 날 변론을 종결한 후 제2회 공판기일에 피고인의 항소를 기각하는 판결을 선고한 사안에서, 항소심 제1회 공판기일에 피고인과 변호인이 이의 없다는 진술을 한 것만으로는 국민참여재판에 관한 충분한 안내와 그 희망여부에 관하여 숙고할 수 있는 상당한 시간을 부여받았다고 볼 수 없다는 이유로 하자가 치유되지 않았다고 판단하였다.[85]

(나) 하자치유를 인정한 사례

제1심법원이 국민참여재판 대상인 강제추행치상 사건의 피고인에게 국민참여재판을 원하는지 확인하지 아니한 채 통상의 공판절차에 따라 재판을 진행하여 유죄를 인정하였는데, 항소심법원이 제7회 공판기일에 국민참여재판으로 재판받기를 원하는지 물어보고 그에 관한 안내서를 교부한 후 선고기일을 연기한 다음 피고인이 답변서와 국민참여재판 의사 확인서를 제출하면서 '국민참여재판으로 진행하기를 원하지 않는다.'는 의사를 밝히자 제8회 공판기일에 제1심판결을 파기하고 무죄를 선고한 사안에서, 제1심이 피고인의 국민참여재판을 받을 권리를 침해하여 위법하게 절차를 진행하고 그에 따라 제1심 소송행위가 무효라 하더라도, 항소심법원이 피고인에게 국민참여재판에 관하여 안내하고 숙고의 기회를 부여하였으며, 피고인도 그에 따라 숙고한 후 제1심의 절차적 위법을 문제 삼지 않겠다는 의사를 명백히 밝혔으므로, 제1심의 공판절차상 하자는 치유되었다고 인정하였다.[86]

3) 소결

국민참여재판에 관한 의사확인을 하지 아니한 위법을 치유하기 위해서는 피고인과 변호인이 항소심 재판에서 제1심판결에 이의 없다고 진술한 것만으로는 부족하고, 제1심과 같이 피고인에게 안내서를 교부한 후 피고인이 충분한 시간을 가지고 숙고하여 판단할 수 있는 기회를 주어야 한다. 피고인이 충분히 숙고한 후 국민참여재판으로 진행하기를 원하지 않는 의사를 표시하였다면 제1심의 하지

85) 대법원 2012.4.26. 선고 2012도1225 판결.
86) 대법원 2012.6.14. 선고 2011도15484 판결.

는 치유되었다고 보는 것이 타당하다.

5. 피고인의 의사변경

(1) 서설

『국민의 형사재판 참여에 관한 법률』 제8조 제4항에서는 배제결정이 있거나 지방법원 지원 합의부가 회부결정을 하거나 공판준비기일이 종결되거나 제1회 공판기일이 열린 이후에는 종전의 의사를 바꿀 수 없다고 규정하고 있다. 배제결정과 지방법원 지원 합의부의 회부결정은 그 해석에 있어 의문이 없으나, '공판준비기일의 종결'과 '제1회 공판기일이 열린 이후'를 어떻게 해석할 것인지 의문이 있다.

(2) 공판준비기일의 종결

공판준비기일은 『형사소송법』 제266조의5에 규정된 임의적 공판준비기일이 있고, 『국민의 형사재판 참여에 관한 법률』 제36조에 규정된 필요적 공판준비기일이 있다. 그런데 제8조 제4항의 '공판준비기일의 종결'에 『국민의 형사재판 참여에 관한 법률』의 필요적 공판준비기일 외에 『형사소송법』의 임의적 공판기일을 포함하는지 의문이 있다. 즉, 피고인이 국민참여재판을 원하지 않았음에도 재판부가 사건 정리를 위하여 『형사소송법』의 임의적 공판준비기일을 열은 경우 임의적 공판준비기일이 종결된 후 제1회 공판기일이 있기 전까지 피고인이 국민참여재판을 원하는 것으로 변경할 수 있는지 문제된다는 것이다.

『국민의 형사재판 참여에 관한 법률』은 피고인이 부정확한 정보에 의하여 국민참여재판에 관한 의사를 결정할 수 있어 의사번복을 가능하게 규정하면서도 절차적 안정성 등을 보장해야 하기 위하여 그 제한규정을 두었다. 『국민의 형사재판 참여에 관한 법률』의 필요적 공판준비기일이 종결된 후 피고인이 국민참여재판을 원하지 아니하는 것으로 의사를 변경하는 경우 배심원후보자에 대한 통지 등 절차적 안정성을 침해하기 때문에 이를 허용하지 않는 것으로 규정하였다. 그러나 『형사소송법』의 임의적 공판준비기일은 효율적이고 집중적인 심리를 위하여 공판준비기일을 여는 것으로 피고인이 공판준비기일이 종결된 후 의사를 변경한다 하더라도 국민참여재판 준비를 위하여 다시 공판준비기일을 열어 국민참여재판에 관한 사항을 정하면 되기 때문에 절차적 안정성을 침해한다고 보기 어렵고, 피고인의 국민참여재판신청권은 최대한 보장하는 것이 타당하기 때문에 제8조 제4항의 '공판준비기일의 종결'은 『형사소송법』의 임의적 공판준비기일은 포함되지 않는다고 보는 것이 타당하다. 결국 재판부는 『형사소송법』의 임의적 공판준비기일이 종결된 후 피고인이 의사를 변경하여 국민참여재판을 원하는 의사를 표시하는 경우 국민참여재판으로 진행하여야 한다.[87)]

(3) 제1회 공판기일의 의미

1) 국민참여재판을 원하는 의사를 표시한 경우

피고인이 국민참여재판을 원하는 의사를 표시한 경우 재판장은 반드시 사건을 공판준비절차에 부쳐야 하기 때문에[88)] 피고인은 공판준비절차 기간 동안 국민참여재판에 관한 의견을 변경할 수 있으나, 공판준비기일이 종결되면 종전의 의사를 바꿀 수 없다.[89)] 결국, 피고인이 국민참여재판을 원하는 의사를 표시한 경우에는 『국민의 형사재판 참여에 관한 법률』 제8조 제4항의 '제1회 공판기일이 열린 이후' 부분이 적용되지 아니하고, 피고인이 국민참여재판을 원하지 아니하는 의사를 표시한 경우나 그러한 의사 자체를 표시하지 않아 『국민의 형사재판 참여에 관한 법률』 제8조 제3항에 의하여 국민참여재판을 원하지 아니하는 것으로 간주될 때 문제된다.

대법원도 「국민참여재판으로 진행하는 경우에는 필요적으로 공판준비기일을 열게 되고 공판준비기일이 종결되면 종전의 의사를 변경할 수 없게 되므로, '제1회 공판기일이 열리기 전까지' 종전의 의사를 변경할 수 있는 피고인에 당초 국민참여재판을 희망하는 의사확인서를 제출한 피고인은 해당하지 않는다.」고 하여 같은 취지로 판시하였다.[90)]

---

87) 다만 제1회 공판기일이 열린 이후 형사소송법의 임의적 공판준비기일을 정하는 경우 이미 제1회 공판기일이 경과하여 그 의사를 번복할 수 없으므로 본문과 같은 논의가 문제되지 않는다.

88) 국민의 형사재판 참여에 관한 법률 제36조 제1항, 통상의 재판에서 공판준비절차가 임의적 절차인 점과 다르다 할 것이다(형사소송법 제266조의5).

89) 국민의 형사재판 참여에 관한 법률 제8조 제4항.

90) 대법원 2009. 10. 23. 자 2009모1032 결정.

2) 국민참여재판을 원하지 아니하는 의사를 표시한 경우

(가) 문제점

공판절차는 재판장의 진술거부권의 고지에서 시작된다 할 것이어서 진술거부권의 고지가 시작되기 전까지 종전의 의사를 바꿀 수 있음은 명백하다.[91][92] 다만, 그 이후 검사의 모두진술이 있기 전까지 그 의사를 바꿀 수 있는지 의문이 있다.

(나) 견해의 검토

가) 피고인의 국민참여재판 신청권을 중시하는 견해

피고인이 국민참여재판에 대하여 잘 알지 못하는 상태에서 의사를 결정하였을 가능성이 있기 때문에 피고인의 이익을 위하여 진술거부권 고지 및 인정신문이 종료된 후 검사의 모두진술이 있기 전까지 그 의사를 변경할 수 있다고 보는 것이 타당하다는 견해이다.[93] 이러한 견해는 피고인의 국민참여재판 신청권을 최대한 보장하여야 한다고 주장한다.

나) 문리적으로 해석하는 견해

『국민의 형사재판 참여에 관한 법률』 제8조 제4항의 '제1회 공판기일이 열린 이후'의 의미를 문리적으로 해석하여 형식적으로 제1회 공판기일의 시작인 재판장의 진술거부권 고지가 있기 전까지를 의미하는 것으로 보는 견해이다. 이러한 견해는 법적안정성 및 검사와 법원의 예측가능성을 중시하여 재판절차가 피고인의 의사의 변경에 따라 예측가능하지 않게 변경되는 것은 타당하지 않다는 점을 강조한다.

다) 절충적인 견해

원칙적으로는 '제1회 공판기일이 열린 이후'의 의미를 형식적으로 제1회 공판

91) 이재상, 형사소송법, 박영사, 2008, 445면, 제1심의 공판절차는 모두절차, 사실심리절차, 판결선고절차로 나뉘고, 모두절차는 진술거부권의 고지로 시작된다.

92) 실무에서 호명으로 공판기일이 개시되므로 호명 후에 피고인이 국민참여재판에 관한 의사를 변경할 수 없다는 검사의 주장이 있었다. 그러나 이에 대하여 김형국변호사는 「형사소송법에는 '기일은 사건과 당사자의 이름을 부름으로써 시작된다.'라는 민사소송법 제169조와 같은 조항은 없기 때문에 법률상으로 사건의 호명으로 기일이 개시된다고 볼 수 없다.」고 주장하였고, 재판부는 이를 받아들여 피고인이 국민참여재판에 관한 의사를 변경하는 것을 허가하였다.

93) 김재환, 국민참여재판 이론과 실제, 도서출판 베리북스, 2013, 제42면.

기일의 시작인 재판장의 진술거부권 고지가 있기 전까지를 의미하나, 검사의 모두진술이 있기 전까지 피고인이 국민참여재판으로의 진행을 원하는 취지의 진술을 하고, 검사가 이에 대하여 특별한 이의를 제기하지 않는 경우 국민참여재판을 원하는 것으로 의사를 변경하는 것을 허용해야 한다는 견해이다.

(다) 소결

'제1회 공판기일이 열린 이후'의 의미를 어떻게 해석할 것인지에 관한 문제는 피고인의 국민참여재판 신청권과 법적안정성 및 검사와 법원의 예측가능성, 소송경제라는 측면을 고려하여 검토하여야 한다. 피고인의 국민참여재판 신청권은 특별한 사정이 없는 한 폭넓게 인정할 필요가 있으나 이는 법적안정성과 소송경제, 검사의 예측가능성 등을 고려하여 제한할 필요가 있다. 따라서 원칙적으로는 재판장의 진술거부권의 고지가 있기 전까지를 의미하는 것으로 보되, 예외적으로 검사의 모두진술이 있기 전까지 피고인이 의사를 변경하여 국민참여재판을 원하는 의사를 표시하고, 검사가 특별한 이의제기를 하지 않는 경우 그 의사의 변경을 허용하는 것이 타당하다.

3) 국민참여재판 의사확인서를 제출하지 아니한 경우

(가) 문제점

피고인이 공소장 부본을 송달받은 날부터 7일 이내에 국민참여재판에 관한 의사확인서를 제출하지 아니한 경우 『국민의 형사재판 참여에 관한 법률』 제8조 제3항에 의하여 국민참여재판을 원하지 아니하는 것으로 본다. 다만, 법원은 피고인이 서면을 제출하지 아니한 경우 심문기일을 정하여 피고인을 심문하거나 서면 기타 상당한 방법으로 피고인의 의사를 확인할 수 있다.[94] 피고인이 공소장 부본을 송달받은 날로부터 7일이 경과한 후 제1회 공판기일이 열리기 전까지 종전의 의사를 변경할 수 있다고 보는 것이 타당한데, 그 시기를 어떻게 볼 것인지 의문이 있다. 즉, 진술거부권의 고지 및 인정신문이 종료된 후 검사의 모두진술이 있기 전까지 피고인이 그 의사를 변경할 수 있는지 문제된다.

94) 국민의 형사재판 참여에 관한 규칙 제4조 제1항 후문.

(나) 견해의 대립

가) 긍정하는 견해

피고인이 국민참여재판에 대하여 잘 알지 못하는 상태에서 의사확인서를 제출하지 못할 수 있기 때문에 피고인의 국민참여재판 신청권을 최대한 보장하기 위하여 진술거부권의 고지 및 인정신문이 종료된 후 검사의 모두진술이 있기 전까지 그 의사를 변경할 수 있다고 보는 것이 타당하다는 견해이다.[95]

나) 부정하는 견해

『국민의 형사재판 참여에 관한 법률』 제8조 제4항의 '제1회 공판기일이 열린 이후'의 의미를 문리적으로 해석하여 형식적으로 제1회 공판기일의 시작인 재판장의 진술거부권 고지가 있기 전까지 피고인이 의사를 변경할 수 있고, 그 이후에는 변경할 수 없다는 견해이다.

(다) 소결

피고인이 의사확인서를 제출하지 아니한 경우에는 설령 『국민의 형사재판 참여에 관한 법률』 제8조 제3항에 의하여 원하지 아니하는 것으로 본다 하더라도, 피고인이 국민참여재판 제도를 잘 알지 못하고 그 기간 내에 의사확인서를 제출하지 못한 경우를 배제하기 어렵기 때문에 재판장은 피고인의 의사를 적극적으로 확인할 필요가 있다. 특히 국민참여재판의 활성화를 위하여 피고인이 의사확인서를 제출하지 아니한 경우에도 법원은 심문기일을 정하여 피고인을 신문하거나 기타 상당한 방법으로 피고인의 의사를 확인할 수 있다는 규정을 『국민의 형사재판 참여에 관한 법률』 제4조 제1항 후단에 신설하였는바,[96] 이러한 규정의 취지를 고려한다 하더라도 폭넓게 해석할 필요가 있다. 따라서 피고인이 의사확인서를 제출하지 아니한 경우에는 피고인의 이익을 위하여 검사의 모두진술 전까지 그 의사를 변경할 수 있다고 보는 것이 타당하다 할 것이다.

다만, 실무에서는 피고인이 의사확인서를 제출하지 아니한 경우 재판장은 진술

95) 김재환, 국민참여재판 이론과 실제, 도서출판 베리북스, 2013, 제42면.

96) 국민의 형사재판 참여에 관한 규칙 [시행 2012.7.1.] [대법원규칙 제2404호, 2012.5.29., 일부개정] 제·개정이유.

거부권을 고지하기 전에 피고인의 의사를 확인하는 절차를 거치고 있다.

6. 단독재판부의 경우

(1) 신청방식 및 절차

실무에서는 변호인이 단독재판부에 피고인이 국민참여재판을 원하고 있어 합의부에서 심판하여 줄 것을 신청하는 방식으로 진행하고 있다. 변호인과 피고인은 합의부에서 심판할 것으로 결정해달라는 신청을 할 법적권한은 없으나, 재정합의 결정을 촉구하는 의미로 신청서를 제출하고 있는데 실제 실무에서 사용한 신청양식은 아래와 같다.[97]

> **재정합의신청서**
>
> 사　　건 20○○고단○○○○
> 피 고 인 ○○○
>
> 위 사건에 관하여 피고인의 변호인은 다음과 같이 합의부에서 직접 심판하여 주실 것을 신청합니다.
>
> 다　음
>
> **1. 국민참여재판 대상사건에 관하여 -재정합의 사건을 포함하는지**
>
> 국민참여재판의 대상사건에 관하여 「국민의 형사재판참여에 관한 법률 제5조 제1호는 「법원조직법」제32조 제1항(제2호 및 제5호는 제외한다.)에 따른 합의부 관할 사건이라고 규정하고 있고, 위 법원조직법 제32조 제1항 제1호는 '합의부가 심판할 것으로 합의부가 결정한 사건'이라고 규정하고 있습니다. 과거 『국민의 형사재판 참여에 관한 법률』은 국민참여재판 대상사건을 특정하여 규정하는 방식을 취하였으나, 2012. 7. 1. 개정 『국민의 형사재판 참여에 관한 법률』이

97) 변호인에 따라서는 기일연기신청서, 국민참여재판신청서, 재정합의신청서를 각 제출하기도 한다.

시행되면서 전체 합의부사건 즉 재정합의사건을 포함하는 것으로 되었습니다.

따라서 이 사건에 관하여 합의부에서 심판할 것으로 합의부가 결정을 한다면 국민참여재판 대상사건이 된다함은 자명하다 할 것입니다.

2. 국민참여재판의 필요성

이 사건은 피고인이 피해자와 대화를 하던 중 습관적으로 팔을 몇 차례 친 사실을 인정하면서도 이는 습관적으로 나온 행위로 추행하려는 의도가 전혀 없었을 뿐 아니라(고의 부인), 당시 피해자는 옷을 두껍게 입고 있어 그러한 행위만으로 성적수치심을 느꼈다고 볼 수 없다(추행행위 부인)고 주장하고 있는 사건입니다.

이 사건은 ① 2014. 3. 22. 발생한 사건으로 이 사건 당시는 외투를 입어야 할 정도로 쌀쌀한 날씨였고, ② 피고인은 피해자에게 그 어떠한 성적 농담을 한 사실이 전혀 없으며, ③ 이 사건 장소는 공개된 장소로 피고인이 은밀하게 피해자를 만졌다고 볼 수 없고, ④ 피고인은 피해자의 팔 부위를 툭툭 친 것으로 이러한 행위만으로 일반적으로 성적수치심을 느꼈다고 보기 어렵습니다.

비록 『국민의 형사재판 참여에 관한 법률』 제9조 제1항 제3호에서 성폭력범죄의 피해자가 참여재판을 원하지 아니하는 경우 배제할 수 있다고 규정하고 있으나, 이 사건은 피해자의 내밀한 부분을 다루는 사건이 아니기 때문에 위 조항을 적용할 필요성도 매우 낮습니다. 최근 성범죄가 사회적인 문제가 되면서 성범죄를 강하게 처벌하자는 여론이 많아지고 있고 이에 따라 양형기준도 변경되고 있습니다. 더욱이 성범죄의 경우 사회적 낙인이 찍히기 쉽고, 원칙적으로 신상정보공개의 대상이 되고 있어 그 유무죄의 판단에 있어 신중을 기할 필요는 더욱 높아졌다 할 수 있습니다. 이 사건은 어떠한 행위까지 강제추행으로 볼 수 있는 것인지, 여성이 불쾌한 경우 무조건 강제추행이라 할 수 있는지 문제되는 바, 이러한 부분은 법전문가가 아니더라도 판단이 가능하고 오히려 일반 국민의 시각을 통하여 판단함으로써 강제추행의 의미를 정립할 필요도 있다 할 것이어서 국민참여재판을 통하여 판단해볼 필요성이 매우 높다할 것입니다.

3. 결론

위와 같은 사정을 참작하시어 위 사건에 대하여 합의부가 직접 심판할 것을 결정하시어 피고인이 국민참여재판을 받을 수 있도록 하여 주시기 바랍니다.

20○○. ○○. ○○.
피고인의 변호인
변호사 ○○○ ㊞

○○○○지방법원 형사 ○단독 귀중

변호인이 위와 같은 신청서를 제출하면[98] 담당 단독 재판부 및 국민참여재판 전담 재판부는 회의를 거쳐 합의부에서의 심판여부를 결정하는 것이 일반적인데, 합의부가 심판할 것으로 결정하는 경우 단독 재판부 사건은 재배당을 통하여 새로운 사건번호를 부여받아 합의부 사건이 된다.

(2) 불복절차

피고인의 재정합의신청에 관하여 재판부에서 합의부가 재정신청을 기각할 경우 피고인이 불복할 수 있는지 의문이 있으나, 법원의 관할 또는 판결 전의 소송절차에 관한 결정에 대하여는 특히 즉시항고를 할 수 있는 경우 외에는 항고하지 못하고, 재정합의결정의 경우 즉시항고할 수 있는 명문의 규정이 없으므로 항고할 수 없다고 보는 것이 타당하다.[99][100]

(3) 단독재판부 사건의 제1회 공판기일 경과의 문제점

1) 개정전 논의

(가) 서설

『국민의 형사재판 참여에 관한 법률』 제8조 제4항은 제1회 공판기일이 열린 이후에는 국민참여재판에 관한 의사를 바꿀 수 없다고 규정하고 있는데, 단독재판

98) 단독 재판부는 재정합의에 관한 결정을 할 때까지 기일을 추정하는 경우가 대부분이다.
99) 이재상, 형사소송법, 박영사, 2008, 제403조.
100) 이재상, 형사소송법, 박영사, 2008, 747면. 명문의 규정이 있는 때에만 즉시항고가 허용된다. 명문의 규정이 있는 경우는 공소기각의 결정(제328조 제2항), 상소기각결정(제360조 제2항, 제362조 제2항, 제376조), 기피신청기각결정(제23조), 구속의 취소와 집행정지결정(제97조 제4항, 제101조 제3항), 또는 소송비용부담결정(제192조) 등이 있다.

부 사건의 피고인이 제1회 공판기일이 열린 후 국민참여재판으로 진행을 원한다는 의사를 표시한 경우, 국민참여재판을 원하는 의사를 표시하지 않은 채 제1회 공판기일이 경과하였다는 이유로 『국민의 형사재판 참여에 관한 법률』 제8조 제3항의 국민참여재판을 원하지 아니하는 의사가 표시된 것으로 보아 같은 조 제4항을 적용하여 국민참여재판으로 진행할 수 없는 것은 아닌지 문제된다. 즉, 『국민의 형사재판 참여에 관한 법률』 제8조 제4항이 합의부에서 공판기일이 열린 것만을 의미하는 것인지 단독재판부에서 공판기일이 열린 것까지 포함하는 것인지 검토할 필요가 있다.[101]

(나) 『국민의 형사재판 참여에 관한 법률』 및 『국민의 형사재판 참여에 관한 규칙』의 규정

『국민의 형사재판 참여에 관한 법률』 제8조의 조항을 보면 제1항에서 「법원은 대상사건의 피고인에 대하여 국민참여재판을 원하는지 여부에 관한 의사를 서면 등의 방법으로 반드시 확인하여야 한다. 이 경우 피고인 의사의 구체적인 확인 방법은 대법원규칙으로 정하되, 피고인의 국민참여재판을 받을 권리가 최대한 보장되도록 하여야 한다.」고 규정하고 있고, 제2항에서는 「피고인은 공소장 부본을 송달받은 날부터 7일 이내에 국민참여재판을 원하는지 여부에 관한 의사가 기재된 서면을 제출하여야 한다.」고 규정하면서, 제3항에서 「피고인이 제2항의 서면을 제출하지 아니한 때에는 국민참여재판을 원하지 아니하는 것으로 본다.」고 규정하고 있다. 또한, 같은 조 제4항에서 「피고인은 제9조 제1항의 배제결정 또는 제10조 제1항의 회부결정이 있거나 공판준비기일이 종결되거나 제1회 공판기일이 열린 이후에는 종전의 의사를 바꿀 수 없다.」고 규정하고 있다.

한편, 『국민의 형사재판 참여에 관한 규칙』 제3조 제1항에서 「법원은 대상사건에 대한 공소의 제기가 있는 때에는 공소장 부본과 함께 피고인 또는 변호인에게 국민참여재판의 절차, 법 제8조 제2항에 따른 서면의 제출, 법 제8조 제4항에 따른 의사번복의 제한, 그 밖의 주의사항이 기재된 국민참여재판에 관한 안내서를 송달하여야 한다.」고 규정하면서, 제4조 제1항에서 「법 제8조 제1항에 의하여 피

101) 2015. 2. 23. 필자의 법률신문 「국민의 형사재판참여에 관한 법률 제8조 제4항의 해석 -재정합의사건과 관련하여」 기고문 중 일부.

고인이 제출한 서면만으로는 피고인의 의사를 확인할 수 없는 경우에는 법원은 심문기일을 정하여 피고인을 심문하거나 서면 기타 상당한 방법으로 피고인의 의사를 확인하여야 한다. 피고인이 위 서면을 제출하지 아니한 경우에도 법원은 위와 같은 방법으로 피고인의 의사를 확인할 수 있다.」고 규정하고 있다.

위 규정을 종합하면 국민참여재판을 원하는 피고인의 경우 공소장 부본을 송달받은 날로부터 7일 이내에 국민참여재판에 관한 의사가 기재된 서면을 제출하여야 하고, 이 기한 내에 제출하지 아니하는 경우 국민참여재판을 원하지 아니하는 것으로 본다. 다만, 『국민의 형사재판 참여에 관한 규칙』 제4조 제1항에 따라 서면이 제출되지 아니하는 등의 이유로 그 의사를 확인할 수 없다면 심문기일을 정하거나 제1회 공판기일을 열기 전에 심문하는 방식으로 그 의사를 확인하여야 한다.[102] 즉, 피고인이 7일 이내에 서면을 제출하지 않더라도 바로 국민참여재판을 원하지 아니하는 것으로 확정되는 것이 아니라 국민참여재판을 원하지 않는 것으로 보는 것일 뿐이며, 제1회 공판기일이 경과하기 전까지는 의사를 바꿔 국민참여재판을 원하는 의사를 표시할 수 있다는 것이다. 대법원 판례 역시 「관련 규정에도 불구하고 법원에서 피고인이 국민참여재판을 원하는지에 관한 의사 확인절차를 거치지 아니한 채 통상의 공판절차로 재판을 진행하였다면, 이는 피고인의 국민참여재판을 받을 권리에 대한 중대한 침해로서 그 절차는 위법하고 이러한 위법한 공판절차에서 이루어진 소송행위도 무효라고 보아야 한다.[103]」고 하여, 피고인이 7일 이내에 서면을 제출하지 않더라도 반드시 피고인의 의사를 확인하는 절차를 거쳐야할 것을 요구하고 있다.

합의부 사건의 경우 재판부에서 여러 가지 방법으로 피고인의 의사를 확인하는 절차를 거친 후 제1회 공판기일이 경과하였다면 피고인은 다시 국민참여재판을 원하는 것으로 의사를 변경할 수 없다는 것이다.[104]

---

102) 실무의 경우 서면이 제출되지 아니하였다면 재판장이 제1회 공판기일이 열리기 전에 피고인에게 국민참여재판에 관한 의사를 묻는 방식으로 진행된다.

103) 대법원 2012. 4. 26. 선고 2012도1225 판결.

104) 한편, 국민참여재판을 원하는 의사를 표시하는 경우 참여재판기일로 공판기일을 열기 전에 공판준비기일을 거치는 것이 필수적이기 때문에(국민의 형사재판 참여에 관한 법률 제37조 제1항), '준비기일이 종결되기 전'까지 국민참여재판에 관한 의사를 변경할 수 있다(국민의 형사재판 참여에 관한 법률 제8조 제4항).

(다) 검토

위와 같이 피고인의 국민참여재판에 관한 의사를 확인하는 여러 가지 절차는 처음부터 합의부 관할 사건인 경우에 적용되는 것이고, 단독재판부 사건의 경우 위와 같은 규정에 따라 안내서를 송달하거나 피고인의 의사를 묻는 절차가 진행되지 않고 있다. 따라서 단독재판부 사건의 경우 국민참여재판에 대하여 알지 못한 피고인이 제1회 공판을 받게 된다면 우연한 사정으로 인하여 국민참여재판을 받을 기회를 영원히 박탈당하는 불합리가 발생하게 되며, 이는 변호인이 없는 피고인의 경우 국민참여재판이라는 절차 자체를 알 수 없는 경우가 많아 더욱 불리하게 된다. 또한, 『국민의 형사재판 참여에 관한 법률』 제8조 제4항은 『국민의 형사재판 참여에 관한 규칙』 제3항 및 제4항의 안내서 통지나 심문기일절차를 이미 충분히 거치고 제1회 공판기일이 열렸음에도 불구하고 다시 의사를 번복하여 절차를 지연시키는 등의 행위를 금지하고자 하는 취지라 볼 수 있는데, 단독재판부 사건은 안내서 통지나 심문기일절차 등 국민참여재판에 관한 피고인의 의사를 묻는 절차를 거치지 않아 『국민의 형사재판 참여에 관한 법률』 제8조 제4항의 불이익을 줄 필요가 전혀 없다.

한편, 『국민의 형사재판 참여에 관한 규칙』 제5조 제1항에 의하면 「법원은 공소장 변경으로 대상사건이 된 사건에 대하여 피고인 또는 변호인에게 제3조 제1항에 따른 국민참여재판에 관한 안내서를 지체 없이 송달하여야 한다.」고 규정하면서, 같은 조 제2항에 「제1항의 경우에 법 제8조 제2항의 "공소장 부본을 송달받은 날부터 7일 이내"를 "공소장변경 허가결정을 고지 받은 날부터 7일 이내"로, 법 제8조 제4항의 "제1회 공판기일"을 "피고인의 의사가 기재된 서면이 제출된 이후의 첫 공판기일"로 본다.」고 하여 공소장변경으로 대상사건이 된 사건에 대하여 제8조 제4항의 적용 등에 대하여 규정하고 있는데, 위 조항의 해석에 따르면 『국민의 형사재판 참여에 관한 법률』 제8조는 공소제기 당시부터 합의부 사건에 해당하는 경우에 적용되는 것으로 규정된 것임이 분명하다.

결국 위 사건의 경우에는 『국민의 형사재판 참여에 관한 법률』 제8조 제4항이 적용되지 않는다고 해석하는 것이 타당하다 할 것이고, 재정합의사건의 경우

『국민의 형사재판 참여에 관한 규칙』 제5조를 준용하여 “제1회 공판기일”을 “합의부가 직접 심판할 것을 결정하여 합의부 사건이 된 이후의 첫 공판기일”로 보아야 한다.

(라) 입법론

『국민의 형사재판 참여에 관한 법률』의 제정이유를 보면 「 사법의 민주적 정당성을 강화하고 투명성을 높임으로써 국민으로부터 신뢰받는 사법제도를 확립하기 위하여 국민이 배심원으로서 형사재판에 참여하는 국민참여재판 제도를 도입하도록 함」이라고 기재되어 있는데, 사법의 민주적 정당성을 강화하고 투명성을 높임으로써 국민으로부터 신뢰받는 사법제도를 확립하는 것은 단독재판부 사건에서도 필요한 부분이다.

국민참여재판은 과거 공소제기 당시부터 합의부 관할 사건인 경우가 대부분이었으나 최근 단독재판부 사건에서 재정합의신청을 하는 방식으로 국민참여재판으로 진행하는 경우가 많이 늘고 있는 추세이다. 단독재판부 사건의 피고인이 국민참여재판 절차를 알지 못한 채 제1회 공판기일을 거친 경우 국민참여재판을 원하지 않는 것으로 보아 『국민의 형사재판 참여에 관한 법률』 제8조 제4항을 적용하여 국민참여재판으로 진행할 수 없게 하는 것은 최근 국민참여재판이 늘고 있는 추세에 비추어서도 타당하지 않다. 따라서 단독재판부 사건에 있어서도 피고인에게 공소장 부본을 송달하면서 국민참여재판에 관한 안내서를 송달할 필요가 있다.[105)]

2) 개정 후의 절차

(가) 안내서를 송달하여야 하는 경우

법원은 지방법원이나 그 지원의 단독판사 관할사건의 피고인에 대하여도 국민참여재판을 원하는지 여부에 관한 의사를 서면 등의 방법으로 확인할 수 있고,[106)]

---

105) 국민의 형사재판 참여에 관한 법률 제8조 제4항이 문제되었던 사건은 당초 단독재판부 관할인 강제추행 사건이었다. 이 사건은 재정합의결정으로 합의부에 재배당되었으며, 국민참여재판으로 진행되어 배심원 평의 결과 무죄 5인, 유죄 2인으로 최종 무죄 선고되었다.

106) 국민의 형사재판 참여에 관한 규칙 제3조의2, 2015. 6. 2. 국민의 형사재판 참여에 관한 규칙 제3조의2가 신설되어 2015. 7. 1.부터 시행되었다.

단독재판부가 안내서 및 의사확인서를 송달하여야 할 사건으로는 형법 제258조의 2, 제350조의 2와 그 미수죄에 해당하는 사건, 특정범죄 가중처벌 등에 관한 법률 제5조의3 제1항에 해당하는 사건(약식명령에 대한 정식재판청구사건을 제외한다.)이 있다.[107] 구체적으로는 단체 다중의 위력을 보이거나 위험한 물건을 휴대하여 범한 상해, 존속상해, 중상해, 존속중상해, 공갈 사건 및 사고운전자가 피해자를 구호하는 등의 조치를 하지 아니하고 도주하여 피해자가 사망하거나 상해를 입은 사건을 말한다.

위 각 사건에서 피고인의 의사확인절차는 합의부 관할사건과 같다. 즉, 피고인은 공소장 부본을 송달받은 날부터 7일 이내에 국민참여재판을 원하는지 여부에 관한 의사가 기재된 서면을 제출하여야 하고, 이 경우 피고인이 서면을 우편으로 발송한 때, 교도소 또는 구치소에 있는 피고인이 서면을 교도소장·구치소장 또는 그 직무를 대리하는 자에게 제출한 때에 법원에 제출한 것으로 본다. 피고인이 위 서면을 제출하지 아니한 때에는 국민참여재판을 원하지 아니하는 것으로 보고, 피고인은 『국민의 형사재판 참여에 관한 법률』 제9조 제1항의 배제결정 또는 지방법원 지원 합의부가 국민참여재판절차 회부결정을 하여 사건을 지방법원 본원 합의부로 이송하였거나 공판준비기일이 종결되거나 제1회 공판기일이 열린 이후에는 종전의 의사를 바꿀 수 없게 된다.[108]

또한, 법원은 공소장 부본과 함께 피고인 또는 변호인에게 국민참여재판의 절차, 국민참여재판을 원하는지 의사가 기재된 서면의 제출, 『국민의 형사재판 참여에 관한 법률』 제8조 제4항에 따른 의사번복의 제한, 그 밖의 주의사항이 기재된 국민참여재판에 관한 안내서를 송달하여야 한다. 단독재판부는 피고인이 제출한 서면만으로는 피고인의 의사를 확인할 수 없는 경우에는 심문기일을 정하여 피고인을 심문하거나 서면 기타 상당한 방법으로 피고인의 의사를 확인하여야 한다. 피고인이 위 서면을 제출하지 아니하는 경우에도 위와 같이 심문기일을 정하거나 서면 기타 상당한 방법으로 그 의사를 확인할 수 있다.

107) 국민참여재판의 접수 및 처리 예규 (재형 2007-4) 제44조 제1항.

108) 국민의 형사재판 참여에 관한 규칙 제3조의2 제2항.

(나) 안내서를 송달하지 아니한 경우

단독판사는 안내서 및 의사확인서를 송달하여야 하는 사건에 해당하지 않는 사건에 대하여도 국민참여재판을 원하는지 여부에 관한 피고인의 의사를 국민참여재판 의사확인서를 제출받는 방법으로 확인할 수 있다.[109] 단독재판부 관할사건에서 안내서를 송달하지 않았는데 피고인이 국민참여재판을 원하는 의사를 표시하여 재정합의결정으로 대상사건이 된 경우 법원은 피고인 또는 변호인에게 국민참여재판에 관한 안내서를 제체 없이 송달하여야 한다. 이 경우 피고인은 '국민참여재판에 관한 안내서를 송달받은 날부터' 7일 이내에 국민참여재판을 원하는지 여부에 관한 의사가 기재된 서면을 제출하여야 하고, '피고인의 의사가 기재된 서면이 제출된 이후의 첫 공판기일'이 열린 이후에는 종전의 의사를 바꿀 수 없게 된다.[110]

(다) 입법론

『국민의 형사재판 참여에 관한 법률』의 제정이유를 보면 「사법의 민주적 정당성을 강화하고 투명성을 높임으로써 국민으로부터 신뢰받는 사법제도를 확립하기 위하여 국민이 배심원으로서 형사재판에 참여하는 국민참여재판 제도를 도입하도록 함」이라고 기재되어 있는데, 사법의 민주적 정당성을 강화하고 투명성을 높임으로써 국민으로부터 신뢰받는 사법제도를 확립하는 것은 단독재판부 사건에서도 역시 필요한 부분이다. 『국민참여재판의 접수 및 처리 예규 (재형 2007-4)』 제44조 제1항에서 단독재판부가 반드시 안내서 및 의사확인서를 송달하여야 할 사건으로 형법 제258조의 2, 제350조의 2와 그 미수죄에 해당하는 사건, 특정범죄 가중처벌 등에 관한 법률 제5조의3 제1항에 해당하는 사건으로 한정하였는데, 안내서 및 의사확인서를 송달하여야 할 사건을 한정할 특별한 이유가 없다. 따라서 단독재판부의 모든 사건 피고인에게 공소장 부본을 송달하면서 국민참여재판에 관한 안내서 및 의사확인서를 송달하여야 하는 것으로 관련 규정을 개정할 필요

109) 국민참여재판의 접수 및 처리 예규 (재형 2007-4) 제44조 제2항.

110) 국민의 형사재판 참여에 관한 규칙 제5조. 2015. 6. 2. 국민의 형사재판 참여에 관한 규칙 제5조가 개정되어 재정합의결정으로 대상사건이 된 경우 피고인의 의사확인절차에 관한 부분이 추가되었고, 2015. 7. 1.부터 시행되었다.

가 있다.

(4) 재정결정부에 회부하지 아니할 수 있는 경우

단독판사는 국민참여재판 의사확인서를 제출받은 경우 기록을 재정결정부에 회부하여야 한다. 그러나 당해 사건에 『국민의 형사재판 참여에 관한 법률』 및 국민참여재판의 접수 및 처리 예규에 따른 국민참여재판 배제결정사유가 있음이 명백한 경우,[111] 단독판사가 불회부를 한 사건 또는 재정결정부가 불결정을 한 사건에 관하여 피고인이 다시 국민참여재판 의사확인서를 제출한 경우, 국민참여재판으로 진행할 경우 소송절차의 중복·지연을 가져오거나 재판부 선택의 수단으로 악용되는 등 신속하고 적정한 재판진행에 현저한 지장을 초래할 우려가 있는 경우에는 재정결정부에 회부하지 아니할 수 있다.[112]

(5) 재정결정부의 처리

기록을 회부받은 재정결정부는 국민참여재판으로 진행하는 것이 적절하다고 인정한 때에는 지체 없이 재정결정부의 구성원이 기명날인하여 재정합의결정을 하고, 국민참여재판으로 진행하는 것이 적절하지 아니하다고 인정한 때에는 지체 없이 불결정하여 사건을 담당하던 단독판사에게 기록을 반환한다. 재정결정부는 재정결정 및 재정불결정을 하기 위하여 필요하다고 인정할 때에는 서면, 전화, 전자우편, 모사전송, 그 밖에 적당한 방법으로 검사, 피고인 또는 변호인에게 의견을 묻거나 관련 자료의 제출을 요구할 수 있다. 재정결정부의 재정합의결정이 이루어진 경우 국민참여재판 전담재판부 또는 합의부에 배당되고 새로운 사건번호를 부여받는다. 따라서 변호인이 재정합의신청을 할 때 신청의 이유 및 국민참여재판으로의 적절성 등에 대하여 상세하게 기재한 서면을 제출할 필요가 있다. 한

---

111) 국민참여재판의 접수 및 처리 예규 (재형 2007-4) 제6조(국민참여재판 의사확인서가 제출된 경우의 조치)
④ 법원은 다음 각 호의 경우에 법 제9조 제1항 제4호에 의한 배제결정을 할 수 있다.
1. 추가 기소가 예상되는 경우
2. 피고인에게 정신이상의 의심이 있는 경우
3. 그 밖에 국민참여재판으로 진행할 경우 현저한 절차지연 등으로 피고인의 신속한 재판을 받을 권리가 침해될 것으로 우려되는 경우

112) 국민참여재판의 접수 및 처리 예규 (재형 2007-4) 제45조.

편, 지방법원 지원 합의부는 재정합의결정에 따라 새로운 합의사건을 배당받은 때에는 지체 없이 국민참여재판 회부 및 지방법원 본원 합의부로의 이송결정을 한다.[113]

Ⅱ. 배제결정

1. 서 론

법원은 공소제기 후부터 공판준비기일이 종결된 다음날까지 『국민의 형사재판 참여에 관한 법률』 제9조 제1항 각호에 해당하는 사유가 있는 경우 국민참여재판을 하지 아니하기로 하는 결정을 할 수 있다. 『국민의 형사재판 참여에 관한 법률』은 국민참여재판으로 진행하는 것이 적합하지 않은 사건을 열거적으로 규정하고, 법원이 재량으로 배제결정을 할 수 있게 하였다.

2. 배제사유

(1) 배심원과 관련된 사유

법원은 배심원·예비배심원·배심원후보자 또는 그 친족의 생명·신체·재산에 대한 침해 또는 침해의 우려가 있어서 출석의 어려움이 있거나 이 법에 따른 직무를 공정하게 수행하지 못할 염려가 있다고 인정되는 경우에는 국민참여재판 배제결정을 할 수 있다.[114] 위 규정이 적용될 사건으로는 조직폭력배 사건이 대표적이라 할 것이다.[115] 그러나 일부 배심원과 관련된 사유가 있는 경우 그 배심원이 사정을 설명하고 배심원으로 참여하지 아니하는 방법이 있어 사실상 위와 같은 사유로 배제결정하는 경우는 거의 없을 것으로 보인다.

(2) 공범 간의 의견이 상이한 경우

법원은 공범 관계에 있는 피고인들 중 일부가 국민참여재판을 원하지 아니하

113) 국민참여재판의 접수 및 처리 예규 (재형 2007-4) 제46조.
114) 국민의 형사재판 참여에 관한 법률 제9조 제1항 제1호.
115) 국민참여재판의 이해, 법원행정처, 2007, 26면.

여 국민참여재판의 진행에 어려움이 있다고 인정되는 경우 국민참여재판 배제결정을 할 수 있다.[116] 공범관계에 있는 피고인들이 모두 국민참여재판을 원하거나 원하지 아니하는 경우에는 피고인들의 의사에 따라 국민참여재판으로 하거나 하지 않으면 되기 때문에 특별히 문제되지 않는다. 그러나 공범관계에 있는 피고인들 중 일부가 국민참여재판을 원하지 아니하는 경우에는 그 진행에 어려움이 있는지 여부 등을 검토하여야 한다.

공범 관계에 있는 피고인들 중 국민참여재판을 원하지 아니하는 피고인의 변호인은 다른 피고인들의 국민참여재판으로 인하여 국민참여재판을 원하지 아니하는 피고인의 신상정보가 노출될 우려가 있는 등의 문제가 있을 경우 재판부에 이와 관련된 의견을 적극적으로 밝힐 필요가 있다. 실무에서는 증거조사 시 피해자의 인적사항을 가리고 배심원에게 제시하는데, 공범 사건의 경우에도 국민참여재판을 원하지 아니하는 피고인의 인적사항을 가리는 등의 방식을 취할 필요가 있다. 반대로 공범 관계에 있는 피고인들 중 국민참여재판을 원하는 피고인의 변호인은 사건을 검토하여 국민참여재판으로 진행하는 것이 피고인에게 유리하다고 판단되는 경우 국민참여재판을 원하지 아니하는 피고인을 제외하고 재판을 진행하는 점에 있어 전혀 문제가 없고, 피고인의 국민참여재판 신청권은 최대한 보장하는 것이 옳다는 점을 적극적으로 주장할 필요가 있다.

(3) 성폭력 사건의 경우

1) 법률의 규정

법원은 「성폭력범죄의 처벌 등에 관한 특례법」 제2조의 범죄로 인한 피해자 즉 성폭력범죄의 피해자 또는 법정대리인이 국민참여재판을 원하지 아니하는 경우 국민참여재판 배제결정을 할 수 있다.[117][118] ‘성폭력범죄 피해자’라고 표현하

---

116) 국민의 형사재판 참여에 관한 법률 제9조 제1항 제2호.

117) 국민의 형사재판 참여에 관한 법률 제9조 제1항 제3호.

118) 성폭력범죄의 처벌 등에 관한 특례법 [시행 2015.7.1.] [법률 제12889호, 2014.12.30., 일부개정]
제2조(정의) ① 이 법에서 “성폭력범죄”란 다음 각 호의 어느 하나에 해당하는 죄를 말한다. <개정 2013.4.5>
1. 「형법」 제2편 제22장 성풍속에 관한 죄 중 제242조(음행매개), 제243조(음화반포등), 제244조(음화제조등) 및 제245조(공연음란)의 죄
2. 「형법」 제2편 제31장 약취(略取), 유인(誘引) 및 인신매매의 죄 중 추행, 간음 또는 성매매와 성적

고 있으나 정확한 의미는 '성폭력 범죄 사건으로 기소된 피고인으로부터 성폭력 피해를 당하였다고 주장하는 자'라 할 것이다.

2) 개정 전의 논의

『국민의 형사재판 참여에 관한 법률』 제정 당시에는 배제결정사유에 '성폭력 범죄에서 피해자 또는 법정대리인이 국민참여재판을 원하지 아니하는 경우'가 포함되어 있지 않았다. 이에 대하여 성폭력 범죄 피해자의 2차 피해를 막기 위해 피해자의 의사를 고려하여야 한다는 견해와 피고인의 신청권을 넓게 보장하기 위하여 피해자의 의사를 고려하지 말아야 한다는 견해 등이 있었다. 그 후 성폭력 범죄의 피해자 등이 국민참여재판을 원치 않는 경우가 많음에도 불구하고 피해자의 이러한 의사를 반영할 수 있는 명문의 규정이 없어 2차적 피해가 우려된다는 비판을 반영하여 2012. 1. 17. 제9조 제1항이 개정되면서 성폭력범죄 피해자 측의 의사를 반영하는 내용이 추가되었다.

착취를 목적으로 범한 제288조 또는 추행, 간음 또는 성매매와 성적 착취를 목적으로 범한 제289조, 제290조(추행, 간음 또는 성매매와 성적 착취를 목적으로 제288조 또는 추행, 간음 또는 성매매와 성적 착취를 목적으로 제289조의 죄를 범하여 약취, 유인, 매매된 사람을 상해하거나 상해에 이르게 한 경우에 한정한다), 제291조(추행, 간음 또는 성매매와 성적 착취를 목적으로 제288조 또는 추행, 간음 또는 성매매와 성적 착취를 목적으로 제289조의 죄를 범하여 약취, 유인, 매매된 사람을 살해하거나 사망에 이르게 한 경우에 한정한다), 제292조[추행, 간음 또는 성매매와 성적 착취를 목적으로 한 제288조 또는 추행, 간음 또는 성매매와 성적 착취를 목적으로 한 제289조의 죄로 약취, 유인, 매매된 사람을 수수(授受) 또는 은닉한 죄, 추행, 간음 또는 성매매와 성적 착취를 목적으로 한 제288조 또는 추행, 간음 또는 성매매와 성적 착취를 목적으로 한 제289조의 죄를 범할 목적으로 사람을 모집, 운송, 전달한 경우에 한정한다] 및 제294조(추행, 간음 또는 성매매와 성적 착취를 목적으로 범한 제288조의 미수범 또는 추행, 간음 또는 성매매와 성적 착취를 목적으로 범한 제289조의 미수범, 추행, 간음 또는 성매매와 성적 착취를 목적으로 제288조 또는 추행, 간음 또는 성매매와 성적 착취를 목적으로 제289조의 죄를 범하여 발생한 제290조 제1항의 미수범 또는 추행, 간음 또는 성매매와 성적 착취를 목적으로 제288조 또는 추행, 간음 또는 성매매와 성적 착취를 목적으로 제289조의 죄를 범하여 발생한 제291조 제1항의 미수범 및 제292조 제1항의 미수범 중 추행, 간음 또는 성매매와 성적 착취를 목적으로 약취, 유인, 매매된 사람을 수수, 은닉한 죄의 미수범으로 한정한다)의 죄

3. 「형법」 제2편 제32장 강간과 추행의 죄 중 제297조(강간), 제297조의2(유사강간), 제298조(강제추행), 제299조(준강간, 준강제추행), 제300조(미수범), 제301조(강간등 상해·치상), 제301조의2(강간등 살인·치사), 제302조(미성년자등에 대한 간음), 제303조(업무상위력등에 의한 간음) 및 제305조(미성년자에 대한 간음, 추행)의 죄

4. 「형법」 제339조(강도강간)의 죄

5. 이 법 제3조(특수강도강간 등)부터 제15조(미수범)까지의 죄

② 제1항 각 호의 범죄로서 다른 법률에 따라 가중처벌되는 죄는 성폭력범죄로 본다.

3) 개정 후의 문제점

(가) 서설

성폭력 사건의 피해자 또는 법정대리인이 국민참여재판을 원하지 아니하는 경우 법원은 검사, 피고인 또는 변호인의 의견을 들어 배제할 것인지 여부를 결정하여야 한다. 그런데 어떠한 경우 배제결정을 할 것인지가 명확하지 않아 재판부의 재량에 따라 결과가 달라질 수 있어 피고인의 국민참여재판 받을 권리를 과도하게 침해하는 것은 아닌지 문제가 있다. 피해자가 국민참여재판을 원하지 아니하는 경우 어떻게 처리할 것인지 견해가 나뉜다.[119]

(나) 피해자가 원하지 아니하는 경우의 처리

가) 피해자의 의사를 존중하는 견해

피해자의 제2차 피해의 방지를 위하여 피해자 또는 그 법정대리인이 국민참여재판을 원하지 않는 경우 원칙적으로 배제결정을 하여야 한다는 견해이다. 이러한 견해는 피고인의 국민참여재판을 받을 권리보다 피해자의 2차 피해를 중시하는 것으로 피해자가 국민참여재판에 참여하는 자체로 2차 피해가 발생할 우려가 심각하다고 본다. 이러한 견해는 증거기록에서 피해자의 인적사항을 지우거나 증인신문에서 차단막을 설치하는 정도로는 피해자의 2차 피해를 사실상 막기 어렵다고 보는 것이다.

나) 피고인의 권리를 중요시하는 견해

피고인의 국민참여재판을 받을 수 있는 권리를 최대한 보장하기 위하여 피고인이 국민참여재판을 신청한 경우에는 원칙적으로 국민참여재판으로 진행하는 것이 타당하다고 한다. 이러한 견해는 사법의 민주적 정당성을 확보하자는 국민참여재판의 도입 취지를 중시하여 피고인의 신청권을 최대한 보장하는 것이다. 이 견해는 형사소송법 및 성폭력범죄의 처벌 등에 관한 특례법, 아동·청소년의 성보호에 관한 법률 등에 따른 비디오 등 중계장치에 의한 중계시설을 통하여 신문하거나 차폐시설의 설치, 신뢰관계 있는 자의 동석, 심리의 비공개, 증인지원시설의

119) 정선희 변호사가 직접 경험한 재판부의 처리방식 및 다른 변호인이 경험한 재판부의 처리방식 등을 종합하였다.

운영 등 피해자 보호 절차를 통하여 피해자를 보호하는 것으로 충분하다는 취지이다.[120][121]

다) 절충적인 견해

피고인의 국민참여재판을 받을 권리와 피해자 보호 등을 모두 고려하여 사건의 중대성, 피고인이 국민참여재판을 원하는 사유가 적절한지, 피해자가 출석하지 아니한 상태에서 재판하는 것이 가능한지 여부 등을 고려하여 신중하게 결정하자는 견해이다. 이러한 견해는 국민참여재판으로 할 것인지 결정하는데 오랜 시간이 걸려 여러 번의 공판준비기일을 갖는 것이 특징이다. 변호인은 재판장이 이러한

---

120) 형사소송법 제163조의2(신뢰관계에 있는 자의 동석) ① 법원은 범죄로 인한 피해자를 증인으로 신문하는 경우 증인의 연령, 심신의 상태, 그 밖의 사정을 고려하여 증인이 현저하게 불안 또는 긴장을 느낄 우려가 있다고 인정하는 때에는 직권 또는 피해자·법정대리인·검사의 신청에 따라 피해자와 신뢰관계에 있는 자를 동석하게 할 수 있다. ② 법원은 범죄로 인한 피해자가 13세 미만이거나 신체적 또는 정신적 장애로 사물을 변별하거나 의사를 결정할 능력이 미약한 경우에 재판에 지장을 초래할 우려가 있는 등 부득이한 경우가 아닌 한 피해자와 신뢰관계에 있는 자를 동석하게 하여야 한다. ③ 제1항 또는 제2항에 따라 동석한 자는 법원·소송관계인의 신문 또는 증인의 진술을 방해하거나 그 진술의 내용에 부당한 영향을 미칠 수 있는 행위를 하여서는 아니 된다. ④ 제1항 또는 제2항에 따라 동석할 수 있는 신뢰관계에 있는 자의 범위, 동석의 절차 및 방법 등에 관하여 필요한 사항은 대법원규칙으로 정한다.

제165조의2(비디오 등 중계장치 등에 의한 증인신문) 법원은 다음 각 호의 어느 하나에 해당하는 자를 증인으로 신문하는 경우 상당하다고 인정하는 때에는 검사와 피고인 또는 변호인의 의견을 들어 비디오 등 중계장치에 의한 중계시설을 통하여 신문하거나 차폐(遮蔽)시설 등을 설치하고 신문할 수 있다.

1. 「아동복지법」 제71조 제1항 제1호부터 제3호까지에 해당하는 죄의 피해자

2. 「아동·청소년의 성보호에 관한 법률」 제7조, 제8조, 제11조부터 제15조까지 및 제17조 제1항의 규정에 해당하는 죄의 대상이 되는 아동·청소년 또는 피해자

3. 범죄의 성질, 증인의 연령, 심신의 상태, 피고인과의 관계, 그 밖의 사정으로 인하여 피고인 등과 대면하여 진술하는 경우 심리적인 부담으로 정신의 평온을 현저하게 잃을 우려가 있다고 인정되는 자.

121) 성폭력범죄의 처벌 등에 관한 특례법 제29조(수사 및 재판절차에서의 배려) ① 수사기관과 법원 및 소송관계인은 성폭력범죄를 당한 피해자의 나이, 심리 상태 또는 후유장애의 유무 등을 신중하게 고려하여 조사 및 심리·재판 과정에서 피해자의 인격이나 명예가 손상되거나 사적인 비밀이 침해되지 아니하도록 주의하여야 한다.② 수사기관과 법원은 성폭력범죄의 피해자를 조사하거나 심리·재판할 때 피해자가 편안한 상태에서 진술할 수 있는 환경을 조성하여야 하며, 조사 및 심리·재판 횟수는 필요한 범위에서 최소한으로 하여야 한다.

제31조(심리의 비공개) ① 성폭력범죄에 대한 심리는 그 피해자의 사생활을 보호하기 위하여 결정으로써 공개하지 아니할 수 있다. ② 증인으로 소환받은 성폭력범죄의 피해자와 그 가족은 사생활보호 등의 사유로 증인신문의 비공개를 신청할 수 있다. ③ 재판장은 제2항에 따른 신청을 받으면 그 허가 및 공개 여부, 법정 외의 장소에서의 신문 등 증인의 신문 방식 및 장소에 관하여 결정할 수 있다.

제32조(증인지원시설의 설치·운영 등) ① 각급 법원은 증인으로 법원에 출석하는 피해자등이 재판 전후에 피고인이나 그 가족과 마주치지 아니하도록 하고, 보호와 지원을 받을 수 있는 적절한 시설을 설치한다. ② 각급 법원은 제1항의 시설을 관리·운영하고 피해자등의 보호와 지원을 담당하는 직원(이하 "증인지원관"이라 한다)을 둔다. ③ 법원은 증인지원관에 대하여 인권 감수성 향상에 필요한 교육을 정기적으로 실시한다. ④ 증인지원관의 업무·자격 및 교육 등에 필요한 사항은 대법원규칙으로 정한다.

입장을 취하는 경우 국민참여재판이 꼭 필요한 사정, 피해자에게 2차 피해를 가하지 않을 수 있는 방법 등에 관한 의견을 적극적으로 피력할 필요가 있다.

(다) 소결

국민참여재판은 사법의 민주적 정당성과 신뢰를 높이기 위한 것으로 피고인의 신청권을 폭넓게 인정할 필요가 있다. '피해자'라는 의미는 원칙적으로 '피고인이 기소된 사건의 피해자로 주장되는 자 또는 추정되는 자' 정도의 의미가 있는 것으로, 피고인이 무죄로 추정되는 이상 피해자 보호만을 위하여 피고인의 국민참여재판을 받을 권리를 원칙적으로 제한하는 견해는 타당하지 않다. 또한, 피고인이 국민참여재판을 신청한 후 국민참여재판으로 진행할 것인지 여부에 대하여 가급적 신속하게 결정될 필요가 있는데 절충적인 견해에 따르면 지나치게 시간이 지체될 염려가 있어 피고인의 방어권 보장을 위하여 타당하지 않다.[122]

따라서 피고인이 국민참여재판을 원하는 경우 원칙적으로 국민참여재판으로 진행하되, 피해자 보호에 관한 규정을 엄격하게 적용하는 방법으로 피해자의 2차 피해를 막아야 한다는 견해가 타당하다. 즉, 피해자 보호를 위하여 피해자가 19세 이하인 경우 신뢰관계에 있는 자가 동석 할 수 있고, 비디오 등 중계장치에 의한 중계시설을 통하여 신문하는 경우 피해자의 얼굴을 가리거나 목소리 변조하는 방식으로 피해자의 얼굴을 공개하지 아니할 수 있으며, 법정에 출석하여 신문하는 경우 차폐시설을 이용하는 방식을 취할 수 있고, 법원의 증인지원시설을 이용할 수 있게 할 수 있으며, 증거기록에서 피해자의 인적사항을 가린 후 배심원에게 제시하는 방식으로 진행이 가능하다 할 것이어서 이러한 조치를 강구한다면 피해자의 2차 피해를 최소화 할 수 있다.

한편, 피해자가 19세 미만이거나 심신장애로 인하여 사물을 변별하거나 의사를 결정할 능력이 미약한 경우에는 위 보호 방법 외에 『성폭력범죄의 처벌 등에 관한 특례법』 제30조 및 『아동 · 청소년의 성보호에 관한 법률』 제26조에 의하여 수사기관에서의 조사과정은 비디오녹화기 등 영상물 녹화장치로 촬영 · 보존하여야 하고, 법에서 정한 절차에 따라 촬영한 영상물에 수록된 피해자의 진술은 공

122) 국민참여재판으로 진행할 것인지, 아니면 일반 형사재판으로 진행할 것인지 신속하게 결정되어야 피고인이 그에 맞는 변론을 준비할 수 있을 것이다.

판준비기일 또는 공판기일에 조사과정에 동석하였던 신뢰관계에 있는 자의 진술에 의하여 그 성립의 진정함이 인정되면 증거로 할 수 있기 때문에 사실상 피해자가 법정에 출석하지 않아도 증거능력이 인정되게 된다. 이러한 경우 증거기록에서 피해자의 인적사항을 가린 후 배심원에게 제시한다면 피해자에게 2차 피해가 발생할 가능성이 매우 낮다.

위와 같은 『형사소송법』 및 관련 법률의 규정만으로도 이미 피해자의 2차 피해 방지를 할 수 있는 충분한 규정이 있어 그 규정을 활용하면 충분하고, 피고인의 국민참여재판권을 원칙적으로 제한할 것은 아니다. 한편, 현행 『국민의 형사재판 참여에 관한 법률』 제9조 제1항 제3호의 규정만으로는 그 기준이 모호하여 재판부의 자의적인 기준에 따라 국민참여재판 배제 여부가 결정될 수 있는 문제가 있는바, 이와 관련된 기준을 정하여 피고인의 국민참여재판을 받을 수 있는 권리가 재판부의 성향에 따라 바뀌는 일이 없도록 하는 것이 타당하다.

(라) 입법론

『형사소송법』 제184조[123]는 증거보전청구와 그 절차에 대하여 규정하면서 그 청구권자를 검사, 피고인, 피의자 또는 변호인으로 한정하고 있다.『 성폭력범죄의 처벌 등에 관한 특례법』 제41조[124] 및 『아동·청소년의 성보호에 관한 법률』 제27조[125]에서는 피해자가 공판기일에 출석하여 증언하는 것에 현저히 곤란한 사정

---

123) 제184조(증거보전의 청구와 그 절차) ① 검사, 피고인, 피의자 또는 변호인은 미리 증거를 보전하지 아니하면 그 증거를 사용하기 곤란한 사정이 있는 때에는 제1회 공판기일 전이라도 판사에게 압수, 수색, 검증, 증인신문 또는 감정을 청구할 수 있다. ② 전항의 청구를 받은 판사는 그 처분에 관하여 법원 또는 재판장과 동일한 권한이 있다. ③ 제1항의 청구를 함에는 서면으로 그 사유를 소명하여야 한다. ④ 제1항의 청구를 기각하는 결정에 대하여는 3일 이내에 항고할 수 있다

124) 제41조(증거보전의 특례) ① 피해자나 그 법정대리인 또는 경찰은 피해자가 공판기일에 출석하여 증언하는 것에 현저히 곤란한 사정이 있을 때에는 그 사유를 소명(疏明)하여 제30조에 따라 촬영된 영상물 또는 그 밖의 다른 증거에 대하여 해당 성폭력범죄를 수사하는 검사에게 「형사소송법」 제184조(증거보전의 청구와 그 절차) 제1항에 따른 증거보전의 청구를 할 것을 요청할 수 있다. 이 경우 피해자가 16세 미만이거나 신체적인 또는 정신적인 장애로 사물을 변별하거나 의사를 결정할 능력이 미약한 경우에는 공판기일에 출석하여 증언하는 것에 현저히 곤란한 사정이 있는 것으로 본다. ② 제1항의 요청을 받은 검사는 그 요청이 타당하다고 인정할 때에는 증거보전의 청구를 할 수 있다.

125) 제27조(증거보전의 특례) ① 아동·청소년대상 성범죄의 피해자, 그 법정대리인 또는 경찰은 피해자가 공판기일에 출석하여 증언하는 것에 현저히 곤란한 사정이 있을 때에는 그 사유를 소명하여 제26조에 따라 촬영된 영상물 또는 그 밖의 다른 증거물에 대하여 해당 성범죄를 수사하는 검사에게 「형사소송법」 제184조 제1항에 따른 증거보전의 청구를 할 것을 요청할 수 있다. ② 제1항의 요청을 받은 검사는 그 요청이 상당한 이유가 있다고 인정하는 때에는 증거보전의 청구를 하여야 한다.

이 있을 때에는 성폭력 범죄의 피해자, 그 법정대리인 또는 경찰이 검사에게 그 사유를 소명하여 증거보전을 청구할 것을 요청할 수 있다. 한편, 『형사소송법』 제273조에 따르면 법원은 검사, 피고인 또는 변호인의 신청에 의하여 공판준비에 필요하다고 인정한 때에는 공판기일 전에 피고인 또는 증인을 신문할 수 있다고 규정하고 있다.

따라서 성폭력 범죄 사건에 있어 피해자가 국민참여재판을 원하지 아니하는 경우 피고인의 신청권을 최대한 보장하면서 피해자의 2차 피해를 방지하기 위한 방편으로 위 증거보전절차 및 공판기일 전의 증거조사 조항을 준용할 필요가 있다. 즉, 국민참여재판 기일이 있기 전 공판준비기일에서 미리 증인신문을 하고 공판기일에 이르러 배심원들에게 증인신문조서를 증거로 제시하는 방식으로 진행하는 것도 가능하다는 것이다.

다만, 증거보전절차 규정을 적용하기 위해서는 공판기일에 출석하여 증언하는 것이 현저히 곤란한 사정이나 미리 증거를 보전하지 아니하면 그 증거를 사용하기 곤란한 사정에 대한 소명이 필요하다 할 것인데, 피해자가 2차 피해에 대한 염려만으로 증언하는 것이 현저히 곤란한 사정이나 미리 증거를 보전하지 아니하면 그 증거를 사용하기 곤란한 사정이 있다고 볼 수 있는지 의문이 있다. 또한, 공판기일 전 증인신문을 하기 위해서는 검사, 피고인 또는 변호인의 신청에 의하여 법원이 필요하다고 인정한 때에 증인신문을 명할 수 있는데, 이들의 신청이 없는 경우 국민참여재판 기일 전 증인신문을 할 수 있는지 의문이 있다.

따라서 『국민의 형사재판 참여에 관한 법률』에 국민참여재판 준비기일에서 성폭력 피해자에 대한 증인신문을 할 수 있도록 하는 입법이 필요하다. 국민참여재판 준비기일에서 성폭력 피해자에 대한 증인신문이 가능하게 된다면 피고인의 국민참여재판 받을 권리와 피해자 보호를 모두 고려할 수 있어 성폭력 사건에서의 국민참여재판 배제결정이 많이 줄어들 것으로 보인다.

국민참여재판에 관한 의견서

사　　건 20○○고합○○○
피 고 인 ○○○

위 사건에 관하여 피고인의 변호인은 다음과 같이 의견을 개진합니다.

다　음

1. 『국민의 형사재판 참여에 관한 법률』 제9조 제1항 제3호에 대하여

가. 법의 규정 및 그 취지

『국민의 형사재판 참여에 관한 법률』 제9조 제1항 제3호에 의하면 「성폭력 사건에서 피해자 또는 법정대리인이 국민참여재판을 원하지 아니하는 경우 법원은 공소제기 후부터 공판준비기일이 종결된 다음날까지 국민참여재판을 하지 아니하기로 하는 **결정을 할 수** 있다.」고 규정하면서, 같은 조 제3항에서 위 결정에 대하여 **즉시항고**를 할 수 있다고 규정하고 있습니다.

한편, 대법원은 위 법 취지에 관하여 「국민참여재판을 시행하는 이유는 사법의 민주적 정당성과 신뢰를 높이기 위한 것으로서(법 제1조) 누구든지 법으로 정하는 바에 따라 국민참여재판을 받을 권리를 가지는 것이나(법 제3조) 시행 초기의 제반 부담 등을 고려하여 국민참여재판 대상 사건을 중죄 사건으로 한정한 것 뿐이므로, 법에서 정하는 **대상 사건에 해당하는 한 피고인은 원칙적으로 국민참여재판으로 재판을 받을 권리를 가지는 것**이고, 피고인이 국민참여재판을 원하지 아니하거나 법 제9조 제1항에 따른 배제결정이 있어 국민참여재판을 진행하지 않는 경우(법 제5조 제1항, 제2항)를 예외로 보아야 하며, 법에서 국민참여재판 배제결정에 대하여 즉시항고를 할 수 있도록 규정하면서도(법 제9조 제3항), 국민참여재판으로 진행하기로 하는 법원의 판단에 대하여는 불복의 방법을 따로 규정하지 않은 것도 같은 취지에서 비롯된 것으로 볼 수 있다(대법원 2011.9.8 선고 2011도7106 판결).」고 판시하고 있습니다. 결국 국민참여재판 대상 사건에 해당하는 한 피고인은 원칙적으로 국민참여재판으로 재판받을 권리를

가지고 법원은 예외적으로 배제결정을 할 수 있으나, 그 배제결정에 대하여 즉시항고가 가능하도록 규정하고 있으므로 **그 배제결정을 함에 있어서는 위 법의 취지 등을 고려하여 합리적으로 결정하여야 합니다.**

나. 이 사건의 경우

이 사건의 피해자는 피고인에게 모텔비를 주어 같이 모텔로 들어갔고, 이 사건 이후 바로 고소하지 않고 피고인에게 쪽지를 남기는 등 일반적인 강간의 피해자라고 보기 어려운 사정이 있습니다. 한편, 이 사건은 피고인과 피해자가 단둘이 있는 장소에서 발생하여 누구의 진술이 더 신빙성이 있는지를 결정하여 그 유무죄 여부를 판단할 사건으로, 이는 법률전문가가 아니더라도 충분히 판단할 수 있는 문제이므로 국민참여재판으로 진행하기 적절한 사안이라 할 것입니다.

만약 피해자의 신상 정보가 공개되는 등의 문제가 발생하는 점을 염려하신다면, 배심원들이 피해자의 얼굴을 볼 수 없는 상태에서 진술하게 하는 등의 방법으로 해결할 수 있을 것이며, 단지 피해자가 어리다는 이유만으로 피고인의 국민참여재판을 받을 권리를 박탈하는 것은 매우 부당하다 할 것입니다.

2. 결론

위와 같은 사정이 있으므로 이 사건을 국민참여재판으로 진행할 수 있도록 허락하여 주시기 바랍니다.

2000. . .

피고인의 변호인

변호사 ㊞

○○○○지방법원 제 형사부 귀중

(4) 기타의 사유

1) 법률의 규정

법원은 위 각 사유 외에 국민참여재판으로 진행하는 것이 적절하지 아니하다고 인정되는 경우 배제결정을 할 수 있다.[126) 『국민의 형사재판 참여에 관한 법률』이 제정된 후 이 규정이 매우 추상적이기 때문에 자칫 법원의 자의적 판단에 따라 피고인의 국민참여재판을 받을 수 있는 권리를 박탈할 수 있다는 비판이 있었고, 2010. 4. 27. 『국민참여재판의 접수 및 처리 예규』 제6조 제4항을 개정하여 구체적인 배제결정사유를 정하였다.

2) 구체적인 배제결정사유

국민참여재판으로 진행하는 것이 적절하지 아니하다고 인정되는 경우로는 먼저 추가 기소가 예상되는 경우, 피고인에게 정신이상의 의심이 있는 경우, 그 밖에 국민참여재판으로 진행할 경우 현저한 절차지연 등으로 피고인의 신속한 재판을 받을 권리가 침해될 것으로 우려되는 경우가 있다.[127)]

추가 기소가 예상되는 경우에는 추가 기소가 빠른 시일 내에 이루어질 것으로 예상되고, 추가 기소되는 사건이 국민참여재판 신청 사건과 비슷한 사건으로 절차지연이 우려되지 않는다면 국민참여재판으로 진행하는 것이 가능하다고 보아야한다. 피고인에게 정신이상의 의심이 있는 경우라 하더라도 피고인이 적절한 치료를 받아 재판을 진행함에 있어 문제가 없고, 오히려 피고인이 심신미약을 주장하여 정신질환여부가 재판에 쟁점이 되는 경우 국민참여재판으로 진행하는 것이 가능하다고 보아야 한다.

국민참여재판으로 진행할 경우 현저한 절차지연 등으로 피고인의 신속한 재판을 받을 권리가 침해될 것으로 우려되는 경우로는 사건의 양이 매우 방대하여 수일간 재판을 하여야 할 것으로 예상되는 사건, 증인이 많아 며칠에 걸쳐 재판을 하는 등 장기간의 재판이 필요한 사건, 주요 증인의 소재를 알 수 없거나 외국에

---

126) 국민의 형사재판 참여에 관한 법률 제9조 제1항 제4호.
127) 국민참여재판의 접수 및 처리 예규 (재형 2007-4) 제6조 제4항 각호.

체류하는 등 법원 출석을 확보하기 어려운 사건 등이 있다.[128)]

지방법원 지원 합의부 사건의 피고인이 양형에서 유리한 결과를 얻기 위하여 재판부를 변경할 목적으로 국민참여재판을 신청하여 지방법원 본원 합의부로 이송하게 하는 경우 배제결정을 하여야 하는지 문제된다.[129)][130)] 그러나 피고인이 재판부를 변경할 목적이 있다는 것은 객관적으로 판단하기 어려워 재판부의 자의적인 판단으로 피고인의 신청권을 제한하는 문제가 있고, 『국민참여재판의 접수 및 처리 예규』 제6조 제4항 제3호는 국민참여재판으로 진행할 경우 현저한 절차지연 등으로 피고인의 신속한 재판을 받을 권리가 침해될 것으로 우려되는 경우에 배제결정할 수 있다는 것으로 재판부 변경의 목적이 있을 것으로 예상된다는 사정만으로 절차지연이 있다고 볼 수 없어 배제결정을 할 수 없다고 보는 것이 타당하다.

3. 배제결정의 시기

배제결정의 시기는 공소제기 후부터 공판준비기일이 종결된 다음날까지라 할 것인데,[131)] 이는 법원은 공소장일본주의로 인하여 공판기일이 있기 전까지 사건에 대하여 정확하게 판단하기 어려운 경우가 있어 공판준비기일을 진행한 후에 비로소 배제사유를 발견하는 경우를 대비하기 위함이다. 법은 배제결정의 시작 시기를 '공소제기 후'라고 규정하고 있으나, 사실상 법원은 피고인이 국민참여재판을 신청한 다음 배제결정 여부를 검토하기 때문에 실질적인 시작 시기는 '피고인이 국민참여재판을 신청한 후'가 된다. 공판준비기일이 종결된 다음날까지라 함은 국민참여재판기일이 있기 전 마지막 공판준비기일이 종결된 날을 의미한다. 다만, 일반형사재판으로 진행할 것인지 국민참여재판으로 진행할 것인지 여부에 따라 방어의 방법이 달라질 수 있어 재판부는 최대한 신속하게 배제결정을 할지 여부를 정하여야 한다.

---

128) 국민참여재판의 이해, 법원행정처, 2007, 27면.
129) 국민의 형사재판 참여에 관한 법률 제10조 제1항.
130) 국민참여재판의 이해, 법원행정처, 2007, 27면, 28면.
131) 국민의 형사재판 참여에 관한 법률 제9조 제1항.

4. 배제결정의 절차

법원은 배제결정을 하기 전에 반드시 검사, 피고인 또는 변호인의 의견을 들어야 하는데,[132] 그 방법으로 법원은 기간을 정하여 검사, 피고인 또는 변호인에게 배제결정에 관한 의견을 제출하도록 통지하여야 한다.[133] 검사, 피고인 또는 변호인의 의견은 서면으로 제출하여야 하나, 심문기일이나 공판기일을 연 경우에는 구술로 할 수 있다.[134]

5. 배제결정에 관한 불복절차

(1) 불복절차

검사, 피고인 또는 변호인은 배제결정에 대하여 즉시항고를 할 수 있다.[135] 즉시항고의 제기기간은 3일로 이 기간은 불변기간이다. 배제결정에 불복할 경우 변호인은 반드시 이 기간 내에 즉시항고를 하여야 한다.[136]

(2) 국민참여재판 개시결정에 대한 검사의 즉시항고

1) 문제점

검사, 피고인 또는 변호인은 배제결정에 대하여 즉시항고를 할 수 있다. 이에 더 나아가 법원이 배제결정 사유가 있음에도 국민참여재판으로 진행하는 결정을 하는 경우 검사가 이에 대하여 즉시항고 할 수 있는지 의문이 있다.[137]

2) 판례의 태도

대법원은 이에 대하여「국민의 형사재판 참여에 관한 법률에 의하면 제1심 법원이 국민참여재판 대상사건을 피고인의 의사에 따라 국민참여재판으로 진행함에

132) 국민의 형사재판 참여에 관한 법률 제9조 제3항.
133) 국민의 형사재판 참여에 관한 규칙 제6조 제1항.
134) 국민의 형사재판 참여에 관한 규칙 제6조 제2항.
135) 국민의 형사재판 참여에 관한 법률 제9조 제3항.
136) 형사소송법 제405조.
137) 법원이 국민참여재판으로 진행하는 결정을 따로 할 필요는 없으나, 배제결정사유가 있음에도 국민참여재판으로 진행하기로 하는 경우 이를 국민참여재판 개시결정으로 볼 수 있다.

있어 별도의 국민참여재판 개시결정을 할 필요는 없고, 그에 관한 이의가 있어 제1심 법원이 국민참여재판으로 진행하기로 하는 결정에 이른 경우 이는 판결 전의 소송절차에 관한 결정에 해당하며, 그에 대하여 특별히 즉시항고를 허용하는 규정이 없으므로 위 결정에 대하여는 항고할 수 없다. 따라서 국민참여재판으로 진행하기로 하는 제1심 법원의 결정에 대한 항고는 항고의 제기가 법률상의 방식을 위반한 때에 해당하여 위 결정을 한 법원이 항고를 기각하여야 하고, 위 결정을 한 법원이 항고기각의 결정을 하지 아니한 때에는 항고법원은 결정으로 항고를 기각하여야 한다.[138)]」고 판시하여 법원은 원칙적으로 국민참여재판 개시결정을 할 필요가 없고, 검사의 이의가 있어 법원이 국민참여재판으로 하는 결정을 하게 된 경우 검사가 이 결정에 대하여 즉시항고를 할 수 없음을 확인하였다.

3) 소결

『국민의 형사재판 참여에 관한 법률』 제4조에 따르면 국민참여재판에 관하여 이 법에 특별한 규정이 없는 때에는 법원조직법, 형사소송법 등 다른 법령을 적용한다고 규정하고 있고, 『형사소송법』 제403조 제1항은 '법원의 관할 또는 판결 전의 소송절차에 관한 결정에 대하여는 특히 즉시항고를 할 수 있는 경우 외에는 항고를 하지 못한다.'라고 규정하고 있다. 한편 피고인이 국민참여재판을 원하는 의사를 표시하여 국민참여재판으로 진행하기로 하는 경우 법원은 결정을 할 필요가 없이 국민참여재판으로 진행하면 되는 것이고, 배제결정의 사유가 있거나 검사가 국민참여재판으로 진행하는 것에 대하여 이의를 제기하는 등의 경우 예외적으로 국민참여재판으로 진행할 것을 결정하게 된다. 이러한 결정은 판결 전의 소송절차에 관한 결정에 해당하므로 형사소송법 제403조 제1항에 따라 법률에 명시적으로 즉시항고를 할 수 있다고 규정한 경우 외에는 항고를 하지 못한다. 『국민의 형사재판 참여에 관한 법률』 제9조 제3항의 규정을 보면 같은 조 제1항의 결정 즉, 배제결정에 대하여는 즉시항고를 할 수 있다고 규정하고 있으나, 국민참여재판으로 하는 결정에 대하여는 별도의 불복규정을 두지 않고 있어 형사소송법 제403조 제1항에 따라 항고를 할 수 없다고 봄이 타당하다.

---

138) 대법원 2009.10.23. 자 2009모1032 결정.

(3) 공범관계에서의 문제

1) 문제점

공범관계에 있는 피고인들 중 일부가 국민참여재판을 원하지 아니하여 국민참여재판의 진행에 어려움이 있다고 인정되는 경우 국민참여재판을 하지 아니하기로 하는 배제결정을 할 수 있고, 이에 대하여 해당 피고인 또는 변호인은 즉시항고할 수 있음은 당연하다. 그러나 공범관계에 있는 피고인들 중 일부가 국민참여재판을 원하지 아니하여 그 일부 피고인만 분리하여 국민참여재판을 하지 아니하기로 하는 결정을 한 경우 분리된 일부 피고인이 공범관계에 있는 피고인에 대한 국민참여재판으로 하기로 하는 결정에 대하여 불복할 수 있는지 의문이 있다.139)

2) 법률의 규정

『국민의 형사재판 참여에 관한 법률』 제9조 제3항은 피고인 자신에 대한 배제결정에 대하여 그 피고인 또는 변호인이 즉시항고를 할 수 있는 규정으로 위와 같이 공범관계에 있는 피고인에 대한 국민참여재판으로 하기로 하는 결정에 대하여 다른 피고인이 불복할 수 있는 절차에 관한 규정은 존재하지 아니한다.

3) 소결

『국민의 형사재판 참여에 관한 법률』 제4조에 따르면 국민참여재판에 관하여 이 법에 특별한 규정이 없는 때에는 『법원조직법』, 『형사소송법』 등 다른 법령을 적용한다고 규정하고 있고, 『형사소송법』 제403조 제1항은 '법원의 관할 또는 판결 전의 소송절차에 관한 결정에 대하여는 특히 즉시항고를 할 수 있는 경우 외에는 항고를 하지 못한다.'라고 규정하고 있다. 공범관계에 있는 피고인들 중 일부가 국민참여재판을 원하지 아니하여 심리를 분리하여 나머지 피고인만 국민참여재판을 진행하기로 결정한 경우, 이러한 결정은 판결 전의 소송절차에 관한 결정에 해당하기 때문에 형사소송법 제403조 제1항에 따라 법률에 명시적으로 즉

139) 예를 들면 공범이 국민참여재판으로 진행하면 일반 형사재판보다 높은 형량을 받을 것으로 예상되고, 법원이 국민참여재판을 원하지 아니하는 피고인의 형량을 정함에 있어 공범의 형량이 영향을 미칠 수 있는 점을 염려하는 경우이다.

시항고를 할 수 있다고 규정한 경우 외에는 항고를 하지 못한다. 『국민의 형사재판 참여에 관한 법률』 제9조 제3항의 규정을 보면 이는 자신의 배제결정에 대한 불복절차만을 규정하고 있을 뿐, 다른 피고인에 대한 국민참여재판으로 하는 결정에 대하여는 별도의 불복규정을 두지 않고 있어 형사소송법 제403조 제1항에 따라 항고를 할 수 없다고 봄이 타당하다.

6. 배제결정을 하지 아니한 경우

(1) 문제점

국민참여재판 대상사건의 피고인이 법원에 국민참여재판 신청을 하였으나 법원이 배제결정을 하지 않은 채 그대로 일반 형사재판으로 진행한 경우 그 공판절차가 위법하다고 볼 것인지, 그 공판절차에서 이루어진 소송행위의 효력은 어떻게 보아야 할 것인지 의문이 있다.

(2) 판례의 태도

대법원은 「국민참여재판을 시행하는 이유는 사법의 민주적 정당성과 신뢰를 높이기 위한 것으로서 누구든지 법으로 정하는 바에 따라 국민참여재판을 받을 권리를 가지는 것이나 시행 초기의 제반 부담 등을 고려하여 국민참여재판 대상사건을 중죄 사건으로 한정한 것 뿐이므로, 법에서 정하는 대상 사건에 해당하는 한 피고인은 원칙적으로 국민참여재판으로 재판을 받을 권리를 가지는 것이고, 피고인이 국민참여재판을 원하지 아니하거나 법 제9조 제1항에 따른 배제결정이 있어 국민참여재판을 진행하지 않는 경우를 예외로 보아야 하며, 법에서 국민참여재판 배제결정에 대하여 즉시항고를 할 수 있도록 규정하면서도, 국민참여재판으로 진행하기로 하는 법원의 판단에 대하여는 불복의 방법을 따로 규정하지 않은 것도 같은 취지에서 비롯된 것으로 볼 수 있다(대법원 2009. 10. 23.자 2009모1032 결정 참조). 따라서 피고인이 법원에 국민참여재판을 신청하였음에도 불구하고 법원이 이에 대한 배제결정도 하지 않은 채 통상의 공판절차로 재판을 진행하는 것은 피고인의 국민참여재판을 받을 권리 및 법원의 배제결정에 대한 항고권 등의 중대한 절차적 권리를 침해한 것으로서 위법하다 할 것이고, 앞서 본 국민참여재판제도의 도입 취지나 배제결정에 대한 즉시항고권을 보장한 취지 등에 비추어 이와 같이 위법한 공판절차에서 이루어진 소송행위는 무효라고 보아야 할 것이다.」라고 판시하여 국민참여재판 대상사건의 피고인이 국민참여재판을 신청하였음에도 법원이 배제결정을 하지 않은 채 통상의 공판절차로 진행하였다면 그 공판절차는 위법하고, 그 공판절차에서 이루어진 소송행위는 무효로 보아야 한다고 하였다.[140]

(3) 소결

『국민의 형사재판 참여에 관한 법률』 제8조 제1항에 의하면 법원은 대상사건의 피고인에 대하여 국민참여재판을 원하는지 여부에 관한 의사를 서면 등의 방법으로 반드시 확인하여야 한다고 규정하면서 제9조 제1항에 공소제기 후부터 공판준비기일이 종결된 다음날까지 한정적으로 배제결정을 할 수 있는 사유를 정하고 있고, 같은 조 제3항에 피고인이 즉시항고를 할 수 있는 절차를 규정하고 있다. 이러한 법률의 규정으로 볼 때 원칙적으로 피고인이 국민참여재판을 원하는 의사를 표시하는 경우 배제결정 사유가 있어 배제결정을 하는 외에는 국민참여재판으로 진행하는 것이 원칙이라 할 것이다. 따라서 법원이 피고인의 국민참여재판 신청에도 불구하고 배제결정을 하지 않은 채 일반 형사재판으로 진행을 하는 것은 피고인의 국민참여재판 신청권 및 즉시항고권을 침해하는 것으로 위법하고, 그 공판절차에서 이루어진 소송행위는 무효라고 보는 것이 타당하다.

(4) 하자치유

법원이 피고인의 국민참여재판 신청이 있었음에도 불구하고 배제결정을 하지 아니한 채 통상의 공판절차로 진행하여 그 공판절차가 위법함에도 불구하고, 피고인이 국민참여재판을 원하지 아니한다고 하면서 위와 같은 제1심의 절차적 위법을 문제 삼지 아니할 의사를 명백히 표시하는 경우 하자가 치유되는지 의문이 있다.

---

140) 대법원 2011.9.8. 선고 2011도7106 판결, 제1심법원이 피고인의 강간치상 사건에 대하여 공소장 부본 송달일로부터 7일이 경과하기 전에 제1회 공판기일을 진행하면서 국민참여재판 신청 의사를 확인하지 않고, 그 이후 도착한 피고인의 국민참여재판 신청에 대해 배제결정도 하지 않은 채 통상의 공판절차로 재판을 진행한 사안에서, 이와 같이 위법한 공판절차에서 이루어진 소송행위는 무효라고 보아야 한다는 이유로, 원심판결과 제1심판결을 모두 파기하고 사건을 제1심법원에 환송한 사례.

현재 하자치유에 관한 대법원 판례로는 피고인이 국민참여재판에 관한 의사를 밝히지 않고, 법원이 이를 확인하지 아니한 채 통상의 공판절차로 진행한 경우에 관한 것이다.[141] 피고인이 의사를 밝히지 않았음에도 그 의사를 확인하지 아니한 채 통상의 공판절차로 진행한 사안과 피고인의 국민참여재판 신청이 있었음에도 배제결정을 하지 아니한 채 통상의 공판절차로 진행한 사안에 있어 그 하자를 치유할 수 있는지에 관한 문제는 근본적으로 같으므로 그 하자치유의 요건도 같다.

즉, 피고인의 국민참여재판 신청이 있었음에도 배제결정을 하지 아니한 채 통상의 공판절차로 진행한 위법이 있다 하더라도 피고인이 항소심에서 국민참여재판을 원하지 아니한다고 하면서 위와 같은 제1심의 절차적 위법을 문제 삼지 아니할 의사를 명백히 표시하는 경우에는 그 하자가 치유되어 제1심 공판절차는 전체로서 적법하게 된다고 보아야 하고, 그 공판절차에서 이루어진 소송행위도 유효하다 할 것이다. 다만 피고인의 권리를 침해한 제1심 공판절차의 하자가 치유된다고 보기 위해서는 피고인에게 관련 규정에 관한 충분한 설명과 배제결정하는 이유 등을 설명해 주어야 한다.

7. 지방법원 지원 관할 사건

피고인이 국민참여재판을 원하는 의사를 표시한 경우 지방법원 지원 합의부가 『국민의 형사재판 참여에 관한 법률』 제9조 제1항의 배제결정을 하지 아니하는 경우에는 국민참여재판절차 회부결정을 하여 지방법원 본원 합의부로 이송하여야 한다.[142] 회부결정이 있으면 피고인은 국민참여재판을 원하는 종전의 의사를 바꿀 없다.[143] 지방법원 지원 합의부가 배제결정을 하는 경우 즉시항고를 할 수 있는지 문제되나, 지방법원 지원 합의부의 배제결정이 일반적인 배제결정과 근본적으로 다르다고 할 수 없고, 검사, 피고인 또는 변호인의 즉시항고권을 제한할 이유가 없으므로 즉시항고를 할 수 있다고 보아야 한다.

지방법원 본원 합의부에 이르러 배제결정사유가 발견되어 배제결정을 하게 되

---

141) 대법원 2012.4.26. 선고 2012도1225 판결, 대법원 2012.6.14. 선고 2011도15484 판결.
142) 국민의 형사재판 참여에 관한 법률 제10조 제1항.
143) 국민의 형사재판 참여에 관한 법률 제8조 제4항.

는 경우 지방법원 본원 합의부가 배제결정을 할 수 있는지 의문이 있다. 이는 지방법원 지원 합의부의 배제결정에 관한 판단이 지방법원 본원 합의부를 구속하는지에 관한 문제이다. 지방법원 지원 합의부가 배제결정사유가 존재하지 아니한다고 판단하여 국민참여재판 회부결정을 하였다 하더라도 지방법원 본원 합의부에 이르러 배제결정사유가 발견될 수 있기 때문에 지방법원 본원 합의부에서 배제결정을 할 수 있다고 보는 것이 타당하다. 지방법원 지원 합의부의 배제결정에 관한 판단이 지방법원 본원 합의부를 구속할 수 없다는 것이다.

한편, 지방법원 지원 합의부가 회부결정을 한 사건은 지방법원 본원 합의부가 관할권을 가지는데,[144] 지방법원 본원 합의부가 통상의 공판절차 관할권도 갖는 것인지 의문이 있다. 관련 규정에 따르면 피고인의 국민참여재판 신청이 있는 경우 지방법원 지원 합의부는 배제결정 사유가 존재하지 아니하는 한 국민참여재판 회부결정을 하여야 하고, 그 결정으로 인하여 관할권은 지방법원 본원 합의부가 가지게 된다. 회부결정으로 인하여 지방법원 본원 합의부로 관할권이 변경되면 특별한 규정이 없는 한 관할권이 다시 지방법원 지원 합의부로 변경된다고 볼 수 없고, 지방법원 본원 합의부에서 배제결정을 한 경우 다시 관할권이 변경된다는 규정이 없어 지방법원 본원 합의부에서 통상의 공판절차로 진행하여야 한다고 보는 것이 옳다.

Ⅲ. 통상절차회부결정

1. 서 설

통상절차회부결정이라 함은 사전적으로 국민참여재판으로 진행하는 것이 적절하지 아니한 사유가 발생한 경우에 하는 배제결정과 달리 사후적으로 국민참여재판으로 진행하는 것이 적절하지 아니한 사유가 발생한 경우 통상의 공판절차로 진행하게 하는 결정이다.

144) 국민의 형사재판 참여에 관한 법률 제10조 제2항.

2. 통상절차회부결정의 사유

통상절차회부결정의 사유로는 피고인의 질병 등으로 공판절차가 장기간 정지되거나 피고인에 대한 구속기간의 만료, 성폭력범죄 피해자의 보호, 그 밖에 심리의 제반 사정에 비추어 국민참여재판을 계속 진행하는 것이 부적절하다고 인정하는 경우가 있다.[145] 피고인의 질병 등으로 공판절차가 장기간 정지되는 경우 배심원의 불편이 커지고, 배심원이 공판절차 정지 전의 공판진행에 관하여 기억하기 어려워 적절한 판단을 하지 못할 수 있다. 또한, 피고인에 대한 구속기간의 만료를 앞두고 있는 경우 신속하게 심리할 필요가 있어 국민참여재판의 진행이 어려울 수 있다.[146] 성폭력범죄 피해자의 보호도 통상절차회부결정의 사유가 되나, 성폭력범죄 사건의 경우 이미 배제여부를 결정할 때 피해자의 의사를 묻는 절차를 거치고 있어 단순히 피해자가 국민참여재판을 원하지 아니한다는 이유만으로 통상절차회부결정을 할 수 없다고 보아야 한다. 결국 성폭력범죄 피해자의 보호를 위하여 통상절차회부결정을 하기 위해서는 통상절차회부결정을 통하지 아니하면 피해자를 보호할 수 없을 정도로 급박하고 중대한 사유가 있을 때에만 가능하다고 보는 것이 타당하다.

3. 통상절차회부결정의 시기

『국민의 형사재판 참여에 관한 법률』 제11조에서는 그 시기에 관하여 명확히 규정하고 있지 않으나, 그 사유와 관련하여 '피고인의 질병 등으로 공판절차가 장기간 정지되거나'라고 규정되어 있어 공판절차에서 통상절차회부결정을 할 수 있음은 당연하다.

다만, 국민참여재판으로 진행하기로 한 이후 국민참여재판이 시작되기 전에도 통상절차회부결정의 사유가 발견된다면 통상절차회부결정을 할 수 있는지 의문이 있다. 국민참여재판이 시작되기 전이라 하더라도 통상절차회부결정을 하지 않을 이유가 없고, 법원의 직권으로만 가능한 배제결정과 달리 통상절차회부결정은 검

---

145) 국민의 형사재판 참여에 관한 법률 제11조 제1항.

146) 국민참여재판의 이해, 법원행정처, 2007, 93면.

사 · 피고인 · 변호인이나 성폭력범죄 피해자 또는 법정대리인이 신청할 수 있어 통상절차회부결정의 시기를 제한할 이유가 없다. 결국 통상절차회부결정은 국민참여재판으로 진행하기로 한 이후 공판절차가 종결될 때까지 가능하다고 보는 것이 타당하다.

피고인은 국민참여재판 공판준비기일이 종결되기 전까지는 국민참여재판에 관한 의사를 자유롭게 바꿀 수 있어 공판기일이 열리기 전까지 통상절차회부결정 신청을 할 필요가 없는 경우가 대부분이나,[147] 지방법원 지원 합의부의 국민참여재판 회부결정이 있은 후에는 공판준비기일 종결되기 전이라도 그 의사를 바꿀 수 없으므로 통상절차회부결정 신청절차를 이용하여 통상의 공판절차로 바꿀 수 있어 피고인이 의사를 변경할 수 있는 시기가 연장되는 효과가 있다.

4. 결정 전의 절차

(1) 직권 또는 신청

법원은 직권으로 결정하거나 검사, 피고인, 변호인이나 성폭력범죄 피해자 또는 법정대리인의 신청에 따라 결정할 수 있다.[148]

(2) 신청의 방법

검사 · 피고인 · 변호인이나 성폭력범죄 피해자 또는 법정대리인이 통상절차회부 신청을 하는 때에는 그 사유를 적은 신청서를 제출하여야 하는 것이 원칙이나, 공판준비기일 또는 공판기일에 구술로 그 사유를 주장하여 통상절차회부신청을 할 수도 있다.[149] 법원은 신청서에 의한 신청이 있는 경우에는 그 취지를 신청을 하지 아니한 검사 · 피고인 또는 변호인에게 통지하여야 한다. 구술로 신청하는 경우에는 법원사무관등은 통상절차회부신청의 취지와 그 사유의 요지를 공판준비기일 또는 공판기일 조서에 기재하여야 하고, 출석하지 아니한 검사 · 피고인 또는 변호인에게 조서의 등본을 송달하여야 한다.[150] 이 경우 법원은 결정을 하기

147) 국민의 형사재판 참여에 관한 법률 제8조 제4항.
148) 국민의 형사재판 참여에 관한 법률 제11조 제1항.
149) 국민의 형사재판 참여에 관한 규칙 제8조 제1항, 제4항.
150) 국민의 형사재판 참여에 관한 규칙 제8조 제2항, 제4항.

전에 검사, 피고인 또는 변호인의 의견을 들어야 한다.[151] 통상절차회부 신청을 하지 아니한 검사·피고인 또는 변호인은 신청 취지에 관한 통지를 받은 날부터 3일 이내에 의견서를 법원에 제출하여야 한다.[152]

5. 결정 후의 절차

법원의 통상절차회부결정에 대하여는 불복할 수 없고, 재판에 참여한 배심원과 예비배심원은 해임된 것으로 본다.[153]

6. 통상절차회부결정의 효력

통상절차회부결정 전에 한 소송행위는 그 결정 이후에도 그 효력에 영향이 없다.[154]

7. 공소장변경의 경우

법원은 공소사실의 일부 철회 또는 변경으로 인하여 대상사건에 해당하지 아니하게 된 경우 심리의 상황이나 그 밖의 사정을 고려하여 국민참여재판으로 진행하는 것이 적당하지 아니하다고 인정하는 때에는 결정으로 당해 사건을 지방법원 본원 합의부가 국민참여재판에 의하지 아니하고 심판하게 할 수 있다.[155] 이러한 절차도 공소장변경에 있어 통상절차회부결정을 규정한 것이다.

공소장변경에 있어 통상절차회부결정의 사유에 있어 심리의 상황이나 그 밖의 사정을 고려하여 국민참여재판으로 진행하는 것이 적당하지 아니하다고 인정할 때에 한정되어 있다. 절차는 검사·피고인·변호인이나 성폭력범죄 피해자 또는 법정대리인의 신청에 의한 절차가 없고, 법원의 직권으로만 가능하다는 점이 『국민의 형사재판 참여에 관한 법률』 제11조의 통상절차회부결정과는 다르다. 그러나 공소장변경으로 인하여 대상사건에 해당하지 아니함에도 국민참여재판으로 진

151) 국민의 형사재판 참여에 관한 법률 제11조 제2항.
152) 국민의 형사재판 참여에 관한 규칙 제8조 제3항.
153) 국민의 형사재판 참여에 관한 법률 제11조 제3항, 제4항, 제6조 제3항.
154) 국민의 형사재판 참여에 관한 법률 제11조 제4항, 제6조 제4항.
155) 국민의 형사재판 참여에 관한 법률 제6조 제1항.

행하기로 하는 경우에는『국민의 형사재판 참여에 관한 법률』제11조에 따른 통상절차회부를 할 수 있다.

공소장변경으로 인한 통상절차회부결정에 대하여는 불복할 수 없고, 당해 재판에 참여한 배심원과 예비배심원은 해임된 것으로 보며, 통상절차회부결정 전에 행한 소송행위는 그 결정 이후에도 그 효력에 영향이 없다.[156)]

156) 국민의 형사재판 참여에 관한 법률 제6조 제2항, 제3항, 제4항.

제3장 준비절차

제1절 국선변호인의 선정

국민참여재판은 필요적 변호사건에 해당하여 국민참여재판에 관하여 변호인이 없는 때에는 법원은 직권으로 변호인을 선정하여야 한다.[1] 변호인이 선정되지 않은 피고인이 국민참여재판을 원한다는 의사확인서를 제출하면 법원은 지체 없이 국선변호인을 선임하여 피고인이 변호인의 도움을 받아 국민참여재판을 준비할 수 있게 하여야 한다. 대부분의 국민참여재판 사건은 2명의 변호인이 진행하고 있기 때문에, 선정되어 있던 국선변호인은 법원에 추가 국선변호인을 선정하여 줄 것을 요청할 수 있다.[2] 변호인은 추가 변호인 선정을 요청할 때 적절한 변호인을 추천할 수 있다.[3]

---

1) 국민의 형사재판 참여에 관한 법률 제7조.

2) 국민참여재판에서 검사는 공판검사와 수사검사가 같이 재판에 참여하기 때문에 변호인이 한 명인 경우 재판과정에서 적절한 대처를 하지 못할 소지가 있고, 배심원들에게 변호인 측이 밀리는 인상을 줄 수 있기 때문에 변호인은 법원에 변호인의 수를 검사의 수와 맞춰달라는 요청을 적극적으로 할 필요가 있다.

3) 국민참여재판은 보통 오전에 시작하여 밤 늦게까지 진행되는 경우가 많고, 재판진행과정에서의 변수로 인하여 빠르게 대처해야할 경우도 많기 때문에 추가 변호인은 원 변호인이 원하는 변호사로 선정할 수 있게 하는 것이 유리하다. 이러한 경우 변호인은 재판부에 추가 변호인을 누구로 할 것인지에 관한 서면을 제출하는 방식으로 재판부에 알리는 것이 필요하다.

››› 제2절 공판준비절차 ‹‹‹

Ⅰ. 서 설

1. 필수적 공판준비절차

공판준비절차란 공판기일에서의 심리를 준비하기 위한 공판절차를 말한다. 재판장은 피고인이 국민참여재판을 원하는 의사를 표시한 경우에 사건을 공판준비절차에 부쳐야 한다.[4] 다만, 공판준비절차에 부치기 전에 배제결정이 있는 때에는 국민참여재판으로 진행되는 것이 아니기 때문에 필수적으로 공판준비절차를 거쳐야 하는 것이 아니고,[5] 『형사소송법』에 따라 임의적으로 재판장이 필요할 때 공판준비절차에 부칠 수 있다. 지방법원 본원 합의부가 지방법원 지원 합의부로부터 이송 받은 사건에 대하여는 이미 지방법원 지원 합의부에서 공판준비절차를 거친 경우에도 필요한 때에는 공판준비절차에 부칠 수 있다.[6] 즉, 지방법원 지원 합의부에서 이미 공판준비기일이 충분히 진행된 경우 지방법원 본원 합의부에서 필수적으로 공판준비기일에 부칠 필요는 없다.

2. 공판준비절차의 중요성

통상의 공판절차는 공판기일 간에 새로운 주장을 한다거나 새로운 증거를 제출하는 것이 어려운 일이 아니나, 국민참여재판의 경우에는 국민참여재판기일이 열린 이후 새로운 주장을 하거나 증거를 제출하는 것이 사실상 거의 어렵다. 따라서 변호인은 공판준비기일에 피고인에게 유리한 주장을 정리하고, 증거들을 적극적으로 수집하는데 만전을 기할 필요가 있다. 통상의 공판절차에서와 달리 국민참여재판에서의 공판준비기일은 국민참여재판에 관한 사항을 대부분 결정하기 때

4) 국민의 형사재판 참여에 관한 법률 제36조 제1항 본문.
5) 국민의 형사재판 참여에 관한 법률 제36조 제1항 단서.
6) 국민의 형사재판 참여에 관한 법률 제36조 제3항.

문에 매우 중요한 절차이다.

3. 공판준비절차 진행의 시기

법원은 배심원 선정기일 이전에 공판준비절차를 마쳐야 한다. 다만, 『형사소송법』 제266조의15에 따라 공판기일 사이에 공판준비기일을 진행하는 기일간 공판준비절차를 진행하는 때에는 그러하지 아니하다.[7] 그러나 국민참여재판은 공판기일이 열리기 전까지 쟁점과 증거의 정리를 모두 마치는 경우가 대부분이고, 선정된 배심원들을 다른 기일에 다시 출석하게 하기 어려운 문제가 있어 실제로 기일간 공판준비절차에 회부되거나 공판준비기일을 여는 경우가 거의 없을 것으로 보인다. 다만, 필수적 공판준비절차가 종결되고 제1회 공판기일이 열린 이후 미처 준비하지 못한 쟁점의 발견으로 다시 준비가 필요하다고 인정하는 경우 기일간 공판준비절차를 열 수 있다.[8] 변호인은 미처 생각하지 못한 새로운 쟁점이 발견되지 않도록 공판준비절차에서 충분히 기록을 검토하고 관련 증거를 수집하는 것이 필요하다.

Ⅱ. 통상의 공판준비절차와의 구별

통상의 공판준비절차에서 재판장은 효율적이고 집중적인 심리를 위하여 사건을 공판준비절차에 부칠 수 있고, 공판준비절차는 주장 및 입증계획 등을 서면으로 준비하게 하거나 공판준비기일을 열어 진행한다.[9] 통상의 공판준비절차는 재판장이 필요하다고 인정할 때 할 수 있는 임의적인 절차이고, 공판준비기일 역시 임의적인 절차인 반면, 국민참여재판은 공판준비절차와 공판준비기일이 필수적인 절차인 점에 있어서 근본적으로 다르다 할 것이다. 또한, 통상의 공판준비절차에서는 검사와 피고인 측의 주장과 입증계획을 정리하는 정도인 반면, 국민참여재판에서의 공판준비절차는 국민참여재판 공판기일에서 재판 진행에 지장이 없을 정

7) 국민의 형사재판 참여에 관한 규칙 제27조.

8) 국민참여재판의 이해, 법원행정처, 2007, 35면, 이러한 사례의 대표적인 경우는 조서의 진정성립 증명을 위하여 영상녹화물을 조사하는 경우라고 한다.

9) 형사소송법 제266조의5.

도로 주장, 입증계획의 정리 뿐 아니라 배심원에 관한 사항, 증거결정, 공소장 변경 등을 대부분 결정하고 있어 통상의 공판준비절차와 구별된다.

Ⅲ. 공판준비기일의 진행

1. 필수적 절차

법원은 주장과 증거를 정리하고 심리계획을 수립하기 위하여 공판준비기일을 지정하여야 한다고 하여 공판준비절차 뿐 아니라 공판준비기일도 필수적 절차로 하고 있다.[10]

2. 공판준비기일 진행의 방식

법원은 직권으로 공판준비기일을 지정하는 경우에는 반드시 검사, 피고인 또는 변호인의 의견을 들어야 한다.[11] 검사, 피고인 또는 변호인은 법원에 대하여 공판준비기일의 지정을 신청할 수 있는데, 이 경우 당해 신청에 관한 법원의 결정에 대하여는 불복할 수 없다.[12] 법원은 합의부원으로 하여금 공판준비기일을 진행하게 할 수 있는데, 이 경우 수명법관은 공판준비기일에 관하여 법원 또는 재판장과 동일한 권한이 있다.[13] 공판준비기일은 공개하는 것이 원칙이나 법원은 공개함으로써 절차의 진행이 방해될 우려가 있는 때에는 공판준비기일을 공개하지 아니할 수 있고, 공판준비기일에 배심원은 참여하지 아니한다.[14]

3. 공판준비기일의 출석

검사 및 변호인은 공판준비기일에 반드시 출석하여야 하고, 법원은 검사, 피고인 및 변호인에게 공판준비기일을 통지하여야 한다.[15] 피고인은 공판준비기일에

10) 국민의 형사재판 참여에 관한 법률 제37조 제1항.
11) 형사소송법 제266조의7 제1항.
12) 형사소송법 제226조의7 제2항.
13) 국민의 형사재판 참여에 관한 법률 제37조 제2항.
14) 국민의 형사재판 참여에 관한 법률 제37조 제3항, 제4항.
15) 형사소송법 제266조의8 제1항, 제3항.

출석하지 않아도 무방하나 법원은 필요하다고 인정하는 때에는 피고인을 소환할 수 있고, 피고인은 법원의 소환이 없는 때에도 공판준비기일에 출석할 수 있으며, 재판장은 출석한 피고인에게 진술을 거부할 수 있음을 알려주어야 한다.[16] 변호인은 피고인에게 공판준비기일에 반드시 출석하지 않아도 된다는 사실을 고지해 줄 필요가 있으나, 사건에 관하여 잘 알고 있는 피고인이 공판준비기일에 참여하는 것이 쟁점정리에 유리하다는 사정을 설명하고 가급적 출석하게 하는 것이 바람직하다.

공판준비기일에는 배심원이 참여하지 않는다.[17] 공판준비기일에는 증거채부결정도 하게 되는데, 증거능력의 심리에 관여할 수 없는 배심원이 준비기일에 참여하는 것은 적절하지 않기 때문이다.[18]

4. 공판준비기일의 진행

(1) 서설

국민참여재판에서의 공판준비기일은 일반 형사재판과 같은 행위를 할 수 있을 뿐 아니라, 배심원과 관련된 사항도 결정할 수 있다. 국민참여재판의 공판준비기일은 공판기일에 재판을 진행함에 있어 무리가 없을 정도로 철저히 준비가 되어야 하는 절차이기 때문에 재판진행에 있어 중요한 부분은 모두 정리가 되어야 한다.[19]

(2) 공판준비기일에서 행위

1) 공소장과 관련된 행위

법원은 공판준비절차에서 공소사실 또는 적용법조를 명확하게 하는 행위, 공소사실 또는 적용법조의 추가·철회 또는 변경을 허가하는 행위를 할 수 있다.[20]

---

16) 형사소송법 제266조의8 제5항, 제6항.
17) 국민의 형사재판 참여에 관한 법률 제37조 제4항.
18) 국민참여재판의 이해, 법원행정처, 2007, 37면.
19) 국민참여재판에서 기일간 공판준비기일이 불가능한 것은 아니나 배심원들의 출석 등의 문제가 있어 사실상 공판기일을 진행하던 중 다시 공판준비기일을 지정하는 것은 어려울 것으로 보인다.
20) 형사소송법 제266조의9 제1항 제1, 2호.

국민참여재판 당일에 공소장변경이 가능한 것인지 명문규정이 없어 문제된다. 국민참여재판기일에 미리 예정되지 않은 공소장변경을 하는 경우 변호인이 변경된 공소장 내용과 관련된 준비를 하지 못하여 재판진행에 문제가 생길 수 있으므로 가급적 공판준비기일에서 모두 정리하는 것이 필요하다. 공판준비기일에 미처 발견하지 못한 공소장변경사유가 발견된 경우 검사는 국민참여재판기일 전날까지 재판부와 변호인에게 이러한 사실을 알리고, 변호인이 재판진행에 문제가 없다고 동의하면 국민참여재판기일에 공소장을 변경할 수 있다고 보아야 한다. 다만, 국민참여재판기일에 이르러 공판준비기일에서 미처 발견하지 못한 공소장변경사유가 발견되었는데, 변호인이 변경된 공소장과 관련된 준비가 되지 않은 경우 공판기일을 연기하면서 다시 공판준비기일을 열어야 한다.

검사의 예상치 못한 공소장변경신청을 가급적 제한하기 위해 공판준비기일에 공소장변경사유가 발견되었음에도 공소장변경을 하지 않고 국민참여재판기일에 이르러 공소장변경을 하는 경우 법원이 이를 허가하지 않는다는 내용의 입법이 필요하다.

2) 쟁점의 정리

법원은 공판준비절차에서 공소사실과 관련하여 검사와 변호인이 주장할 내용을 명확히 하여 사건의 쟁점을 정리하는 행위, 검사와 변호인에게 계산이 어렵거나 그 밖에 복잡한 내용에 관하여 설명하도록 하는 행위를 할 수 있다.[21] 변호인은 공판준비기일이 있기 전에 피고인과 접견하여 공소사실에 관한 피고인의 의사를 명확히 하여 재판부에 서면을 제출하는 것이 필요하다. 피고인이 공소사실을 인정하는지 여부에 따라 배심원의 수, 예상되는 재판진행상황, 재판진행시간 등이 달라질 수 있기 때문에 피고인의 의사를 미리 확정하여 서면으로 제출하여야 한다. 법원은 피고인이 무죄를 다투는 경우에도 축소사실이 인정될 수 있다면 검사와 변호사에게 이를 알려 이에 대한 준비를 하게 하여야 한다.

21) 형사소송법 제266조의9 제1항 제3, 4호.

3) 증거신청 및 증거결정

법원은 공판준비기일에 검사와 변호인에게 증거신청을 하도록 하는 행위, 신청된 증거와 관련하여 입증 취지 및 내용 등을 명확하게 하는 행위, 증거신청에 관한 의견을 확인하는 행위를 할 수 있고, 증거 채부의 결정을 하는 행위, 증거조사의 순서 및 방법, 증인신문의 순서를 정하는 행위를 할 수 있다.[22] 변호인은 검사가 신청할 증거를 확인하여 동의 여부를 결정하고, 검사가 제출할 증거를 탄핵할 수 있는 증거를 수집하는 것이 필요하다. 변호인은 새로운 증거를 수집하기 위해 현장조사를 하거나, 사건 당시 상황을 촬영한 사진이나 동영상, 사건 이후 피고인과 피해자가 연락한 내용 등을 확인하고, 사실조회 신청이나, 검사가 증거로 제출하지 아니하는 수사기록의 열람·등사를 신청하여 피고인에게 유리한 자료가 있는지 확인하여야 한다.

4) 서류 등의 열람 또는 등사와 관련된 결정

법원은 공판준비기일에 서류등의 열람 또는 등사와 관련된 신청의 당부를 결정하는 행위를 할 수 있다.[23] 피고인 또는 변호인은 검사에게 공소제기 된 사건에 관한 서류 또는 물건의 목록과 공소사실의 인정 또는 양형에 영향을 미칠 수 있는 서류등의 열람·등사 또는 서면의 교부를 신청할 수 있고, 검사는 국가안보, 증인보호의 필요성, 증거인멸의 염려, 관련 사건의 수사에 장애를 가져올 것으로 예상되는 구체적인 사유 등 열람·등사 또는 서면의 교부를 허용하지 아니할 상당한 이유가 있다고 인정하는 때에는 열람·등사 또는 서면의 교부를 거부하거나 그 범위를 제한할 수 있다.[24] 다만, 검사는 서류등의 목록에 대하여는 열람 또는 등사를 거부할 수 없다.[25]

검사가 서류등의 열람·등사, 서면의 교부를 거부하거나 그 범위를 제한하는 때에는 피고인 또는 변호인은 법원에 그 서류등의 열람·등사 또는 서면의 교부를 허용하도록 할 것을 신청할 수 있다. 법원은 피고인 또는 변호인의 위와 같은

---

22) 형사소송법 제266조의9 제1항 제5, 6, 7, 8, 9호.
23) 형사소송법 제266조의9 제1항 제10호.
24) 형사소송법 제266조의3 제1항, 제2항.
25) 형사소송법 제266조의3 제5항.

신청이 있는 경우 검사에게 의견을 제시할 수 있는 기회를 부여하여야 하고, 필요하다고 인정하는 때에는 검사에게 해당 서류 등의 제시를 요구할 수 있으며, 피고인이나 그 밖의 이해관계인을 심문할 수 있다.[26] 법원은 위 신청이 있는 때에는 열람·등사 또는 서면의 교부를 허용하는 경우에 생길 폐해의 유형·정도, 피고인의 방어 또는 재판의 신속한 진행을 위한 필요성 및 해당 서류의 중요성 등을 고려하여 검사에게 열람·등사 또는 서면의 교부를 허용할 것을 명할 수 있는데, 이 경우 열람 또는 등사의 시기·방법을 지정하거나 조건·의무를 부과할 수 있다.[27]

검사는 위와 같이 서류등 열람·등사 또는 서면의 교부에 관한 법원의 결정을 지체 없이 이행하여야 하는데, 법원의 열람·등사, 서면의 교부 명령에도 검사가 이행하지 아니하는 경우 검사는 해당 증인 및 서류등에 대한 증거신청을 할 수 없게 된다.[28] 그러나 검사가 증거로 제출할 기록의 경우 증거신청을 할 수 없게 되는 것은 법원의 결정을 이행하지 아니한 행위에 대한 제재가 될 수 있으나, 검사가 증거로 제출할 기록 외의 수사기록의 경우 검사가 증거기록으로 편철하여 증거신청하려고 했던 기록이 아니기 때문에 증거신청을 할 수 없게 하는 방법은 근본적인 해결책이 될 수 없게 된다. 이 경우 변호인은 수사기록 목록을 열람·등사한 후 수사기록 등사신청이 거부된 서면[29]을 배심원에게 공개함으로써 검사가 특별한 이유 없이 기록의 열람·등사를 거부한 사실을 알려 배심원을 설득할 필요가 있다.

5) 공판기일과 관련된 행위

법원은 공판준비기일에 공판기일을 지정 또는 변경하는 행위, 그 밖에 공판절차의 진행에 필요한 사항을 정하는 행위를 할 수 있다.[30] 법원은 공판준비기일에 국민참여재판기일을 지정하는데 마지막 공판준비기일로부터 약 한달 후로 국민참

26) 형사소송법 제266조의4 제3항, 제4항.
27) 형사소송법 제266조의4 제1항, 제2항.
28) 형사소송법 제266조의4 제5항.
29) 형사소송법 제266조의3 제3항, 검사는 열람·등사 또는 서면의 교부를 거부하거나 그 범위를 제한하는 때에는 지체없이 그 이유를 서면으로 통지하여야 한다.
30) 형사소송법 제266조의9 제1항 제11, 12호.

여재판기일을 지정하는 것이 일반적이다. 법원은 사실조회나 감정촉탁 결과 등이 도착하기 전에 국민참여재판기일을 정할 수도 있으나, 사실조회나 감정촉탁 결과가 예상보다 늦게 도착하는 경우가 있을 수 있으므로 사실조회나 감정촉탁 결과 등이 도착한 이후에 국민참여재판기일을 정하는 것이 바람직하다. 법원은 그 밖에 공판절차의 진행과 관련하여 증인보호절차가 필요한 증인인지 여부, 성폭력 사건의 경우 증인을 보호하기 위하여 차폐시설을 설치할 것인지 여부, 재판을 비공개로 할 것이 필요한지 여부 등을 미리 결정하는 것이 필요하다.

6) 배심원과 관련된 행위

법원은 공판준비기일에서 위 행위 외에 배심원과 관련된 사항으로 배심원의 수를 달리하는 결정, 예비배심원을 두는지 여부 및 예비배심원의 수, 피고인이 2인 이상인 경우의 피고인별로 행사 가능한 무이유부기피신청 인원 수, 배심원 선정기일의 지정, 배심원 선정기일 절차 운영 방식, 배심원 선정질문 시간의 제한 설정, 배심원후보자에 대한 기피 방식, 무이유부기피 방식 등에 관하여 정할 수 있다.[31)]

법정형이 사형·무기징역 또는 무기금고에 해당하는 대상사건에 대한 국민참여재판에는 9인의 배심원이 참여하고, 그 외의 대상사건에 대한 국민참여재판에는 7인의 배심원이 참여한다. 다만, 법원은 피고인 또는 변호인이 공판준비절차에서 공소사실의 주요내용을 인정한 때에는 5인의 배심원이 참여하게 할 수 있다. 법원은 사건의 내용에 비추어 특별한 사정이 있다고 인정되고 검사·피고인 또는 변호인의 동의가 있는 경우에 한하여 결정으로 배심원의 수를 7인과 9인 중에서 제1항과 달리 정할 수 있다.[32)] 법원은 5인 이내에서 예비배심원의 수를 정하는데,[33)] 구체적인 수는 공판준비기일에 정한다. 다만, 일반적으로 배심원의 결원이 생기는 일이 흔하지 않기 때문에 예비배심원은 1인으로 정해지는 경우가 많다. 무이유부기피신청의 수는 배심원이 9인인 경우 5인, 배심원이 7인인 경우 4인, 배

31) 국민참여재판의 이해, 법원행정처, 2007, 제34면, 국민의 형사재판 참여에 관한 법률 제13조의 제2항, 제14조, 제28조, 제30조, 국민의 형사재판 참여에 관한 규칙 제21조.

32) 국민의 형사재판 참여에 관한 법률 제13조 제1항.

33) 국민의 형사재판 참여에 관한 법률 제14조.

심원이 5인인 경우 3인으로 정해지기 때문에 배심원의 수에 따라 정해진다.

5. 공판준비기일 결과의 확인

법원은 공판준비기일을 종료하는 때에는 검사, 피고인 또는 변호인에게 쟁점 및 증거에 관한 정리결과를 고지하고, 이에 대한 이의의 유무를 확인하여야 한다.[34)]

Ⅳ. 변호인이 준비절차에서 반드시 확인해야할 사항

1. 서 설

통상의 공판절차와 달리 국민참여재판은 공판기일에 필요한 대부분의 사항을 공판준비절차에서 미리 준비하여 진행한다. 대부분의 국민참여재판은 특별한 사정이 없는 한 다음 기일 속행이 없이 하루에 선고까지 모두 마치는 방식으로 진행되기 때문에, 변호인은 구체적인 변론계획을 세우는 등 재판 준비에 만전을 기할 필요가 있다. 변호인은 국민참여재판 공판기일에 준비가 소홀하다는 사정만으로 재판부에 국민참여재판 공판기일의 속행을 요청하는 것은 사실상 불가능하기 때문이다.[35)] 변호인이 준비절차에서 반드시 확인해야할 대표적인 사항으로는 증거기록으로 제출되지 아니한 수사기록의 확인, 현장 확인, 사건 당시 영상물 및 사진 확인, 현장 지도 확인, 새로운 증인확보 등이 있는바, 아래에서 자세히 설명한다.

---

34) 형사소송법 제266조의10 제1항.

35) 이에 반하여 통상의 공판절차에서 변호인이 공판기일에 확인하고자 하는 내용이 있는 경우 재판부에 다음 기일로 속행하여 줄 것을 요청하는 일은 매우 흔하다 할 것이다.

2. 확인해야할 사항

(1) 수사기록 열람 · 등사에 관하여

1) 서설

피고인은 합의부 관할 사건인 경우『국민의 형사재판 참여에 관한 법률』제8조에 의하여 제1회 공판기일 전까지 국민참여재판을 원하는 의사를 표시할 수 있고, 법원은 법 제9조 제1항의 배제결정을 하지 않는다면 국민참여재판으로 진행하는데, 이러한 경우 법 제36조에 의하여 공판준비절차를 필수적으로 거치게 되며, 법 제37조에 의하여 공판준비기일을 반드시 열어야 한다. 국민참여재판을 위한 공판준비기일에서는 주장과 증거를 정리하고 심리계획을 수립하게 되는데, 검사는 이미 충분한 수사를 통하여 증거를 확보하고 공소제기를 한 것이기 때문에 추가 증거를 제출할 가능성이 낮지만, 변호인은 공판준비기일을 통하여 증거를 확보하고 제출할 증거를 정리하는 등 충분한 변론계획을 세우는 것이 필요하다.[36]

변호인은 공판준비기일을 진행하는 동안 사건 현장에 직접 방문하여 동영상이나 사진을 촬영하여 증거로 제출하거나, 수사단계에서 조사되지 않은 증거나 증인을 확보하는 등의 준비를 하게 된다. 그러나 공소는 사건 발생으로부터 몇 개월부터 1년이 넘는 시간이 지난 후 제기되는 경우가 많아 변호인과 피고인이 사건 당시의 상황에 대한 자료를 수집하기는 매우 어려운 경우가 많다. 예를 들어 확보되지 않은 현장 CCTV는 보존기간이 평균 약 2주 정도에 불과하여 공소제기 후 다시 확인하는 것은 사실상 불가능하다. 이 경우 변호인은 검사가 증거로 신청하지 않아 법원에 제출되지 않은 수사기록에 대하여 열람 · 등사를 신청하는 방법을 통하여 피고인에게 유리한 증거를 수집하기도 하는데, 이러한 수사기록은 검사가 증거기록으로 제출하는 자료와 달리 수사기관이 내부에서 보관하고 있는 자료이므로 변호인은 증거기록 열람 · 등사 외에 추가로 수사기록에 대한 열람 · 등사를 신청하는 절차를 거쳐야 한다. 수사기록의 대부분은 검사가

---

36) 정선희변호사의 인터넷 법률신문 연구논단 기고문을 수정하였다.

증거로 제출할 필요가 없다고 판단한 자료이기 때문에 특별한 의미가 없는 경우가 많으나, 사건에 따라서는 피고인에게 매우 유리한 증거로 사용할 수 있는 경우도 있다.

특히, 국민참여재판은 심증이 흔들리는 배심원을 설득하여 무죄심증을 형성할 수 있도록 하는 것이 무엇보다 중요한데, 수사기록 열람·등사를 통하여 확보한 증거는 이러한 심증을 형성하는데 결정적인 역할을 하기도 한다. 따라서 이러한 수사기록 열람·등사를 통한 증거 수집은 일반적인 형사재판보다 국민참여재판에서 더욱 중요한 부분인바, 아래에서 수사기록 열람·등사의 절차 및 국민참여재판에서 중요한 증거로 사용된 사례에 대하여 검토해 본다.

2) 수사기록열람·등사의 실무상 절차

변호인의 기록열람·등사권과 관련하여 공소제기 후 검사가 보관하는 서류에 대하여는『형사소송법』제266조의3 및 제266조의4에서 각 규정하고 있다. 변호인은『형사소송법』제266조의3에 의하여 검사가 증거로 신청할 서류 및 수사기록으로 분류되어 법원에 제출되지 아니한 서류 등에 대하여 열람·등사를 신청할 수 있다.[37]

(가) 수사기록 목록

『형사소송법』제266조의3 제5항에 따라 검사는 수사기록 목록의 등사에 관하여는 열람·등사를 거부할 수 없기 때문에, 변호인은 검사에게 수사기록에 대한 열람·등사를 신청하기 전에 수사기록 목록에 대한 열람·등사를 신청한다.

37) 이에 검사는 열람·등사가 가능한 기록은 증거기록에 한한다는 주장을 한다.

서류 등 열람 · 등사 신청

사 건
피고인

위 사건에 관하여 피고인의 변호인은 다음과 같이 서류 등 열람 · 등사를 신청합니다.

다 음

1. 열람 · 등사할 대상

수사기록 목록

2. 열람 · 등사할 곳

○○○○지방검찰청 (공판부)

3. 열람 · 등사 신청의 이유

가. 피고인은 이 사건 공소사실을 부인하고 있습니다. 그러므로 피고인의 변호인으로서는 피고인의 방어권을 행사하고 피고인의 무죄를 입증하기 위하여 검사께서 이 사건에 증거로 신청하지 않은 수사기록도 검토할 필요가 있습니다.

나. 그러나 피고인의 변호인은 수사기록 중 검토할 필요가 있는 서류를 아직 구체적으로 특정할 수 없는 관계로, 검토할 필요가 있는 수사기록을 특정하고 추후 이에 대한 열람 · 등사를 신청하기 위하여, 『형사소송법』 제266조의3 제1항 제3호, 제5항에 따라 수사기록 목록의 열람 · 등사를 신청합니다.

2000. . .

피고인의 변호인
변호사 ○○○

○○○○지방검찰청 공판담당검사님 귀중

(나) 수사기록

변호인은 위와 같이 수사기록 목록을 열람·등사를 한 후 피고인을 위하여 검토가 필요하다고 판단되는 서류를 특정하여 『형사소송법』 제266조의3 제1항에 따라 열람·등사를 신청하게 된다. 변호인이 수사기록의 열람·등사를 신청하는 경우 그 근거 법조문을 적시하여야 하는데, 대부분의 수사기록 열람·등사 신청은 『형사소송법』 제266조의3 제1항 제3호의 증거서류의 증명력과 관련된 서류를 그 근거 법조문으로 사용한다. 열람·등사가 가능한 서류로는 검사가 증거로 신청할 서류등, 검사가 증인으로 신청할 사람의 성명·사건과의 관계 등을 기재한 서면 또는 그 사람이 공판기일 전에 행한 진술을 기재한 서류등, 위 각 서류의 서면 또는 서류등의 증명력과 관련된 서류등이 있다.

서류 등 열람·등사 신청

사 건
피고인

위 사건에 관하여 피고인의 변호인은 다음과 같이 서류 등 열람·등사를 신청합니다.

다 음

1. 열람·등사할 곳
○○○○지방검찰청
주소 : 서울 마포구 마포대로 174 (우편번호 121-713)
전화 : 3270-4000
2. 열람·등사 신청의 범위
별지 기재와 같음

3. 열람 · 등사 신청의 이유

가. 이 사건은 피고인과 피해자(및 피해자의 남자친구) 사이에서 싸움이 일어나게 된 원인이 피고인이 피해자의 가슴을 만져 강제추행을 한 것 때문에 일어난 것인지, 아니면 단순히 술에 취한 피고인과 피해자 사이에 시비가 붙어 서로 싸운 것에 불과한데 피해자가 근거 없이 강제추행을 당했다고 주장하는 것인지가 가장 주된 쟁점입니다.

나. 피고인은 이 사건 공소사실 중 강제추행의 점에 관하여는 매우 강력하게 부인하고 있고, 피해자 및 피해자의 남자친구에 대한 조서는 사건 발생일로부터 약 2주나 지난 후에 작성된 까닭에, 피고인의 무죄를 입증하기 위해서는 사건 발생 당시부터 피고인이 체포될 때까지 피고인과 피해자 및 피해자의 남자친구의 행적, 사건 발생 초기 경찰의 수사현황, 피해자와 피해자의 남자친구의 허위진술 가능성을 살펴보지 않을 수 없습니다.

다. 그러므로 피해자 및 피해자의 남자친구의 진술을 기재한 조서를 포함하여 검사가 증거로 신청할 서류 등의 증명력을 다투고 피고인의 주장을 입증하기 위해서는 검사가 증거로 제출하지 않은 수사기록을 살펴볼 필요가 분명히 있습니다.

라. 이에 피고인의 변호인은 『형사소송법』 제266조의3 제1항 제3호에 따라 이 사건 수사기록 중 별지 기재 서류의 열람 · 등사를 신청하오니 부디 허가하여 주시기 바랍니다.

2000. . .

피고인의 변호인
변호사 ○○○

○○○○지방검찰청 공판담당검사 귀중

(별 지) **열람 · 등사할 서류의 표시**

서 류 표 목	진 술 자	면 수
의견서	경위 ○○○	1
수사결과보고서	경장 ○○○	2
피의자체포보고	경위 ○○○	7
현행범인체포서(피고인)	경위 ○○○	9
현행범인체포서(OOO)	경사 ○○○	14
수사보고(일반)	경위 ○○○	19
현장사진		30
수사보고(현장CCTV확인 및 목격자탐문)	경장 ○○○	53
자진출두확인서	○○○	55
범죄인지	경장 ○○○	67
범죄경력등 조회회보서(OOO)		73
범죄경력등 조회회보서(OOO)		75
수사보고(피의자들의 불기소장 및 경찰의견서첨부)		77

(다) 검사가 거부하거나 그 범위를 제한하는 경우

가) 『형사소송법』의 규정

검사는 국가안보, 증인보호의 필요성, 증거인멸의 염려, 관련 사건의 수사에 장애를 가져올 것으로 예상되는 구체적인 사유 등 열람·등사 또는 서면의 교부를 허용하지 아니할 상당한 이유가 있다고 인정하는 때에는 열람·등사 또는 서면의 교부를 거부하거나 그 범위를 제한할 수 있다.[38] 피고인 또는 변호인은 법

38) 형사소송법 제266조의3 제2항.

원에 그 서류등의 열람·등사 또는 서면의 교부를 허용하도록 할 것을 신청할 수 있고, 법원은 이러한 신청이 있는 때에는 열람·등사 또는 서면의 교부를 허용하는 경우에 생길 폐해의 유형·정도, 피고인의 방어 또는 재판의 신속한 진행을 위한 필요성 및 해당 서류등의 중요성 등을 고려하여 검사에게 열람·등사 또는 서면의 교부를 허용할 것을 명할 수 있다.[39)]

나) 변호인의 대처

실무상 검사가 특별한 사정이 없이 그 이유를 밝히지 아니한 상태에서 수사기록의 열람·등사를 거부하는 경우가 있는데, 이러한 경우 배심원들에게 이러한 제도에 대하여 설명을 하면서 수사기록 목록을 제시하고 검사가 수사기록에 대한 열람·등사를 거부하여 그 내용을 알 수 없었다는 사정을 설명함으로써 피고인이 억울하게 기소되었다는 인상을 심어주는데 사용할 수 있다.

3) 문제되는 수사기록상의 서류

위와 같은 방법을 통하여 실제 국민참여재판 당시 피고인의 무죄를 입증하는데 사용되어졌던 몇 가지 증거에 대하여 아래에서 설명하도록 한다.

(가) 수사보고서(피의자 사용 과도 지문 불발견 보고)

준강도죄로 기소된 피고인이 수사기관에서부터 법정에 이르기까지 절도죄를 저지른 사실은 모두 인정하면서도 과도를 들어 피해자를 협박한 사실은 전혀 없다고 주장한 사안이었다. 변호인은 당시 피해자의 진술을 탄핵할 증거를 찾기 위해 사건 당시의 상황을 재구성 해보고 피해자 진술의 모순점을 검토하면서, 피해자 진술이 과장되었을 것이라는 변호인 측 주장을 뒷받침할 증거를 찾기 위해 수사기록 열람·등사를 신청하게 되었다. 변호인은 수사기록 열람·등사를 통하여 과도에서 지문이 발견되지 않았다는 수사보고가 증거로 제출되지 아니하였다는 사실을 알게 되었고, 이를 변호인 측 증거로 제출함으로써 배심원들로 하여금 피고인이 과도를 들고 협박을 하였다는 피해자의 진술의 신빙성에 의심이 들게 하는 증거로 사용할 수 있었다. 변호인은 당시 배심원들에게 이러한 서류를 어떻게

---

39) 형사소송법 제266조의4 제2항.

증거로 제출하게 된 것인지 상세하게 설명하기도 하였다.

(나) 심리생리검사동의서 및 수사보고서(심리생리검사 미실시 경위보고)

피고인은 변호인과의 접견 당시 무죄를 주장하면서「경찰관이 거짓말탐지기조사를 해보자고 하여 이에 대하여 동의하였는데, 거짓말탐지기조사가 이루어지지 않았다.」고 주장하였고, 변호인은 이를 확인해 보고자 수사기록 열람·등사를 신청하였다. 변호인은 수사기록에서 피고인이 심리생리 검사동의서를 작성하였음에도 검사가 실시되지 않았다는 증거를 발견하였고, 이를 증거로 제출하여 피고인이 일관되게 공소사실에 대하여 부인하면서 이러한 사실을 확인하고자 거짓말탐지기조사에 적극 임하려고 하였다는 사실에 대하여 배심원들에게 설명하였다. 특히, 이러한 심리생리 검사동의서 등은 일반 형사재판에서는 큰 의의를 두지 않는 경우가 많지만, 국민참여재판에서는 배심원들에게 피고인이 얼마나 일관되게 부인하고 있었는지에 대한 중요한 판단자료로 사용될 수 있으므로 그 의의가 크다.

(다) 의견서 및 수사보고(피의자들의 불기소장 및 경찰의견서첨부)

피고인은 아동·청소년의성보호에관한법률위반(강간등) 사건 즉, 청소년을 강제추행하였다는 혐의로 약식명령을 받았으나, 이에 불복하여 정식재판을 청구한 사안이었다. 피고인은 사건 당시 술에 만취하여 길을 가던 중 피해자 일행들로부터 구타를 당한 것일 뿐 피해자를 추행한 사실은 전혀 없다고 주장하였다. 변호인은 수사기록 열람·등사를 통하여 경찰 의견서, 수사보고(피의자들의 불기소장 및 경찰의견서첨부)를 확보할 수 있었고, 이러한 자료를 통하여 피해자 및 그 일행이 평소 폭력 전과가 많이 있었고 이 사건 당시 피해자 및 그 일행도 피의자로 입건되었던 점에 대하여 알 수 있었다. 다만, 이러한 자료는 피해자보호 취지상 피해자 및 그 일행의 인적사항이 모두 지워져 있어 변호인 측 증거로 제출하는 대신 증인신문과정에서 피해자의 진술의 모순점을 추궁하는 자료로 사용하였고, 배심원들로 하여금 피해자 진술의 신빙성을 탄핵하게 하는데 중요한 역할을 하였다.

4) 결론

일반적인 형사재판에서 중요하지 않게 여겨질 수 있는 자료가 국민참여재판에서는 배심원의 심증을 형성하는데 많은 도움이 되는 증거로 사용되는 경우가 종종 있다. 변호인으로서는 사건 당시의 증거를 확보하는데 최대한의 노력을 기울이는 것이 매우 중요한데 시일이 오래 지난 사건의 증거를 새롭게 확보하는 것은 매우 어려운 일이므로 검사가 제출하지 아니한 수사기록에 대한 열람·등사를 통하여 피고인에게 유리한 증거를 수집하여 제출하는 것은 심증이 흔들리는 배심원을 무죄 심증으로 바꿀 수 있을 정도로 중요한 요소가 되기도 한다. 국민참여재판은 법조인의 관점에서 중요한 증거인지 여부를 판단할 것이 아니라, 일반 국민의 관점에서 이러한 증거를 어떻게 판단할 것인가에 따라 결정하는 것이 무엇보다 중요한 일이며, 그렇기 때문에 변호인은 국민참여재판을 함에 있어 수사기록 열람·등사 절차를 적극 활용하여야 한다.

(2) 현장방문

변호인은 재판을 준비하는 과정에서 현장을 방문하여 당시 상황을 떠올려 보면서 피고인의 주장과 피해자의 주장 중 누구의 진술이 더 신빙성이 있는지 살펴볼 필요가 있다. 현장이 공개된 장소라면 언제든지 방문하여 사건을 재연하거나 사진 및 동영상을 촬영하는 것이 가능하다. 그러나 현장이 피해자의 집, 제3자 소유의 건물 등 제한적인 곳이라면 변호인은 공판준비기일에 재판부에 현장방문이 필요하다는 사실을 알리고, 검사가 피해자 등에게 그 의사를 물어 재판부에 확인하여 줄 것을 요청할 필요가 있다. 변호인은 대부분 피해자의 허락 없이는 피해자의 연락처 등을 알 수 없기 때문에 변호인이 피해자 등에게 직접 연락하는 것이 어렵기 때문이다. 변호인이 현장을 방문하는 경우에는 현장을 촬영하고, 변호인이 사건 당시를 직접 재연해보는 모습을 촬영하여 증거로 제출할 가치가 있다고 판단되면 촬영하여 제출한다. 모든 사건에서 현장방문이 반드시 필요한 것은 아니지만, 피고인 및 피해자의 동선이 중요한 사건의 경우에는 기록으로만 변론준비하는 것보다 훨씬 중요한 증거를 발견할 가능성이 크다.

(3) 사진 및 영상물의 확보

현장사진 및 동영상을 촬영하여 증거로 제시하는 것 뿐 아니라, 사건 당시 피고인이 촬영하였으나 수사기관에 제출하지 아니한 사진 및 영상물 등을 확보할 필요가 있다. 범행 당시의 CCTV는 2주 이상 지난 경우 확보하기 어려운 경우가 있어 사실상 확보하기 매우 어렵다. 그러나 범행 현장 주변에 CCTV가 있음에도 수사기관에서 이를 빨리 확인하지 아니하여 증거로 확보하지 못한 경우 변호인으로서는 이러한 사실을 배심원들에게 알릴 필요가 있다. 즉, 경찰에서 초동수사 당시 피해자의 진술이 신빙성이 높다고 판단하는 경우 객관적인 자료 수집에､소홀히 하는 경우가 있는데, 변호인은 이러한 수사의 미진으로 인한 불이익을 피고인에게 지울 수 없다는 변론을 하는 것이 필요하다.

(4) 지도 등 제출

사안에 따라서는 사건 현장과 피고인이 체포된 장소와의 거리 등을 나타낼 수 있는 포털사이트의 지도 등을 증거로 제출할 필요가 있다. 예를 들어 피고인이 현장과 어느 정도 떨어진 장소에서 체포되었는데, 피고인이 자신은 현장에 간 사실이 없다고 주장하는 경우 사건 현장과 피고인이 체포된 장소와의 거리 및 걸리는 시간 등을 나타내는 자료를 증거로 제출할 필요가 있다.[40] 또한, 사건 당시의 날씨가 중요한 자료가 되는 경우 당시의 날씨를 출력하여 제출한다.

(5) 새로운 증인의 확보

수사기관에서 조사되지 않았으나 현장에 있었던 목격자가 있는지 확인하여 증인으로 신청할 필요가 있다. 수사기관에서 이미 조사를 마친 증인들의 경우 피고인에게 불리한 증인일 가능성이 높으므로 제3의 새로운 증인을 확보할 필요가 있다. 다만, 변호인은 피고인의 말만 듣고 증인으로 신청할 것이 아니라 직접 증인을 접견하여 사건 당시에 관한 이야기를 들어본 후 신청하는 것이 바람직하다.

40) 네이버, 다음 등 포털사이트의 지도를 이용하여 출력한다.

Ⅴ. 공판준비절차의 종결

1. 공판준비절차 종결사유

(1) 통상사유

법원은 쟁점 및 증거의 정리가 완료된 때, 사건을 공판준비절차에 부친 뒤 3개월이 지난 때, 검사·변호인 또는 소환받은 피고인이 출석하지 아니한 때에는 공판준비기일을 종결하여야 한다. 다만, 공판준비절차에 부친 뒤 3개월이 지나거나 검사·변호인 또는 소환받은 피고인이 출석하지 아니한 경우라 할지라도 공판의 준비를 계속하여야 할 상당한 이유가 있는 때에는 계속할 수 있다.[41] 다만, 국민참여재판의 경우에는 국민참여재판의 준비가 완료되어야 국민참여재판기일을 열 수 있기 때문에 사건을 공판준비절차에 부친 뒤 3개월이 지났다거나 검사·변호인 또는 소환받은 피고인이 출석하지 아니하였다는 이유만으로 공판준비기일을 종결하는 것은 사실상 어렵다.

(2) 국민참여재판에서 종결사유

국민참여재판에서는 공판준비절차에 부친 후 피고인이 국민참여재판을 원하지 아니하는 의사를 표시하거나 『국민의 형사재판 참여에 관한 법률』 제9조 제1항에서 정한 배제결정이 있는 때에도 공판준비절차를 종결할 수 있다.[42] 국민참여재판에서의 종결사유는 임의적인 사유로 비록 국민참여재판으로 진행하지 않는 경우라 할지라도 재판부의 판단에 따라 쟁점정리 등을 위한 공판준비절차를 계속할 수 있다.

2. 공판준비절차 종결의 시기

법원은 배심원 선정기일 이전에 공판준비절차를 마쳐야 한다.[43] 다만 기일간

41) 형사소송법 제266조의12.
42) 국민의 형사재판 참여에 관한 법률 제36조 제2항.
43) 국민의 형사재판 참여에 관한 규칙 제27조.

공판준비절차에 부치는 경우에는 배심원 선정기일 이후에 공판준비절차를 마칠 수 있다.

3. 공판준비절차 종결의 효과

공판준비기일에서 신청하지 못한 증거는 원칙적으로 신청하지 못하고, 다만 그 신청으로 인하여 소송을 현저히 지연시키지 아니하는 때, 중대한 과실 없이 공판준비기일에 제출하지 못하는 등 부득이한 사유를 소명한 때에 한하여 공판기일에 신청할 수 있다.[44] 그러나 법원은 직권으로 증거를 조사할 수 있다.[45]

실무에서는 국민참여재판기일 전날까지 법원과 상대방에 연락하여 중요한 증거임을 밝히는 경우 법원은 대부분 증거로 제출할 수 있도록 하고 있어 위 실권효 규정을 엄격하게 적용하지 않고 있다.

---

44) 형사소송법 제266조의13 제1항.

45) 형사소송법 제266조의13 제2항.

제4장

배심원선정절차

제1절 배심원선정절차의 의의 및 기능

Ⅰ. 배심원선정절차의 의의

1. 국민참여재판과 배심원

국민참여재판은 국민이 배심원으로 형사재판에 참여하는 제도로 배심원이 된 국민은 국민참여재판으로 하는 사건에 관하여 사실의 인정, 법령의 적용 및 형의 양정에 관한 의견을 제시할 권한이 있다. 본래 배심재판과 달리 우리나라의 국민참여재판은 배심원들의 의견에 구속력을 부여하지는 않고 있다. 하지만 배심원들의 의견이 단순한 의견에 그치는 것은 아니다. 재판부가 배심원들의 평결결과와 다른 판단을 할 경우에는 그 이유를 판결서에 기재하도록 『국민의 형사재판 참여에 관한 법률』 제49조 제2항에 규정되어 있고, 이는 사실인정의 합리성과 관련하여 중요한 단서를 제공한다. 또한 재판부가 배심원의 평결결과와 다른 판단을 하는 것은 재판부의 판단이 일반국민의 경험칙이나 정서와는 거리가 있다는 것을 의미할 수 있다. 위와 같은 법률의 규정 및 사실상의 효과 때문에 배심원들의 평결결과는 국민참여재판의 판결에 적지 않은 영향력을 갖는다.

배심원선정절차는 위와 같은 영향력을 행사하는 배심원들을 일반국민 중에서 선정하는 절차이다. 배심원선정절차는 협의로는 국민참여재판의 배심원선정기일에 법정에서 이루어지는 실제 국민참여재판에 관여할 배심원을 선정하는 절차를 의미하지만 광의로는 일반국민 중에서 어떤 국민을 배심원이 되기 위하여 법정에 출석하게 할 것인지를 결정하는 절차, 즉 예비배심원 선정절차를 포함하는 의미로 사용된다.

배심원들의 평결은 배심원 한명 한명이 가지는 의견이 토론을 통하여 정리되어 표출되는 것이므로 어떤 사람을 배심원으로 선정할 것인지는 그 재판에 중대한 영향을 미친다. 배심재판에서는 배심원의 선정이 재판결과의 절반 이상을 결정한다는 말이 있을 정도로 배심원선정은 배심재판의 형식을 취하고 있는 모든 재판에서 매우 중요한 문제이다.

2. 배심원선정절차의 이상

배심원선정절차가 추구하여야 할 이상은 국민참여재판의 목적으로부터 도출된다. 『국민의 형사재판 참여에 관한 법률』 제1조는 국민참여재판의 목적으로 사법의 민주적 정당성과 신뢰를 높이기 위한 것임을 명시하고 있다.

사법의 민주적 정당성과 신뢰를 높이기 위한 방법으로 국민참여재판을 보는 관점에는 피고인의 인권보장기능을 중시하는 견해와 민주주의 구현수단기능을 중시하는 견해로 나누어진다. 두 가지 견해는 어떤 측면에 주안점을 두느냐의 차이일 뿐이며 피고인의 인권보장이나 민주주의 구현수단으로서의 기능 어느 한쪽도 포기할 수 없는 귀중한 가치이다. 따라서 두 가지 목적을 모두 달성할 수 있도록 배심원선정절차의 이상을 규정해야 한다.

첫 번째로 피고인의 인권보장을 위해서 배심원선정절차에서는 배심원단이 공정한 재판을 할 수 있도록 구성되어야 한다. 피고인의 인권보장이란 피고인에게 유리한 재판을 의미하는 것이 아니라 법이 정한 공정한 재판을 받을 권리를 보장하는 것이다. 공정한 재판이란 공평하고 올바른 재판을 의미하는 것으로 편견이나 정치적 성향으로 인한 차별을 받지 않고 논리와 경험의 법칙에 따른 합리적인 재판을 의미한다. 이러한 재판을 하려면 공정하고 중립적인 배심원단이 구성될 수 있도록 하여야 한다.

배심원선정절차에서 '공정하고 불편부당한 배심원단의 구성'을 위하여는 구체적으로 아래 세 가지 조건이 필요하다고 한다. "① 배심원후보자가 법이 정한 자격요건을 갖추었는지를 파악하고, ② 재판에서 제시되는 증거와 각종 정보들을 불편부당하게 평가할 수 있는지를 파악하며, ③ 증거이외의 정보나 압력에 영향

을 받지 않고 증거에만 기초해서 평결을 도출할 수 있는지 파악하는 것"을 들고 있다.[1]

두 번째로 민주주의 구현수단으로서의 기능을 발휘하기 위해서는 배심원단이 국민의 대표성을 갖도록 구성되어야 한다. 국민의 대표성이란 총의와는 구별되는 개념으로 소수의견까지 포함한 전체 국민의 상식과 정서를 대표할 수 있어야 한다는 것을 의미한다. 국민의 상식과 정서를 형사재판과정에 반영하기 위한 것이 국민참여재판인데 만일 국민참여재판에서 배심원단이 국민의 상식과 정서에서 동떨어진 생각을 가지고 있다면 민주주의 구현수단으로서 기능은 발휘될 수 없고, 사법의 민주적 정당성도 증진될 수 없을 것이다.

배심원단이 국민의 대표성을 갖도록 하기 위해서는 우선 배심원의 선정에 있어서 특별한 자격요건이 없어야 한다. 역사적으로 과거 배심제도는 재산, 성별, 인종 등으로 배심원의 자격요건을 제한해 왔다. 이러한 제한은 미국에서 철폐되기 시작했는데 그 이론적 근거는 "배심재판에 대한 인식이 피고인의 권리보장 보다는 배심원으로 참여할 수 있는 국민의 권리를 보장하는 것으로 전환"된 것에 있다고 한다.[2] 현대의 문명화된 민주국가에서 재산이나 인종에 따라 배심원의 자격요건이 달라지는 것은 허용될 수 없다는 점은 넓게 받아들여지고 있다.

두 번째로 배심원단이 국민의 대표성을 갖기 위하여는 대표성이 있는 사회 전부문에서 배심원이 선정될 수 있어야 한다. 미국연방대법원의 판례를 통하여 확립된 기준으로 사회구성원을 이루는 다양한 집단에서 배심원이 선정될 수 있는 기회가 보장되어야 한다는 의미이다. 이와 관련하여 배심원단에 반드시 소수집단의 구성원이 참여하여야 국민의 대표성이 인정되는지에 대한 논쟁이 있다. 제프리 에이브람슨(Jeffrey Abramson)의 주장에 의하면 서로 상충하는 두 가지 이론적 근거가 있다고 한다. 하나는 '민주주의 이상(democratic ideal)'으로 민주주의 이상에 부합하려면 사건의 쟁점과 증거판단에 소수자의 관점을 반영시키는 것이 반드시 필요하다는 것이다. 이런 방법은 소송에서 진지한 토론과 사실조사를 강화할 수 있다고 한다. 다른 하나는 '대표성 이상(representative

1) 박광배 · 이수정, "국민참여재판 배심원 선정절차의 운용 및 개선방안", 법정심리학회, 2009, 8면.
2) 닐 비드마르 엮음, 김상준 · 김형두 · 이동근 · 이효진 옮김, "세계의 배심제도", 나남, 2007, 65면.

ideal)'으로 이를 달성하기 위해 배심원단에 소수자를 대표하는 사람이 포함되어 소수자 집단의 가치와 이해를 대변할 필요가 있다는 주장이다. 에이브람슨은 '대표성 이상(representative ideal)'은 소수자 집단과 다수자 집단의 차이를 지속시키거나 악화시키기 때문에 궁극적으로 분열을 야기하는 반면 '민주주의 이상(democratic ideal)'은 공동체의 모든 구성원에게 배심원이 될 기회를 제공하고 개별집단에 대한 충성심에서 독립하여 보다 다양한 관점에 기초한 토론을 가능하게 하여 증거에 대한 공정한 평가의 기회를 높여준다고 한다. 따라서 '대표성 이상(representative ideal)' 보다는 '민주주의 이상(democratic ideal)'을 강조하는 배심제도가 바람직하므로 배심원의 자격요건으로 반드시 소수집단의 구성원을 참여시키는 것이 필수적일 필요는 없는데 미국 재판의 현실은 종종 '대표성 이상(representative ideal)'이 우세한 경향이 있다고 우려하였다.[3] 우리나라는 미국과 달리 인종에 따른 차별은 거의 없지만 조선족 등 외국출신자에 대한 차별이나 지역정서에 따른 차별이 존재할 수 있다. 배심원단이 국민의 대표성을 인정받기 위해서는 소수집단의 관점도 반영할 수 있어야 할 것이다.

배심원선정절차의 이상에 관하여 미국의 사례를 소개하면 미국연방대법원은 배심원선정절차의 이상을 미국헌법에서 도출하고 있다. 미국 형사배심재판의 헌법적 근거는 연방헌법 수정 제6조인데 '당해 범죄가 범하여진 주와 지역에서의 공정한 배심재판을 받을 권리(an impartial jury of the State and district wherein the crime shall have been committed)'를 가진다고 한다. 이러한 헌법 조항들 및 연방대법원의 이어진 판례로부터 배심원 선발에 대한 세 가지 일반원칙을 도출하였는데 첫째, 배심원은 대표성 있는 사회 전 부문(representative crosssection of the community)에서 선발되어야 한다는 점, 둘째, 재판은 범죄가 발생한 지역에서 열려야 한다는 점, 셋째, 배심원은 공정해야 한다는 점이다. 이러한 일반 원칙의 배경에는 "대표성이 다양한 출신 배경을 가진 사회구성원 집단에서 추출된 배심원후보자집단을 통하여 담보될 수 있다고 하는 통계학적 전제, 다양성은 집단 의사 결정의 질적 수준을 높일 수 있다고 하는 심리학적 전제 및 배심재판의 공정성에 관한 국민의 신뢰를 보장하기 위하여 사회의 모든 부문에서

---

3) 닐 비드마르 엮음, 김상준・김형두・이동근・이효진 옮김, "세계의 배심제도", 나남, 2007, 67면.

선발된 배심원단이 필요하다는 정치학적 전제"가 있다고 한다.[4] 재판은 범죄가 발생한 지역에서 열려야 한다는 원칙은 미국에서 중요시되어 헌법에 규정되었다. 미국이 영국식민지였던 시대에 영국식민정부는 미국에서 발생한 사건도 영국에서 재판을 받도록 함으로써 미국인들이 배심원으로 참가할 기회를 박탈하는 조치를 취하였는데 영국식민정부의 조치는 미국인들의 강한 저항을 불러일으켰고 이러한 역사적 경험으로 인하여 헌법에 규정된 것이다.

위에서 살펴본 바와 같이 국민참여재판에서 배심원선정절차의 이상은 공정하면서 국민의 대표성을 갖춘 배심원단을 구성하는 것이다. 하지만 공정성과 국민의 대표성이 항상 조화를 이루는 것은 아니고 서로 충돌하는 경우도 발생한다. 공정성을 갖추기 위해서는 배심원이 재판에서 제시되는 증거를 불편부당하게 판단하는 능력을 갖추어야 하고 증거 이외의 정보나 압력에 영향을 받지 않아야 하는데 이를 강조하면 전문지식을 갖춘 사람이나 감성에 휘둘리지 않는 사람을 배심원으로 선발할 필요가 있다. 반면 국민의 대표성을 갖추기 위해서는 전문지식이 있는지 여부와 무관하게 일반 국민 중에서 배심원이 선정되어야 하고 국민의 정서라는 '감성'을 재판에 반영할 수 있는 사람이 선정되어야 하기 때문이다. 이런 이상을 조화롭게 달성할 수 있도록 제도가 마련되어야 하고 운영되어야 한다.

Ⅱ. 배심원선정절차의 개요와 기능

1. 배심원선정절차의 개요

배심원선정절차는 통상 협의의 의미로 국민참여재판의 배심원선정기일에 수행하는 절차를 의미하지만 광의의 의미로는 일반국민이 배심원이 되기까지 모든 절차를 의미한다. 일반국민이 배심원이 되기까지 여러 단계를 거치게 되는데 그 일련의 과정을 살펴보면 우선 행정자치부장관은 지방법원장의 요청에 따라 법원의 관할 구역 내에 거주하는 만 20세 이상의 국민의 주민등록정보에서 일정한 수의 배심원후보예정자의 성명 · 생년월일 · 주소 및 성별에 관한 주민등록정보를 추출

4) 김상준, "미국배심재판제도의 연구", 이화여자대학교출판부, 2003, 62면.

하여 송부한다. 지방법원장은 위 주민등록자료를 활용하여 배심원후보예정자명부를 작성한다. 국민참여재판의 시행이 결정되면 법원은 배심원후보예정자명부 중에서 필요한 수의 배심원후보자를 무작위 추출방식으로 정하여 배심원선정기일을 통지하고 출석하도록 한다. 배심원선정기일에는 출석한 배심원후보자들 중 추첨의 방식으로 미리 예정된 배심원의 수에 예비배심원의 수를 더한 숫자의 배심원후보자들을 선출한다. 추첨된 배심원후보자들에게 재판장이 결격사유의 유무 및 필요한 사항을 묻고 검사·피고인 및 변호인에게 질문할 기회를 부여한다. 질문에 대한 답변이 끝난 후 검사·피고인 및 변호인은 답변을 검토하여 이유부 및 무이유부기피신청을 한다. 법원은 결격사유 등이 있는 경우 직권으로, 이유부기피신청이 이유가 있거나 무이유부기피신청이 있는 경우 신청에 따라 추첨된 배심원후보자에 대하여 불선정결정을 한다. 불선정결정이 된 배심원후보자들의 수만큼 다시 추첨을 통하여 배심원후보자를 선출하고 질문과 기피신청 등을 반복하여 미리 결정된 배심원의 수에 예비배심원의 수를 더하여 배심원단을 구성한다.

이상과 같은 절차에 따라 일반국민은 배심원후보예정자명부에 등재됨으로써 '배심원후보예정자'가 된다. 그 중에서 배심원선정기일을 통보받으면 '배심원후보자'가 되고, 그 중에서 배심원선정기일에 출석하면 '출석한 배심원후보자'가 된다. 그 중에서 예정된 배심원수에 따라 추첨되어 배심원석에 앉아 질문과 답변을 하게 되는 '추첨된 배심원후보자'가 되고, 추첨된 배심원후보자 중에서 불선정결정을 받지 않은 사람들이 '배심원 및 예비배심원'이 된다. 그리고 통상 심리가 종결되고 평의를 앞둔 직전에 예비배심원을 제외하여 '배심원단'이 구성된다.

2. 배심원선정절차의 기능

배심원선정절차는 일반국민 중에서 실제로 국민참여재판에 관여할 배심원을 선정하는 것이 근본적인 기능이다. 그 과정에서 공정하고 국민의 대표성이 있는 배심원단을 구성하여야 한다는 배심원선정절차의 이상을 달성할 수 있도록 노력하여야 할 것이다.

그런데 배심원선정절차의 기능으로 논의되고 있는 것은 근본적인 기능보다는 부가적인 기능이다. 통상 배심원선정절차의 부가적인 기능은 협의의 배심원선정절차, 즉 배심원선정기일에서 보여지는 기능을 중심으로 논의되고 있다.

부가적 기능으로 주로 논의되는 것은 4가지이다. 첫째는 교육기능으로 배심원 선정절차는 법률의 규정과 발생한 사건에서 문제되는 쟁점을 일반국민인 배심원들에게 교육하는 기능을 한다. 둘째 관계기능으로 배심원 선정절차를 통하여 배심원들은 판사·검사·변호사와 질문과 대답을 주고받으면서 라포(rapport : 관계맺기)를 형성하고 만일 긍정적인 라포가 형성된다면 판사의 설명이나 검사와 변호사의 주장 및 증거제시가 배심원들에게 정확하게 잘 전달되는 효과를 볼 수 있다. 셋째는 책임기능으로 배심원 선정절차에서 배심원들은 편견의 유무를 확인하는 여러 질문을 받게 되는데 그런 질문에 긍정적인 대답을 하는 배심원들은 답변하는 과정에서 스스로 편견을 버리고 공정한 판단을 해야 한다는 책임감을 느끼고 실제로 공정성을 유지하려고 노력하게 된다는 것이다. 넷째, 신뢰기능으로 배심원 선정절차에서 변호사와 검사는 기피신청을 통하여 배심원선정절차를 능동적으로 수행하게 되고 그 결과 재판절차에 대하여 통제감 및 만족감을 갖게 되며 사법의 신뢰증진에 기여할 수 있다는 것이다.[5)]

위에서 언급한 기능은 배심원선정절차를 수행하면서 발생하는 부가적인 기능을 정리한 것인데 통상적인 배심원선정절차에서 자연스럽게 발생할 수 있는 기능으로 배심원선정절차를 진행하는 주체들이 염두에 두어야 할 기능들이다. 그런데 위에서 언급한 부가적인 기능에 추가하여 논란의 대상이 되는 기능이 이른바 설득기능이다. 설득기능이란 배심원선정절차를 진행하는 과정에서 질문과 답변과 재질문을 통하여 검사나 변호인이 추첨된 배심원후보자들을 설득하려고 하는 기능이다. 검사나 변호인이 유리한 관점으로 사건을 보도록 설득하거나 불리한 관점을 비판하면서 생각을 바꾸도록 종용하거나 다른 배심원후보자들에게 심리적 압박을 가하는 것이다. 설득기능은 공정함과는 거리가 있는 것으로 항상 비난의 대상이 되고 있으나 재판을 수행하는 검사나 변호인들로서는 항상 사용하도록 유혹을 받는 기능임과 동시에 실제로 배심원들의 판단에 영향을 미칠 가능성이 있는 무시할 수 없는 기능이다.[6)]

---

5) 박광배·이수정, "국민참여재판 배심원 선정절차의 운용 및 개선방안", 법정심리학회, 2009, 9면.
6) 제프리 T. 프레더릭, 이은로 옮김, "배심원 선정 : 배심단 구성의 이론과 실제", 한울, 2008, 26면.

설득기능은 직접적인 방식으로 사용되는 것외에 간접적인 방식으로 사용될 수 있는데 검사나 변호인은 배심원에 대한 질문내용이나 순서를 적절히 구성함으로써 궁금한 점을 묻기보다는 자신에게 유리한 논리를 배심원들이 자연스럽게 받아들이도록 설득하려는 시도를 한다. 질문을 하는 형식이나 질문을 구성하는 형태 및 답변을 예시하는 모습에 따라 배심원들에게 사건의 내용에 대한 접근방법을 주입하는 효과가 생길 수 있다. 이러한 효과를 노리고 배심원선정을 위한 질문을 하거나 아예 노골적으로 검사나 변호인이 자신에게 유리한 접근방법을 배심원후보자에게 설득하곤 한다. 검사나 변호인 중에는 배심원선정절차에서 설득기능에 치중한 나머지 추첨된 배심원후보자들과 논쟁을 벌이는 모습까지 보이는데 이러한 설득기능을 어느 정도 허용할 것인지는 법원의 소송지휘권에 따라 결정될 것이나 특히 일반국민인 배심원의 보호와 관련하여 검토될 필요가 있다.

Ⅲ. 배심원

1. 배심원의 의의

배심원이란『국민의 형사재판 참여에 관한 법률』에 따라 형사재판에 참여하도록 선정된 사람을 말한다. 국민참여재판은 배심원이 참여하는 형사재판을 말한다.[7)]

법원은 배심원의 결원 등에 대비하여 5인 이내의 예비배심원을 둘 수 있다. 예비배심원도 형사재판에 참여하는 일반국민으로 배심원에 관한 사항은 그 성질에 반하지 아니하는 한 예비배심원에도 적용된다.[8)] 배심원선정절차에서는 예비배심원을 구분하지 않고 선정하고 선정된 배심원 중에서 예비배심원을 추첨에 의하여 결정한다. 다만 법원은 선정된 배심원 중에서 누가 예비배심원으로 선정되었는지를 변론종결시까지 알리지 아니할 수 있다.[9)] 통상 예비배심원들의 태만을 방지하고 예비배심원들이 본연의 역할에 충실하게 진지한 심리에 참여할 수 있도록

7)『국민의 형사재판 참여에 관한 법률』 제2조.
8)『국민의 형사재판 참여에 관한 법률』 제14조.
9)『국민의 형사재판 참여에 관한 규칙』 제22조.

배심원선정절차에서는 누가 예비배심원인지 공개하지 않고, 배심원들이 평의에 들어가기 직전에 예비배심원을 공개한다.

예비배심원도 평의에 참여할 수 없을 뿐 배심원과 동일한 선정절차를 거치고, 동일한 권한과 의무를 가지고 심리에 참여하므로 배심원과 예비배심원을 통틀어 배심원으로 호칭한다.

2. 배심원의 권한과 의무

(1) 배심원의 권한

우리나라의 국민참여재판에서 배심원은 국민참여재판을 하는 사건에 관하여 사실의 인정, 법령의 적용 및 형의 양정에 관한 의견을 제시할 권한이 있다.[10] 배심재판을 채택한 국가에서는 일반국민으로 구성된 배심원은 법관으로부터 독립하여 범죄사실을 인정하고 이를 기초로 법령을 적용하여 유·무죄를 평결할 권한을 가진다. 이와 관련하여 배심원이 사실의 판단에 그쳐야 하는지 더 나아가 법령을 적용할 권한도 갖는지에 대하여 오랫동안 논의가 지속되어 왔다. 아울러 배심원들이 유·무죄의 평결외에 양형에도 관여할 수 있도록 할 것인지도 논의되었다.

먼저 배심원들에게 법령을 적용할 권한을 부여할 것인지에 대한 논의는 배심원들이 법원의 설명을 통하여 알게 된 적용 법률 또는 확립된 판례의 법리를 무시하고 스스로 옳다고 생각하는 방향으로 법률을 해석하거나 법률의 적용을 거부하는 것을 허용할 것인지에 대한 문제이다. 구체적인 사례를 들면 우리 형법상 명예훼손죄는 사실 적시에 의한 명예훼손과 허위 사실 적시에 의한 명예훼손을 모두 처벌하고 있는데 피고인이 피해자와 말다툼을 하면서 "저 사람은 교도소를 다녀온 전과자이다."라고 공연히 말하였다는 사례를 살펴보자. 이 사례에서 피고인은 사실적시에 의한 명예훼손죄를 범한 것에 해당한다. 하지만 배심원들이 법률의 규정에도 불구하고 허위가 아닌 사실을 말한 것은 명예훼손이라고 볼 수 없고 형법의 규정은 부당하다고 판단하여 무죄평결을 내릴 수 있다. 이 경우 배심원들

10) 『국민의 형사재판 참여에 관한 법률』 제12조.

은 법령을 적용할 권한을 행사한 것으로 법률의 판단자로서 평결한 것이다.

배심원은 법원, 검찰 등 국가기관과 피고인으로부터 독립된 기관이고 그 독립성을 보장하기 위하여 평의는 원칙적으로 비밀리에 진행되며 배심원들은 평결의 내용에 따라 처벌받지 않는다. 따라서 배심원들의 법률무효화(jury nullification)을 평결이전에 방지할 방법은 거의 없다. 그러나 법치국가에서 국민의 대표인 입법부가 제정한 법률의 적용여부를 배심원들이 결정할 권한이 있다고 볼 수는 없다. 배심재판이 정착된 미국에서도 배심원이 법률을 무효화하는 권한을 사전에 통제할 수는 없지만 법률을 무효화할 수 있는 권리가 부여된 것은 아닌 것으로 이해되고 있다. 배심원들의 적절한 역할은 사실을 결정하고 담당 법관으로부터 주어진 설명에 따라 발견된 사실에 법률을 적용하는 것이라고 보아야 한다.

다만 범죄구성요건에 사용된 용어의 해석이나 위법성조각사유의 해석에 대하여는 그 해석이 비록 법률적 해석이라고 하더라도 사람들의 가치판단에 따라 그 범주가 달리 해석될 수 있는 경우라면 배심원들에게 해당 규정의 해석 및 적용여부를 결정할 권한을 인정할 필요가 있다. 위에서 든 명예훼손죄의 사례를 다시 살펴보면 명예훼손죄는 공연히 사람의 명예를 훼손해야 하는데 몇 명의 사람 앞에서 사실을 적시해야 공연성이 인정되어 명예훼손죄가 성립할 것인지에 대하여는 사람들의 가치판단에 따라 그 범주가 달리 해석될 수 있다. 이는 배심원의 경우에 제한되지 않고 법률전문가라고 할지라도 명확하게 판단하기 어려운 개념이다. 사람에 따라서는 명예훼손사실을 들은 사람이 2명 이상이라면 공연성이 인정된다고 보거나 10명 이상이어야 공연성이 인정된다고 보는 견해가 있을 수 있고 특히 비록 1명에게 말하였다고 하더라도 명예훼손죄가 인정될 수 있다는 전파성이론에 이르러서는 이를 인정할 수 있을 것인지에 대하여 비판적인 의견이 적지 않다.

아울러 명예훼손죄에는 특별한 위법성조각사유가 있다. 형법 제310조는 사실적시에 의한 명예훼손죄의 경우에 「행위가 진실한 사실로서 오로지 공공의 이익에 관한 때에는 처벌하지 아니한다」라고 규정하고 있다. 어떤 경우가 공공의 이익에 관한 때인지에 대하여 대법원의 판례를 살펴보면 '피해자가 공무원 내지 공적 인물과 같은 공인인지 아니면 사인에 불과한지 여부, 그 표현이 객관적으로 국민이 알아야 할 공공성·사회성을 갖춘 공적 관심 사안에 관한 것으로 사회의 여론형성 내지 공개토론에 기여하는 것인지 아니면 순수한 사적인 영역에 속하는 것인지 여부, 피해자가 그와 같은 명예훼손적 표현의 위험을 자초한 것인지 여부, 그리고 그 표현에 의하여 훼손된 명예의 성격과 그 침해의 정도, 그 표현의 방법과 동기 등 제반 사정을 고려하여 판단하여야 할 것'이라고 한다.[11] 공공의 이익에 관한 경우에는 위법성조각사유에 따라 명예훼손죄가 성립하지 않을 가능성이 있는데 어떤 사실을 말한 것이 공공의 이익에 해당할 것인지에 대하여는 위 대법원 판례에서 언급하고 있듯이 국민이 알아야 할 공공성을 갖추었는지 여부와 같이 일반 국민들의 상식과 정서가 매우 중요하다. 아울러 공공의 이익이라는 개념은 사회의 발전단계 및 국민들의 인식수준에 따라 변경될 수 있는 개념으로 일반 국민들의 상식과 정서가 꾸준히 반영될 필요가 있다.[12]

국민참여재판은 사법의 민주적 정당성과 신뢰를 강화하는 것이 목적이고 주권자인 국민의 상식과 정서를 형사재판에 반영시키는 것이 필수적이다. 위에서 예로 든 공연성과 같은 개념이나 공공의 이익과 같은 개념은 사회의 발전정도나 국민들의 인식수준에 따라 달리 해석될 수 있는 개념으로 만일 법관과 국민들 사이에 그 해석이 달라진다면 이는 사법불신을 초래하는 원인이 될 것이며 사법의 민주적 정당성과 신뢰를 강화하고자 하는 목적은 요원해 질 것이다. 이러한 괴리를 최소화하기 위하여 현재를 살아가는 국민의 상식과 정서가 끊임없이 형사재판에 반영될 수 있도록 하는 것이 국민참여재판의 기능이다. 그렇다면 획일적으로 정의될 수 없고 오히려 그때그때 시대와 사회를 살아가는 국민들의 상식과 정서가 계속 반영될 필요가 있는 개념에 대하여는 비록 법률상 해석이라고 하더라도 배심원들에게 그 개념을 적용할 것인지 여부를 결정할 권한을 주는 것이 타당하다.

두 번째로 배심원들의 양형에 관한 권한을 살펴보면, 배심제가 정착된 미국에서는 대부분의 주에서 사형선고가 가능하지 않은 사건의 경우 배심원은 유·무죄

11) 대법원 2009. 2. 12. 선고 2008도8310 판결 외 다수 판결이 따름.

12) 다른 사례로 피고인이 피해자의 성폭력전과사실을 이웃주민들에게 알린 경우 과거에는 명예훼손죄가 성립할 수 있으나, 성폭력범죄에 대한 경각심이 높아진 지금의 사회에 있어서는 이웃주민들과 어린 아이들의 안전을 위하여 한 행동으로 공공의 이익에 관한 때에 해당한다고 볼 여지가 있다. 참고로 현재 여성가족부에서는 법률에 따라 성폭력전과자에 대한 정보를 그 거주지 인근에 사는 학부모들에게 등기우편으로 고지하고 있다.

여부만을 결정하고 원칙적으로 양형은 판사가 정하도록 하고 있다. 반면 사형선고가 가능한 사건의 경우에 사형제도가 유지되고 있는 대부분의 주에서는 사형선고 여부는 판사보다는 배심원들이 결정한다.[13] 다만 버지니아, 미주리, 아칸소, 텍사스, 오클라호마, 켄터키 주에서는 유죄 평결을 내린 배심원들이 피고인에 대한 형도 정한다.

국민의 사법참여형태 중 참심제에서는 일반 국민인 참심원이 직업 법관과 함께 재판부의 일원으로 참여하여 직업법관과 동등한 권한을 가지고 사실문제 및 법률문제를 판단하므로, 참심원은 사실의 인정, 법령의 적용 및 형의 양정에 있어서 법관과 동일한 표결 권한을 행사한다.

우리나라의 국민참여재판은 배심제의 요소와 참심제의 요소를 혼합한 새로운 형태의 제도이다. 위에서 살펴본 바와 같이 『국민의 형사재판 참여에 관한 법률』 제12조에서 명문으로 국민참여재판을 하는 사건에 관하여 배심원에게 사실의 인정, 법령의 적용 및 형의 양정에 관한 의견을 제시할 권한을 인정하고 있다. 따라서 법령의 적용 및 형의 양정에 대한 위의 논의는 입법적으로 해결이 된 상태이다. 그러나 『국민의 형사재판 참여에 관한 법률』에 따르면 배심원의 의견은 법관을 기속하지 않는다.[14] 순수한 의미의 배심제에서 배심원단의 권한과 같은 결정권이 부여되지 않으므로 배심원단의 권한에 대한 논의는 그 중요성에 있어서 순수한 의미의 배심제를 채택하고 있는 국가와 차이가 있다. 하지만 위에서 살펴본 바와 같이 배심원단의 평결은 적지 않은 사실상의 영향력을 가지고 있을 뿐만 아니라 사법의 민주적 정당성과 신뢰제고라는 국민참여재판제도의 목적달성을 위하여 가장 중요한 수단이므로 국민참여재판의 목적을 달성할 수 있도록 그 운영에 있어서 특별한 관심과 고려가 필요하다.

배심원의 권한을 효율적으로 행사하기 위하여 배심원은 국민참여재판절차에서 피고인이나 증인에 대하여 필요한 사항을 신문하여 줄 것을 재판장에게 요청할

---

13) 미국 연방 대법원의 통계를 재인용하면 사형제도가 존재하는 37개 주 중 30개 주에서 사형선고를 할 것인지 여부에 대하연 결정권을 배심원들에게 부여하고 있으며, 나머지 7개 주 중 3개주는 배심원들이 형에 대한 권고적 의견을 밝히도록 되어 있고, 남은 4개 주에서만 판사가 형을 결정한다. 법원행정처, '국민의 형사재판 참여에 관한 법률 해설', 법원행정처, 2007, 27면.

14) 『국민의 형사재판 참여에 관한 법률』 제46조 제5항.

수 있고, 필요하다고 인정되는 경우 재판장의 허가를 받아 각자 필기를 하여 이를 평의에 사용할 수 있다.[15)]

(2) 배심원의 의무

우리나라의 국민참여재판에서 배심원은 법령을 준수하고 독립하여 성실히 직무를 수행하여야 한다.[16)] 또한 직무상 알게 된 비밀을 누설하거나 재판의 공정을 해하는 행위를 하여서는 아니 된다.[17)] 특히 직무상 알게 된 비밀을 누설하는 경우 배심원등에 의한 비밀누설죄가 성립하며, 재판의 공정을 해하는 행위 중 직무와 관련하여 재물 또는 재산상 이익을 수수·요구·약속한 때에는 배심원등의 금품수수죄가 성립되어 형사처벌의 대상이 된다.[18)]

배심원은 국민참여재판절차에서 재판의 공정을 위하여 절차상 의무를 부담하는데[19)] 첫째, 심리 도중에 법정을 떠나거나 평의·평결 또는 토의가 완결되기 전에 재판장의 허락 없이 평의·평결 또는 토의 장소를 떠나는 행위를 할 수 없다. 둘째, 평의가 시작되기 전에 당해 사건에 관한 자신의 견해를 밝히거나 의논하는 행위를 할 수 없다. 셋째, 재판절차 외에서 당해 사건에 관한 정보를 수집하거나 조사하는 행위를 할 수 없다. 넷째, 『국민의 형사재판 참여에 관한 법률』에서 정한 평의·평결 또는 토의에 관한 비밀을 누설하는 행위를 할 수 없다.

넷째 의무와 관련하여 특히 배심원은 평의·평결 및 토의 과정에서 알게 된 판사 및 배심원 각자의 의견과 그 분포 등을 누설하여서는 아니 된다.[20)] 위 의무를 위반할 경우에 형사처벌이 가능할 것인지에 대하여 명시적인 형사처벌규정은 보이지 않는다. 그러나 판사 및 배심원 각자의 의견과 그 분포 등이라고 규정한 사항은 배심원들이 준수해야 할 직무상 알게 된 비밀의 내용을 구체적으로 규정한 것으로 보이므로 이를 누설할 경우에는 배심원 등에 의한 비밀누설죄가 성립

---

15) 『국민의 형사재판 참여에 관한 법률』 제41조 제1항.
16) 『국민의 형사재판 참여에 관한 법률』 제12조 제2항.
17) 『국민의 형사재판 참여에 관한 법률』 제12조 제3항.
18) 배심원등에 의한 비밀누설죄는 『국민의 형사재판 참여에 관한 법률』 제58조에 의하여 6개월 이하의 징역 또는 300만원 이하의 벌금에 처하고, 배심원 등의 금품수수죄는 『국민의 형사재판 참여에 관한 법률』 제59조에 의하여 3년 이하의 징역 또는 1,000만원 이하의 벌금에 처한다.
19) 『국민의 형사재판 참여에 관한 법률』 제41조 제2항.
20) 『국민의 형사재판 참여에 관한 법률』 제47조.

하여 형사처벌될 수 있다. 다만 배심원이었던 자가 직무상 알게 된 비밀을 누설하였더라도 연구에 필요한 협조를 한 경우는 처벌하지 아니한다.[21] 주의할 점은 배심원이었던 자의 연구 협조행위만을 처벌하지 않을 뿐이고 현재 배심원인 자에 대하여는 연구 협조행위에 대한 단서규정이 적용되지 않는다. 따라서 배심원단이 해산되고 국민참여재판이 종결된 이후에 연구에 협조하는 것은 허용되나 아직 배심원의 신분을 가지고 있는 경우에는 연구에 협조하는 행위라 할지라도 면책되지 않는다.[22]

3. 배심원의 수

법정형이 사형・무기징역 또는 무기금고에 해당하는 대상사건에 대한 국민참여재판에는 9인의 배심원이 참여하고, 그 외의 대상사건에 대한 국민참여재판에는 7인의 배심원이 참여한다. 다만 법원은 피고인 또는 변호인이 공판준비절차에서 공소사실의 주요내용을 인정한 때에는 5인의 배심원이 참여하게 할 수 있다.[23]

배심원의 수가 많으면 합리적인 토론과 안정적인 평결이 가능해지고, 배심원단의 평결이 가지는 사실상의 효력도 강화되는 효과를 볼 수 있다. 반면 배심원의 수가 적으면 위와 반대의 효과가 나타나고 배심원의 수가 지나치게 적을 경우 국민대표성이 사라지는 결과를 초래한다. 반면 배심원들의 수를 줄이면 평의에 걸리는 시간이나 배심원들에게 지급할 비용을 절약할 수 있다. 따라서 배심원의 수를 효율적인 재판을 수행하면서도 충분한 토론과 국민대표성이 보장될 수 있도록 정할 필요가 있다.

전통적으로 배심원의 수는 12인으로 정해져 왔다. 이는 어떤 이론적 근거가 있어서 정해진 숫자가 아니라 배심제의 기원이 된 영국에서 전통적으로 형성된 숫자를 따르고 있는 것이다. 비교법적으로 살펴보면 미국, 영국, 러시아는 배심원

---

21) 『국민의 형사재판 참여에 관한 법률』 제58조 제2항 단서.

22) 특히 평의에 참여하지 않는 예비배심원이 법정에서 대기하는 경우가 있는데 이때 변호인이나 검사와 대화하다가 우연히 직무상 비밀을 누설하는 경우가 있어 주의를 요한다. 연구단체들이 배심원들에 대한 설문조사를 하는 경우에도 배심원의 신분을 가지고 있는 단계에서는 조사가 진행되지 않도록 주의하여야 한다. 최근에는 예비배심원이라도 다른 배심원과 함께 평의실로 이동하고 다만 평의에는 관여할 수 없도록 하여 직무상 비밀이 누설되는 것을 사전에 차단하고 있다.

23) 『국민의 형사재판 참여에 관한 법률』 제13조.

의 수를 12명으로 정한 반면 스페인은 배심원의 수를 9명으로 정하고 있다. 결국 배심제를 채택하더라도 반드시 배심원의 수를 12명으로 정해야 하는 것은 아니며 미국의 여러 주에서는 배심평결과 유효성과 타당성에 영향을 미치지 않는 범위에서 배심원의 수를 감축할 수 있는 규정을 두고 있다.[24] 참심제를 채택한 국가에서는 법관과 참심원의 구성이 국가마다 상이한데 독일은 법관 3명과 참심원 2명으로 재판부를 구성하고, 프랑스는 법관 3명과 배심원 9명으로 재판부를 구성하고, 일본에서는 법관 3명과 재판원 6명으로 재판부를 구성한다.

우리나라에서는 국민참여재판의 도입시기에 배심원의 수에 대하여 사법제도개혁추진위원회에서 두 가지 의견이 논의되었다. 배심제를 근간으로 하는 제도이므로 영국과 미국의 예에 따라 배심원의 수는 12명으로 정하자는 의견과 독일식 참심제의 형태를 지지하면서 배심원의 수는 가능한 축소하자는 의견이었다. 결국 사법제도개혁추진위원회는 일반시민 5~9명이 참여하는 제도를 도입하되 5~9명의 배심원을 어떤 사건에 배정할 것인지가 주로 논의되었다. 배심원 수를 5명으로 할 경우 참심제에 가까워지고 9명으로 할 경우 배심제에 가까워지는 의미가 있었다. 처음 논의를 할 때에는 배심원의 수를 9명으로 하되 자백하는 사건의 경우에만 예외적으로 5명으로 하는 의견이 우세하였으나 지나치게 배심제의 성격을 강조하는 견해라는 반대의견이 있어 결국 배심원 수가 5명, 7명, 9명인 제도를 모두 시도해 보아 우리나라에서 실증적인 연구의 토대를 마련하는 것이 좋겠다는 방향으로 의견이 모아졌다. 결국 『국민의 형사재판 참여에 관한 법률』에 규정된 것과 같이 중대사건의 경우에 배심원 수는 9명, 통상 사건의 경우에 배심원 수는 7명, 예외적으로 자백사건의 경우에 배심원 수는 5명으로 정해졌다.

위에서 살펴본 바와 같이 배심원의 수가 너무 적으면 국민대표성이 약화되고 평결의 의미가 퇴색되어 국민참여재판의 목적을 달성하기 어려워진다. 9명의 배심원으로 이루어진 배심원단이 한 평결은 전통적인 배심재판의 배심원 숫자인 12명보다는 적지만 국민의 상식과 정서를 반영하는데 그리 부족한 수는 아니라고 보인다. 하지만 7명의 배심원으로 이루어진 배심원단의 평결은 충분한 국민대표성을

---

24) 미국법은 형사범죄를 중범죄와 경범죄로 나누는데 미국 7개주에서는 중범죄에 대하여 배심원의 수를 줄일 수 있는 규정을 두고 있고, 미국 33개주에서는 경범죄에 대하여 배심원의 수를 줄일 수 있는 규정을 두고 있다고 한다. 법원행정처, 국민의 형사재판 참여에 관한 법률해설, 2007, 29면.

확보하였는지 의문이 있다. 나아가 5명의 배심원으로 이루어진 배심원단의 평결은 국민참여재판의 의미가 퇴색할 위험이 매우 큰 것으로 보인다.[25] 비록 자백사건이라고 하더라도 사회에 큰 충격을 준 사건이나 여러 국민들에게 중대한 영향을 미치는 사건에 대하여 5인의 배심원만 참여하게 하는 것은 바람직하지 못하다. 2013년에 발표된 '국민참여재판 최종형태안'에서는 국민참여재판에서 배심원이 5명인 경우를 폐지하였다.

예비배심원은 배심원의 결원 등에 대비하여 5인 이내의 수를 선정할 수 있다. 예비배심원은 별도의 선정절차를 거치지 않고 배심원과 동일한 절차와 방법에 의하여 선정한다. 즉 배심원과 예비배심원을 합한 수의 사람을 배심원으로 선정한 후 선정된 사람 중에서 무작위 추첨의 방법으로 예비배심원을 결정하고 누가 예비배심원인지는 평의가 시작되기 직전까지 알려주지 않으므로 모두 배심원에 준하여 선정된다.

결국 배심원의 수는 자백사건이고 예비배심원을 두지 않는 경우 최소 5명이 선정되어야 하고, 중대사건이고 예비배심원 5명을 두는 경우 최대 14명을 선정하여야 한다.

배심원의 수는 법원이 사건의 내용에 비추어 특별한 사정이 있다고 인정되고 검사·피고인 또는 변호인의 동의가 있는 경우에 한하여 결정으로 7인과 9인 중에서 『국민의 형사재판 참여에 관한 법률』의 규정과 달리 정할 수 있다.[26] 대부분 법정형이 사형·무기징역 또는 무기금고에 해당하지 않지만 국민들에게 큰 충격을 주거나 다수의 국민들의 삶에 영향을 미치는 중대사건의 경우에는 9인의 배심원을 두기로 정한다.

배심원의 수는 공판준비절차에서 결정하게 된다. 국민참여재판을 하지 않기로 하는 배제결정이 있지 않은 경우 공판준비절차는 필수적인 절차이다.[27] 공판준비절차에서는 주장과 증거를 정리하고 심리계획을 수립하는데 준비절차에서 정할

25) 미국연방대법원은 배심원의 수를 줄일 수 있는 규정은 합헌이지만 배심원의 수가 지나치게 적으면 배심재판의 의미가 사라질 수 있으므로 배심원 수의 하한에 대하여 최소한 6명의 배심원이 참여하여야 한다고 판시하였다.

26) 『국민의 형사재판 참여에 관한 법률』 제13조 제2항.

27) 『국민의 형사재판 참여에 관한 법률』 제36조 제1항.

심리계획 중 중요한 사항이 배심원의 수이다. 검사나 피고인 또는 변호인은 배심원의 수에 대한 의견을 제시하고 필요한 예비배심원의 수에 대하여도 의견을 제시할 수 있다.[28]

4. 배심원의 보수

국민참여재판에 참석한 배심원·예비배심원 및 배심원후보자에게 여비·일당을 지급한다.[29] 배심원선정절차에 참여하였으나 배심원으로 선정되지 못한 배심원후보자에게도 여비·일당을 지급한다. 배심원이 『국민의 형사재판 참여에 관한 법률』 제53조 제1항에 따라 격리된 때에는 수당을 지급한다.[30]

배심원·예비배심원 및 배심원후보자들에게 여비·일당을 지급하는 것은 배심원으로서 직무를 수행한 것에 대한 정당한 보상임과 동시에 생업에 종사하는 국민들이 법원에 출석할 수 있는 여건을 마련해 주는 기능을 한다. 국민참여재판은 국민들의 자발적이고 적극적인 참여가 필수적인 제도인데 생업을 희생하고 법원에 출석한 국민들에게 그에 따른 적정한 보상이 제공되어야 한다. 또한 배심원단이 국민대표성을 얻기 위하여는 부유한 계층뿐만 아니라 다양한 계층의 사람들이 배심원이 될 수 있는 기회가 보장되어야 하는데 적정한 액수의 일당을 지급하는 것은 생계가 어려운 국민들에게 배심원이 될 수 있는 기회를 부여한다.

여비·일당은 대법원규칙이 정하는 바에 따라 지급한다. 여비·일당은 배심원·예비배심원 및 배심원후보자들의 출석일수에 따라 지급하되 그 액수는 다른 나라의 배심원 일당, 물가수준, 평균임금, 국민정서 등을 종합적으로 고려하여 정한다.[31] 숙박료의 항목과 그 금액은 『법원공무원 여비규칙』 제16조 제1항의 별

---

28) 배심원의 수에 대한 의견은 대부분 변호인이 제시하는데 변호인은 배심원의 수로 7인보다는 9인의 배심원이 적합하다는 의견을 제시하는 경우가 많다. 예비배심원의 수에 대하여는 재판에 소요되는 기간을 고려하여 하루 안에 재판이 종결될 경우 1인으로 정하고, 이틀 이상 재판이 진행될 경우 2인으로 정하는 경우가 많다.

29) 『국민의 형사재판 참여에 관한 법률』 제15조.

30) 『국민의 형사재판 참여에 관한 규칙』 제9조 제1항.

31) 미국의 연방법원과 주법원에서 배심원일당은 5달러에서 40달러까지 지급되고 있는데 너무 적은 액수이어서 직업을 가진 중산층의 참여가 저조한 원인이 된다고 한다.(법원행정처, 국민의 형사재판 참여에 관한 법률해설, 2007. 31면.) 일본에서는 재판원선정기일에 출석한 재판원후보자에게 8,000엔의 범위내에서 지급하고, 선정된 재판원 및 보충재판원에게는 10,000엔의 범위에서 지급한다.(일본법규 『재판원이 참가하는 형사재판에 관한 규칙』).

표 2 국내여비지급표에 정한 제2호 해당자 지급액으로 한다. 여비 · 일당 및 수당의 금액은 매년 예산의 범위 내에서 대법관회의에서 정한다.[32]

5. 배심원의 자격

(1) 배심원자격 법정주의

국민참여재판에서 배심원은 만 20세 이상의 대한민국 국민 중에서 『국민의 형사재판 참여에 관한 법률』이 정하는 바에 따라 선정된다.[33] 배심원이 되기 위하여는 우선 대한민국의 국민이어야 한다. 외국인 특히 우리나라에서 영주할 권리를 얻은 사람에게 배심원이 될 자격을 인정할 것인지에 대한 논의는 아직 충분하지 않지만 미국이나 일본에서는 우리나라 교포들 중 영주권을 얻은 사람에게 배심원의 자격을 줄 것인지 논의되고 있다. 배심원의 자격을 20세 이상으로 정한 것은 배심원 업무 수행의 난이도 및 공정성을 고려한 것인데 국민참여재판제도가 시행될 무렵 우리 민법의 성인규정이 고려된 것으로 보인다. 그런데 우리 민법은 2011. 3. 7. 개정을 통하여 사람은 19세로 성년에 이르게 된다고 규정하였으므로 배심원의 자격도 민법상의 성년규정과 같이 규정하는 것이 바람직하다.[34]

배심원의 자격을 법률로 정하도록 한 것은 배심원의 자격은 국민참여재판의 목적 달성을 위한 중요한 전제조건이기 때문에 법률로 명확히 규정할 필요가 있기 때문이다. 배심원이 될 수 없는 사유는 『국민의 형사재판 참여에 관한 법률』 제17조 결격사유, 제18조 직업 등에 따른 제외사유, 제19조 제척사유, 제20조 면제사유로 나누어 규정되어 있다.

---

32) 『국민의 형사재판 참여에 관한 규칙』 제9조 제5항, 2015년을 기준으로 배심원에게 지급되는 일당은 재판 하루당 12만원이며, 선정기일에 출석한 배심원후보자에게는 배심원으로 선정되지 않더라도 6만원이 지급되고 있다.

33) 『국민의 형사재판 참여에 관한 법률』 제16조.

34) 배심원의 자격 연령에 대하여 외국의 예를 살펴보면 18세부터 25세까지 다양하다. 배심원이 되는 권리를 정치적 권리로 보는 미국에서는 보통선거권자인 국민의 중요한 권리로 인식하여 배심원의 자격 연령을 선거권 부여 연령인 만 18세로 동일하게 규정하고 있다. 우리나라에서도 국민참여재판을 도입하면서 배심원의 자격 연령에 대하여 공직선거법상 19세 이상의 국민에게 선거권을 부여하고 있으므로 선거권 부여연령과 동일하게 만 19세로 정해야 한다는 의견이 있었다. 다만 당시에는 민법이 개정되기 전이었고 선거권은 대의민주주의의 일환으로 공무담당자를 선출하는 절차이고, 배심원은 형사재판에서 공무를 직접 담당하는 직책이므로 양자를 구별하여야 한다는 의견이 우세하여 현행 법률과 같이 규정되었다.

(2) 결격사유

배심원의 결격사유로는 1. 금치산자 또는 한정치산자, 2. 파산자로서 복권되지 아니한 사람, 3. 금고 이상의 실형을 선고받고 그 집행이 종료(종료된 것으로 보는 경우를 포함한다)되거나 집행이 면제된 후 5년을 경과하지 아니한 사람, 4. 금고 이상의 형의 집행유예를 선고받고 그 기간이 완료된 날부터 2년을 경과하지 아니한 사람, 5. 금고 이상의 형의 선고유예를 받고 그 선고유예기간 중에 있는 사람, 6. 법원의 판결에 의하여 자격의 상실 또는 정지된 사람으로 위 각 호 중 어느 하나에 해당하는 사람은 배심원이 될 수 없다.[35]

배심원의 직무 수행은 당해 사건에 대하여 형사재판권이라는 국가의 권능을 행사하는 공무를 담당하는 것으로 배심원도 공무원에 준하여 『국가공무원법』 제33조 제1항 각호에 따른 결격사유와 유사한 결격사유를 규정한 것이다. 다만 결격사유에 관한 규정은 제한적 열거규정이므로 공무원으로서 징계로 파면처분이나 해임처분을 받은 경우 또는 직무관련범죄로 300만원 이상의 벌금형을 선고받은 경우는 공무원임용결격사유가 될 수 있어도 배심원의 결격사유는 되지 않는다.

배심원의 결격사유는 법원이 직권으로 조사하여할 사항이다. 미국에서는 배심원후보예정자 명부를 작성할 때 미리 전산조회를 통하여 결격사유가 있는 사람을 배제하고 배심원후보예정자명부를 작성하도록 한다. 우리나라에서는 우선 배심원후보예정자명부를 작성한 후 지방법원장이 배심원후보예정자명부를 관리할 때 제척사유에 해당하는 사람을 명부에서 삭제하도록 규정하고 있다.[36] 하지만 결격사유가 수시로 발생할 수 있으므로 국민참여재판의 배심원선정절차에서 재판장은 출석한 배심원들에게 재판장이 질문을 하여 결격사유의 유무를 조사한다.[37]

---

35) 『국민의 형사재판 참여에 관한 법률』 제17조.

36) 『국민의 형사재판 참여에 관한 규칙』 제14조 제1항 제4호.

37) 배심원선정절차에서는 출석한 배심원후보자들이 모두 모여 있는 상태에서 재판장의 질문에 답하게 되는데 결격사유에 해당하는 형사처벌전력에 대하여 출석한 배심원후보자들이 제대로 답변하기를 기대하는 것은 어렵다. 설령 법원에서 미리 범죄경력조회를 통하여 배심원후보자들의 전과를 확인했다고 하더라도 이를 배심원선정기일에 공개하고 확인하는 것은 사실상 곤란하고, 출석한 배심원후보자들은 자신의 전과를 문제삼는 것에 대하여 매우 격렬하게 항의하게 된다. 따라서 결격사유가 있는 배심원후보자들은 처음부터 법원에 출석하지 않도록 하는 것이 바람직하다. 책임무능력자나 형사처벌전력과 같이 미리 전산자료를 통하여 확인할 수 있는 결격사유를 가진 사람들의 경우 처음부터 배심원후보예정자명부에서 제외하여 결격사유가 없는 사람들만으로 이루어진 배심원후보예정자명부(가칭 '선별배심원후보예정자명

(3) 직업 등에 따른 제외사유

배심원 직무를 수행할 기회는 직업에 따른 차별이 없이 국민 누구에게나 주어져야 하지만 공정한 재판에 영향을 미칠 수 있는 일정한 직업을 가진 사람은 제외된다.

『국민의 형사재판 참여에 관한 법률』 제18조 제1호부터 제3호까지 규정된 대통령, 국회의원, 지방자치단체장 및 지방의회의원, 정무직 공무원은 권력분립의 원칙상 사법권을 행사하는 형사재판에서 배심원이 될 수 없다.

『국민의 형사재판 참여에 관한 법률』 제18조 제4호부터 제7호까지 규정된 법관, 검사, 변호사, 법무사, 법원 검찰 공무원, 경찰 교정 보호관찰 공무원은 법률관련 업무에 종사하는 사람으로서 평의과정에서 다른 배심원들에게 과도한 영향을 주어 배심원들의 의사결정이 왜곡될 우려가 있으므로 배심원이 될 수 없다.

『국민의 형사재판 참여에 관한 법률』 제18조 제8호는 군인·군무원·소방공무원 또는 향토예비군설치법에 따라 동원되거나 교육훈련의무를 이행 중인 향토예비군은 배심원이 될 수 없도록 하였는데 재판의 공정성에 영향을 미치지 않지만 국가안보나 질서유지를 위한 업무에 종사하고 있는 특수성을 고려하여 배심원이 될 수 없도록 하였다.

(4) 제척사유

배심원은 법관과 유사하게 국민참여재판을 하는 사건에 대하여 사실을 인정하고 법령을 적용하며 형을 양정하게 되므로 해당 사건에 대하여 밀접한 관계가 있는 사람의 경우 법관과 같이 그 재판업무에서 제외하도록 제척사유를 규정하고 있다.

배심원의 제척사유로는 1. 당해 사건의 피해자, 2. 피고인 또는 피해자의 친족이나 이러한 관계에 있었던 사람, 3. 피고인 또는 피해자의 법정대리인, 4. 사건에 관한 증인·감정인·피해자의 대리인, 4. 사건에 관한 피고인의 대리인·변호인·보조인, 5. 사건에 관한 검사 또는 사법경찰관의 직무를 행한 사람, 6. 사건에 관

부')를 만드는 제도를 도입하는 것이 바람직하다.

하여 전심 재판 또는 그 기초가 되는 조사·심리에 관여한 사람을 규정하고 있다.[38]

당해사건에 대하여 특수한 관계에 있는 사람을 배심원단에서 배제하기 위한 규정이므로 당해사건에 제척사유가 있다고 하더라도 다른 사건에서는 배심원이 될 수 있다. 특히 형사소송법 제11조에서 규정하고 있는 관련사건의 경우에 제척사유의 규정을 유추적용할 수 있을 것인지 문제되는데 제척사유 규정은 엄격히 해석하여야 하므로 유추적용할 수 없는 것으로 보인다.

(5) 면제사유

법원은 결격사유나 제척사유가 없는 사람이라고 하더라도 일정한 사유에 해당하는 경우에는 직권이나 신청에 따라 배심원의 직무 수행을 면제할 수 있다.[39] 배심원후보자의 신청뿐만 아니라 법원의 직권에 의하여도 면제결정이 가능하므로 배심원후보자의 의사에 반하여 배심원이 될 수 없는 경우도 있어 면제사유는 배심원의 자격요건으로 볼 수 있다.

면제사유는 1. 만 70세 이상인 사람, 2. 과거 5년 이내에 배심원후보자로서 선정기일에 출석한 사람, 3. 금고 이상의 형에 해당하는 죄로 기소되어 사건이 종결되지 아니한 사람, 4. 법령에 따라 체포 또는 구금되어 있는 사람, 5. 배심원 직무의 수행이 자신이나 제3자에게 위해를 초래하거나 직업상 회복할 수 없는 손해를 입게 될 우려가 있는 사람, 6. 중병·상해 또는 장애로 인하여 법원에 출석하기 곤란한 사람, 7. 그 밖의 부득이한 사유로 배심원 직무를 수행하기 어려운 사람이다.

면제사유 중 제1호에서 70세 이상의 사람을 규정한 것은 고령으로 인하여 배심원 직무를 수행하기 어려운 사람을 고려한 것이다. 그런데 현재 인구에서 고령자가 차지하는 비율이 적지 않고 앞으로 의료기술의 발전에 따라 고령자는 증가할 것으로 보이므로 나이 외에 배심원후보자들의 건강상태 등을 종합적으로 고려하여 면제여부를 결정할 필요가 있다. 특히 고령자라도 합리적인 판단을 할 수

38) 『국민의 형사재판 참여에 관한 법률』 제19조.
39) 『국민의 형사재판 참여에 관한 법률』 제20조.

있는 경우가 많으므로 배심원후보자 스스로 참여의사를 보이고 있는 경우에는 그 의사를 존중할 필요가 있다.

면제사유 중 제2호에서 과거 5년 이내에 배심원후보자로서 선정기일에 출석한 사람을 규정한 것은 한번 배심원후보자로서 출석한 사람이 반복하여 국민참여재판에 출석하게 되는 부담을 줄일 필요가 있어서 규정된 것이다. 미국이나 영국에서는 과거 2년 이내에 배심원후보자로서 선정기일에 출석한 사람에 대하여 배심원 직무를 면제하고 있으나 우리나라의 경우 제한적인 경우에만 국민참여재판이 열리므로 비교적 긴 기간을 면제사유로 규정할 수 있는 것으로 보인다.[40)]

면제사유 중 제3호 및 제4호에서 금고 이상의 형에 해당하는 죄로 기소되어 사건이 종결되지 아니한 사람, 법령에 따라 체포 또는 구금되어 있는 사람을 규정한 것은 피의자나 피고인 신분을 가진 사람이 배심원이 되었을 경우 형사재판에 편견을 가질 수 있어 부적절한 측면이 있음을 고려한 것으로 보인다. 그러나 기소된 사람의 경우 무죄추정의 원칙이 적용되므로 검사의 기소로 당연히 배심원의 자격이 박탈된다고 할 수는 없다. 또한 금고 이상의 형에 해당하는 죄로 기소된 사람보다 벌금형만이 규정된 죄로 기소된 사람이 형사재판에 편견을 가질 우려가 적다고 단정하기도 어렵다. 따라서 이 면제 사유를 확대하여 적용할 수 없고 기소된 사건의 성격이나 배심원 후보자의 태도 등을 종합적으로 고려하여야 할 것이다. 체포 또는 구금되어 있는 사람의 경우 사실상 배심원으로서의 직무수행이 불가능한 상태라는 점을 고려할 때 면제사유로 규정하는 것이 타당하다.

면제사유 중 제5호 배심원 직무의수행이 자신이나 제3자에게 위해를 초래하거나 직업상 회복할 수 없는 손해를 입게 될 우려가 있는 사람, 제6호 중병·상

40) 일본의 재판원제도에서는 재판원후보자로 선정기일에 출석한 경우와 재판원으로 선정되어 재판에 참여한 경우를 구분하여 전자의 경우에는 1년, 후자의 경우에는 5년의 기간동안 재판원 직무를 면제할 수 있도록 하였다.(일본법 재판원법 제16조 제4호, 제5호). 배심원후보자로 선정기일에 출석하는 경우에는 대부분 2시간정도 참석한 후 귀가하게 되고, 배심원으로 선정되어 재판에 참여한 경우에는 하루 종일 법원에서 심리에 참여할 뿐만 아니라 평결까지 하게 되어 부담이 크다. 따라서 우리나라의 경우에도 배심원후보자로서 출석한 경우와 배심원으로 선정되어 재판에 참여한 경우를 구분하여 면제기간을 달리 규정하는 제도를 검토할 필요가 있다.

해 또는 장애로 인하여 법원에 출석하기 곤란한 사람, 제7호 그 밖의 부득이한 사유로 배심원 직무를 수행하기 어려운 사람을 규정한 것은 재판업무가 생업이 아닌 일반국민들을 배려하기 위한 규정으로 실제로 법원에 출석한 배심원후보자들이 가장 많이 요청하는 면제사유이다. 규정형식이 추상적인 개념으로 되어 있으므로 구체적인 면제 사유는 법원이 그때그때 판단하여 결정한다.

미국에서 면제기준으로 삼고 있는 것은 '극도의 곤란(extreme hardship)'인데 구체적으로 배심원의 직무 수행을 요구하는 것이 가혹하게 여겨질 사정이 있는 경우를 의미한다. 미국 애리조나 주 법원의 면제 사유를 예로 들면 건강상 이유, 공공적 이유, 물리적 곤란, 재정적 곤란을 들고 있다.[41]

일본의 면제기준을 살펴보면 ① 중병 또는 상해에 의하여 법원에 출석하는 것이 곤란한 경우, ② 개호 또는 양육이 이루어지지 아니하면 일상생활을 영위함에 있어 지장이 있는 동거 친족의 개호 또는 양육의 필요가 있는 경우, ③ 종사하는 사업에서 중요한 용무로 본인이 이를 처리하지 아니하면 당해 사업에 현저한 손해가 발생할 우려가 있는 경우, ④ 부모의 장례식에 출석 그 밖에 사회생활상 중요한 용무로 다른 날에 할 수 없는 사정이 있는 경우를 규정하고 있다.

우리나라의 경우 면제사유의 인정여부에 대한 결정은 재판장의 재량으로 결정한다. 출석한 배심원후보자들이 막연히 바쁘다거나 특별히 이상은 없지만 예비적으로 건강검진을 받는다는 사정만으로는 쉽게 면제사유가 인정되지 않고, 구체적으로 당장 처리해야 할 업무내용을 소명하거나 다른 가족이나 어린 아이를 돌보고 있는데 대신 돌봐줄 사람을 구할 수 없는 등 구체적인 사정을 소명해야 한다.

41) 미국 애리조나 주 법원의 면제사유를 구체적으로 소개하면 건강상의 이유는 배심원의 신체적 및 정신적 건강상태 때문에 배심원의 직무를 수행할 수 없는 경우로 의사의 진단서가 필요하고, 공공적 이유는 배심원이 배심원직무를 수행하게 되면 공공의 이익이 침해되는 경우를 소명하였을 때 인정되고, 물리적 곤란은 배심원후보자의 보호하에 있는 자를 위한 대체적인 보호가 불가능한 경우나 배심원이 되는 것이 신체적 심리적 고통을 유발하는 경우 및 영어를 제대로 구사하지 못하는 경우에 인정되고, 재정적 곤란은 배심원이 될 경우 생활비를 조달하기 어려운 경우 및 자신이 고용한 사람에게 임금을 지급할 수 없게 되는 경우에 인정된다.

Ⅳ. 배심원의 선정

1. 법원의 관할과 배심원후보예정자명부의 작성

(1) 배심원후보예정자명부

배심원선정절차는 통상 구체적인 사건에서 배심원선정기일에 출석한 배심원후보자들 중에서 배심원을 선정하는 절차를 의미하지만 배심원선정절차를 광의로 해석할 경우 일반국민 중에서 배심원을 선정하는 절차 전체를 의미한다. 법원은 국민참여재판에 참여할 배심원을 선정하기 위하여 배심원후보예정자명부 중에서 필요한 수의 배심원후보자를 무작위 추출방식으로 정하여 배심원과 예비배심원 후보자 선정기일을 통지한다.[42] 따라서 광의의 배심원선정절차의 시작은 일반국민 중에서 배심원후보자가 될 사람을 기재한 명부, 즉 배심원후보예정자명부를 작성하는 것으로 시작된다.

배심원이 될 수 있는 자격은 만 20세 이상의 국민이며, 지방법원장은 배심원후보예정자명부를 작성하기 위하여 행정자치부장관에게 매년 그 관할 구역 내에 거주하는 만 20세 이상 국민의 주민등록정보에서 일정한 수의 배심원후보예정자의 성명·생년월일·주소 및 성별에 관한 주민등록정보를 추출하여 전자파일의 형태로 송부하여 줄 것을 요청할 수 있다. 지방법원장의 요청을 받은 행정자치부장관은 30일 이내에 주민등록자료를 지방법원장에게 송부하여야 한다.[43] 행정자치부 장관이 송부한 주민등록자료를 기초로 배심원후보예정자명부가 작성되므로 배심원후보예정자명부에는 만 20세 이상 국민으로 당해 지방법원의 관할 구역내에 거주하는 국민이 등재된다.

위와 같은 방식의 배심원후보예정자명부는 관할지역의 주민 중에서 일정한 표본집단을 무작위로 추출한 후보예정자의 명단을 의미한다.[44] 배심원후보예정자명

42) 『국민의 형사재판 참여에 관한 법률』 제23조 제1항.

43) 『국민의 형사재판 참여에 관한 법률』 제22조 제1항, 제2항.

44) 미국의 배심제도에서 이러한 명단을 'Master Jury Wheel'이라 한다. 미국에서는 이러한 명단에서 제척사유에 해당하는 배심원후보자를 제외시킨 배심원후보예정자명단을 만들어 배심원선정절차에 활용한다.

부의 작성방식에 대하여 그 기초자료로 선거인명부를 사용할 것인지 아니면 주민등록정보를 사용할 것인지 여부가 논의되었고 우리나라의 특성상 매년 선거가 있지 않으며 전입신고를 통하여 주민등록정보가 최신의 정보로 이루어지는 특성을 고려하여 주민등록정보를 사용하는 방식이 채택되었다.[45] 배심원후보예정자명부는 공정한 배심원단이 선출되기 위한 전제조건이 되고, 특히 국민대표성을 확보하는 기초가 된다. 따라서 배심원후보예정자명부에 포함되는 국민들의 수는 국민대표성이 인정될 수 있도록 일정한 숫자 이상의 국민이 포함되어야 한다. 미국에서는 배심원후보예정자명부에는 관할구역 내에 거주하는 만 20세 이상 국민을 충분히 포함(inclusive)하고, 이를 대표(representative)할 수 있어야 한다는 원칙을 세웠고, 미국연방대법원은 구체적인 기준으로 배심원후보예정자명부에 포함되는 국민들의 숫자는 최소 전체 모집단의 0.5%가 되어야 한다고 판시하였다.

우리나라의 경우 배심원후보예정자의 수에 대하여 당해 지방법원의 관할구역 내에 거주하는 만 20세 이상 국민의 0.3%부터 0.5% 범위 내에서 배심원후보예정자명부에 등재될 인원을 정한다.[46]

행정자치부장관은 지방법원장의 요청에 따라 주민등록정보를 추출할 때 무작위로 추출하여야 하고, 배심원후보예정자의 성별 및 생년월일은 주민등록번호의 기재로 갈음할 수 있다.[47] 행정자치부장관이 송부한 주민등록자료는 당해 법원에서 전담관리자를 지정하여 관리한다. 전담관리자란 배심원후보예정자명부의 작성

---

45) 외국에서는 대부분 선거인명부를 사용한다. 국가형벌권을 행사하는 형사법정에 일반국민이 배심원으로 참여하는 것은 국민주권을 행사하는 방식이므로 선거권이 있는 국민 중에서 선출하는 것이 보다 바람직하다. 통상 선거권자와 배심원자격이 있는 자의 연령차이는 크지 않으므로 적은 연령차이를 이유로 선거권이 있는 자와 배심원자격이 있는 자를 구분하는 것 또한 타당하지 않다. 다만 우리나라는 외국에 비하여 주민등록정보가 충분히 확보되어 있어 행정상 효율적이라는 측면이 입법과정에서 고려되었다.

46) 『국민참여재판의 접수 및 처리 예규』 제14조 국민참여재판이 시작된 2008년을 기준으로 서울중앙지방법원은 배심원후보예정자명부에 등재될 국민의 수를 10,000명으로 정하였다. 서울남부지방법원과 북부지방법원은 8,000명, 서울동부지방법원은 6,000명, 서울서부지방법원은 5,000명이었다. 서울 이외의 지역 중에서 부산지방법원이 10,000명으로 가장 많고, 인천지방법원 9,000명, 수원지방법원 및 대구지방법원 8,000명 순이었다. 배심원후보예정자의 수가 가장 적은 지방법원은 춘천지방법원으로 1,500명이었다.

47) 『국민의 형사재판 참여에 관한 규칙』 제12조 제2항, 주민등록정보를 추출할 때 무작위로 추출하는 것은 공정한 배심원단의 구성을 위한 기초이므로 매우 중요한 사항이며 사법부가 준수할 사항이 아니라 행정자치부장관이 준수하여야 할 사항이다. 따라서 규정형식면에서 살펴볼 때 규칙으로 규정하는 것보다는 법률로서 규정하는 것이 더욱 적절하다. 참고로 배심원후보예정자명부에서 배심원후보자를 결정할 때에는 무작위 추출방식으로 정하도록 『국민의 형사재판 참여에 관한 법률』 제23조 제1항에 규정되어 있다.

및 관리, 배심원후보자의 선정과 관련한 업무를 전담하는 직원을 의미하는데 지방법원장이 지정하여야 한다.[48]

행정자치부장관이 송부한 주민등록자료가 특정 계층에게만 편중되어 국민대표성을 확보하기 어려울 경우 어떻게 할 것인지 문제된다. 이에 대하여 전담관리자는 배심원후보예정자의 성별, 연령, 주소 등이 고르게 분포되었는지를 확인하여야 하고, 바람직하지 못한 주민등록자료가 송부되었을 경우에는 그 취지를 명시하여 자료를 보완해 줄 것을 요청하여야 한다는 견해가 있다.[49] 그러나 권력분립원칙에 따라 각자 다른 권력기관에 속하는 행정자치부장관에게 법원에 소속된 전담관리자가 요청하는 것은 실효성이 없을 수 있으므로 수정을 요구할 수 있는 법률상 근거규정을 마련하는 것이 바람직하다.

지방법원장은 매년 9월 30일까지 행정자치부장관에게 주민등록정보의 송부를 요청하고, 행정자치부장관은 요청을 받은 날로부터 30일 이내에 주민등록자료를 송부해야 한다. 지방법원장은 매년 12월 31일까지 주민등록자료를 활용하여 배심원후보예정자명부를 작성하는데 전산자료의 형태로 작성할 수 있다. 법원에서는 배심원후보예정자명부의 작성 및 관리, 배심원후보자 선정은 「배심원관리 전산프로그램」에 의하여 관리한다.

배심원후보예정자명부가 작성된 후에 배심원후보예정자에게 다음의 사유가 발생하면 배심원후보예정자명부에서 삭제한다. ① 배심원후보예정자가 사망한 때, ② 배심원후보예정자가 관할 구역이 아닌 곳으로 이사한 때, ③ 배심원후보예정자가 대한민국 국적을 상실한 때, ④ 배심원후보예정자가 『국민의 형사재판 참여에 관한 법률』 제17조의 결격사유 또는 제18조의 직업 등에 따른 제외사유에 해당하게 된 때에는 배심원후보예정자명부에서 삭제한다.[50] 배심원으로 선정될 수 없는 사람을 미리 배심원후보예정자명부에서 삭제함으로써 불필요하게 배심원선정기일에 출석통지하는 것을 방지하기 위한 취지의 규정이나 배심원후보예정자명

48) 『국민의 형사재판 참여에 관한 규칙』 제15조 제1항, 국민참여재판전담재판부가 지정되어 있는 경우 그 재판부의 참여사무관이 전담관리자가 되는 경우가 많다. 국민참여재판이 확대되면서 전담관리자가 지정되어 있는 법원도 있다.

49) 법원행정처, 국민참여재판의 이해, 2007. 41면.

50) 『국민의 형사재판 참여에 관한 규칙』 제14조.

부에 등재된 사람 전체에 대하여 삭제사유가 발생하였는지 여부를 확인하는 것은 사실상 어려우므로 실효성이 있는 규정이 되기는 어렵다. 특히 『국민의 형사재판 참여에 관한 법률』 제17조 결격사유에는 배심원후보예정자가 형사재판에서 유죄 판결을 받은 경우를 규정하고 있는데 이러한 경우 배심원후보예정자명부를 관리하기 위하여 배심원후보예정자의 범죄경력조회를 살펴볼 수 있는 권한이 있는지 검토되어야 한다.[51]

지방법원장은 필요한 때에는 행정자치부장관에게 관할 구역 내에 거주하는 만 20세 이상 국민의 주민등록정보를 추가로 제공하여 줄 것을 요청할 수 있고, 송부된 주민등록정보를 활용하여 배심원후보예정자명부에 추가할 수 있다.[52] 배심원후보예정자명부를 관리하면서 삭제사유가 발생한 국민이 많아 배심원후보예정자의 수가 국민대표성을 유지하기 어려울 정도로 감소되었을 때를 대비한 규정이다.

(2) 법원의 관할과 배심원후보예정자 집단의 결정

법원의 관할은 배심재판을 채택하고 있는 국가에서는 매우 중요한 문제이다. 대부분 배심재판에서 법원의 관할구역 내에 거주하는 국민들이 배심원으로 형사재판에 참여하게 되는데 그 결과 그 지역에 거주하는 국민들의 정서와 성향에 따라 형사재판의 결과가 달라질 수 있기 때문이다. 직업법관이 재판을 하는 경우에도 그 지역의 정서와 성향이 영향을 미칠 수 있지만 직업법관의 전문성에 의하여 그 영향력은 대부분 차단되므로 관할은 피고인의 응소편의를 고려한다는 점을 제외하면 주된 관심사가 아니다.[53]

배심원은 배심원후보예정자명부에 있는 국민들 중에서 무작위 추출방식으로

---

51) 범죄경력조회는 매우 민감한 개인정보이므로 범죄경력조회의 열람기회를 확대하는 것은 국민의 정보관리권을 침해하는 결과가 될 수 있어 신중해야 한다.

52) 『국민의 형사재판 참여에 관한 규칙』 제14조 제2항.

53) 배심재판을 채택하지 않았던 외국에서는 형사재판 관할의 문제가 그리 부각되지 않았다. 하지만 배심재판을 채택한 국가에서 관할은 매우 중요한 문제로 다루어졌다. 미국이 영국의 식민지였던 시절 존 피터 쟁어 사건(John Peter Zenger, 뉴욕위클리의 발행인 쟁어는 1734년 영국총독 코스비를 비판하는 글을 뉴욕위클리지에 게재하였는데 문서에 의한 선동죄로 기소되었다. 하지만 미국 식민지에서 열린 배심재판에서 배심원들은 쟁어에 대하여 무죄를 선고하였다.)이후 영국은 반역죄에 대한 재판은 미국식민지가 아닌 영국법원에서 재판하도록 관할을 정하였는데 이러한 조치는 미국인들에게 배심재판의 중요성을 인식시켰고 결국 독립전쟁을 촉발시키는 원인이 되었다. 토마스 제퍼슨(Thomas Jefferson)은 미국독립선언문(Declaration of Independence)에서 '많은 사건에서 배심재판을 받을 권리를 빼앗은 영국의 행위'를 독립의 이유로 명시하였다.

선출된 배심원후보 중에서 선정되므로, 배심원후보예정자명부를 작성하는 방식에 따라 선정될 배심원들의 정서와 성향이 결정된다. 순수한 배심재판에서 배심원들의 정서와 성향은 매우 큰 영향을 미치는데 과거 미국에서 흑인이 남부주에 있는 법원에서 재판을 받는 경우와 북부주에 있는 법원에서 재판을 받는 경우를 상정하면 그 차이를 알 수 있다. 이러한 지역적 차별을 극복하고자 배심원후보예정자명부의 작성방식에 대하여 전 국민을 대상으로 명부를 작성하고 당해 법원에 거주하는 배심원후보예정자 중에서 무작위로 배심원후보자를 추출해야 한다는 견해와 당해 사건을 담당한 지방법원의 관할구역에 거주하는 국민을 대상으로 배심원후보예정자명부를 작성해야 한다는 견해가 있었다. 우리나라의 입법과정에서는 전국적으로 하나의 전산망으로 배심원후보예정자명부를 작성하고 관리하는 것에 대하여 개인정보보호라는 측면에서 우려가 크다는 의견이 우세하여 지방법원의 관할 구역별로 배심원후보예정자명부를 작성하도록 하였다.

『국민의 형사재판 참여에 관한 법률』에서는 지방법원장이 그 관할 구역 내에 거주하는 만 20세 이상의 국민의 주민등록정보를 활용하여 배심원후보예정자명부를 작성하도록 규정하였다.[54] 따라서 법원의 관할구역에 따라 그 지역에 거주하는 국민들만이 배심원이 될 수 있는 집단인 배심원후보예정자군에 포함된다. 한 가지 유의할 점은 지방법원의 관할이란 『각급 법원의 설치와 관할 구역에 관한 법률』 제4조에 따르므로 지방법원 본원의 관할 구역 내에 거주하는 국민은 그 지방법원의 배심원후보예정자가 될 수 있지만 지방법원 지원의 관할 구역 내에 거주하는 국민은 배심원후보예정자가 될 수 없다.[55]

법원의 관할구역이란 재판권 행사의 장소적 한계, 즉 토지관할을 의미하는데 우리 형사소송법 제4조는 토지관할에 대하여 「토지관할은 범죄지, 피고인의 주소, 거소 또는 현재지로 한다.」라고 규정하고 있다. 또한 형사소송법 제5조는 「토지관할을 달리하는 수개의 사건이 관련된 때에는 1개의 사건에 관하여 관할권이 있는 법원은 다른 사건까지 관할할 수 있다.」라고 규정하고 있다. 위 규정에 따라 범죄가 발생한 장소 및 범죄행위의 결과가 발생한 장소, 피고인의 주소 및 거소, 피고

54) 『국민의 형사재판 참여에 관한 법률』 제22조.
55) 법원행정처, 국민참여재판의 이해, 2007. 41면.

인의 현재지 등 하나라도 당해 지방법원의 관할구역내에 있다면 토지관할권이 인정된다. 아울러 검사는 위에서 열거한 장소 중 어느 곳을 관할하는 법원이든 모두 토지관할권이 있으므로 법원을 선택하여 공소를 제기할 수 있다. 특히 문제되는 것은 피고인의 현재지인데 피고인이 체포되거나 구속되어 현재 구금되어 있는 장소도 체포나 구속이 적법하다면 피고인의 현재지로 인정되어 토지관할권이 있다는 것이 통설이다.[56] 체포나 구속절차에 대한 규정은 형사소송법에 있지만 구체적으로 어느 구치소에 수용할 것인지에 대하여는 검사의 재량이 인정된다.

그런데 다양한 토지관할권을 인정함으로써 검사가 다양한 토지관할법원 중에서 기소할 법원을 선택할 수 있도록 하는 것은 검사가 배심원후보예정자집단을 선택할 수 있도록 하는 효과가 있다. 배심원이 될 수 있는 국민은 재판이 열리는 법원의 관할구역 내에 거주하는 국민들로 한정되기 때문이다. 특히 범죄지에서 체포된 피고인을 범죄지와 무관한 다른 법원의 관할구역 내에 있는 구치소에 수용한 후 그 구치소를 피고인의 현재지로 삼아 토지관할을 주장하면서 기소하는 경우가 문제된다.[57]

형사재판에서 기소하는 검사에게 배심원이 될 수 있는 집단을 선택할 수 있도록 하는 것은 공정한 배심원단에 의한 재판을 받을 권리를 침해하는 것으로 타당하지 않다. 공정한 배심원단이 구성되기 위해서는 그 기초가 되는 배심원후보예정자 집단이 공정하게 선정되어야 하는데 형사재판의 일방 당사자인 검사가 배심원후보예정자 집단을 선택할 수 있는 여지를 주는 것은 기초가 흔들리는 것이다. 심지어 구금장소를 검사가 지정하고 피고인의 현재지 관할권을 창설하여 기소하는 경우에는 더욱 심각한 문제를 일으킨다.

---

56) 이재상, 신형사소송법, 2010. 박영사. 68면.

57) 우리나라에서 유사한 사례를 살펴보면 2009년 발생한 용산참사사건을 들 수 있다. 이 사건은 용산4구역 재개발의 보상대책에 반발해 온 철거민과 전국철거민연합회원 등 30명이 보상비를 요구하면서 2009년 1월 19일 새벽 용산구 한강로 2가에 위치한 남일당 건물을 점거하고 경찰과 대치하던 중 화재가 발생하여 6명이 사망하고 24명이 부상당한 참사이다. 이 사건으로 철거민들은 체포되어 서울구치소에 수용되었고 서울중앙지방법원에 기소되었다. 변호인단은 국민참여재판을 신청하였으나 기각되었고 통상재판으로 진행되어 2009. 10. 28. 전원유죄판결이 선고되었다. 이 사건은 용산구에서 발생한 사건이고 피고인은 대부분 용산주민들이며 용산지역의 재개발과 관련된 사건이었음에도 관할법원인 서울서부지방법원에서 재판이 진행되지 못하였고, 서초구와 강남구가 관할구역내에 있는 서울중앙지방법원에서 재판이 진행되었다. 서초구와 강남구는 부동산가격이 우리나라에서 가장 높고 정치적으로 보수성향을 보이는 지역인데 그 지역의 주민들이 용산에서 발생한 사건의 배심원으로 참여하는 것은 공정한 배심원단의 구성에 문제가 있을 수 있었다.

아울러 사법의 민주적 정당성과 실질적 국민주권주의의 실현이라는 측면에서도 범죄가 발생한 지역의 주민들이 해당 범죄에 대한 형사재판에 배심원으로 참여할 수 없는 것은 바람직하지 못하다. 배심재판은 그 지역의 주민들이 그 지역에서 발생한 범죄에 대하여 자신들의 의사와 정서를 반영함으로써 민주주의에 기여할 수 있는 장점을 가지고 있기 때문이다.

배심재판에서 법원의 관할이 매우 중요하다는 것을 역사적 체험을 통하여 느낀 미국은 헌법에서 국민의 권리로서 범죄지에서 재판을 받을 수 있음을 규정하고 있다.[58] 반면 우리나라의 『국민의 형사재판 참여에 관한 법률』은 법원의 토지관할에 대하여 형사소송법을 준용하고 있을 뿐이다. 종래 우리나라는 단일민족으로 그 동질성이 높아 지역에 따른 차이가 없다는 생각이 널리 퍼져있었으나 최근 우리 사회의 모습은 선거결과에서 나타나듯이 지역에 따른 정치적 성향과 경제적 이해관계가 다르고, 외국인 노동자등 다양한 인종과 계층이 유입되고 있다. 이런 상황을 고려하면 배심원후보예정자 집단을 형사재판의 일방 당사자가 결정할 여지를 주는 것은 바람직하지 않다. 따라서 당해 사건과 가장 밀접한 관련이 있는 범죄가 발생한 지역의 주민들이 배심원으로 참여할 수 있도록 관할규정을 개정할 필요가 있다. 구체적인 방법으로는 『국민의 형사재판 참여에 관한 법률』에 범죄지관할규정을 도입하고, 범죄지에서 재판을 할 수 없는 부득이한 경우에만 다른 관할지역에서 재판을 할 수 있도록 법을 개정하는 것이다.

법개정이 되기 전이라도 검사는 관할지역에 따라 피고인이 국민참여재판을 받을 때 불이익이 없도록 범죄지의 법원에 피고인을 기소하고, 합리적인 이유가 있는 경우에만 다른 법원에 기소하도록 할 필요가 있으며, 특히 체포한 피고인을 임의의 장소에 수용한 후 현재지 관할을 창출하여 기소하는 것은 허용될 수 없을 것이다.

58) 미국수정헌법 제6조.

2. 배심원후보자의 결정 및 출석통지

(1) 배심원후보자의 결정

국민참여재판의 배심원후보자는 미리 결정하지 않고 국민참여재판을 시행하는 사건마다 필요한 배심원후보자의 수를 결정하고 배심원후보예정자명부에서 무작위 추출방식으로 결정한다. 무작위 추출방식은 공정한 배심원선정을 위하여 필수적인 절차이며, 법률로서 규정한 방식이다. 법원에서는 국민참여재판 전담관리자가 컴퓨터프로그램인 '배심원관리 전산프로그램'에 의하여 추출한다.

당해 사건에서 필요한 배심원후보자의 수를 결정하는 것은 쉽지 않은 문제인데 배심원후보자를 너무 적게 결정할 경우 배심원선정기일에 배심원단을 구성하지 못하여 기일이 공전될 수 있고, 반대로 배심원후보자를 너무 많이 결정할 경우 선정기일의 통지 및 일당의 지급에 따른 예산 낭비의 문제 및 많은 수의 국민이 배심원후보자로 출석하였다가 배심원으로 선정되지 못한 채 돌아가는 부담을 지우는 문제가 발생할 수 있다.

배심원후보자의 수는 재판장이 결정하는데 배심원 및 예비배심원의 수, 피고인의 수, 무이유부기피인원 수, 예상 재판소요기간, 예상 출석률 등의 사정을 고려하여 당해 사건에서 필요한 배심원후보자의 수를 정한다. 만일 당해사건에서 선정할 배심원이 9명이고, 예비배심원이 1명이라면 검사와 피고인에게 인정되는 무이유부기피인원이 각 5명이므로 적어도 20명의 배심원후보자가 필요하다. 하지만 출석통지를 받은 배심원후보자들이 전부 출석하는 것은 아니고 배심원후보자들의 평균 출석률이 30%정도에 불과한 사정을 고려하면 적어도 60명 이상의 배심원후보자를 선정할 필요가 있다.[59] 여기에 피고인의 수가 2인 이상일 경우 무이유부기피인원이 늘어나고 재판의 소요기간이 길어질 수 있으므로 더 많은 배심원후보자가 필요하다.

---

59) 배심원후보자들이 배심원선정기일에 출석하는 비율을 살펴보면, 미국의 경우 워싱턴 DC, 뉴욕, 로스앤젤레스 등 대도시의 배심원출석률은 20% 미만이라고 한다. 우리나라에서는 2012년 12월 31일까지 통계를 기준으로 평균 출석률이 30.2%였으며, 평균 배심원후보자결정수는 7명의 배심원이 필요한 경우 100.4명이었고, 9명의 배심원이 필요한 사건의 경우 134.7명이었다.(법원행정처, 국민참여재판성과분석, 2013, 12면).

배심원후보자의 수가 정해지고 컴퓨터 프로그램에 의하여 배심원후보예정자명부에서 무작위 추출방식으로 배심원후보자가 결정되고, 결정된 배심원후보자들에게는 당해 사건의 배심원선정기일에 출석하도록 통지한다. 이 과정에서는 결정된 배심원후보자에 대하여 배심원 결격사유 등이 발견되어도 배심원후보자결정을 통지하여야 한다. 일단 결정된 배심원후보자에게는 반드시 통지하도록 하여 배심원후보자로 결정된 사실을 알림으로써 무작위추출방식이 오염되지 않도록 하기 위한 조치로 해석된다.

결정된 배심원후보자들에게 통지한 이후에 『국민의 형사재판 참여에 관한 법률』 제17조 결격사유, 제18조 직업 등에 따른 제외사유, 제19조 제척사유, 제20조 면제사유에 해당하는 사유가 있다고 인정되는 배심원후보자에 대하여는 즉시 그 출석통지를 취소하고 신속하게 당해 배심원후보자에게 그 내용을 통지하여야 한다.[60] 다만 면제사유의 경우 배심원후보자에게 신청권이 인정되고 있으므로 법원이 일방적으로 출석통지를 취소하기 보다는 결정된 배심원후보자에게 배심원으로서 직무를 수행할 의사가 있는지 확인하는 것이 필요하다.[61]

결정된 배심원후보자에 대한 취소에서 특히 문제되는 것이 배심원의 결격사유를 파악하는 것이다. 배심원의 결격사유는 법원에 의하여 선고된 금치산자 또는 한정치산자, 파산선고를 받고 복권되지 않은 자, 금고이상의 실형·집행유예·선고유예를 선고받고 일정한 기간을 경과하지 않은 자, 자격이 상실 또는 정지된 자이다. 지방법원장 또는 재판장은 국가, 지방자치단체, 공공단체, 그 밖의 법인 단체에 배심원후보자·배심원·예비배심원의 선정 또는 해임에 관한 판단을 위하여 필요한 사항의 보고 또는 그 보관서류의 송부를 요구할 수 있다.[62]배심원후보자가 결격사유에 해당하는지 여부를 파악하기 위해서는 배심원후보자에 대한 범죄경력조회가 필수적인데 재판장은 배심원의 자격 확인을 위하여 지방자치단체장, 지방검찰청 감사장 또는 지방경찰청장에게 신원조회 또는 범죄경력 및 수사경력

60) 『국민의 형사재판 참여에 관한 법률』 제23조 제3항.

61) 예를 들면 만 70세 이상인 사람은 배심원 직무의 수행을 면제받을 수 있는데 비록 나이가 많다고 하더라도 배심원직무수행을 적극적으로 받아들이는 사람이 있으며, 최근 평균 연령이 증가하고 있는 사정을 고려할 때 나이가 많다는 이유로 일방적으로 배심원후보자 결정을 취소하는 것은 타당하지 않다.

62) 『국민의 형사재판 참여에 관한 법률』 제21조.

조회서의 송부를 요구할 수 있다.[63)]

배심원후보자에 대한 범죄경력조회는 오직 배심원의 자격 확인을 위하여만 사용되어야 한다. 특히 검사는 배심원후보자들에 대한 범죄경력조회를 직접 입수할 수 있는 지위에 있으므로 범죄경력조회를 배심원선정과정에서 검사에게 유리한 배심원단을 구성하기 위한 자료로 사용하고자 하는 유혹을 느낄 수 있다. 하지만 이는 공정한 배심원단의 구성을 저해할 뿐만 아니라 배심원의 직무를 성실히 수행하기 위하여 출석한 배심원후보자들에 대하여 과도한 정보공개를 함으로써 인권을 침해할 우려가 있으므로 금지되어야 한다.[64)] 입법론으로는 법률로서 공판에 관여하는 검사는 배심원후보자들의 범죄경력조회를 검색할 수 없도록 규정하는 것이 바람직하다.

(2) 배심원선정기일의 지정 및 배심원후보자에 대한 출석통지

배심원선정기일은 국민참여재판을 하는 사건의 준비절차에서 정한다. 재판장은 검사와 변호인의 의견을 들어 배심원선정기일을 정하는데 특별히 배심원선정에 많은 시간이 걸리는 경우가 아니라면 대부분 국민참여재판이 열리는 날과 같은 날 오전으로 정한다.[65)]

법원은 선정기일을 지정함에 있어 선정기일 통지기간, 공판기일 등의 사정을 고려하여야 하고, 배심원후보자가 출석하는데 불편함과 지장이 없도록 배려하여야 한다. 특히 배심원후보자들의 출석편의를 고려하여 배심원후보자들이 출석통지를 받은 후 출석을 준비하는데 충분한 기간이 주어질 수 있도록 정해야 한다.

배심원후보자들에게는 배심원선정기일을 통지하여야 한다.[66)]배심원선정기일의

---

63) 『국민참여재판의 접수 및 처리 예규』 제20조.

64) 예를 들면 집회 및 시위에 관한 법률 위반 사건의 배심원을 선정하는 과정에서 특정한 배심원후보자가 과거에 동종의 사건으로 벌금형을 선고받은 전력이 있다면 검사는 그 배심원후보자를 배심원단에서 제외하려고 할 것이다. 반대로 사기죄 사건의 배심원을 선정하는 과정에서 특정한 배심원후보자가 사기피해를 입은 전력이 있다면 변호인은 그 배심원후보자를 배심원단에서 제외하려고 할 것이다. 하지만 배심원후보자들의 범죄경력이나 고소전력을 모두 공개하는 것은 국민의 정보관리권에 대한 과도한 침해이며 일반 국민들이 배심원 직무를 수행할 의지를 꺾을 우려가 있다.

65) 우리나라의 배심원선정절차는 살인사건의 경우 평균 1시간 17분, 상해사건의 경우 평균 1시간 16분, 성범죄사건의 경우 평균 1시간 21분이 소요되었다.(국민참여재판성과분석, 법원행정처, 2015). 따라서 대부분의 국민참여재판에서 배심원선정기일은 국민참여재판과 같은 날 오전 10시에 시작하여 12시전에 마치는 것이 일반적이다. 배심원선정절차가 일찍 종료될 경우 공판기일을 오전에 진행하여 인정신문, 모두진술 및 입증계획을 진술하도록 하고 오후부터는 증인신문을 시작하는 경우도 있었다.

통지 역시 송달에 필요한 시간을 고려하여 충분한 여유를 두고 발송되어야 한다. 선정기일 통지서는 늦어도 배심원선정기일이 열리기 2주일 전까지 배심원후보자에게 송달되어야 한다.[67] 선정기일 통지서에는 ① 배심원후보자의 성명, 주소, ② 선정기일의 일시, 장소, ③ 출석하지 아니할 정당한 사유가 있는 경우에는 미리 그 사유를 밝혀 신고하여야 한다는 취지, ④ 정당한 사유 없이 출석하지 아니하는 때에는 과태료에 처할 수 있다는 취지, ⑤ 배심원후보자에게 법 제17조부터 제20조까지 해당하는 사유가 있는 때에는 일당·여비 등이 감액되거나 지급되지 아니할 수 있다는 취지가 기재되어야 한다.[68] 법 제17조부터 제20조까지 해당하는 사유란 『국민의 형사재판 참여에 관한 법률』에 규정된 배심원 결격사유, 직업 등에 따른 제외사유, 제척사유, 면제사유를 말한다.

배심원선정기일의 통지를 받은 배심원후보자는 선정기일에 출석할 의무를 부담하고, 만일 정당한 사유없이 출석하지 아니할 경우 200만원 이하의 과태료가 부과될 수 있다.[69]법원으로서는 출석하지 않은 배심원후보자가 정당한 사유가 있는지 여부를 알기 어려우므로 배심원선정기일의 통지를 송달받은 배심원후보자는 출석하지 못할 정당한 사유를 법원에 적극적으로 알릴 필요가 있다.

3. 질문표

(1) 질문표의 사용

법원은 배심원후보자가 배심원 결격사유, 직업 등에 따른 제외사유, 제척사유, 면제사유에 해당하는지 여부 또는 불공평한 판단을 할 우려가 있는지 여부 등을 판단하기 위하여 배심원후보자에게 질문표를 사용할 수 있다.[70]질문표는 배심원후보자에게 송달하는 배심원선정기일통지서와 함께 송달할 수 있다.[71]

질문표는 법원에 배심원후보자의 배심원 적격에 대한 정보를 제공하고, 선정기

66) 『국민의 형사재판 참여에 관한 법률』 제23조 제2항.
67) 『국민참여재판의 접수 및 처리 예규』 제18조 제2문.
68) 『국민의 형사재판 참여에 관한 규칙』 제16조 제1항.
69) 『국민의 형사재판 참여에 관한 법률』 제23조 제2항, 제60조 제1항 제1호.
70) 『국민의 형사재판 참여에 관한 법률』 제25조 제1항.
71) 『국민의 형사재판 참여에 관한 규칙』 제16조 제2항, 재량규정으로 되어 있으나 실무상 대부분 배심원선정기일 통지서와 함께 송달한다.

일에서 행하여질 질문에 대한 기본 정보를 제공하기 위하여 사용된다. 질문표에는 배우자, 고용 관계 또는 직업, 연령, 학력, 가족 중에 법률 관련 직업 종사자가 있는지 여부, 이전의 소송이나 재판경험, 가족이나 친척 중에 범죄로 인한 피해자가 있었는지 여부, 법률에 규정된 배심원 결격 사유 등에 관한 질문이 기재된다.[72) 특히 결격사유에 대한 질문은 배심원선정기일에 필수적인 질문인데 동일한 질문을 반복할 필요가 없으므로 배심원선정기일의 신속한 진행에 도움을 줄 수 있다.

질문표를 이용하는 방식에는 사전송달방식(advance mailing)과 당일배포방식(on-site distribution)이 있다. 사전송달방식은 질문표를 배심원선정기일통지서와 함께 송달하고 배심원후보자는 질문표에 기재된 질문에 답하여 미리 법원에 제출하도록 하는 방식이고, 당일배포방식은 배심원선정기일에 출석한 배심원후보자들에게 즉석에서 작성하여 제출하도록 하는 방식이다. 우리 『국민의 형사재판 참여에 관한 법률』에서는 방식에 제한을 두지 않고 있으므로 위 두 가지 방식을 모두 사용할 수 있다.[73)]

배심원후보자는 정당한 사유가 없는 한 질문표에 기재된 질문에 답하여 이를 법원에 제출하여야 할 의무가 있다.[74)] 배심원후보자는 질문표에 기재된 질문에 사실대로 답변하여야 하고, 질문표에 허위 사실을 기재하여 법원에 제출하는 경우에는 200만원 이하의 과태료가 부과될 수 있다.[75)]

(2) 배심원후보자명부 및 질문표의 송부

법원은 배심원선정기일의 2일 전까지 검사와 변호인에게 배심원후보자의 성명·성별·출생연도가 기재된 명부를 송부하여야 하고, 법원이 질문표를 사용하는 때에는 선정기일을 진행하기 전에 배심원후보자가 제출한 질문표 사본을 검사

72) 법원에서 사용하는 질문표의 예시는 별지에 첨부된 양식과 같으며, 사건의 성질에 따라 질문이 일부 추가된다.

73) 실무상 사전송달방식을 취해 배심원후보자에게 질문표를 송달한다. 그리고 질문표에 답변을 하지 않은 상태에서 배심원선정기일에 출석한 배심원후보자들에게는 당일배포방식을 취해 질문표를 제출하도록 한다. 사전송달방식의 경우 변호인이나 검사는 미리 질문표를 검토할 시간이 있으나 당일배포방식의 경우 변호인이나 검사가 미리 질문표를 검토할 시간이 부족하다. 따라서 변호인이나 검사는 질문표를 검토할 기준을 미리 정해두어 신속하게 질문표를 검토하여 배심원후보자들의 성향을 파악할 수 있도록 준비해야 한다.

74) 『국민의 형사재판 참여에 관한 법률』 제25조 제2항.

75) 『국민의 형사재판 참여에 관한 법률』 제60조 제1항 제3호.

와 변호인에게 교부하여야 한다.[76] 통상 법원은 배심원후보자가 미리 제출한 질문표가 있는 경우 2일 전에 배심원후보자 명부를 송부할 때 질문표 사본을 함께 송부한다. 변호인이나 검사는 이때 법원이 질문표에서 배심원후보자들에게 어떤 질문을 하였는지 알 수 있는데 배심원결격사유 등에 관한 질문은 정형화되어 있으므로 예상할 수 있으나 불공평한 판단을 할 우려가 있는 사정에 대하여 법원이 어떤 질문을 하였는지는 미리 알 수 없으므로 질문표에 기재된 질문은 법원이 중요하게 여기는 사항이 무엇인지 알 수 있는 자료가 된다.

(3) 질문표의 검토

변호인이나 검사는 질문표의 내용을 사전에 미리 검토하여 배심원선정절차를 준비해야 한다. 위에서 살펴본 대로 질문표는 배심원후보자 명부와 함께 배심원선정기일 2일 전에 도착하는데 질문표의 질문과 답변을 통하여 배심원들의 성향을 미리 파악하고 배심원들에게 추가로 할 질문을 미리 준비하여 변호인의 입장에서는 피고인에게 불리한 성향을 가진 배심원후보자를 제외시킬 수 있도록 준비해야 한다. 반대로 검사는 피고인에게 유리한 성향을 가진 배심원후보자를 제외할 수 있도록 준비해야 한다.

질문표의 질문사항 중 법률의 정한 결격 사유 등을 제외하면 성별, 나이, 학력, 결혼유무, 자녀유무, 직업, 형사재판에 관여하였는지 여부 등이 검토할 대상이다. 앞에서 살펴본 대로 2일전에 송부된 질문표 외에 배심원선정기일 당일에 전달되는 질문표도 있으므로 국민참여재판을 진행할 사건의 성격에 비추어 각 질문에 대한 답변이 피고인에게 유리할 것인지 불리할 것인지에 대한 기준을 미리 결정해 둘 필요가 있다.

구체적으로 강간치상사건에서 변호인이 검토한 예를 제시한다. 예시된 사건은 김형국변호사가 변호인으로서 2009년 수행한 국민참여재판사건이다. 피고인은 22세의 미혼남자로 주점종업원으로 일하고 있는데 손님으로 온 여성과 함께 술을 마시다가 술에 취한 여성과 같이 피고인의 집으로 갔고 피고인의 집에서 위 여성을 강간하려다가 미수에 그치고 그 과정에서 찰과상을 입혀 강간치상죄를 저질렀

---

76) 『국민의 형사재판 참여에 관한 법률』 제26조.

다고 기소된 사건이다. 피고인은 위 여성과 술을 마시면서 성관계에 대하여 묵시적으로 합의하고 피고인의 집으로 갔고 성관계를 시작하려 하였는데 위 여성이 거절하여 그대로 행동을 중단한 후 화장실로 갔는데 피고인이 화장실에 있을 때 위 여성이 집을 뛰쳐나가 신고하였다고 변소한다. 이 사건에서 배심원 질문표를 변호인의 입장에서 검토하였다.

먼저 성별에 대하여 살펴보면 통상 성폭력사건에서 남성이 피고인에게 우호적이고 여성은 적대적이라고 생각되지만 최근 사회가 성숙함에 따라 오히려 남성이 피고인에게 더욱 적대적인 경우도 있다. 또한 나이가 많은 여성의 경우에는 젊은 남녀가 술을 마신 후 여성이 남성의 집까지 따라갔다면 정숙하지 못한 여성으로 생각하고 오히려 피고인에게 유리한 경우도 있다. 따라서 남녀의 성별에 따른 성향은 변호인이 준비한 변론계획을 고려하여 판단하여야 하며, 중립적인 요소로 보는 것도 가능하다.

나이에 대하여 살펴보면 젊은 사람의 경우 개방적인 성문화에 친숙하므로 술에 취한 사람들이 일시적인 기분으로 성관계에 동의할 수 있다고 생각하는 경향이 있어 피고인에게 유리한 성향으로 판단하였다, 반면 나이가 많은 사람의 경우 성관계는 남녀가 즉흥적으로 결정할 수 없고 상당한 교제기간이 지난 후에 동의할 것이라고 생각하는 경향이 있어 피고인에게 불리한 성향으로 판단하였다.

학력에 대하여 살펴보면 고학력인 사람의 경우 스스로의 판단을 중시하는 반면 저학력인 사람의 경우 권위에 복종하는 경향이 있다. 특히 우리 사회에서 검사가 가지고 있는 권한이나 권위가 매우 크므로 저학력인 사람은 검사의 말을 무비판적으로 수용하는 경향을 보일 수 있다. 따라서 스스로 판단을 중시하는 고학력인 사람이 피고인에게 유리한 성향으로 저학력인 사람은 피고인에게 불리한 성향으로 판단하였다.

결혼유무에 대하여 살펴보면 성폭력사건에 있어서 미혼자가 기혼자보다 피고인에게 유리한 성향을 보일 것으로 보이지만 그 영향은 크지 않아 중립적인 요소로 볼 수 있었다.

자녀유무에 대하여는 자녀의 연령을 구체적으로 살펴서 20세가량의 딸을 둔 사람의 경우 위에서 예시한 사건에서 술에 취한 여성을 함부로 유혹하였다고 생각하고 피고인에게 불리한 판단을 내릴 수 있어 불리한 경향으로 보았다. 반면 20세가량의 아들을 둔 사람의 경우 젊은 사람들 끼리 술을 마시다가 성관계에 동의하는 것에 대하여 관대할 것으로 보여 피고인에게 유리한 경향으로 보았다. 다만 자녀를 둔 부모의 경우 대부분 다른 자녀들은 잘못을 저질러도 우리 아이들은 그러지 않을 것이라는 생각을 하는 경우가 많아 자녀유무에 대하여 독립적으로 판단할 수 있다.

직업에 대하여 살펴보면 일반적인 직업인 회사원, 대학생, 주부 등은 중립적인 요소이나 알콜중독치료사, 비행청소년상담사, 고등학교 교사, 주점운영자, 대리운전기사 등은 개별적인 검토가 필요하다. 알콜중독치료사의 경우 술에 취한 사람의 심리나 행동에 대하여 잘 이해하고 있어 처음 만난 사이라도 술김에 성관계를 할 수 있다고 생각할 수 있지만 치료사인 이상 술에 취한 사람을 보호해야 한다는 생각에 사로잡혀 술에 취한 여성에게 연민을 가질 수 있다. 비행청소년상담사의 경우 청소년이 저지른 많은 형사사건을 접하여 본 경험이 있어 심리적인 충격이 없이 객관적으로 사건을 바라볼 수 있으나 대부분 실제로 비행을 저지른 청소년을 상담하는 경험을 하게 되므로 대개 범죄성립을 전제로 하고 있는 경우가 많아 무죄를 주장하는 사건에서는 피고인에게 불리하다. 주점운영자나 대리운전기사도 취객을 많이 상대하는 직종이므로 술에 취한 사람들에 대하여 어떤 생각을 가지고 있는지 추가 질문을 통하여 확인할 필요가 있다.

형사재판에 관여하였는지 여부에 대하여 살펴보면 대부분 배심원후보자가 직접 형사재판에 관여한 것이 아니라 배심원후보자의 친척이나 친구가 형사재판을 받은 경험을 전해 들은 경우가 많다. 배심원후보자와 가까운 사람이 형사재판에서 피해자로서 관여하였는지 피고인으로서 관여하였는지 여부는 그 배심원후보자의 형사재판에 대한 인상에 큰 영향을 미칠 수 있어 추가 질문을 통하여 그 사람의 성향을 확인하여야 한다. 범죄를 저지르지 않았는데 억울하게 재판을 받은 경험이 있는 사람이라면 피고인에게 매우 유리할 것이다.

위와 같은 검토는 개인의 주관에 따라 다양한 해석가능성이 있어 그 결론에 있어 달리 판단될 수 있음을 잊지 말아야 한다. 변호인이나 검사에게 인간의 심리에 대한 깊은 이해가 요구되는 이유이기도 하다. 주관적인 오류에 빠지지 않고 성공적인 배심원선정절차를 수행하기 위한 좋은 방법은 위와 같은 검토를 혼자하지 말고 여러 사람의 의견을 들어 결정하는 것이다. 또한 위 검토는 실제로 배심원후보자를 보지 않고 질문표에 기재된 답변만을 해석하는 것에 불과하여 실제 배심원선정절차에서는 유연한 접근이 필요하다. 사전에 질문표를 검토할 때에는 피고인에게 불리한 요소만 보이던 배심원후보자였는데 실제로 배심원선정절차에서 만나면 피고인에게 유리한 성향을 보이는 경우가 적지 않다.

질문표에 대한 검토를 통하여 미리 피고인에게 불리한 배심원후보자, 피고인에게 유리한 배심원후보자, 추가질문을 통하여 성향을 확인할 후보자로 나누어 그 배심원후보자의 번호를 메모해 둔다.[77]

4. 배심원선정기일의 진행

(1) 배심원선정기일에 진행될 절차의 개관

배심원선정기일 이전에 배심원후보예정자명부가 작성되면서 일반국민 중에서 배심원후보예정자가 결정되고, 전산을 이용한 무작위 방식에 의하여 배심원후보자가 결정된다. 배심원후보자에게는 배심원선정기일을 통지한다.

배심원선정기일에 출석한 배심원후보자들은 대기실에서 예정된 시간까지 대기하는데 이때 질문표를 작성하지 않은 배심원후보자들은 질문표를 작성하여 제출하게 된다. 대기실에서는 배심원후보자들의 출석을 확인하고 번호표를 교부한다.

배심원선정기일이 시작되기 전에 배심원후보자들은 대기실에서 국민참여재판이 열리는 법정으로 이동하여 방청석에 착석한다. 배심원선정기일은 재판장의 지휘에 따라 시작하는데 재판장은 배심원의 권리와 의무, 선정절차의 개요를 설명하고, 배심원결격사유 등 『국민의 형사재판 참여에 관한 법률』 제17조부터 제20조까지 규정된 사유에 해당하는 배심원후보자가 있는지 확인한다. 이 절차는 배심원후보자들 중에서 미리 정해진 배심원의 수에 해당하는 배심원후보자를 추첨한 후에 진행할 수 있지만 반복되는 질문을 피하기 위하여 통상 출석한 배심원후보자 전원을 상대로 질문한다. 출석한 배심원후보자 중에서 결격사유나 면제사유가 있

---

77) 실제 재판에서 사용하는 예는 별지에 수록된 '배심원 평가표'를 참조.

는 경우에는 손을 들어 그 사정을 소명하고, 밝히려는 사정이 다른 사람에게 공개하기 어려운 내용일 경우에는 재판장에게 법대로 나가 비공개로 소명할 수 있도록 해 줄 것을 요청할 수 있다. 이후 재판장은 배심원후보자가 불공평한 판단을 할 우려가 있는지 여부 등을 판단하기 위한 질문을 한다.

출석한 배심원후보자 전원을 대상으로 한 질문을 마친 후에는 출석한 배심원후보자 중에서 미리 정한 배심원의 수에 예비배심원을 더한 수만큼 추첨하여 추첨된 배심원후보자를 결정한다. 추첨된 배심원후보자는 방청석에서 배심원석으로 이동하여 배심원좌석에 착석한다.

재판장은 추첨된 배심원후보자에 대하여 검사와 변호인이 직접 필요한 질문을 하도록 하는데 통상 검사가 먼저 추첨된 배심원후보자에 대하여 질문을 하고 답변을 들은 후 변호인이 추첨된 배심원후보자들에게 질문을 하고 답변을 듣는다. 질문사항을 미리 제출하거나 공개할 의무는 없지만 검사나 변호인은 질문할 사항과 답변에 대한 평가방법을 사전에 준비해 둘 필요가 있다.

검사와 변호인의 질문과 추첨된 배심원후보자의 답변이 끝나면 재판장은 검사와 변호인에게 순서를 바꿔가며 기피신청을 하도록 한다. 기피신청은 배심원후보자가 불공평한 판단을 할 우려가 있다고 인정되는 경우에 하는 이유부기피신청과 아무런 기피이유를 제시하지 않는 무이유부기피신청이 있다. 통상 이유부기피신청을 먼저 하고 이유부기피신청이 없는 경우 무이유부기피신청을 한다. 이유부기피신청은 신청횟수에 제한이 없으나 무이유부기피신청은 법률상 정해진 신청횟수의 제한이 있다.

검사와 변호인의 기피신청에 대하여 이유부기피신청이 이유있는 경우 또는 법원이 직권으로 추첨된 배심원후보자가 불공평한 판단을 할 우려가 있다고 인정하는 경우에는 당해 배심원후보자에 대하여 불선정결정을 한다. 검사와 변호인의 무이유부기피신청에 대하여는 법률이 허용하고 있는 신청횟수의 한도내라면 법원은 이유를 묻지 않고 당해 배심원후보자를 배심원으로 선정할 수 없다. 법원이 직권 및 기피신청에 의하여 불선정결정을 하면 당해 배심원후보자는 배심원석에서 내려와 다시 방청석으로 돌아가거나 귀가한다.[78]

78) 통상 배심원후보자로 출석한 사람에 대한 보수는 배심원선정절차가 끝난 후 지급되기 때문에 배심원선

법원이 불선정결정을 하여 배심원석에서 빠져나간 배심원후보자들의 수만큼 추가로 추첨을 통하여 다시 방청석에 앉아 있는 배심원후보자들을 선발한다. 추가로 추첨된 배심원후보자들은 배심원석으로 이동하여 착석하고, 추가로 추첨된 배심원후보자들을 상대로 검사와 변호인의 질문과 추첨된 배심원후보자들의 답변, 검사와 변호인의 기피신청, 법원의 불선정결정이 반복된다. 위와 같이 반복되는 절차를 구분하기 위하여 출석한 배심원후보자 중에서 추첨을 통하여 추첨된 배심원후보자를 정하고 질문과 기피신청을 거쳐 불선정결정까지 하는 절차를 1라운드(1 Round)라고 부른다. 위 절차는 국민참여재판 준비기일에서 미리 정한 배심원 및 예비배심원의 수를 충족할 때까지 반복하는데 배심원선정절차에서 3~4라운드가 진행되는 경우가 많다.

추첨된 배심원후보자들에 대하여 더 이상 불선정결정을 하지 않게 되면 추첨된 배심원후보자들은 배심원 및 예비배심원이 된다. 법원은 이후 예비배심원을 무작위의 방법으로 정하는데 누가 배심원이고 예비배심원인지는 평의가 시작되기 직전까지 알려주지 않는다.

예비배심원까지 결정되면 배심원선정절차는 종료된다.[79]

(2) 배심원선정기일의 주체

배심원선정기일에서 진행의 주체는 법원이며, 검사와 변호인이 당사자로서 참여한다.

법원은 합의부원으로 하여금 선정기일의 절차를 진행하게 할 수 있는데 이 경우 수명법관은 선정기일에 관하여 법원 또는 재판장과 동일한 권한이 있다.[80] 하지만 이는 예외적인 경우이며 배심원선정기일에는 재판부 전원이 출석하는 것이 원칙이다. 국민참여재판에서 배심원 선정이 갖는 비중이 크고, 재판장이 선정기일

정절차가 끝날 때까지 방청석에서 대기하는 것이 일반적이다.

79) 위 개요는 '순차기피방식(Jury Box System)'이라 불리는 방식에 따른 절차로 널리 사용되고 있다. 이 외에 '일괄기피방식(Struck Jury System)'이라는 제도가 있는데 이 방식에서는 방청석에 앉아 있는 배심원후보자 전원을 대상으로 기피신청을 하고 전원을 대상으로 질문을 하게 된다. 우리 『국민의 형사재판 참여에 관한 법률』에서는 순차기피방식을 채택하고 있으나 질문방식에 대하여는 『국민참여재판의 접수 및 처리 예규』 제24조 제2호에서는 출석한 배심원후보자 전원을 대상으로 질문하는 방식을 허용하고 있다.

80) 『국민의 형사재판 참여에 관한 법률』 제24조 제1항.

에서 행해지는 질문과 답변을 통하여 개별 배심원의 특징을 파악하여 재판 진행에 참고할 필요가 있기 때문이다.

법원은 검사·피고인 또는 변호인에게 선정기일을 통지하여야 하며 검사와 변호인은 선정기일에 출석하여야 한다. 다만 피고인은 법원의 허가를 받아 출석할 수 있을 뿐 참여할 권한은 없다.[81]

결국 피고인은 배심원선정기일의 주체가 될 수 없는데 이는 피고인이 배심원선정기일에 출석하여 배심원후보자를 대면하는 경우에 배심원후보자가 느낄 수 있는 심리적 부담을 최소화하고, 배심원후보자의 개인정보나 사생활이 피고인에게 노출되는 경우에 위협, 매수, 보복 등의 위험을 예방하기 위한 것이라고 한다.[82] 국민참여재판에서 피고인은 대개 배심원선정기일에 참여하지 않고 법원이 참여를 허가하는 경우도 드물다. 하지만 위와 같은 우려가 타당한 것인지에 대하여는 배심원후보자와 배심원 사이에 보호의 정도에 차이를 둘 필요가 없다는 점에서 재검토의 필요성이 있다. 배심재판이 발달한 미국에서는 대부분 피고인이 배심원선정절차에 변호인과 함께 출석할 수 있도록 허용하고 있다. 재판에 가장 큰 이해관계를 갖는 사람은 피고인이므로 배심원선정기일에 피고인의 참석은 허용하되 배심원후보자의 보호를 위하여 배심원의 신상정보의 보호 및 배심원에 대한 질문의 제한 등 적절한 제도를 마련하는 것이 타당하다.

법원은 변호인이 선정기일에 출석하지 아니한 경우 국선변호인을 선정하여야 한다. 변호인이 출석하지 않았다는 이유로 일반국민인 배심원후보자들에게 다시 법원에 출석하도록 요구하는 것은 과중한 불편을 부과하는 결과가 되므로 배심원선정기일이 공전되지 않도록 하기 위한 조치이다.

(3) 배심원선정기일의 절차상 원칙

배심원선정기일에서는 배심원후보자의 명예가 손상되지 아니하고 사생활이 침해되지 아니하도록 배려하여야 한다.[83] 일반 국민인 배심원후보자들은 생업에 종사하다가 사법의 민주적 정당성과 신뢰제고라는 공익을 위하여 형사재판에 참여하

81) 『국민의 형사재판 참여에 관한 법률』 제27조.
82) 법원행정처, 국민의 형사재판 참여에 관한 법률해설, 2007. 46면.
83) 『국민의 형사재판 참여에 관한 법률』 제24조 제3항.

는 것이므로 배심원선정기일에 참여한 것으로 인하여 어떤 불이익이나 불편이 발생하지 않도록 배려할 필요가 있다.

배심원선정기일은 공판절차와 달리 공개하지 아니한다.[84] 배심원후보자의 개인정보나 사생활의 노출을 최소화하기 위한 것이다.

배심원선정기일에서 법원은 배심원후보자에게 번호를 부여한다. 배심원선정기일에서 배심원후보자는 법원이 부여한 번호로만 호칭되어야 한다.[85] 통상 법정이 아닌 대기실에서 배심원후보자들에게 번호를 부여하고 번호표를 상의에 부착하도록 한 후 법정으로 이동하여 방청석에 착석한다.[86] 배심원선정기일에 부여된 번호는 배심원선정절차 도중 배심원석에 앉을 추첨된 배심원후보자를 추첨할 때 사용한다. 추첨된 배심원후보자는 추첨된 순서에 따라 배심원석에 착석하고 이후 착석한 좌석번호로 호칭된다. 배심원 및 예비배심원이 될 배심원후보자가 정해지면 배심원선정기일에 부여된 번호는 더 이상 사용되지 않는다.[87] 배심원 및 예비배심원이 될 배심원후보자에게는 당해 배심원후보자가 앉아 있는 배심원석의 좌석번호에 따라 새로운 번호가 부여되고 그 번호로 호칭되며 예비배심원의 추첨도 배심원석의 좌석번호로 추첨한다.

대부분의 배심원선정절차는 국민참여재판의 공판기일 오전에 종료된다. 하지만 배심원선정절차는 필요한 수의 배심원과 예비배심원이 모두 선정되어야 종료되는 것이므로, 법원은 필요한 경우에 선정기일의 속행을 위하여 새로운 기일을 정할 수 있다. 이 경우 법원은 선정기일에 출석한 배심원후보자에 대하여 새로운 기일을 통지함으로써 출석통지서의 송달에 갈음할 수 있다.[88]

---

84) 『국민의 형사재판 참여에 관한 법률』 제24조 제2항.

85) 『국민의 형사재판 참여에 관한 규칙』 제19조.

86) 법원은 배심원후보자의 명단과 부여된 번호가 기재된 표를 가지고 있으므로 배심원선정절차를 진행하면서 자칫 배심원후보자의 이름을 부르는 경우가 생길 수 있다. 이 경우 배심원후보자로부터 매우 격렬한 항의를 받게 되므로 각별한 주의를 요한다. 실무상으로는 아예 배심원후보자의 이름이 기재된 부분을 가려 실수를 방지하는 조치가 필요하다.

87) 배심원후보자를 보호하기 위하여 배심원후보자들이 제출한 질문표나 배심원 자격 확인을 위하여 송부받은 자료는 재판기록에 편철하지 아니하고 당해 사건의 제1심이 종료한 때에 이를 폐기한다.(『국민참여재판의 접수 및 처리 예규』 제33조) 배심원후보자들에게 부여한 번호표도 배심원선정절차를 위하여 임시로 부여한 것에 불과하므로 배심원선정절차가 종료할 무렵에 수거하고 더 이상 사용하지 않는다. 하지만 배심원후보자의 보호를 강화한다는 의미에서 배심원후보자에게 부여한 번호도 제1심이 종료한 때에 폐기토록 하여 나중에 배심원후보자들의 개인정보가 드러날 소지를 제거하는 것이 타당하다.

88) 『국민의 형사재판 참여에 관한 법률』 제24조 제4항.

배심원선정기일의 절차에 관하여 참여한 법원사무관은 조서를 작성하여야 하며, 조서에는 ① 선정기일을 진행한 일시와 법원, ② 형사소송법 제51조 제2항 제2호부터 제4호까지 기재된 공판조서의 기재사항, ③ 배심원후보자에 대하여 법원이 부여한 번호, ④ 배심원후보자의 출석 여부, ⑤ 배심원후보자에 대한 질문과 그에 대한 진술 요지, ⑥ 배심원후보자의 질문에 대한 진술거부와 그 이유, ⑦ 불선정 결정, ⑧『국민의 형사재판 참여에 관한 법률』 제20조에 따라 구술로 한 면제 신청과 그에 대한 결정, ⑨『국민의 형사재판 참여에 관한 법률』 제28조에 따른 기피신청과 그에 대한 결정, ⑩『국민의 형사재판 참여에 관한 법률』 제29조에 따른 이의신청과 그 이유 및 그에 대한 결정, ⑪『국민의 형사재판 참여에 관한 법률』 제30조에 따른 무이유부기피신청, ⑫ 배심원과 예비배심원을 선정한 취지를 기재하여야 한다. 배심원선정기일의 절차로서 선정기일 조서에 기재된 것은 그 조서만으로써 증명한다.[89)]

배심원후보자의 명예와 관련하여 가장 문제되는 것은『국민의 형사재판 참여에 관한 법률』 제17조에 규정된 결격사유의 검토이다. 앞에서 살펴본 바와 같이 위 결격사유에는 금치산자나 한정치산자, 파산자, 형사처벌전력이 있는 자 및 자격정지중인 자가 규정되어 있는데 이러한 결격사유는 당사자의 입장에서는 누구에게도 밝히고 싶지 않은 사항으로서 배심원후보자의 명예와 직접적으로 관련되어 있다. 비록 배심원선정절차에서는 배심원후보자의 이름을 부르지 않고 번호로만 호칭하므로 이름을 알 수는 없다고 하더라도, 얼굴이 드러나 있고 수십명의 배심원후보자들이 지켜보는 앞에서 과거 형사처벌을 받은 전력이 공개되는 것은 당해 배심원후보자의 명예를 매우 심하게 훼손하는 것이며, 공익을 위하여 생업을 중단하고 법원에 출석한 국민을 대하는 바람직한 태도라고 볼 수 없다. 따라서 배심원선정기일에 직접 배심원후보자를 상대로 결격사유를 확인하는 것은 최대한 지양하고, 배심원선정기일 이전에 배심원후보예정자명부의 관리를 통하여 결격사유가 있는 사람이 배심원후보자로 선정되는 일이 없도록 하여야 한다. 하지만 아무리 배심원후보예정자명부를 잘 관리한다고 하더라도 수시로 재판이 이루어지는 현실을 고려할 때 배심원선정기일에 배심원후보자들에게 결격사유를 확인하지 않을 수

89)『국민의 형사재판 참여에 관한 규칙』 제23조, 제24조.

없는 사정이 있다. 이런 경우 배심원선정기일에 배심원후보자들에게 질문할 때에는 결격사유만을 질문하지 않고 명예에 지장이 없는 직업에 따른 제외사유나 면제사유를 함께 질문하는 방식을 취하고, 질문에 대한 대답을 공개적으로 하기 어려운 사정이 있는 경우에는 법대로 나와 재판부에게 개별적으로 결격사유나 면제사유를 소명할 수 있다는 취지를 미리 배심원후보자들에게 알리는 것이 필요하다.

(4) 배심원후보자에 대한 질문

1) 의의 및 방식

배심원후보자에 대한 질문은 판사, 검사, 변호인이 선정기일에 출석한 배심원후보자에게 사건에 관하여 공정하게 평결할 자격을 갖추고 있는지를 확인하기 위하여 질문하고 답변하는 절차이다. 법원은 배심원후보자에 대한 질문을 통하여 공정한 배심원단을 구성하기 위한 자료를 얻을 수 있고, 검사나 변호인은 배심원후보자에 대한 질문을 통하여 불공평한 판단을 할 우려가 있는 배심원후보자에 대하여 기피신청을 하거나 피고인에게 불리하거나 유리한 성향을 가진 배심원후보자에 대하여 무이유부기피신청을 할 수 있다.

배심원후보자들에 대한 질문방식은 3가지 형태가 있는데 첫째, 검사 및 변호인이 질문사항을 재판장에게 제출하고 재판장이 질문을 할 것인지 여부 및 질문의 내용을 결정한 후 재판장이 직접 배심원후보자들에게 질문을 하고 검사 및 변호인이 질문하는 것은 허용하지 않는 방식(judge-conducted voir dire), 둘째, 검사나 변호인이 직접 배심원후보자에게 질문하고, 재판장은 직접 질문하지 않고 검사나 변호인의 질문에 남용이나 위법의 요소가 있는지 감시하는 역할에 머무는 방식(attorney-conducted voir dire), 셋째, 재판장이 먼저 기본적인 질문을 하고, 이어서 검사나 변호인에게 직접 질문할 수 있는 기회를 제공하는 방식(judge/attorney-conducted voir dire)이다.

『국민의 형사재판 참여에 관한 법률』 제28조 제1항은 법원이 먼저 질문을 하고, 검사 및 변호인은 법원으로 하여금 필요한 질문을 하도록 요청할 수 있고, 법원은 검사 또는 변호인으로 하여금 직접 질문하게 할 수 있다고 규정하여 위 방식 중 세 번째 방식을 채택하고 있다.[90]

배심원후보자에 대한 질문은 배심원을 공정하게 선정하기 위한 것이므로 질문의 내용은 공정한 배심원의 선정에 필요한 범위에 한정되어야 하고, 특히 배심원후보자의 명예나 사생활을 침해하지 않도록 하여야 한다. 검사 또는 변호인이 배심원후보자에게 앞으로 진행될 재판에 대하여 예단을 갖게 하는 질문 또한 금지된다. 구체적으로 검사 또는 변호인이 국민참여재판이 진행될 사건의 내용을 설명한 후 그런 사안에서 유죄라고 생각하느냐 무죄라고 생각하느냐라고 질문하는 것은 사건의 일부분만을 부각시켜 배심원후보자들에게 편견을 유발시키려는 의도가 있는 질문으로 허용되지 않는다.

법원은 검사 또는 변호인의 배심원후보자에 대한 질문을 제한할 수 있다.[91] 이러한 제한은 특정한 내용의 질문을 금지하거나 질문한 취지를 고려하되 그 내용을 수정하여 질문하는 방식으로 이루어진다.

2) 법원의 질문

법원은 배심원후보자가『국민의 형사재판 참여에 관한 법률』제17조부터 제20조에 규정된 사유에 해당하는지 여부 또는 불공평한 판단을 할 우려가 있는지 여부 등을 판단하기 위하여 배심원후보자에게 질문을 할 수 있다.『국민의 형사재판 참여에 관한 법률』제17조부터 제20조에 규정된 사유는 배심원의 결격사유, 직업 등에 따른 제외사유, 제척사유, 면제사유이다. 불공평한 판단을 할 우려가 있는지 여부에 대한 법원의 질문은 배심원선정기일에서 배심원후보자가 의식적, 무의식적으로 가질 수 있는 편견을 드러낼 수 있도록 하여야 한다. 법원은 피고인이 공정한 재판을 받을 권리가 보장될 수 있도록 적절한 질문을 준비하여야 한다. 또한 법원은 검사나 변호인이 요청한 사항에 대하여 배심원후보자에게 직접 질문할 수 있다.[92]

재판장은 배심원후보자가 재판장이 설명하는 법과 증거에 따라 판단할 수 없

---

90) 배심원에 대한 질문을 어느 범위에서 허용할 것인지는 배심제를 채택한 국가라고 하더라도 차이가 있다. 미국에서는 기피신청을 하기 위한 자료를 찾기 위하여 배심원후보자에 대한 질문이 비교적 넓게 허용되고 있지만, 영국에서는 배심원후보자가 예단이나 편견을 가지고 있음을 소명한 경우에만 배심원후보자에 대한 질문을 허용하고 있어 실제 질문이 행해지는 경우는 매우 적다고 한다.

91)『국민의 형사재판 참여에 관한 규칙』제20조 제2항.

92)『국민의 형사재판 참여에 관한 법률』제28조 제1항.

도록 하는 편견이나 선입견이 있는지 확인해야 하고, 이를 위하여 배심원후보자에게 자신의 생각을 솔직하게 답변할 의무가 있고 그로 인하여 어떤 불이익도 없음을 알려야 한다. 하지만 배심원후보자가 자신에게 편견이나 선입견이 있다는 것을 인정하는 것은 기대하기 어려우므로 신중하게 질문하여야 하고, 특히 다른 배심원후보자 앞에서 대답하기 곤란할 경우 재판부에 대하여만 대답할 수 있다는 점도 미리 알려야 한다.

법원이 질문할 경우 유의할 사항은 재판장의 질문내용이 배심원후보자들에게 매우 중대한 영향을 미친다는 것이다. 재판장이 이미 유죄를 암시하는 내용의 질문을 할 경우[93] 배심원후보자들은 재판장의 의도에 따라 이미 피고인은 유죄라는 편견을 갖고 충실한 심리를 하지 않을 가능성이 크다. 따라서 재판장의 질문은 간략하고 가치중립적인 사안에 한정되는 것이 바람직하며, 배심원후보자들의 성향을 강하게 드러낼 수 있는 질문은 검사나 변호인의 질문을 통하여 이루어지는 것이 바람직하다.

재판장은 배심원후보자에게 정치적으로 민감한 쟁점, 사건에 관한 언론보도에 관한 질문을 할 때는 다른 배심원후보자가 답변을 들을 수 없도록 조치할 필요가 있다. 특히 국민참여재판을 할 사건이 이미 언론에 보도되어 사회적 관심이 클 경우 법원은 배심원후보자에게 사건에 관한 기사를 읽거나 보도를 들은 적이 있는지를 질문하고 배심원후보자가 언론을 접한 적이 있을 경우 배심원후보자가 접한 언론의 내용을 질문한 후 배심원후보자에게 사건에 관하여 이전에 읽거나 들은 기사가 아니라 법정에서 제출된 증거에만 기초하여 평결할 수 있는지를 확인하여야 한다.

배심원후보자가 국민참여재판의 대상이 된 사건과 유사한 범죄피해경험이 있다고 답변하는 경우에는 그 피해내용에 대하여 추가로 질문하여 피해사실을 회상하도록 하기 보다는 즉시 불선정결정을 하여 배심원후보자를 배려하는 것도 필요하다.

93) 예를 들면 성폭력사건에 대하여 국민참여재판이 진행되고 있는데 '성폭력 피해자들이 얼마나 큰 고통을 겪는지 알고 있느냐'라는 질문을 한다면, 배심원후보자들은 이미 피고인이 성폭력가해자라는 인상을 받게 될 것이다.

3) 검사 또는 변호인의 질문

재판장이 배심원후보자에 대한 질문을 마치면 검사·피고인 또는 변호인은 법원으로 하여금 필요한 질문을 하도록 요청할 수 있고, 법원은 검사 또는 변호인으로 하여금 직접 질문하게 할 수 있다.[94] 따라서 피고인은 배심원후보자에게 직접 질문할 수 없다.

앞에서 살펴본 본 바와 같이 배심원선정기일에서 배심원후보자에 대한 질문은 공정한 배심원의 선정에 필요한 범위에 한정되고 배심원후보자의 명예나 사생활을 침해하는 질문은 허용되지 않는다. 검사 또는 변호인의 질문이 부적절한 경우 법원에 의하여 질문이 제한된다. 구체적으로 배심원후보자의 직장 주소, 배심원후보자의 자녀가 다니는 학교, 배심원후보자의 가족사나 진료기록 등과 같은 개인정보는 공정하고 객관적인 배심원선정을 위하여 반드시 필요한 특별한 사정이 있는 예외적인 경우를 제외하고 금지된다.

배심원후보자의 정치적 성향에 대한 정보를 질문하는 것이 허용될 것인지에 대하여는 구체적·개별적으로 판단해야 한다. 여당을 지지하는지 야당을 지지하는지에 대한 질문이나 지난 선거에서 어떤 정당에 투표하였는지에 대한 질문은 배심원후보자들에게 과도한 심리적 부담을 주고 투표의 자유[95]를 침해하는 질문으로 허용되지 않는다. 하지만 사형제도에 찬성하는지 여부나 동성애에 대한 입장을 묻는 것은 배심원의 성향을 추측할 수 있는 일반적인 질문으로 허용될 수 있다.

사건에 대한 전망을 묻는 질문은 부적절한 것으로 허용되지 않는다. 검사 또는 변호인이 국민참여재판이 진행될 사건의 개요를 설명한 후 배심원후보자에게 그 사건에 대한 입장을 질문하거나 사건의 일부분만을 강조하여 자신에게 유리한 결론을 유도하는 질문, 법률적 쟁점에 대하여 자신의 주장을 설명하는 질문, 공판과정에서 제출되어야 할 증거를 미리 제시하면서 배심원후보자의 의견을 구하는 질문, 명예훼손 사건에서 당해 공판과정에서 심리할 표현을 그대로 제시하는 질문은 부적절하여 허용되지 않는다.

---

94) 『국민의 형사재판 참여에 관한 법률』 제28조 제1항.

95) 투표의 자유는 선거의 자유라고 표현되며, 보통선거·평등선거·직접선거·비밀선거를 통해 구현된다. 배심원후보자에 대한 질문과 관련하여 비밀선거의 원칙이 문제될 수 있다.

배심원선정기일에서 질문은 최대한 간결하고 신속하게 진행되어야 하며 재판지연을 방지하여야 한다. 재판장은 원활한 소송진행을 위하여 필요한 경우에 검사 또는 변호인의 질문 시간을 제한할 수 있다.[96] 질문 시간은 배심원선정기일 당일 소송지휘에 의할 수 있고, 사전에 열린 공판준비기일에서 정할 수 있는데 재판장은 검사와 변호인이 각 배심원후보자에게 질문할 수 있는 시간을 제한하거나 배심원후보자 전원에게 질문할 수 있는 총 시간을 제한할 수 있다. 실제 재판과정에서 특별히 긴 질문이 아니라면 별도로 질문시간을 제한하지는 않으나 지나친 질문으로 배심원선정절차가 지연될 경우에는 재판장은 적절한 소송지휘를 하게 된다.[97]

검사 또는 변호인은 미리 질문할 사항을 준비하여야 하며, 배심원후보자의 답변에 대하여 그 성향을 판단할 준비도 미리 하여야 한다. 검사 또는 변호인의 질문은 구두로 하며 미리 질문사항을 제출하거나 공개할 의무는 없다.

4) 배심원후보자의 의무

배심원후보자는 배심원선정기일에서 받은 질문에 대하여 정당한 사유없이 진술을 거부하거나 거짓 진술을 하여서는 아니된다.[98] 배심원후보자가 배심원선정기일에 선정절차에서의 질문에 대하여 거짓 진술을 할 경우 법원은 결정으로 200만원 이하의 과태료를 부과한다.[99] 배심원 또는 예비배심원이 배심원선정기일의 선정절차에서 질문에 대하여 정당한 사유 없이 진술을 거부하거나 거짓의 진술을 한 것이 밝혀지고 계속하여 그 직무를 행하는 것이 적당하지 아니한 경우 법원은 직권 또는 검사・피고인・변호인의 신청에 따라 배심원 또는 예비배심원을 해임하는 결정을 할 수 있다.[100]

96) 『국민참여재판의 접수 및 처리 예규』 제27조.
97) 미국에서 검사 또는 변호인이 배심원후보자에게 질문하는 시간을 제한할 때에는 일반적으로 배심원후보자 당 10분 내지 15분으로 정한다고 한다.
98) 『국민의 형사재판 참여에 관한 법률』 제28조 제2항.
99) 『국민의 형사재판 참여에 관한 법률』 제60조 제1항 제3호.
100) 『국민의 형사재판 참여에 관한 법률』 제32조 제1항 제5호.

5. 배심원후보자에 대한 기피신청

(1) 이유부기피신청의 의의

법원은 배심원후보자에 대한 질문을 마친 후 배심원후보자의 답변내용에 따라 당해 배심원후보자가 『국민의 형사재판 참여에 관한 법률』 제17조부터 제20까지의 사유에 해당하거나 불공평한 판단을 할 우려가 있다고 인정되는 때에는 직권 또는 검사 · 피고인 · 변호인의 기피신청에 따라 당해 배심원후보자에 대하여 불선정결정을 하여야 한다.[101]

배심원후보자가 불공평한 판단을 할 우려가 있는 것과 같이 법률에 규정된 특별한 이유에 기초하여 검사 · 피고인 · 변호인이 당해 배심원후보자에 대하여 하는 기피신청을 통상 '이유부기피신청(challenge for cause)'이라고 하며, 법률에 규정된 특별한 이유에 기초하지 않은 기피신청을 '무이유부기피신청(peremptory challenge)'이라 부르는 것과 대비된다. 우리 『국민의 형사재판 참여에 관한 법률』에서는 이유부기피신청이라는 용어를 사용하지 않고 '배심원후보자에 대한 기피신청'이라는 표현을 사용하고 있다.[102]

검사 · 피고인 · 변호인은 배심원후보자에 대한 질문을 하고 배심원후보자의 답변을 들은 후 재판장의 지휘에 따라 기피신청을 하게 되는데 통상 이유부기피신청을 먼저 하고 이유부기피신청이 끝난 후에 무이유부기피신청을 한다. 이유부기피신청은 공평하고 불편부당한 배심원단을 구성하기 위한 것으로 배심원후보자 중에서 부적격 사유가 있는 자에 대하여 행사하는 것이므로 이유부기피신청을 하는 검사 · 피고인 · 변호인은 당해 배심원후보자가 어떤 부적격 사유가 있는지 밝히고 이를 법원에 소명하여야 한다. 이유부기피신청은 검사 · 피고인 · 변호인이 신청한 대로 법원이 받아들이는 것이 아니라 법원이 이유부기피신청에 대하여 기피사유가 있는지 심사를 하여 기피사유가 있을 경우에만 당해 배심원후보자에 대하여 불선정결정을 한다는 점에서 무이유부기피신청과 차이가 있다.

---

101) 『국민의 형사재판 참여에 관한 법률』 제28조 제3항, 『국민의 형사재판 참여에 관한 법률』 제17조부터 제20조는 배심원후보자의 결격사유, 직업 등에 따른 제외사유, 제척사유, 면제사유이다.

102) 배심원후보자에 대한 기피신청이라는 용어는 이유부기피신청과 무이유부기피신청을 모두 포함하는 의미로 해석될 수 있으므로 본서에서는 이유부기피신청이라는 용어를 사용한다.

검사 · 피고인 · 변호인은 이유부기피신청을 하기 전에 법원을 설득할 만한 부적격사유를 발견해야 한다. 하지만 배심원후보자에 대한 정보가 매우 제한적이므로 부적격사유는 배심원선정기일에 이루어지는 질문과 그 답변을 통하여 발견해 낼 수밖에 없다. 검사나 변호인은 배심원선정기일에 배심원후보자들에게 할 질문을 준비할 때 배심원후보자의 성향을 분명히 드러낼 수 있도록 질문을 구성하고 특히 형사재판을 받는 피고인에 대한 편견이 드러날 수 있도록 준비하여야 한다. 또한 배심원후보자들이 일반적인 형사재판원칙을 수긍하고 있는지에 대하여 질문하는 것도 이유부기피신청사유를 발견하는데 도움이 된다. 구체적으로 무죄추정의 원칙에 동의하는지 여부 및 합리적 의심의 여지가 없는 증명이란 어느 정도의 증명을 요구하는지 여부에 대한 질문은 형사재판의 근간에 관한 것으로 이에 대하여 헌법과 법률의 규정에 반하는 답변을 하는 배심원후보자가 있다면 그 배심원후보자에 대한 이유부기피신청은 받아들여질 가능성이 크다.

이유부기피신청을 할 수 있는 횟수에는 제한이 없다. 법원은 부적격사유가 있다고 인정된다면 몇 명이라도 제한없이 당해 배심원후보자에 대하여 불선정결정을 할 수 있고, 검사 · 피고인 · 변호인도 부적격사유가 있다고 인정되는 범위에서 몇 번이라도 이유부기피신청을 할 수 있다. 무이유부기피신청은 신청횟수에 제한이 있는 것과 대비된다.

피고인에게 유리한 배심원단을 구성하기 위하여 노력하는 변호인이나 그 반대의 입장에 있는 검사의 입장에서 신청횟수에 제한이 없는 이유부기피신청은 매우 유용한 수단이다. 피고인에게 불리하거나 피고인에게 유리한 편견을 드러내는 배심원후보자를 이유부기피신청을 통하여 배심원단에서 배제할 수 있다면 검사나 변호인은 소중한 무이유부기피신청기회를 절약할 수 있다. 통상 국민참여재판의 배심원선정절차에서는 출석한 배심원후보자들 중 추첨을 통하여 선출된 배심원후보자에 한하여 질문을 하고 기피신청을 하게 되므로(jury box system) 어떤 배심원후보자가 추첨될 지 알 수 없다. 따라서 변호인으로서는 피고인에게 불리한 성향을 가진 배심원후보자가 연속하여 추첨될 경우를 대비하여 이유를 제시하지 않고 기피신청을 할 수 있는 무이유부기피신청기회를 최대한 확보해 두는 것이 필요하고 이때 유용한 제도가 이유부기피신청이다. 이는 반대의 입장에 있는 검사도 마찬가지이다.

(2) 이유부기피신청에 대한 판단기준

법원이 이유부기피신청을 받아 들이는 원칙은 『국민의 형사재판 참여에 관한 법률』 제28조에 규정된 사유이며, 특히 불공평한 판단을 할 우려가 있는 경우에 이유부기피신청을 받아들인다. 구체적으로 당해 배심원후보자가 자신의 선입견 또는 신념으로 인하여 재판장의 설명에 따르지 않거나 선서에 따른 배심원의 직무를 제대로 수행할 수 없다고 법원이 판단하는 경우이다. 법원은 위와 같은 판단을 위하여 배심원후보자에게 추가질문을 할 수 있는데 '배심원후보자의 선입견 또는 신념이 앞으로 배심원으로 참여하게 될 형사재판에 영향을 미칠 것인지', '배심원후보자의 개인적인 생각보다는 법정에서 제출된 증거에 따라 판단할 수 있는지', '재판장의 지휘에 따라 판단할 수 있는지' 등을 묻는다.

국민참여재판의 도입과정에서 불공평한 판단을 할 우려가 있는 경우를 유형화하여 제시하는 방법도 제안되었는데, 명시적 선입견이 있는 경우와 추정적 선입견이 있는 경우이다. 명시적 선입견이란 배심원후보자가 공정하고 편견없이 배심원 직무를 수행하기 어려운 심리상태를 말하는 것으로 배심원후보자가 재판장의 설명과 법정에 제출된 증거만으로 판단할 수 없고 언론을 통하여 들은 정보를 종합하여 판단하겠다고 답변하는 경우나 법정형으로 사형이 규정된 범죄에 대한 형사재판에서 사형을 규정한 해당 법률이 배심원후보자의 생각에는 위헌이므로 적용되어서는 안된다고 답변하는 경우에 인정된다. 추정적 선입견이란 배심원후보자가 당해 사건 및 피고인과 일정한 관계에 기하여 공정하고 편견없이 배심원 직무를 수행하기 어려운 심리상태에 있다고 추정되는 것으로 피고인이나 피해자와 친구이거나 이웃사람인 경우 및 고용, 임대차, 채권채무관계가 존재하는 등 공동체의 일원으로서 당해 사건에 대하여 갖는 이해관계와는 별도로 특별한 이해관계가 있는 경우에 인정된다. 특별한 이해관계가 없더라도 당해 형사사건에서 문제된 범죄와 유사한 범죄피해를 입은 경험이 있거나 주변에 있는 사람들 중에 유사한 범죄피해를 입은 경험이 있는 사람, 법원에 대한 불신이나 검사 또는 변호인에 대한 적대감을 드러내는 사람도 추정적 선입견이 있는 경우에 해당한다.

(3) 이유부기피신청의 절차상 유의점

이유부기피신청이 받아들여지기 위해서는 당해 배심원후보자가 불공정한 판단을 할 우려가 있다고 인정되어야 하는데 불공정한 판단을 할 우려가 있는지 여부는 배심원선정기일에 짧은 시간동안 이루어지는 질문과 배심원후보자의 답변 및 진술태도를 보고 판단할 수밖에 없다. 배심원후보자에 대한 정보가 매우 부족한 상황이므로 법원은 배심원후보자가 불공정한 판단을 할 우려가 있다고 인정하는 것에 매우 신중하게 접근한다. 또한 배심원의 의무를 다하기 위하여 생업을 중단하고 법원에 출석한 배심원후보자들에게 불공정한 판단을 할 우려가 있다는 평가를 내릴 경우 당해 배심원후보자들의 반발을 불러일으킬 우려가 있고, 일반국민들이 국민참여재판에 참여하고자 하는 의욕을 꺾을 가능성이 있다.

검사나 변호인의 입장에서는 특정 배심원후보자에 대하여 이유부기피신청을 할 경우에 기피신청의 대상이 된 배심원후보자는 자신에게 불공평한 판단을 할 우려가 있다고 주장하는 검사나 변호인에 대하여 적대감을 가질 수 있다. 결국 검사나 변호인이 이유부기피신청을 하였으나 법원이 받아들이지 않는 경우에 검사나 변호인은 무이유부기피신청을 통하여 당해 배심원후보자를 배심원단에서 배제하게 되는데 이는 무이유부기피신청의 증가로 이어진다.

이러한 문제점을 방지하기 위하여 배심원선정절차를 진행하는 재판장은 기피절차를 진행하기 전에 배심원후보자에게 ① 선정절차는 공정한 배심원을 구성하기 위한 절차이므로 불선정되더라도 자신에게 문제가 있다고 생각하지 말 것, ② 자신이나 다른 사람이 불선정된 이유를 물어보거나 추측하려고 하지 말 것, ③ 검사와 변호인은 아무런 이유를 밝히지 않고 무이유부기피할 수 있는 권리가 있다는 것을 충분히 설명할 필요가 있다. 이유부기피신청을 하는 과정에서도 재판장은 당해 배심원후보자에 대하여 검사나 변호인 중 누가 이유부기피신청을 하였는지 알지 못하도록 하고, 검사나 변호인이 소명하는 내용을 당해 배심원후보자가 듣지 않도록 배려할 필요가 있다. 구체적으로 당해 배심원후보자를 일시적으로 퇴정시키거나 검사와 변호인을 법대앞으로 불러 당해 배심원후보자에게 들리지 않도록 이유부기피신청을 하고 그 사유를 소명하도록 하는 방법이 바람직하다.

법원은 미리 위와 같은 방법으로 이유부기피신청에 관한 절차를 진행할 것을 준비기일에 정하는 것이 좋고, 미리 정해지지 않았다면 배심원선정기일에 검사나 변호인은 적절한 이유부기피신청방식을 재판장에게 건의하여야 한다.

(4) 이유부기피신청에 대한 결정 및 이의신청

검사·피고인·변호인의 이유부기피신청에 대하여 법원은 부적격사유가 인정되지 않을 때 기피신청을 기각하는 결정을 한다. 법원이 이유부기피신청을 기각할 때에는 그 이유를 고지하여야 한다.[103] 기각결정에 대한 이유고지는 검사·피고인·변호인의 이의신청권을 보장하기 위함이다.

법원의 이유부기피신청을 기각하는 결정에 대하여 검사·피고인·변호인은 즉시 이의신청을 할 수 있다.[104] 이의신청은 당해 이유부기피신청을 기각한 법원에 대하여 하고 이의신청에 대한 결정은 기피신청 기각결정을 한 법원이 한다. 배심원선정절차의 공전을 방지하여 신속한 재판을 도모하기 위한 규정이다. 같은 취지로 이의신청에 대한 법원의 결정에 대하여는 불복할 수 없다. 이는 신속한 재판을 도모하는 취지와 함께 검사·피고인·변호인에게는 무이유부기피신청권이 보장되어 있다는 점을 이유로 들고 있다.[105]

6. 무이유부기피신청

(1) 무이유부기피신청의 의의

검사와 변호인은 각자 『국민의 형사재판 참여에 관한 법률』에 규정된 범위안에서 배심원후보자에 대하여 이유를 제시하지 아니하는 기피신청을 할 수 있다. 이유를 제시하지 아니하는 기피신청에 대하여는 이유부기피신청과 달리 법률에서 '무이유부기피신청'이라는 용어를 사용하고 있다.

무이유부기피신청을 할 수 있는 횟수는 제한되어 있다. 배심원이 9인인 경우는 5인, 배심원이 7인인 경우는 4인, 배심원이 5인인 경우는 3인의 범위에서 무

---

103) 『국민의 형사재판 참여에 관한 법률』 제28조 제3항.

104) 『국민의 형사재판 참여에 관한 법률』 제29조 제1항.

105) 법원행정처, 국민의 형사재판 참여에 관한 법률 해설, 2007. 50면.

이유부기피신청을 할 수 있다.

무이유부기피신청은 아무런 기피 이유를 제시하지 않는 기피신청으로 배심원후보자는 기피이유를 제시받지 않은 채 재판에서 배제될 수 있다. 비록 이유부기피신청과 달리 그 횟수에 제한이 있으나 이러한 무이유기피신청을 허용할 것인지에 대하여 국민참여재판을 도입하고 입법하는 과정에서 상당한 논의가 진행되었다.

무이유부기피신청을 허용해야 한다는 견해는 ① 검사나 변호인의 이유부기피신청에 대하여 법원의 잘못된 기각결정을 한 경우에 무이유부기피신청을 통하여 즉각적인 구제가 가능하고, ② 검사 또는 변호인으로 하여금 공정하지 않을 것으로 의심되지만 충분한 소명을 하기 어려운 배심원후보자가 있는 경우에 당해 배심원후보자를 배심원단에서 배제할 수단이 되며, ③ 검사나 변호인이 자신에게 유리한 배심원후보자를 선택하는 것이 아니라 불리한 배심원후보자를 배제하는 방법이므로 공정한 배심원단의 구성이라는 사회적 이해를 증진시킬 수 있다고 한다. 반면 무이유부기피신청을 금지해야 한다는 견해는 ① 배심원선정절차의 목적은 공정한 재판을 보장하기 위한 것이고 당사자의 직관이나 감정을 만족시키는 것이 아니며, ② 특정 배심원후보자가 불공평한 판단을 할 우려가 있는 경우에는 이유부기피신청을 통하여 배심원단에서 배제할 수 있고, ③ 배심원의무를 수행하기 위하여 법원에 출석한 배심원후보자에게 아무런 이유를 제시하지 않고 배심원이 될 수 없도록 하는 것은 정당화될 수 없다고 한다.

생각건대 배심원선정절차는 매우 짧은 시간에 부족한 정보를 통하여 배심원단을 구성하는 것으로 배심원후보자에 대한 정보가 매우 부족한 상황에서 이유부기피신청을 통하여 편견을 가진 배심원후보자를 충분히 배제할 수 있다고 볼 수 없고, 충실한 이유부기피신청제도를 위하여 배심원후보자에게 과다한 정보를 요구하는 것도 일반 국민의 부담을 가중시키는 것이어서 바람직 하지 않으며, 검사와 변호인이 서로 유리한 배심원단을 구성하기 위하여 경쟁하는 과정에서 편견을 가진 배심원후보자들이 배제될 수 있는 기회가 증진될 것이므로 무이유부기피신청은 현행법과 같이 허용하는 것이 타당하다.[106)]

106) 배심제가 발달한 미국이나 영국에서는 무이유부기피신청제도에 대하여 많은 비판이 있다. 미국의 경우 무이유부기피신청제도가 헌법상 권리는 아니지만 배심재판에 뿌리 깊게 자리한 제도이며 전통적으로 편견이 없는 배심원단을 구성하는 제도적 장치로 식민지시대부터 정치적 목적으로 부당하게 기소된 미

(2) 무이유부기피신청을 할 수 있는 인원

국민참여재판의 도입 및 입법과정에서 진행된 논의에서 공정한 배심원단을 구성하기 위하여 무이유부기피신청은 필요한 제도이나 적절한 제한이 필요하다는 의견이 채택되었고, 무이유부기피신청에 어떤 제한을 둘 것인지 특히 무이유부기피신청의 신청횟수를 얼마나 허용할 것인지가 쟁점이 되었다. 허용횟수를 너무 줄이면 무이유부기피신청권을 부여한 의미가 무색해지고 허용횟수를 너무 늘리면 선정기일에 출석하여야 할 배심원후보자의 수가 많아지고 배심원선정기일에 소요되는 시간이 증가하는 등 운영상의 어려움이 예상되었기 때문이다. 현재 『국민의 형사재판 참여에 관한 법률』에 규정된 무이유부기피신청의 허용횟수는 위와 같은 논의를 거쳐 정해진 것으로 미국에 비하면 다소 적지만 편견을 가진 배심원후보자를 배제하고 국민대표성이 있는 배심원단을 구성하기에 부족하지 않은 횟수라고 인정되어 입법되었다.

『국민의 형사재판 참여에 관한 법률』 제30조 제1항에 따라 배심원이 9인인 경우는 5인, 배심원이 7인인 경우는 4인, 배심원이 5인인 경우는 3인의 범위에서 검사와 변호인은 무이유부기피신청을 할 수 있다.[107] 배심원의 수에 따라 법률에 규정되어 있으므로 설령 예비배심원을 포함하여 배심원선정절차를 진행한다고 하더라도 예비배심원의 수에 따라 무이유부기피신청을 할 수 있는 인원이 증가하지는 않는다.

피고인이 1인인 경우 무이유부기피신청을 할 수 있는 인원에 대하여는 『국민의 형사재판 참여에 관한 법률』에 명문의 규정이 있지만, 피고인이 2인이상인 경

국인들을 보호하기 위하여 필요하다고 여겨졌다. 그러나 최근 흑인 배심원후보자를 일괄하여 무이유부기피신청하는 부작용이 발생하자 최초의 흑인 미국 연방 대법관인 Thurgood Marshall 대법관은 '무이유부기피신청은 인종적 이유로 배심원후보자를 배제하도록 허용함으로써 배심 절차를 왜곡시킬 수 있는 잠재적 가능성이 있으므로 이상적으로는 무이유부기피신청을 금지하는 방향으로 나아가야 한다'라고 주장하였다. 배심재판의 모국인 영국에서는 사법개혁의 일환으로 1988년 무이유부기피신청제도를 아예 폐지하였는데 그 근거로 무이유부기피신청이 무차별추첨이라는 배심 선출의 원칙에 반하고 피고인에게 편견을 가지고 있는 배심원후보자를 배제하는 권리는 이유부기피제도에 의하여도 충족될 수 있기 때문이라고 한다.

107) 『국민의 형사재판 참여에 관한 법률』 제30조 제1항 제1호부터 3호, 미국 연방 형사사건에서 무이유부기피신청의 횟수는 법정형에 사형이 포함되어 있는 사건의 경우 검사와 피고인이 각각 20회이고, 사형이 포함되어 있지 않은 중죄 사건의 경우 검사는 6회 피고인은 10회이고, 경죄의 경우 검사와 피고인이 각자 3회까지 신청할 수 있다.

우 무이유부기피신청을 할 수 있는 인원에 대하여는 명문의 규정이 없다.

피고인별로 『국민의 형사재판 참여에 관한 법률』 제30조에 규정된 인원수만큼 무이유부기피신청을 할 수 있도록 해석하면 무이유부기피신청횟수가 지나치게 많아져 많은 수의 배심원후보자가 출석해야 하고 배심원선정절차가 장기화될 위험이 있다. 반면 피고인들이 공동으로 무이유부기피신청을 행사할 수 있다고 해석하면 공동피고인으로 기소되었다는 우연한 사정에 의하여 무이유부기피신청권이 제약되는 불합리한 점이 있고 피고인들 사이에 이해관계가 상반될 경우 공동으로 무이유부기피신청권을 행사할 수 없는 문제점이 있다.

『국민의 형사재판 참여에 관한 규칙』 제21조 제2항은 피고인이 2인 이상인 때에는 피고인별로 『국민의 형사재판 참여에 관한 법률』 제30조 제1항 각호의 범위 내에서 무이유부기피신청을 할 수 있고, 피고인 별로 무이유부기피신청을 할 수 있는 인원은 같아야 한다고 규정하고 있다. 결국 피고인 별로 무이유부기피신청을 할 수 있는 기회를 『국민의 형사재판 참여에 관한 법률』이 보장하고 있는 범위내에서 모두 허용하고 있다. 따라서 2인 이상의 피고인이 있는 경우에 공동으로 1명의 변호인을 선임하였다고 하더라도 각 피고인에게 인정되는 무이유부기피신청의 횟수를 합산한 수만큼 1명의 변호인에게 무이유부기피신청권이 인정된다.

검사는 피고인이 2인 이상인 경우 무기대등의 원칙에 따라 법원이 정한 피고인별 무이유부기피신청 인원을 합한 총수의 범위 내에서 무이유부기피신청을 할 수 있다.[108]

예를 들면 피고인이 2명인 사건을 국민참여재판으로 진행하면서 배심원을 9명으로 정하였다면, 피고인별로 5명의 범위에서 무이유부기피신청을 할 수 있으므로 피고인측에서 무이유부기피신청을 할 수 있는 인원은 10명이 된다. 검사는 피고인측에서 무이유부기피신청을 할 수 있는 인원과 같은 인원을 무이유부기피신청할 수 있으므로 10명까지 무이유부기피신청을 할 수 있다. 피고인이 3명이고 다른 조건이 같다면 피고인측과 검사가 무이유부기피신청을 할 수 있는 인원은 15명이 된다.

108) 『국민의 형사재판 참여에 관한 규칙』 제21조 제3항.

(3) 무이유부기피신청의 절차와 순서

무이유부기피신청의 주체에 대하여 『국민의 형사재판 참여에 관한 법률』 제30조 제1항은 검사와 변호인이 무이유부기피신청을 할 수 있다고 규정하고 있어 피고인에게 무이유부기피신청권이 인정되는지 여부가 문제된다. 피고인에게 이유부기피신청을 할 수 있는 권리가 인정되는데 굳이 불공정한 재판을 할 우려가 있음을 소명할 필요가 없는 무이유부기피신청을 제한할 이유가 없고, 『국민의 형사재판 참여에 관한 법률』 제30조 제3항은 「법원은 검사·피고인 또는 변호인에게 순서를 바꿔가며 무이유부기피신청을 할 수 있는 기회를 주어야 한다.」라고 규정하고 있는 점에 비추어 볼 때 피고인도 무이유부기피신청권이 있다고 보아야 한다.

무이유부기피신청의 행사순서는 공정해야 한다. 무이유부기피신청의 허용횟수가 제한되어 있으므로 변호인이 무이유부기피신청을 할 배심원후보자를 우연히 검사가 먼저 무이유부기피신청을 한다면 변호인은 신청기회를 1번 더 갖는 효과를 얻는다. 변호인이 먼저 무이유부기피신청하는 경우에 검사가 무이유부기피신청을 할 배심원후보자를 변호인이 먼저 신청해 준다면 검사에게도 같은 효과가 부여될 수 있다. 따라서 법원은 검사·피고인 또는 변호인에게 순서를 바꿔가며 무이유부기피신청을 할 수 있는 기회를 주어야 한다.[109] 배심원선정절차 1라운드[110]에서 무이유부기피신청은 순서를 바꿔가며 진행하여야 하므로 검사가 1명의 배심원후보자에 대하여 무이유부기피신청을 하였다면 다음에는 변호인이 1명의 배심원후보자에 대하여 무이유부기피신청을 하고, 이후 다시 검사가 추가로 1명의 배심원후보자에 대하여 무이유부기피신청을 하는 방식으로 진행하여야 하며, 검사나 변호인이 일괄하여 무이유부기피신청권을 행사하지 않는다.[111]

---

109) 『국민의 형사재판 참여에 관한 법률』 제30조 제3항.

110) 앞에서 살펴본 바와 같이 1라운드란 배심원후보자 추첨-추첨된 배심원후보자에 대한 질문-기피신청-불선정결정 으로 이어지는 일련의 절차를 뜻한다. 불선정결정을 한 후 다시 이루어지는 배심원후보자 추첨-추첨된 배심원후보자에 대한 질문-기피신청-불선정결정의 절차는 2라운드, 이후 같은 절차를 반복할 때마다 숫자를 늘려가며 각 절차를 라운드라 지칭한다.

111) 재판과정에서 일부 재판장은 기피신청할 배심원후보자의 번호를 일괄하여 말하도록 하는 경우도 있다. 하지만 그럴 경우 검사와 변호인에게 순서를 바꿔가며 무이유부기피신청을 할 기회를 주도록 한 법률의 규정에 반할 뿐 아니라 검사와 변호인이 같은 배심원후보자에 대하여 기피신청하였을 때 어느 쪽이

무이유부기피신청은 통상 범죄에 대한 입증책임이 있는 검사가 먼저 신청하고, 이후 변호인이 신청한다. 검사와 변호인이 순서를 바꿔가며 무이유부기피신청할 때 무이유부기피신청을 할 순서가 돌아온 검사나 변호인은 무이유부기피신청을 하지 않을 수 있다. 이럴 경우 상대방인 검사나 변호인이 이어서 무이유부기피신청을 한다. 검사나 변호인이 자신의 순서에 무이유부기피신청을 하지 않더라도 검사나 변호인에게 허용된 무이유부기피신청권의 수는 줄어들지 않는다. 검사나 변호인은 이전에 자신의 순서에서 무이유부기피신청을 하지 않았다고 하더라도 다음에 돌아오는 순서에서 허용된 수만큼 무이유부기피신청을 할 수 있다.

피고인이 2인 이상인 경우에 무이유부기피신청권을 행사하는 순서를 정할 때에는 가장 무이유부기피신청권을 많이 가진 사람이 먼저 신청권을 행사하도록 하여야 한다. 피고인이 2인 이상인 경우에 각 피고인이 갖는 무이유부기피신청권의 수를 합한 수만큼의 기피신청권을 검사가 갖게 되므로 검사가 가장 많은 무이유부기피신청권을 갖는다. 따라서 검사가 먼저 무이유부기피신청권을 행사하고, 피고인 측이 교대로 무이유부기피신청권을 행사한다. 예를 들면 피고인 A와 피고인 B가 공동피고인으로 재판을 받는 경우에 배심원선정절차에서 검사가 먼저 무이유부기피신청을 하고, 다음에는 피고인 A가 무이유부기피신청을 한 후 다시 검사가 무이유부기피신청을 하고, 다음에는 피고인 B가 무이유부기피신청을 하는 방식으로 진행한다.

법원은 공정한 무이유부기피신청을 위하여 하나의 라운드 내에서 순서를 바꿔가며 신청을 하도록 해야 할 뿐만 아니라 라운드와 라운드 사이에서도 순서를 바꿔가며 신청할 기회를 주어야 한다. 즉 1라운드에서 검사가 먼저 무이유부기피신청을 하였다면 2라운드에서는 변호인이 먼저 무이유부기피신청을 하도록 해야 한다.

(4) 무이유부기피신청의 효과 및 한계

검사와 변호인이 법률이 허용한 범위에서 무이유부기피신청을 하면 법원은 당해 배심원후보자를 배심원으로 선정할 수 없다.[112] 결국 법원은 무이유부기피신청

무이유부기피신청권을 행사한 것인지 분명하지 않게 될 우려가 있다.

의 대상이 된 배심원후보자에 대하여 불선정결정을 해야 한다.

법원은 검사나 변호인에게 무이유부기피신청을 하는 이유를 밝히도록 요구하거나 무이유부기피신청을 기각할 수 없으며, 검사나 변호인은 상대방의 무이유부기피신청에 대하여 이의할 수 없다.

아무런 이유를 밝히지 않고 기피신청을 할 수 있는 무이유부기피신청도 일정한 한계가 있다는 견해가 있다. 즉 검사·피고인·변호인이 이유를 제시하지 않아도 된다고 하여 무이유부기피신청이 편견이나 의도적 차별에 기초하여 행사되는 것까지 허용되는 것은 아니라는 것이다. 미국에서는 특히 인종적 편견에 기초하여 행사되는 무이유부기피신청이 문제가 되었는데 Batson 사건에서 검사가 4명의 흑인 배심원후보자를 모두 배제하기 위하여 무이유부기피신청권을 행사한 것에 대하여 미국연방대법원은 '무이유부기피신청을 통하여 배심원후보자를 배제하는 검사의 권한은 헌법상 평등조항의 통제를 받는다.'라고 전제한 후 검사의 무이유부기피신청의 위헌여부에 대한 심사기준을 제시하였다. 미국연방대법원이 제시한 기준은 검사의 무이유부기피신청이 위헌이라고 주장하는 피고인은 특정 집단의 배심원후보자에 대하여 외관상 차별이 있었음을 입증하여야 하고, 피고인이 외관상 차별을 입증하면 검사는 자신의 무이유부기피신청이 평등조항에 위배되지 않는 중립적인 이유를 제시할 의무를 부담한다는 것으로 Batson 원칙이라고 한다. 이 원칙은 성별에 기초한 무이유부기피신청과 피고인에 의한 무이유부기피신청의 경우에도 확대 적용되었다.

하지만 이 원칙은 무이유부기피신청의 남용을 막는데 효과적이라고 보기는 어렵다고 한다. 경험이 많은 검사나 변호인은 평등조항에 위배되지 않는 그럴듯한 중립적인 이유를 제시하는데 익숙하고 미국연방대법원이 위 원칙을 완화하여 적용하고 있기 때문이다.[113]

우리나라의 국민참여재판에서는 무이유부기피신청을 하는 검사나 변호인에 대하여 이유 설명의무 및 상대방의 이의제기절차를 규정하고 있지 않다. 다만 선언

112) 『국민의 형사재판 참여에 관한 법률』 제30조 제2항.

113) 미국 연방 대법원은 인종에 대한 중립적 설명이 반드시 설득력이 있거나 심지어 그럴듯할 필요도 없다는 전제에서 흑인 남성이 길고 단정하지 않은 곱슬머리를 가졌다는 설명이나 콧수염과 염소 모양의 턱수염이 있기 때문이라는 설명도 중립적 설명이라고 판시하였다.

적 의미로 『국민의 형사재판 참여에 관한 규칙』 제21조 제1항은 「검사와 변호인은 무이유부기피신청을 함에 있어 편견에 기초하거나 배심원후보자들을 의도적으로 차별해서는 아니된다.」라는 규정을 두었다. 법원은 위 원칙이 배심원선정절차에서 구현될 수 있도록 적절한 소송지휘를 해야 한다.

7. 기피신청의 시간적 한계

(1) 의의

기피신청의 시간적 한계란 검사나 변호인에게 보장된 이유부기피신청권 및 무이유부기피신청권을 배심원선정절차 중 언제까지 행사할 수 있는지 여부에 대한 제한, 즉 기피신청권의 존속기간 및 행사시기에 대한 문제이다. 이는 기피신청의 이유유무에 대한 구분 및 기피신청의 내용에 따른 한계와 구분된다.

이유부기피신청은 위에서 살펴본 바와 같이 순서에 관계없이 할 수 있고, 법원이 불공평한 판단을 할 우려가 있다고 인정할 경우에만 당해 배심원후보자에 대하여 불선정결정을 하게 되므로 이유부기피신청에 대하여 행사시기의 제한을 둘 필요성이 적다. 반면 무이유부기피신청은 법률에서 검사·피고인 또는 변호인에게 순서를 바꿔가면서 신청할 수 있는 기회를 주도록 명문으로 규정하고 있고[114] 그 효과 또한 법원의 재량없이 당해 배심원후보자를 배심원으로 선정할 수 없도록 하므로 행사시기의 제한이 필요한 것인지 검토하여야 한다.

(2) 기피신청의 순서와 시간적 한계

배심원선정절차는 출석한 배심원후보자들 중 예정된 배심원의 수만큼 추첨하고 추첨된 배심원후보자에 대한 질문을 한 후 검사와 변호인이 기피신청을 하고 법원이 불선정결정을 하는 일련의 절차를 반복하게 되고 이를 '라운드'라고 부른다.

한 라운드 내에서 무이유부기피신청을 검사와 변호인이 순서를 바꿔가며 하게 되는데 어느 일방이 자신의 순서에 무이유부기피신청을 하지 않겠다고 진술하였

114) 『국민의 형사재판 참여에 관한 법률』 제30조 제3항.

고, 상대방에게 순서가 돌아가 상대방이 무이유부기피신청을 한 다음에 다시 자신이 무이유부기피신청을 할 수 있는지 문제된다. 즉 동일한 배심원후보자에 대하여 같은 라운드 내에서 이전에 무이유부기피신청을 하지 않은 검사나 변호인이 이후에 다시 무이유부기피신청을 할 수 있는지 여부에 대한 문제이다.

무이유부기피신청을 언제까지 행사해야 하고 이후에는 행사할 수 없다는 시간적 한계에 대한 규정은 『국민의 형사재판 참여에 관한 법률』에 규정되어 있지 않다. 다만 법원은 검사·피고인 또는 변호인에게 순서를 바꿔가며 무이유부기피신청을 할 수 있는 기회를 주어야 한다고 규정하고 있을 뿐이다.

무이유부기피신청의 시간적 한계에 대해 찬성하는 견해는 검사나 변호인이 자신의 순서에 무이유부기피신청을 하지 않으면 그때 추첨되어 배심원석에 앉아 있는 배심원후보자들을 승인한 것이고 상대방이 무이유부기피신청을 하지 않으면 그때 배심원석에 앉아 있는 배심원후보자들은 배심원이나 예비배심원이 된다고 한다.[115] 즉 자신의 순서에 무이유부기피신청권을 행사하지 않으면 이후 동일한 배심원후보자에 대하여는 다시 무이유부기피신청권을 행사할 수 없다는 것이다.

하지만 법률에 명문의 규정이 없이 배심원단의 구성에 중요한 권리인 무이유부기피신청권을 제한하는 것은 타당하지 않고, 자신의 순서에 검사나 변호인이 무이유부기피신청권을 행사하지 않는다고 하더라도 법률에 규정된 무이유부기피신청권의 행사횟수가 줄어드는 것은 아니며, 배심원후보자에 대한 정보는 매우 제한적이므로 무이유부기피신청권을 통하여 어느 일방에게 불리한 편견을 가진 배심원후보자를 배제함으로써 가능한 공정하고 중립적인 배심원단을 구성하고자 하는 것이 무이유부기피신청권을 보장한 목적인 점을 고려할 때 비록 자신의 순서에 무이유부기피신청권을 행사하지 않은 검사나 변호인이라도 상대방이 무이유부기피신청권을 행사한 후 다시 자신의 순서에 무이유부기피신청을 할 수 있다고 보는 것이 타당하다.

다만 위와 같이 무이유부기피신청을 나중에 할 수 있다고 해석할 경우 남용의 위험이 있다. 검사나 변호인은 상대방보다 나중에 무이유부기피신청권을 행사하는 것이 유리하다. 검사나 변호인이 무이유부기피신청을 하려는 특정 배심원후보자를

115) 법원행정처, 국민참여재판의 이해, 75면.

상대방이 먼저 무이유부기피신청을 해 줄 경우 제한된 무이유부기피신청권을 더욱 효과적으로 사용할 수 있기 때문이다. 이런 유리한 점을 위하여 검사나 변호인이 무이유부기피신청권을 행사할 순서가 되었음에도 신청하지 않다가 상대방이 무이유부기피신청권을 모두 행사한 후에 연달아 무이유부기피신청권을 행사하려 시도할 수 있다. 예를 들면 검사가 먼저 무이유부기피신청권을 행사한 후 변호인은 기피신청을 하지 않고, 다시 검사가 무이유부기피신청권을 행사한 후에도 변호인은 기피신청을 하지 않다가 검사가 더 이상 무이유부기피신청권을 행사할 배심원후보자가 없다고 말한 이후에 변호인이 무이유부기피신청권을 행사하는 경우이다. 이는 무이유부기피신청권을 남용하는 경우로서 법원은 적절한 소송지휘를 통하여 남용시도를 차단하여야 할 것이다.

(3) 라운드 간 기피신청의 시간적 한계

1) 의의

배심원선정절차는 배심원후보자에 대한 질문과 답변, 기피신청과 배심원불선정 결정이 이어지는 절차, 일명 '라운드'의 반복으로 진행된다. 검사나 변호인은 각 라운드마다 추첨된 배심원후보자들에 대하여 기피신청을 하게 되지만 그 라운드에 기피신청을 하지 못하거나 하지 않는 경우가 발생한다. 이유부기피신청일 경우 그 라운드에 미처 충분한 이유를 발견하지 못하다가 다음 라운드에 이르러 이유부기피신청을 할 만한 이유가 발견되는 경우가 있고, 제한된 협의시간에 쫓겨 미처 이유부기피신청을 하지 못하는 경우도 있다. 무이유부기피신청일 경우는 그 라운드에 기피신청을 하지 못하는 경우가 더욱 자주 발생하는데 행사횟수가 제한되어 있기 때문이다. 예를 들면 1라운드에서 추첨된 배심원후보자들 중 3명이 변호인의 입장에서 피고인에게 불리한 편견을 가지고 있는 것으로 생각되었으나 변호인에게 주어진 무이유부기피신청권을 모두 소비하는 것은 다음 라운드에서 불리하므로 비교적 편견의 정도가 가볍다고 생각되는 1명을 제외하고 2명에 대하여만 무이유부기피신청을 하게 되는 경우이다.[116)]

---

116) 검사의 경우에도 피고인에게 유리한 편견을 가졌다고 생각되는 배심원후보자들에게 대하여 무이유부기피권을 모두 행사하는 것은 불리하므로 비교적 편견의 정도가 가벼운 배심원후보자에 대하여 기피신청을 하지 않는 경우가 발생한다.

문제는 다음 라운드에서 추첨된 배심원후보자들이 이전 라운드에서 기피되지 않은 배심원후보자보다 더 공정한 것으로 보일 경우이다. 이 경우에 검사나 변호인은 이전 라운드에서 기피신청을 하지 않은 배심원후보자에 대하여 기피신청을 할 수 있을 것인지 여부가 문제된다. 이는 라운드 간 기피신청의 시간적 한계에 대한 문제이고, 미국에서는 '후진퇴진(back strikes, striking previously passed jurors[117])'의 허용여부에 대한 문제로 다루어진다.[118]

2) 미국의 운용방법과 우리나라의 사례

(가) 미국의 운용방법

미국에서는 이유부기피신청이든 무이유부기피신청이든 배심원들이 선서를 하기 전까지 해야 한다는 것이 일반적인 규칙이라고 한다. 그럼에도 불구하고 법원은 배심원선정절차를 운용할 때 배심원후보자들에 대한 기피는 질문을 마친 즉시 하도록 한다. 보통 모든 이유부기피신청은 무이유부기피신청이 시작되기 전까지 신청되어야 한다. 기피신청에 대한 규칙은 법원의 자유재량에 속한다.[119]

미국은 기피신청권의 운용에 대하여 구체적인 규정을 두기 보다는 법원의 판단에 맡겨두고 있는 것으로 보인다. 미국에서는 이전 라운드에서 기피신청이 되지 않은 배심원 후보자에 대하여 다음 라운드에서 기피신청을 하는 것, 특히 무이유부기피신청을 하는 것을 '후진퇴진(back strikes)'이라고 부르는데, 배심원선정을 위한 준비를 할 때 당해 사건이 열리는 법원이 후진퇴진을 허용하는지 여부를 확인하도록 하고 있는 것으로 보아[120] 일반적인 규칙에도 불구하고 각 법원 또는 재판장의 결정에 따라 후진퇴진이 허용되는 것으로 보인다.

(나) 우리나라의 논의와 실무 사례

우리나라의 『국민의 형사재판 참여에 관한 법률』은 기피신청에 대하여 '법원

117) Frederick, Jeffrey T. "Mastering voir dire and Jury selection : gaining an edge in questioning and selecting your jury". ABA General Practice, Solo & Small Firm Section. 2005. 217면.

118) 제프리 T. 프레더릭, 이은로 옮김, "배심원 선정 : 배심단 구성의 이론과 실제", 한울, 2008, 340면.

119) Starr, V. Hale & McCormick, Mark. "Jury selection". Aspen publishers. 2001, 48면.

120) 위 각주 117번 참조.

은 배심원후보자가 제17조부터 제20조까지의 사유[121]에 해당하거나 불공평한 판단을 할 우려가 있다고 인정되는 때에는 직권 또는 검사·피고인·변호인의 기피신청에 따라 당해 배심원후보자에 대하여 불선정결정을 한다.'고 규정하고,[122] '불선정결정이 있는 경우에는 그 수만큼 제1항의 절차를 반복한다.'라고 규정한다.[123] 그리고 '제1항 및 제2항의 절차를 거쳐 필요한 수의 배심원과 예비배심원 후보자가 확정되면 법원은 무작위의 방법으로 배심원과 예비배심원을 선정한다.' 라고 규정한다.[124] 위와 같은 법률의 규정에 의하면 라운드를 반복함으로써 필요한 수의 배심원과 예비배심원 후보자가 정해지므로 배심원과 예비배심원후보자는 각 라운드마다 확정될 수도 있고, 더 이상 기피신청을 할 수 없거나 기피신청이 없어 모든 라운드가 종료되었을 때 일괄하여 확정될 수 있다. 각 라운드마다 배심원석에 남아 있는 배심원후보자를 배심원 및 예비배심원 후보자로 확정할 경우에는 각 라운드가 종료되었을 때 법원은 남아 있는 배심원후보자들에 대하여 배심원으로 선정되었음을 고지한다. 반면 모든 라운드가 종료되었을 때 일괄하여 배심원 및 예비배심원후보자를 확정할 경우에는 각 라운드가 종료되었을 때 배심원으로 선정되었음을 고지하지 않고 모든 라운드가 종료되었을 때 일괄하여 고지한다. 법원은 재량에 따라 두 가지 방법을 선택하여 배심원선정절차를 진행할 수 있을 것으로 보인다.[125] 하지만 배심원 및 예비배심원후보자는 적어도 예비배심원을 무작위의 방법으로 선정하기 전까지는 확정되어야 한다.

법원이 각 라운드가 종료될 때마다 배심원석에 남아 있는 배심원후보자를 배심원 및 예비배심원으로 확정할 경우에는 그 라운드가 종료되면 다음 라운드에서는 이전에 확정된 배심원후보자에 대하여 기피신청을 할 수 없게 된다. 따라서

121) 배심원후보자의 결격사유, 직업 등에 따른 제한사유, 제척사유, 면제사유이다.
122) 「국민의 형사재판 참여에 관한 법률」 제28조 제3항.
123) 「국민의 형사재판 참여에 관한 법률」 제31조 제2항.
124) 「국민의 형사재판 참여에 관한 법률」 제31조 제3항.
125) 법률의 규정을 엄격히 해석하면 법원은 매 라운드마다 배심원후보자에 대하여 불선정결정을 할 수 있을 뿐이며, 배심원선정결정을 할 수 있는 근거규정이 없다. 『국민의 형사재판 참여에 관한 법률』은 배심원선정결정은 배심원 및 예비배심원이 확정된 이후에 무작위의 방법으로 예비배심원을 정한 후 선정하도록 규정하고 있다. 그럼에도 매 라운드마다 남은 배심원후보자들이 배심원으로 선정되었다는 고지를 하는 재판장이 적지 않다. 따라서 검사나 변호인은 '라운드 간 기피신청'을 할 가능성이 있다면 법원에 해당규정을 엄격히 적용하여 매 라운드별로 배심원선정결정을 고지하지 않도록 배심원선정절차에 관한 의견을 밝혀야 한다.

배심원 및 예비배심원 후보자를 언제 확정할 것인지는 라운드 간 기피신청의 시간적 한계와 밀접한 관련이 있다.

라운드 간 기피신청을 허용하는 견해, 즉 이전 라운드에서 기피되지 않은 배심원후보자를 다음 라운드에서 기피하는 것을 허용해야 한다는 견해는 ① 법에 기피권의 행사시기를 제한하는 명문의 규정이 없는 점, ② 검사나 변호인에게 주어진 기피권의 행사를 실질적으로 보장할 필요가 있는 점, ③ 공정한 배심원단을 구성하기 위해서는 불공평한 판단을 할 우려가 있는 배심원후보자는 최대한 배제할 필요가 있는 점을 근거로 든다. 반면 라운드 간 기피신청을 금지해야 한다는 견해는 ① 이미 기피신청을 할 기회가 주어졌음에도 기피권을 행사하지 않았다면 다시 기회를 부여하는 것은 기피신청권을 과잉보호하는 것이라는 점, ② 기피신청권행사에는 검사와 변호인에게 공평하게 기회가 주어져야 하는데 이전 라운드에서 기피되지 않은 배심원후보자를 기피할 수 있도록 한다면 기피신청권의 행사순서가 뒤바뀌는 결과가 되어 공평한 기회가 왜곡될 수 있는 점을 들고 있다.[126)]

법원은 이전 라운드에서 기피되지 않은 배심원후보자에 대한 기피신청에 대하여 3가지 태도를 보이고 있다. 첫째, 기피신청을 허용하는 입장이 있는데 주된 논거는 위에서 살펴본 논거 중 불공평한 판단을 할 우려가 있는 배심원후보자는 최대한 배제할 필요가 있다는 점을 들고 있다.[127)] 둘째, 기피신청을 허용하지 않는 입장이다. 이미 기피신청권을 행사할 기회를 부여하였는데 소급하여 행사하는 것은 공평하지 않다는 것을 이유로 한다.[128)] 셋째, 무이유부기피신청은 허용하지 않지만, 이유부기피신청은 허용된다는 입장이다. 무이유부기피신청과 달리 이유부기피신청은 행사순서에 따른 불공평함이 발생하지 않고 법원이 불공평한 판단을 할

126) 위와 같은 논쟁은 김형국 변호사가 변호인으로 참여한 국민참여재판 중 서울서부지방법원 2008. 5. 27. 시행, 2008고합63 강도상해사건의 배심원선정절차에서 발생하였다. 당시 변호인은 이전 라운드에서 기피되지 않은 배심원후보자에 대하여 다음 라운드에서 무이유부기피신청을 한 상황이었는데 본문에서 제시한 논거 외에 법원이 이전 라운드가 종료되었을 때 남아 있는 추첨된 배심원후보자들을 상대로 배심원으로 선정되었다는 고지가 없었다는 점을 지적하였고 결국 법원은 변호인의 무이유부기피신청을 받아들였다.

127) 서울서부지방법원 2008. 5. 27. 시행, 2008고합63 강도상해사건에서 법원의 입장이었다. 하지만 이 법원은 이후 다른 국민참여재판의 배심원선정절차에서 라운드가 종료될 때마다 남아 있는 배심원후보자들에 대하여 배심원으로 선정되었음을 고지함으로써 사실상 이전 라운드에서 기피신청이 되지 않은 배심원후보자에 대한 기피신청을 할 수 없도록 하였다.

128) 서울서부지방법원 2013. 3. 29. 시행, 2012고합432 특정범죄가중처벌등에관한법률위반(절도)사건이 국민참여재판으로 진행되었는데 이 사건을 맡은 재판부의 견해이다.

우려가 있다고 인정하는 경우에만 배심원불선정결정을 하므로 비록 이전 라운드에서 기피신청이 없었다고 하더라도 현재 라운드에서 기피신청을 할 수 있다는 것을 논거로 한다.[129)]

3) 소결론

생각건대 이 문제는 공정하면서도 국민대표성이 있는 배심원단의 구성이라는 배심원선정절차의 이상에 비추어 판단할 필요가 있다. 공정한 배심원단을 구성하기 위해서는 불공평한 판단을 할 우려가 있는 배심원후보자를 배심원단에서 배제할 수 있도록 하는 것이 가장 중요하다.

이유부기피신청은 비록 검사와 변호인의 신청이지만 법원이 불공평한 판단을 할 우려가 있다고 인정하는 경우에만 배심원불선정결정이 내려지고, 법원은 배심원 및 예비배심원이 확정된 후에도 배심원 및 예비배심원이 불공평한 판단을 할 우려가 있는 때에는 배심원 및 예비배심원 해임결정을 할 수 있다는 점[130)]을 고려하면, 비록 이전 라운드에서 이유부기피신청이 되지 않은 배심원후보자라 할지라도 다음 라운드에서 이유부기피신청을 하는 것이 허용되어야 한다.

무이유부기피신청은 검사와 변호인이 이유를 말하지 않고 하는 신청으로 제한된 행사횟수 내에서는 즉시 배심원으로 불선정되는 효과를 발생시키는 강력한 권한이다. 하지만 제한된 범위내에서 검사와 변호인이 불공평한 판단을 할 우려가 있다고 생각하는 배심원후보자에 대하여 행사하는 것이므로 굳이 이를 금지할 필요는 없다고 생각된다. 기피신청을 반대하는 입장에서 들고 있는 논거는 주로 기피신청의 순서가 왜곡될 우려가 있다는 것인데 이는 타당한 측면이 있기는 하지만 동일한 라운드 내의 기피신청에서도 발생할 수 있는 문제로 라운드 간 기피신청의 고유한 문제가 아니며 재판장의 소송지휘를 통하여 대처할 수 있다. 오히려 형사재판의 당사자 중 한명이 불공평한 판단을 할 우려가 있다고 여기는 배심원이 배심원석에 남아 있지 않도록 하는 것이 배심원선정절차의 이상인 공정한 배

---

129) 서울서부지방법원 2013. 1. 25. 시행, 2012고합450 특정범죄가중처벌등에관한법률위반(절도)사건이 국민참여재판으로 진행되었는데 이 사건을 맡은 재판부의 견해이다. 참고로 이 재판부의 우배석판사는 이유부기피신청도 허용되어서는 안된다는 입장을 표시하였다.

130) 「국민의 형사재판 참여에 관한 법률」 제32조 제1항 제4호.

심원단의 구성에 더 바람직한 것으로 보인다. 아울러 배심원선정절차를 진행할 때 통상 검사와 변호인은 배심원후보자에 대하여 이유부기피신청을 했다가 기각될 경우 그 배심원후보자에 대하여 무이유부기피신청을 하게 되는데 이전 라운드에서 기피신청이 되지 않은 배심원후보자에게 이유부기피신청을 허용하면서 무이유부기피신청을 불허한다면 무이유기피신청권이 위축될 우려가 있다.

따라서 기피신청은 이유부기피신청이든 무이유부기피신청이든 배심원 및 예비배심원이 확정되기 전까지 할 수 있다고 보아야 할 것이고, 그 시기는 예비배심원을 선발하기 전까지가 될 것이다. 법원은 기피신청권을 보장하기 위하여 각 라운드가 종료될 때마다 남아 있는 추첨된 배심원후보자들을 상대로 배심원 및 예비배심원으로 확정되었음을 고지할 것이 아니라 모든 라운드가 종료되었을 때 배심원석에 있는 추첨된 배심원후보자들을 상대로 배심원 및 예비배심원으로 확정되었음을 고지할 필요가 있다.[131]

8. 선정결정과 불선정결정

(1) 기피신청의 방식과 불선정결정

배심원의 선정결정은 기피신청의 방식에 따라 그 시기 및 형태가 다른데 기피신청은 두 가지 방식이 사용된다. 일괄기피방식(Struck Jury)은 출석한 배심원후보자 전체에 대하여 기피신청을 한 후 남은 배심원후보자가 배심원이 되는 방식이다. 순차기피방식(Jury Box System)은 출석한 배심원후보자 중에서 필요한 배심원의 수만큼 무작위로 추첨하여 추첨된 배심원후보자를 배심원석에 착석하게 하고 이들에 대하여 기피신청을 한 후 기피된 수만큼의 배심원후보자를 다시 추첨하여 기피를 반복하는 방식으로 더 이상 기피할 수 없을 때 배심원석에 남아 있는 배심원후보자가 최종적으로 배심원이 된다.

131) 검사나 변호인이 이유부기피신청이나 무이유부기피신청을 할 경우에 법원은 이에 대하여 기각 또는 불선정결정을 할 수 있을 뿐이며, 해당 라운드가 종료되었다고 하더라도 배심원선정결정을 할 수는 없다는 점에 주의해야 한다. 배심원선정결정은 『국민의 형사재판 참여에 관한 법률』 제31조 제3항에 따라 필요한 수의 배심원과 예비배심원 후보자가 확정되면 무작위의 방법으로 배심원과 예비배심원을 선정하게 된다. 따라서 아직 필요한 수의 배심원과 예배배심원 후보자가 확정되지 않은 상태로 배심원선정절차 중 한 라운드가 종료되었을 뿐인 경우에는 배심원선정결정을 할 수 없다.

배심원선정절차를 진행하는 목적은 불공평한 판단을 할 우려가 있는 사람을 배제하여 공정한 배심원단을 구성하는 것에 있고, 무이유부기피신청의 실효성을 제고할 필요가 있다는 점[132]을 고려하여 우리 국민참여재판에서는 순차기피방식을 채택하고 있다.

순차기피방식에 따라 법원은 출석한 배심원후보자 중에서 당해 재판에 필요한 배심원 및 예비배심원의 수에 해당하는 배심원후보자를 무작위로 추첨하고 이들을 대상으로 직권, 이유부기피신청 및 무이유부기피신청에 의한 불선정결정을 한다. 그리고 불선정결정을 한 인원수만큼 다시 배심원후보자를 추첨하여 절차를 반복한다. 이러한 절차는 당해 사건의 준비절차에서 정한 배심원과 예비배심원의 수에 이를 때까지 반복된다. 현재 배심원석에 앉아 있는 배심원후보자들에 대하여 더 이상 직권이나 이유부기피신청에 의하여 배심원불선정결정을 할 필요가 없거나, 검사 및 변호인이 무이유부기피신청권을 모두 사용하였거나 남아 있는 무이유부기피신청권을 행사하지 않을 경우 배심원석에 앉아 있는 배심원 후보자들은 배심원 및 예비배심원으로 확정된다.

(2) 배심원과 예비배심원 선정결정

배심원 및 예비배심원으로 확정된 사람들에 대하여 법원은 무작위의 방법으로 배심원과 예비배심원을 선정한다. 배심원선정절차에서 라운드가 종결되지 않은 상태이기 때문에 추첨된 배심원후보자 중 일부만 배심원 및 예비배심원후보자로 확정되어 있다면 아직 배심원 및 예비배심원이 확정되지 않은 것이고 그 상태에서는 배심원선정결정을 할 수 없다. 예비배심원이 2인 이상인 경우에는 그 순번을 정하여야 한다.[133]복수의 예비배심원 사이에 순번을 정해 두지 않으면 배심원의 결원이 생겼을 때 예비배심원 중 누가 배심원이 되어야 하는가를 다시 결정해야 하는 불편이 예상되므로 이를 방지하기 위한 것이다.

예비배심원의 선정에 대하여 법원이나 검사·피고인·변호인은 별도로 질문을

132) 무이유부기피신청을 할 때에는 배심원후보자의 답변내용 뿐만 아니라 배심원후보자의 답변태도나 인상 등도 고려하게 되는데, 수십명에 이르는 출석한 배심원 전체를 대상으로 질문을 하고 기피신청을 하도록 할 경우에는 위와 같은 요소를 고려하는 것이 사실상 불가능하다.

133) 「국민의 형사재판 참여에 관한 법률」 제31조 제3항.

하거나 의견을 말할 수 없다.

법원은 배심원과 예비배심원에게 누가 배심원으로 선정되었는지 또는 예비배심원으로 선정되었는지 여부를 알리지 아니할 수 있다.[134] 예비배심원은 평의에 참여할 수 없으므로 미리 예비배심원이라는 것을 알게 될 경우 예비배심원은 공판기일에 성실하게 출석하지 않거나 증거조사에 집중하지 않는 등 배심원으로서의 직무에 소홀할 가능성이 있어 이를 방지하기 위한 것이다. 통상 예비배심원이 누구인지는 국민참여재판의 심리가 끝나고 배심원들의 평의가 시작되기 직전에 알려준다.[135]

Ⅴ. 배심원의 해임, 사임 및 임무종료

1. 배심원의 해임

(1) 의의

배심원이나 예비배심원이 계속 직무를 수행하는 것이 부적절한 사유가 발생하였는데도 계속 재판에 참여하도록 허용하는 것은 국민참여재판의 공정성을 확보할 수 없고 재판에 대한 신뢰성도 유지할 수 없으므로 법원은 배심원이나 예비배심원에게 일정한 사유가 발생한 경우 직권 또는 검사·피고인 또는 변호인의 신청에 따라 배심원 또는 예비배심원을 해임하는 결정을 할 수 있다.

(2) 해임사유

1) 『국민의 형사재판 참여에 관한 법률』 제32조 제1호

배심원 또는 예비배심원은 법률에 따라 공정하게 직무를 수행할 것을 다짐하는 취지의 선서를 하여야 하는데[136], 배심원이나 예비배심원이 선서를 거부한 경

---

134) 「국민의 형사재판 참여에 관한 법률」 제31조 제4항.

135) 예비배심원이라는 고지를 받은 배심원은 정작 성실하게 재판에 집중했음에도 평의에 참여할 수 없다는 것을 알고 회의감에 빠질 수 있다. 따라서 예비배심원을 재판이 끝난 법정에 남겨두는 것보다는 비록 평의에 참여할 수는 없지만 평의실에서 평의를 지켜보게 하는 등 소외되지 않도록 적절히 배려할 필요가 있다.

136) 『국민의 형사재판 참여에 관한 법률』 제42조 제1항.

우에는 법원은 당해 배심원이나 예비배심원을 해임하는 결정을 할 수 있다. 선서를 거부할 경우 공정한 직무수행을 기대하기 어렵기 때문이다. 아울러 배심원 또는 예비배심원이 정당한 사유없이 선서를 거부한 경우 법원은 200만원 이하의 과태료를 부과한다.[137]

2) 『국민의 형사재판 참여에 관한 법률』 제32조 제2호

배심원이나 예비배심원은 당해 국민참여재판에서 재판에 협력하고 평결의 공정성을 해치는 행동을 하지 않을 의무를 부담하는데 구체적으로 ① 심리 도중에 법정을 떠나거나 평의·평결 또는 토의 장소를 떠나는 행위, ② 평의가 시작되기 전에 당해 사건에 관한 자신의 견해를 밝히거나 의논하는 행위, ③ 재판절차 외에서 당해 사건에 관한 정보를 수집하거나 조사하는 행위, ④ 『국민의 형사재판 참여에 관한 법률』에서 정한 평의·평결 또는 토의에 관한 비밀을 누설하는 행위를 하여서는 아니된다.[138] 배심원이나 예비배심원이 위 의무를 위반하여 그 직무를 담당하게 하는 것이 적당하지 아니하다고 인정되는 경우 법원은 배심원이나 예비배심원을 해임하는 결정을 할 수 있다.

3) 『국민의 형사재판 참여에 관한 법률』 제32조 3호

배심원이나 예비배심원이 공판기일에 출석하는 것은 공판정을 개정하기 위한 요건이므로[139] 배심원이나 예비배심원이 공판기일에 출석하지 않을 경우 국민참여재판을 진행할 수 없다. 법원은 배심원이나 예비배심원이 출석의무에 위반하고 계속하여 그 직무를 행하는 것이 적당하지 아니한 때에는 당해 배심원이나 예비배심원을 해임하는 결정을 할 수 있다.

4) 『국민의 형사재판 참여에 관한 법률』 제32조 제4호

법원은 배심원 및 예비배심원에게 『국민의 형사재판 참여에 관한 법률』 제17조부터 제20조까지의 결격사유 등이 있거나 배심원 및 예비배심원이 불공평한 판

137) 『국민의 형사재판 참여에 관한 법률』 제60조 제1항 제2호.

138) 『국민의 형사재판 참여에 관한 법률』 제41조 제2항 제1호부터 제4호.

139) 『국민의 형사재판 참여에 관한 법률』 제39조 제1항, 「공판정은 판사·배심원·예비배심원·검사·변호인이 출석하여 개정한다.」.

단을 할 우려가 있는 때에는 당해 배심원이나 예비배심원을 해임하는 결정을 할 수 있다. 결격사유 등이 배심원선정절차에서 밝혀지지 않았다가 재판을 진행하는 도중에 밝혀지는 경우뿐만 아니라 배심원 직무를 수행하는 도중에 결격사유 등이 발생하는 경우를 포함한다.

불공평한 판단을 할 우려가 있는 경우도 마찬가지로 배심원선정절차에서 밝혀지지 않다가 나중에 드러난 경우뿐만 아니라 재판을 진행하는 도중에 보인 배심원 및 예비배심원의 언행이 불공평한 판단을 할 우려가 있다고 인정될 경우를 포함한다.[140] 법원은 재판진행 도중 당해 배심원 및 예비배심원을 해임할 수 있는데 변론종결 전까지 해임할 수 있는 것으로 보이고, 배심원들의 평의가 시작된 후에 배심원을 해임하는 것은 금지되지는 않지만 적절하지 않다.

5) 『국민의 형사재판 참여에 관한 법률』 제32조 제5호

배심원 또는 예비배심원이 질문표에 거짓 기재를 하거나 선정절차에서의 질문에 대하여 정당한 사유없이 진술을 거부하거나 거짓의 진술을 한 것이 밝혀지고 계속하여 그 직무를 행하는 것이 적당하지 아니한 때에는 법원은 당해 배심원 또는 예비배심원을 해임하는 결정을 할 수 있다.

질문표는 법원에 배심원후보자의 배심원 적격에 대한 정보를 제공하고 선정기일에서 행해질 질문에 대한 기본 정보를 제공하기 위하여 사용되는 것으로 배심원후보자는 정당한 사유가 없는 한 질문표에 기재된 질문에 답하여 법원에 제출하여야 한다.[141] 또한 배심원선정절차에서 배심원후보자는 법원, 검사, 변호인이 하는 질문에 대하여 정당한 이유없이 진술을 거부하거나 허위진술을 하여서는 아니된다.[142]

만약 배심원 및 예비배심원이 위 의무를 위배하여 허위진술을 한 경우 배심원 및 예비배심원에서 해임될 수 있을 뿐만 아니라 법원은 당해 배심원 및 예비배심원에게 200만원 이하의 과태료를 부과할 수 있다.[143]

---

140) 재판 도중에 배심원이 발언하는 경우는 거의 없으므로 대부분 배심원의 태도가 문제된다. 특히 증거제시과정에서 특정 당사자가 제시하는 증거는 주목하면서 다른 당사자가 제시하는 증거는 아예 살펴보지 않는 경우에 불공평한 판단을 할 우려가 있는지 여부가 문제될 수 있다.

141) 『국민의 형사재판 참여에 관한 법률』 제25조 제2항.

142) 『국민의 형사재판 참여에 관한 법률』 제28조 제2항.

6) 『국민의 형사재판 참여에 관한 법률』 제32조 제6호

배심원 또는 예비배심원이 법정에서 재판장이 명한 사항을 따르지 아니하거나 폭언 또는 그 밖의 부당한 언행을 하는 등 공판절차의 진행을 방해한 때에는 법원은 당해 배심원 또는 예비배심원을 해임하는 결정을 할 수 있다.

(3) 해임절차

법원은 해임 결정을 함에 있어서는 검사・피고인 또는 변호인의 의견을 묻고, 출석한 당해 배심원 또는 예비배심원에게 진술기회를 부여하여야 한다.[144] 검사・피고인 또는 변호인이 해임신청을 하는 때에는 ① 사건번호, ② 신청인의 성명, ③ 해임대상인 배심원 또는 예비배심원의 배심원번호, ④ 해임사유를 기재한 서면으로 하여야 하고, 해임사유는 소명하여야 한다.[145] 법원은 직권으로 해임결정을 할 수 있다.

법원은 검사・피고인 또는 변호인의 해임신청이 있는 때에는 그 취지를 신청하지 아니한 검사・피고인 또는 변호인에게 통지하여야 하고, 통지는 서면사본의 송달 외에 전화, 모사전송, 전자우편 그 밖에 상당한 방법으로 할 수 있다. 통지를 받은 검사・피고인 또는 변호인은 통지를 받은 날로부터 3일 이내에 의견서를 법원에 제출하여야 한다.

다만, 검사・피고인 또는 변호인이나 성폭력범죄 피해자 또는 법정대리인은 공판준비기일 또는 공판기일에 구술로 해임신청을 할 수 있고, 이 경우 법원사무관등은 신청의 취지와 사유의 요지를 조서에 기재하여야 하며 출석하지 아니한 검사・피고인 또는 변호인에게 조서의 등본을 송달하여야 한다.[146]

해임신청이 있는 경우 법원은 신속하게 심리하여야 하며, 해임결정을 위한 심리는 당해 배심원 또는 예비배심원이 참석하고 있는 법정에서 이루어지는 경우가

143) 『국민의 형사재판 참여에 관한 법률』 제60조 제1항 제3호, 허위진술의 경우 외에 정당한 사유없이 진술거부를 할 경우에는 별도로 처벌규정이 없다. 선서를 거부한 경우와 형평을 고려하여 재검토할 필요가 있다.

144) 『국민의 형사재판 참여에 관한 법률』 제32조 제2항.

145) 『국민의 형사재판 참여에 관한 규칙』 제25조 제1항, 제2항.

146) 『국민의 형사재판 참여에 관한 규칙』 제25조 제3호, 제8조 제2호부터 제5호.

많을 것이므로 해임신청의 대상이 된 배심원 또는 예비배심원이 검사 · 피고인 또는 변호인 중 누가 해임신청을 하였는지 모르도록 할 필요가 있다. 해임신청이 기각될 경우 당해 배심원이 해임신청을 한 검사 · 피고인 또는 변호인에게 적대적인 감정을 가질 우려가 있기 때문이다.

법원은 해임신청의 대상이 된 배심원 또는 예비배심원이 법정에 출석하였다면 진술기회를 부여하고 진술내용을 조서에 기재하여야 한다. 당해 배심원 또는 예비배심원이 법정에 출석하지 않았다면 특별한 사정이 없는 한 일부러 진술기회를 부여하기 위하여 소환통지를 할 필요는 없는 것으로 보인다.

(4) 해임결정

법원은 심리 결과 해임 사유가 있다고 인정되는 경우 당해 배심원 및 예비배심원을 해임하는 결정을 하고, 결정문을 작성하여 당해 배심원 및 예비배심원, 검사 · 피고인 또는 변호인에게 송달한다.

해임결정에 대하여는 불복할 수 없다.[147] 국민참여재판의 부당한 절차지연을 방지하기 위한 규정이다. 공판기일에 출석한 배심원 및 예비배심원을 해임하는 결정을 할 경우에는 당해 배심원 및 예비배심원을 귀가하도록 한다.

2. 배심원의 사임

배심원과 예비배심원은 직무를 계속 수행하기 어려운 사정이 있는 때에는 법원에 사임을 신청할 수 있다.[148] 배심원과 예비배심원은 성실하게 직무를 수행할 의무가 있으나 계속적인 직무수행을 기대하기 어려운 사정이 발생한 경우에는 사임을 신청하여 그 의무를 면제받을 수 있다.

사임신청을 할 때에는 사건 번호, 배심원 또는 예비배심원의 성명 또는 배심원번호, 사임사유를 적어 사임신청서를 제출하여야 하고 그 사유를 소명하여야 한다.[149]

사임사유로는 배심원이나 예비배심원이 중병, 상해 또는 회복할 수 없는 손해

147) 『국민의 형사재판 참여에 관한 법률』 제32조 제3항.
148) 『국민의 형사재판 참여에 관한 법률』 제33조.
149) 『국민의 형사재판 참여에 관한 규칙』 제26조 제1항, 제2항.

발생의 우려가 있는 경우를 들 수 있는데, 『국민의 형사재판 참여에 관한 법률』 제20조에 규정된 면제사유[150]에 준하여 판단하되 구체적 타당성을 고려하여야 할 것이다.

사임신청 및 절차, 결정은 배심원의 해임에 대한 규정과 유사하다.

3. 배심원의 추가선정

(1) 의의 및 예외

배심원의 해임이나 사임으로 인하여 배심원이 부족하게 된 경우에는 예비배심원은 미리 정한 순서에 따라 배심원이 된다. 하지만 예비배심원을 두지 않았거나 해임이나 사임인원이 많아 배심원이 될 예비배심원이 없다면 추가로 배심원을 선정한다.[151]

배심원을 추가로 선정하기 위하여 배심원선정절차를 다시 진행하는 것은 재판의 지연 및 다른 배심원들의 부담가중을 유발하므로 법원은 국민참여재판 도중 심리의 진행 정도에 비추어 배심원을 추가선정하여 재판에 관여하게 하는 것이 부적절하다고 판단되는 경우 남은 배심원만으로 계속하여 국민참여재판을 진행하는 결정을 할 수 있다.[152] 다만 남아 있는 배심원이 5인 미만이 되는 경우에는 남은 배심원만으로 계속 국민참여재판을 진행할 수 없다.

부족한 배심원의 수가 1인이라면 법원은 검사・피고인 또는 변호인의 의견을 들어 남은 배심원만으로 국민참여재판을 진행할 수 있고, 부족한 배심원의 수가 2인 이상일 경우에는 법원은 검사・피고인 또는 변호인의 동의를 얻어야 남은 배심원만으로 국민참여재판을 진행할 수 있다.

---

150) 『국민의 형사재판 참여에 관한 법률』 제20조의 면제사유는 다음과 같다.
1. 만 70세 이상인 사람
2. 과거 5년 이내에 배심원후보자로서 선정기일에 출석한 사람
3. 금고 이상의 형에 해당하는 죄로 기소되어 사건이 종결되지 아니한 사람
4. 법령에 따라 체포 또는 구금되어 있는 사람
5. 배심원 직무의 수행이 자신이나 제3자에게 위해를 초래하거나 직업상 회복할 수 없는 손해를 입게 될 우려가 있는 사람
6. 중병・상해 또는 장애로 인하여 법원에 출석하기 곤란한 사람
7. 그 밖의 부득이한 사유로 배심원 직무를 수행하기 어려운 사람

151) 『국민의 형사재판 참여에 관한 법률』 제34조 제1항.

152) 『국민의 형사재판 참여에 관한 법률』 제34조 제2항.

배심원을 추가로 선정하려면 배심원선정기일을 다시 지정하고 배심원후보자를 소환해야 하므로 재판이 장기간 지연되는 문제점이 있으므로 추가선정은 거의 이루어지지 않을 가능성이 크다. 다만 배심원들이 짝수가 되어 다수결에 의한 평결이 불가능하게 되는 경우[153] 또는 다수 국민에게 영향을 미치는 중대한 사건의 경우에는 배심원을 추가로 선정해야 할 것이다.

(2) 배심원추가선정절차와 무이유부기피신청권

배심원을 추가로 선정할 경우에 행해지는 선정절차는 그 성질에 당초에 이루어졌던 배심원선정절차의 연장선으로 보아야 할 것이므로 배심원추가선정절차에서 별도로 무이유부기피신청권이 인정되기는 어렵다. 다만 당초에 이루어졌던 배심원선정절차에서 행사하지 않은 무이유부기피신청권이 남아 있다면 검사·피고인 또는 변호인은 그 범위내에서 무이유부기피신청권을 행사할 수 있다.[154]

법원은 배심원후보자를 소환할 때 검사·피고인 또는 변호인에게 남아 있는 무이유부기피신청권의 수를 고려하여 적절한 인원의 배심원후보자를 소환하여야 한다.

(3) 공판절차의 갱신

공판절차가 개시된 후 배심원의 추가선정을 통하여 새로 재판에 참여하는 배심원 또는 예비배심원이 있는 때에는 공판절차를 갱신하여야 한다.[155] 예비배심원이 순서에 따라 배심원이 된 경우에는 당해 예비배심원은 처음부터 공판절차에 참여했던 사람이므로 공판절차를 갱신할 필요가 없다.

공판절차의 갱신은 공판정에서 이전에 진행된 공판절차를 무시하고 다시 그 절차를 진행하는 것을 의미하는데 국민참여재판의 경우 심리진행단계에 따라 모

153) 잔여 배심원의 수가 짝수인 경우에는 배심원들이 다수결 평결을 할 때 유무죄 표결이 동수로 나오는 것을 예상할 수 있다. 이 경우 다수결에 의한 평결은 불가능하므로 배심원단의 평결이 존재하지 않는다. 미국의 경우 배심원이 유무죄 평결에 이르지 못한 경우를 '불일치 배심(hung jury)'라고 부르며 이 경우 재판의 효력은 상실하고 새로운 배심원을 선발하여 다시 재판을 진행하거나 검사가 공소를 취소한다. 우리나라에서는 아직 위와 같은 경우에 대한 규정이 존재하지 않는데 이는 배심원 평결의 효력이 권고적 효력에 그치고 있기 때문이다.

154) 『국민의 형사재판 참여에 관한 규칙』 제21조 제4항.

155) 『국민의 형사재판 참여에 관한 법률』 제45조 제1항.

든 절차를 다시 진행할 경우 재판의 지연 및 다른 배심원들의 부담이 가중되는 문제가 생기고, 형식적으로 공판절차를 갱신할 경우 새로 참여한 배심원은 사건의 내용 및 증거를 제대로 파악하기 어려워진다. 따라서 법원은 공판절차를 갱신할 때 새로 참여한 배심원 또는 예비배심원이 쟁점 및 조사한 증거를 이해할 수 있도록 하되, 그 부담이 과중하지 아니하도록 하여야 한다.[156]

4. 배심원 및 예비배심원의 임무종료

배심원선정절차에서 선정되거나 추가로 선정된 배심원 및 예비배심원은 제1심의 종국재판을 고지한 때, 공소사실의 일부가 철회되거나 변경되어 국민참여재판의 대상사건이 아니게 되었고 국민참여재판으로 진행하는 것이 적당하지 아니하다고 인정하여 당해 사건을 지방법원 본원 합의부에서 통상 절차에 의하여 재판을 진행하기로 결정한 때, 피고인의 질병 등으로 공판절차가 장기간 정지되거나 피고인에 대한 구속기간의 만료 등으로 국민참여재판을 계속 진행하는 것이 부적절하다고 인정되어 당해 사건을 지방법원 본원 합의부에서 국민참여재판에 의하지 아니하고 심판하게 할 때에는 배심원 및 예비배심원으로서의 임무가 종료된다.[157]

배심원들만이 참석할 수 있는 평의가 시작되었다고 하더라도 예비배심원의 임무는 종료되지 않고 평의 도중에 발생한 사고로 인한 배심원의 결원에 대비하기 위하여 예비배심원은 계속 대기하여야 한다. 예비배심원은 배심원들과 같은 때에 임무가 종료된다.

Ⅵ. 배심원선정절차의 수행

1. 배심원선정절차의 성격과 당사자의 역할

(1) 배심원선정절차의 성격

배심원선정절차는 법원의 직권에 의한 불선정결정을 제외하면 검사・피고인・

156) 『국민의 형사재판 참여에 관한 법률』 제45조 제2항.
157) 『국민의 형사재판 참여에 관한 법률』 제35조.

변호인의 기피신청권 및 무이유부기피신청권의 행사를 통하여 진행된다. 기피신청권 및 무이유부기피신청권의 행사방법은 위에서 살펴본 대로 일괄기피방식과 순차기피방식이 있고 우리나라는 순차기피방식(Jury Box system)을 채택하였다. 순차기피방식은 배심원후보자 들 중 추첨되어 배심원석에 앉아 있는 배심원후보자들에 대하여 질문을 하고 비교적 적은 숫자의 사람을 상대로 답변이나 태도 및 인상을 관찰할 수 있어서 보다 많은 정보를 얻을 수 있는 장점이 있다.

기피신청권 및 무이유부기피신청권의 행사방법으로 제시되는 두 가지 방식의 공통점을 추출하면, 첫째 검사와 변호인이 교대로 기피신청권을 행사한다는 점, 둘째 검사와 변호인은 자신에게 유리하게 기피신청권을 행사하는 것이 예정되어 있다는 점, 셋째 검사와 변호인은 자신에게 불리한 배심원후보자를 기피할 수 있을 뿐 유리한 배심원후보자를 배심원으로 선택할 수 없다는 점이다. 이러한 공통점으로부터 배심원선정절차의 성격은 '경쟁을 통한 배제절차'라고 정의할 수 있다.[158] 경쟁을 통한다는 것은 공소를 제기한 검사는 피고인에게 불리한 배심원을 선정하기 위하여 노력하고 피고인을 변호하는 변호인은 피고인에게 유리한 배심원을 선정하기 위하여 노력하면서 경쟁한다는 의미이다. 배제절차라는 것은 검사가 피고인에게 불리한 배심원을 선택할 수 없고 마찬가지로 변호인도 피고인에게 유리한 배심원을 선택할 수 없다는 의미이다. 즉 검사나 변호인은 자신에게 유리한 배심원을 선정하려는 목적을 위해서 직접 유리한 배심원을 선택할 수 없고 상대방에게 유리한 배심원을 배제하는 방법만을 행사할 수 있다.

이 방법은 일방당사자에게 유리한 배심원을 배제시켜 배심원들의 의견이 충돌하는 것을 차단하면서 검사와 변호인의 경쟁을 통하여 평균적인 상식과 이성을 갖춘 사람들로 배심원단을 구성하기 위한 조치이다. 그럼으로써 배심원단의 공정성을 보장할 수 있고, 중립적인 사람들이 배심원이 됨으로써 배심원단의 국민대표성을 유지할 수 있다.

158) 김형국, "국민참여재판에서 배심원선정절차에 관한 실무적 접근방법", 2010 국선전담변호사 워크숍 자료집, 법원행정처, 2010.

(2) 당사자의 역할

배심원선정절차의 성격이 '경쟁을 통한 배제절차'라면, 배심원선정절차에 참여하는 당사자인 검사와 변호인의 역할은 『국민의 형사재판 참여에 관한 법률』이 허용한 수단을 통하여 각자에게 유리한 배심원단을 구성하기 위하여 최선을 다하는 것이다. 서로 최선을 다한 경쟁을 통하여 극단적인 판단을 할 가능성을 가진 배심원후보자가 배제됨으로써 공정하고 국민대표성이 있는 바람직한 배심원단이 구성된다.

따라서 변호인이 피고인을 위하여 진지하게 배심원선정절차에 관여하고 적극적으로 기피신청권 및 무이유부기피신청권을 행사하는 것은 피고인의 사익을 위한 것뿐만 아니라 바람직한 배심원단을 구성하는데 필요한 수단으로 공익에 기여하는 것이다. 검사의 경우도 마찬가지이다.

2. 질문표의 검토

변호인이 수행하는 배심원선정절차는 먼저 법원이 변호인에게 송달하는 배심원후보자가 답변한 질문표를 검토하는 것부터 시작한다. 법원은 배심원후보자들에게 소환통지와 함께 질문표를 송달하는데 질문표를 받은 배심원후보자는 답변을 기재하여 법원에 미리 제출한다. 법원은 통상 국민참여재판이 열리기 2일전에 배심원후보자들이 제출한 질문표를 검사와 변호인에게 교부한다. 9명의 배심원과 2명의 예비배심원을 선정할 경우 국민참여재판이 열리는 초기에는 약 120명의 배심원후보자들을 컴퓨터로 추첨하여 출석통지서와 질문표를 송달하는데 이중 이 질문표에 답변하여 제출하는 배심원후보자는 약 70~80명 정도였다. 배심원후보자들의 답변률 및 출석률은 통계가 있지만 정확히 예측할 수 없으므로 법원은 대체로 배심원이 9명인 경우에 140명을, 7명인 경우에 110명을, 5명인 경우에 90명을 배심원후보자로 소환한다.

위 통계는 배심원후보자 소환인원수와 출석인원수를 단순 비교한 것으로 배심원후보자에 대한 소환장이 송달불능인 경우 및 출석이 취소되는 경우를 포함하여 계산한 실질출석률은 50%가량이다.[159]

[표] 배심원 수별 소환인원 및 출석률(2008.1.1.~2014.12.31.)160)

배심원수	평균배심원후보자 소환인원	최대소환인원	최저소환인원	평균출석인원 (출석률)
5명(94건)	85.1	150	50	23.7(27.8%)
7명(896건)	107.7	300	55	29.7(27.6%)
9명(474건)	139.8	500	80	39.5(28.2%)
합계(1,464건)	116.7			32.5(27.8%)

질문표를 검토할 때에는 질문에 따라 평가기준을 미리 정해두어야 한다. 검토해야 할 질문표는 미리 송달되는 것 외에 배심원선정기일 당일에 전달되는 질문표도 있다. 배심원선정기일에 출석한 배심원후보자가 당일 작성하여 제출한 질문표인데 그 수량이 적지 않고 검토할 시간도 충분하지 않다. 미리 질문표의 내용을 검토하여 판단기준을 정해두어야 짧은 시간에 적절한 검토를 할 수 있다.

3. 배심원선정을 위한 질문 및 평가표의 작성

배심원후보자들이 작성하여 제출하는 법원의 질문표에 기재된 정보는 매우 제한적이므로 변호인은 피고인에게 유리한 배심원단을 구성하기 위하여 필요한 질문사항을 미리 준비한다. 『국민의 형사재판 참여에 관한 법률』은 법원이 먼저 질문하고 검사 또는 변호인으로 하여금 직접 질문하게 할 수 있고, 실제로 법원은 검사 또는 변호인에게 질문할 기회를 부여한다. 변호인은 제한된 시간 내에 추첨된 배심원후보자에게 질문을 하고 답변을 들은 후 그 답변에 대한 평가를 하여야 하므로 미리 질문사항을 준비하고 그 질문에 대한 답변을 토대로 평가기준을 정하여야 한다. 질문 및 평가표의 예시는 별지 3과 같다.161)

배심재판이 활발하게 진행되고 있는 미국에서는 배심원후보자에 대한 질문 및 평가표는 법률가에게 매우 중요한 자산이라고 한다. 이 질문 및 평가표에 따라

159) 2011년까지 이루어진 국민참여재판의 통계를 기초로 계산할 경우 실질 출석률은 51.7%라고 한다. 사법정책실, "사법참여연구반 제1차 회의 자료집", 사법정책실, 2009, 30면

160) 대법원, "사법참여기획단 제6차 회의자료집", 대법원, 2009, 11면. 법원행정처, "국민참여재판성과분석(2008~2014)", 법원행정처 사법지원실, 2015, 12면.

161) 이 질문표는 위에서 예로 든 사건인 서울서부지방법원 2009. 1. 20. 시행, 2008고합253 강간치상사건에서 사용한 것이다.

배심원들이 자신에 관한 정보를 드러내는 정도가 달라지고 배심원들과의 개방적이고 긍정적인 관계를 촉진하며 배심원들에게 정보를 가르쳐주고 배심원들의 의견에 영향을 미치게 된다.[162)]

질문 및 평가표는 먼저 질문을 개발하는 것에서 시작하는데 어떤 질문을 할 것인지 여부는 질문의 목적인 피고인에게 유리한 배심원단의 구성에 기여할 수 있는지 여부에 달려있다.[163)] 가장 직접적인 질문은 사건의 개요를 간략히 설명하고 피고인이 무죄라고 생각하는지 여부를 묻는 것이다. 무죄라고 답변한 배심원후보자가 있다면 그 사람이 가장 피고인에게 유리한 사람일 것이다. 하지만 무죄라고 답변한 배심원후보자는 결코 배심원으로 선정되지 못한다. 왜냐하면 검사는 그 배심원후보자를 반드시 기피신청할 것이고 결국 배심원불선정결정을 받게 될 것이기 때문이다. 따라서 변호인의 입장에서 질문 및 평가표를 작성할 때 겪는 어려움은 피고인에게 유리한 배심원후보자를 찾아내되 이를 상대방인 검사가 인식하지 못하도록 해야 한다는 점이다. 이를 수치로 표현하면 피고인에 대하여 우호도가 80% 이상인 배심원후보자들은 배심원으로 선정되지 못할 가능성이 크고, 60~80%사이에 있는 배심원후보자들이 피고인에게 유리하면서 배심원으로 선정될 가능성이 가장 높다.[164)] 따라서 배심원후보자들에 대한 질문은 다소 우회적이어야 하며, 섬세하고 다양한 질문을 개발하기 위한 노력이 계속 되어야 한다.

질문을 개발하는 것만큼 중요한 것이 그 질문의 답변에 대하여 올바른 평가를 하는 것이다. 대개는 한 질문에 대한 답변이 피고인에게 우호적인지 적대적인지 2가지로만 평가하는데 평가의 신속을 위하여 질문에 대한 답변은 긍정이나 부정으로 한정하고, 피고인에게 불리한 답변의 경우 그 이유를 묻는 방식을 취한다.

별지 3에 기재한 1번 질문은 '형사소송 상 원칙에 대하여 두 가지 대립되는 견해가 있습니다. 즉 10명의 범죄자를 풀어주더라도 1사람의 억울한 사람을 처벌해서는 안된다는 것과 반대로 1명의 억울한 사람이 처벌되더라도 10명의 범죄자는 처벌하여야 한다는 것입니다. 어느 쪽이 우리 사회에 바람직한 원칙이라고 생

162) 제프리 T. 프레더릭, 이은로 옮김, "배심원 선정 : 배심단 구성의 이론과 실제", 한울, 2008, 112면.
163) 검사의 입장에서는 피고인의 유죄를 입증하는데 유리한 배심원단의 구성에 기여할 수 있어야 한다.
164) 이 수치에 대하여는 배심원선정절차를 진행한 변호사들에 대한 설문조사가 필요하나 우호도라는 수치 자체가 주관적이어서 조사가 이루어진다고 하더라도 그 신빙성은 크지 않을 것으로 보인다.

각하십니까' 인데 전자에 찬성하는 사람은 피고인에게 우호적이고 후자에 찬성하는 사람은 비우호적이라고 평가하였다. 이 질문에 대하여 국민참여재판 초기에는 대부분의 국민들이 전자에 찬성하므로 추첨된 배심원후보자들이 차이를 보이지 않았다. 하지만 최근에는 후자에 찬성하는 배심원후보자들이 늘어나고 있는 추세이다. 후자에 찬성하는 배심원후보자들에게는 그 이유를 물어 당해 배심원후보자의 성향이 명확히 드러나도록 한다.

별지 3에 기재한 2번 질문은 '성인인 남녀가 서로 합의하여 일시적 성관계를 갖는 것에 대하여 어떻게 생각하십니까'인데 이는 혼전 성관계에 대한 배심원후보자의 생각을 묻는 것이다. 당시 진행하던 강간치상사건에서 주된 쟁점이 성관계의 합의가 있었는지 여부이므로 긍정적인 생각을 가졌다면 피고인에게 우호적이라고 평가하였고, 부정적인 생각을 가졌다면 피고인에게 적대적이라고 평가하였다. 부정적인 답변을 한 배심원후보자에 대하여 추가로 '성인인 남녀가 성관계를 갖는 것을 법으로 금지할 필요가 있다고 보십니까'라는 질문을 추가한다.

별지 3에 기재한 3번 질문은 '친구나 동료 중 누군가가 술에 너무 취하여 주변 사람들과 싸우는 것을 말려본 경험이 있으십니까'인데 이는 취객에 대한 인상을 묻는 것이다. 취객을 많이 접해 본 사람이라면 술에 취한 사람이 즉흥적으로 성관계에 합의할 수 있다고 생각할 가능성이 있어 피고인에게 우호적이라고 평가하였다.

별지 3에 기재한 6번 질문은 '어떤 사고나 사건이 발생하였을 경우 경찰이 수사를 진행하면서 먼저 신고를 한 사람의 말을 우선적으로 믿는다고 보는가요'인데 배심원후보자가 수사기관에 대하여 얼마나 신뢰를 가지고 있는지 파악하기 위한 질문이다. 통상 경찰은 먼저 신고한 사람을 범죄의 피해자로 보고 피해자를 보호해야 한다고 생각하므로 신고자의 말을 신뢰하는 성향을 보인다. 그러한 성향은 수사과정에서도 이어지는데 이런 성향을 배심원들이 얼마나 인식하고 있는지 여부 및 그러한 성향에 대한 생각을 묻는 것이다. 신고를 한 사람의 말을 우선적으로 믿지만 그러한 태도는 부당하다고 답변한 사람을 피고인에게 우호적이라고 평가하였다.

별지 3에 기재한 9번 질문은 '누군가 어떤 범죄혐의를 받고 구속이 되었다는 뉴스가 자주 보도되고 있습니다. 어떤 사람이 구속된 것을 보면 그 사람은 무슨 죄든 지었을 것이라고 생각하십니까'인데 구속되어 죄수복을 입고 있는 피고인에 대한 인상을 묻는 질문으로 구속된 사실 자체에서 어떤 범죄든 저질렀을 것이라고 생각하는지 여부를 파악하기 위한 질문이다. 죄를 지었을 것이라고 생각하는 배심원후보자에게는 무죄추정의 원칙에 대하여 추가로 질문함으로써 그 성향을 분명히 드러내도록 하였고 특히 무죄추정의 원칙에 반대하는 입장을 가질 경우 이유부기피신청의 대상으로 삼는다.

별지 3에 기재한 10번 질문은 '최근 범죄뉴스를 보고 외출을 단념하거나 다른 사람과의 술자리를 줄이고 일찍 귀가하거나 현관의 열쇠를 새로 설치하는 등 생활에 변화가 있습니까'인데 배심원후보자들이 범죄에 대하여 얼마나 두려움을 느끼는지 여부를 파악하기 위한 것이다. 변화가 있는 배심원후보자는 범죄에 민감하므로 피고인에게 적대적이라고 평가하였다.

위와 같이 배심원후보자들에 대한 질문과 그 답변에 대한 평가를 구성하는 작업은 신기하고 흥미로운 일이지만 많은 고민을 요구하는 작업이기도 하고, 무엇보다도 인간에 대한 깊은 성찰이 필요한 작업이다. 더구나 법률가에게 익숙하지 못한 작업이기도 하다. 이러한 작업에서 오류를 줄이는 가장 좋은 방법은 질문표에 대한 검토에서 본 바와 같은 방법으로 다른 사람의 의견, 특히 법률가가 아닌 일반 국민의 의견을 구하는 것이다. 법률가는 법률적인 사고를 하도록 훈련받았고 그 결과 일반 국민의 인식이나 감성과 멀어지는 경우가 생긴다. 일예로 전과가 많은 사람에 대하여 법조인으로서 피고인의 재범가능성에 집중한 반면 일반 국민은 어려운 환경에서 자란 것에 대한 동정심에 집중한다.

법조인과 일반 국민 사이에 있는 인식의 괴리는 일반 국민이 배심원으로 참여하는 국민참여재판에서 뜻밖의 결과를 초래할 위험이 있으므로 가능한 여러 사람의 의견을 듣는 것이 필요하다.

4. 배심원선정기일의 수행

배심원선정기일에 소요되는 시간은 자백사건과 부인사건에 따라 약간의 차이가 있으나 큰 편차를 보이지 않고, 범죄유형별로도 별다른 특징을 보이지 않는다.

[표] 배심원선정기일 소요 시간(2008년 1월 1일~2014년 12월 31일)[165]

기준		최대소요시간	최저소요시간	평균소요시간
자백여부	자백(509건)	2시간 35분	25분	1시간 12분
	부인(955건)	3시간 30분	30분	1시간 20분
배심원수	5명(94건)	2시간	30분	1시간 08분
	7명(896건)	3시간 30분	30분	1시간 15분
	9명(474건)	3시간 30분	25분	1시간 23분
범죄유형	살인 등(387건)	3시간 30분	30분	1시간 17분
	강도 등(268건)	3시간	35분	1시간 20분
	상해 등(74건)	2시간	40분	1시간 16분
	성범죄 등(244건)	3시간	37분	1시간 21분
	기타(491건)	3시간	25분	1시간 15분

배심원선정기일에는 법원의 소환장을 받고 출석한 배심원후보자들에 대하여 추첨을 하고 추첨된 배심원후보자들에 대하여 미리 준비한 질문 및 평가표에 따라 이유부기피 및 무이유부기피신청을 할 배심원을 정한다. 이때 미리 준비한 배심원평가표를 사용하는데[166] 배심원좌석과 같은 위치에 번호를 매겨둔 표를 준비하고 추첨된 배심원이 정해진 좌석에 앉을 때마다 그 배심원의 번호를 좌석번호 옆에 기입한다. 번호란 아래 평가란에는 미리 준비한 질문 및 평가표에 따라 긍정적인 답변을 하면 ○표를, 부정적인 답변을 하면 ×표를 기입한다. 미리 준비한 좌석의 번호를 알고 있으므로 추첨된 배심원후보자들의 번호를 파악할 필요없이 앉아 있는 좌석번호를 기준으로 신속하게 답변을 기재할 수 있다. 준비한 질문이 끝나면 ×표가 많이 기입된 배심원후보자를 우선 기피신청을 한다. 배심원평가표를 예시하면 별지 4[167]와 같다. 이 방식은 기피신청권을 행사하는 분명한 기준을 제공해 주는 장점이 있다. 하지만 미리 준비한 평가 외에 현장에서 느낄 수 있

165) 국민참여재판성과분석(2008~2014)", 법원행정처 사법지원실, 2015, 13면.

166) 별지 2 참조.

167) 이 평가표는 서울서부지방법원 2009. 1. 20. 시행, 2008고합253 강간치상사건에서 김형국 변호사가 사용한 것으로 1라운드에서 5명의 추첨된 배심원후보자가 불선정결정을 받았고, 2라운드를 진행하면서 새로 추첨된 5명의 배심원후보자에 대한 평가를 한 것이다.

는 배심원후보자의 인상과 태도도 반영해야 하므로 기계적으로 적용하지 말아야 한다.

기피신청을 할 때에 이유부기피신청은 행사횟수에 제한이 없으나 법원의 통제를 받아야 하고, 무이유부기피신청은 신청하는 즉시 배심원후보자를 배심원단에서 배제하는 효과가 발생하지만 행사횟수에 제한이 있다. 이유부기피신청은 배심원후보자가 결격사유・직업에 따른 제외사유, 제척사유, 면제사유에 해당하면 가능하지만 위와 같은 경우에는 미리 법원에서 전체적인 질문을 통하여 배심원불선정결정을 하므로 검사나 변호인이 신청하는 경우는 매우 드물고, 검사나 변호인은 주로 불공평한 판단을 할 우려가 있는 경우에 이유부기피신청을 한다. 하지만 법원은 이유부기피신청을 받아들이는 경우가 거의 없으므로 사실상 무이유부기피신청이 실질적으로 행사할 수 있는 기피신청권이 된다.[168]

[표] 국민참여재판에서 검사와 변호인의 무이유부기피신청수[169]

기준		평균 무이유부기피신청수
자백여부	자백(509건)	4.1
	부인(955건)	5.2
배심원수	5명(94건)	3.3
	7명(896건)	4.3
	9명(474건)	6.0
범죄유형	살인 등(387건)	4.9
	강도 등(268건)	5.1
	상해 등(74건)	4.7
	성범죄 등(244건)	5.8
	기타(491건)	4.1

무이유부기피신청은 배심원을 9명 선발할 경우 검사와 변호인은 각자 5회까지 행사할 수 있다. 하지만 배심원선정절차에서 무이유부기피신청권을 5회 모두 행사

168) 이유부기피신청은 국민참여재판 1,646건 중 232건에서 있었고, 1건당 평균 0.3건이 신청되었다. 법원은 이유부기피신청에 대하여 엄격한 판단기준을 따른다.

169) 국민참여재판성과분석(2008~2014)", 법원행정처 사법지원실, 2015, 14면.

하는 것은 바람직하지 못하다. 무이유기피신청권을 행사하여 배심원단에서 배제한 배심원후보자를 대신하여 새로운 배심원후보자를 추첨하게 되는데 새로 추첨된 배심원후보자가 피고인에게 유리한 사람이라고 단정할 수 없기 때문이다. 오히려 배제한 사람보다 더 불리한 사람이 추첨될 가능성이 있으므로 가능하다면 주어진 무이유부기피신청권을 모두 행사하기보다 1회는 남겨둔 상태에서 배심원선정절차를 끝낼 수 있어야 한다.

무이유부기피신청권은 검사와 변호인이 번갈아 가면서 행사하는데 1라운드에서는 검사가 먼저 행사하고, 2라운드에서는 변호인이 먼저 행사한다. 우연히 검사와 변호인이 같은 배심원후보자를 기피신청하는 경우도 생길 수 있는데 이 경우 상대방이 먼저 무이유부기피신청권을 행사해 주면 한번의 무이유부기피신청권을 절약할 수 있다.

배심원선정절차에서는 라운드가 반복되는데 그때마다 같은 질문을 반복하게 되고 추첨되지 않은 배심원후보자들도 방청석에서 질문과 답변을 모두 듣고 있다. 따라서 라운드마다 같은 질문을 하는 것보다는 질문을 변형하는 것이 배심원의 솔직한 답변을 끌어내는데 도움이 된다.

배심원선정절차를 위하여 배심원후보자들이 답변한 질문표를 검토하고 질문과 평가표를 준비하더라도 실제 배심원선정기일에 직접 배심원후보자를 보면 그 인상과 태도 때문에 평가가 완전히 뒤바뀌는 경우가 적지 않다. 이러한 배심원들의 인상과 태도를 통칭하여 비언어적 의사표현형식이라고 하는데 시각적 단서와 청각적 단서로 구분하여, 전자에 속하는 것으로 신체의 움직임, 몸의 자세, 몸의 방향, 고의적이지 않은 상징행동, 어깨를 으슥거림, 눈 마주침, 얼굴표정이 있고, 후자에 속하는 것으로 말 끊김, 우물쭈물하는 말, 높은 어조, 말의 양, 말의 속도, 목소리 어조, 부자연스러운 웃음, 단어 선택이 있다.[170] 구체적으로 배심원후보자가 질문하는 검사나 변호인의 얼굴을 응시하는지 여부, 자신의 의견을 밝히는 태도, 검사나 변호인이 반문하였을 때 당황하거나 흥분하는지 여부, 검사나 변호인의 질문에 관심을 기울이는지 여부, 답변할 때 주변을 두리번거리는지 여부 등을

170) 제프리 T. 프레더릭, 이은로 옮김, "배심원 선정 : 배심단 구성의 이론과 실제", 한울, 2008, 76면 및 87면.

살핀다.

사전에 검토하는 정보도 중요하지만 배심원선정기일에 배심원후보자를 직접 대면하고 받는 인상과 태도는 더욱 중요하다. 배심원들은 변호인이 쓴 서류를 보고 재판하는 것이 아니라 변호인이 변론하는 것을 직접 보고 듣고 평결을 하기 때문에 배심원을 선정할 때에는 변호인의 말을 경청하는 사람이 배심원이 되도록 할 필요가 있다.

질문과 답변이 끝나면 평가표 및 현장에서 받은 인상과 태도를 종합하여 기피신청을 할 배심원후보자를 정해야 하는데 이때 주어지는 시간은 불과 몇 분에 불과하다. 충분한 경험과 연습이 필요하고, 순발력과 직관력이 필요한 경우가 많다.

추첨된 배심원후보자 중에서 직권이나 이유부기피신청을 통하여 배심원불선정결정을 할 대상자가 없고, 검사나 변호인에게 무이유부기피신청권이 남아 있지 않거나 무이유부기피신청권을 행사하지 않으면 현재 배심원석에 있는 배심원후보자가 배심원 및 예비배심원으로 확정된다. 법원은 배심원 및 예비배심원이 확정된 후에 예비배심원을 무작위의 방법으로 선출하여 배심원 및 예비배심원을 선정하는데 이로써 배심원선정절차는 종결된다.

제 5 장

공판절차

››› 제1절 모두절차 ‹‹‹

Ⅰ. 국민참여재판 모두절차의 특징

1. 국민참여재판 공판기일 의의

일반적인 공판기일의 절차는 모두절차와 사실심리절차 및 판결선고절차로 나누어진다[1]. 모두절차는 피고인에 대한 진술거부권 고지, 검사의 모두진술, 피고인과 변호인의 모두진술, 재판장의 쟁점정리 및 검사와 변호인의 증거관계에 관한 진술로 이루어진다.

국민참여재판에서는 배심원이 존재하므로 모두 절차에 배심원을 위한 절차가 추가된다. 배심원과 예비배심원의 출석, 배심원과 예비배심원의 선서, 재판장의 모두 설명, 간이공판절차 규정의 배제, 통상절차 회부 등이다.

2. 국민참여재판 공판기일 진행의 특징

(1) 연속기일 지정과 변론종결기일의 선고

공판준비절차를 거쳐 배심원 선정 기일을 진행한 뒤에는 공판절차에 들어가게 된다. 재판장은 특별한 사정이 없는 한 배심원 선정기일이 종료된 후 연속하여 제1회 공판기일이 진행되도록 기일을 지정하여야 한다.[2] 여기서 특별한 사정이란

1) 이재상, "신형사소송법", 박영사, 2010, 제445면.
2) 『국민의형사재판참여에관한규칙』 제29조.

사건이 언론에 널리 보도된 경우라서 사건에 대한 선입견 때문에 배심원 선정 절차에서 이유부 기피로 불선정되는 배심원이 많아 배심원 선정 절차에 오랜 시간이 걸릴 것으로 예상되거나 그 밖의 경우로 선정을 하루 안에 끝낼 수 없을 것으로 판단되는 경우이다.[3] 실제 재판에서 위와 같은 특별한 사정이 없는 경우에는 오전 9시 또는 오전 10시에 배심원 선정기일을 지정하고 점심식사 후 같은 날 14시에 제1회 공판기일을 지정하여 진행한다.

만약 1회의 공판기일로 사실심리절차를 모두 끝낼 수 있는 사건이라면 하루 동안에 배심원 선정부터 판결선고까지의 절차가 모두 이루어지게 된다. 이러한 특징은 배심원의 부담을 최소화하기 위한 것이다. 『국민의 형사재판 참여에 관한 법률』은 제48조 제1항에서 판결의 선고는 변론을 종결한 기일에 하여야 한다고 규정하고 있어서 국민참여재판은 즉일선고를 원칙으로 한다. 실제로 많은 경우의 국민참여재판이 배심원없이 재판부, 검찰, 변호인과 피고인만으로 진행되는 공판준비절차를 2, 3회 진행 후 배심원이 실제로 참여하는 공판기일에 이르러서는 되도록 하루안에 재판이 선고까지 이루어지고 있다. 위와 같이 규정한 이유는 즉일선고하지 않는 경우 배심원 평의절차의 결과가 외부에 알려질 가능성이 있기 때문이라고 한다.[4] 다만, 특별한 사정이 있는 때에는 따로 선고기일을 지정할 수 있는데 이 경우도 선고기일은 변론종결 후 14일 이내로 정하여야 한다.[5]

(2) 공판기일 및 공판정 외에서의 검증, 증인신문 등 통지

국민참여재판 중 법정외 증거조사가 이루어지는 경우가 있다. 예를 들면 증인이 입원중이어서 병원에서 증인신문이 이루어진다거나 사건 현장검증이 이루어지는 경우이다. 이 경우에도 배심원과 예비배심원은 공판정 외의 검증, 증인 신문 등에 출석할 의무가 있다.[6] 배심원이 출석하지 않은 상태에서 증거조사를 하는 것은 배심재판의 이념에 반하고 배심원이 제대로 평결을 할 수 없게 만들기 때문이다. 법정외에서 증거조사가 이루어 질 경우 법원은 공판정 외의 증거조사기일의

3) 법원행정처, "국민참여재판의 이해", 2007년, 45면.
4) 법원행정처, "국민참여재판의 이해", 2007년, 140면.
5) 『국민의 형사재판 참여에 관한 법률』 제48조.
6) 『국민의 형사재판 참여에 관한 규칙』 제36조 제1항.

일시와 장소를 배심원과 예비배심원에게 통지해야 한다.

(3) 심리의 필요적 속기 · 녹취

국민참여재판에서 특별한 사정이 없는 한 법원은 신청이 없더라도 공판정에서의 심리를 속기사로 하여금 속기하게 하거나 녹음장치 또는 영상녹화장치를 사용하여 녹음 또는 영상녹화하여야 한다.[7] 변호인은 비용을 부담하고 속기록 · 녹음테이프 또는 비디오테이프의 사본을 청구할 수 있다. 검사와 피고인도 마찬가지이다. 일반 형사재판의 경우 법원은 검사, 피고인 또는 변호인의 신청이 있는 때에 특별한 사정이 없는 한 공판정에서의 심리의 전부 또는 일부를 속기사로 하여금 속기하게 하거나 녹음장치 또는 영상녹화장치를 사용하여 녹음 또는 영상녹화하여야 하며, 필요하다고 인정하는 때에 직권으로 이를 명할 수 있다.[8]

국민참여재판에서 심리 녹음파일 또는 녹화파일은 일반재판보다 더욱 중요한 의미를 가진다. 예를 들어 1심을 국민참여재판으로 진행한 경우, 재판장이 배심원에 대해 변론 종결된 후 공소사실의 요지와 적용법조 · 피고인 주장의 요지 · 증거능력 등 유의할 사항을 설명하여야 하고[9] 재판장이 설명의무 있는 사항을 설명하지 않은 경우에는 절차 위법이 되어 원칙적으로 판결 파기 사유가 된다.[10] 이 때 국민참여재판에 대해 절차 위반을 이유로 항소할 경우 1심 재판 과정의 영상녹화 또는 녹음파일은 항소심에서 중요한 증거가 된다.

3. 국민참여재판 공판기일의 유의점

(1) 배심원 배려 원칙

『국민의 형사재판 참여에 관한 규칙』 제28조는 배심원에 대한 배려 원칙을 규정하고 있다. 판사, 검사 및 변호인은 신속하고 이해하기 쉽게 심리를 진행하여 배심원과 예비배심원의 부담을 최소화하도록 노력하여야 한다[11].

---

7) 『국민의 형사재판 참여에 관한 법률』 제40조.
8) 『형사소송법』 제56조의 2 제1항.
9) 『국민의 형사재판 참여에 관한 법률』 제42조 제2항.
10) 대법원 2014. 11. 13. 선고 2014도8377판결.
11) 『국민의 형사재판 참여에 관한 규칙』 제28조.

판사, 검사 및 변호인은 신속하고 이해하기 쉽게 심리를 진행하여 배심원과 예비배심원의 부담을 최소화하도록 노력하여야 하는데 그 이유는 국민참여재판에 참여하는 배심원들은 비법률가로서 생업에 종사하고 있으며 건강, 나이 및 교육정도가 다양하기 때문이다. 이러한 국민참여재판의 특성상 배심원들의 수고를 줄일 수 있는 다양한 노력이 있어야 한다. 예를 들면 구두변론만 하기 보다는 프레젠테이션 프로그램인 파워포인트 등을 이용한 브리핑 형식으로 변호인과 검사가 법정진술을 하는 것이다. 증거조사절차에서도 실제 사용된 흉기를 배심원에게 제시하거나 사건 발생 직후의 현장 사진을 보여주거나, 범행현장을 아예 현장에서 보는 듯이 생생하게 360도 각도의 동영상으로 전체적으로 촬영하여 제시하는 등의 노력이 필요하다.[12)]

(2) 피고인과 피해자의 신상 정보 보호

국민참여재판에서 피고인은 다수의 배심원들에게 얼굴과 목소리 등을 모두 노출하게 된다. 피해자가 증인으로 출석하는 경우 피해자도 마찬가지이다. 그런데 만약 사건이 성범죄인 경우 또는 특별히 초상권보호 필요성이 있는 경우, 피고인이 무죄 주장하면서 얼굴 노출을 원하지 않는 경우에는 피고인이나 피해자의 얼굴을 가릴 필요가 있다. 이 때 법정에 비치된 차단막을 활용하고 차단막이 적절히 준비되도록 미리 신청한다. 차단막은 일반적으로 피고인석 또는 증인석과 배심원석 사이에 설치되는데, 피고인석 바로 앞이나 증인석 바로 앞에 설치하고 크기는 의자에 앉은 사람을 가릴 정도의 크기이다. 그러나 차단막으로 피고인을 가릴 경우 피고인이 배심원과 얼굴을 마주하지 못하게 되는데 이것이 과연 유리할지 여부를 미리 판단하여야 한다. 국민참여재판에서는 피고인의 표정과 진실한 태도

---

12) 실제 재판에서 피고인이 피해자로부터 구타를 당하다가 평소 가지고 다니던 작업용 칼을 피해자의 목에 들이대어 살인미수죄로 기소된 사건에서 국민참여재판을 실시하던 중, 사진을 제시하여 좋은 결과를 얻은 사례가 있다. 현장의 내리막 정도가 매우 심하다는 점, 피고인과 피해자의 키 차이가 크다는 점, 피해자 목에 난 상처의 모양 등을 모두 배심원들에게 다양한 사진으로 제시하였다. 내리막 길에서 키 차이가 큰 피고인이 위에서 날카로운 칼을 피해자 목에 대었음에도 큰 상처가 나지 않은 점을 밝혀, 살인고의는 없었다는 점을 중점적으로 주장한 결과 배심원 평결과 선고에서 살인미수는 무죄로 평의되고, 흉기상해의 점만 유죄가 되었다. 또다른 실제 재판의 예로, 버스 뒷자리에서 버스가 회전할 때 몸의 중심을 잃고 여성의 허벅지 사이에 피고인의 손이 들어갔는데 강제추행죄로 기소된 사건의 국민참여재판에서, 피고인이 고의로 손을 넣지 않은 점을 입증하기 위하여 버스가 그 지점을 돌 때 회전력이 매우 크다는 점을 각종 동영상으로 촬영하여 제시하기도 하였다.

또한 배심원들의 심증에 많은 영향을 주기 때문이다. 피해자에 대해 차단막을 설치한 뒤 증인 신문하는 경우에도 마찬가지로 피고인에게 불리하지 않은지 판단하여 의견을 미리 밝혀야 한다. 예를 들어 데이트 강간 사건에서 피고인은 합의하에 성관계하였다고 무죄 주장하고 피해자는 강간당하였다고 주장하고 있는데 아무런 목격자나 다른 명확한 증거가 없고 피해자의 진술이 가장 중요한 증거인 사건이라면 피해자의 진술이 진실인지 여부가 중요한 쟁점이 된다. 일반적으로 증언의 신빙성은 증언의 내용뿐만 아니라 피해자가 증언할 때의 불안한 표정과 태도 등으로도 판별이 된다. 그러므로 준비절차에서 성폭력 사건이라 하여 검사가 피해자 보호 조치로 차단막 설치를 신청하는 경우 변호인은 차단막 설치가 실체진실 발견을 방해한다는 이유로 반대의견을 밝혀야 할지 검토할 필요가 있다.

Ⅱ. 공판의 개시

1. 착석 절차

(1) 법정의 배치

일반 형사 재판은 판사・검사・변호인・피고인이 출석하여 개정하고, 이 때 판사석을 중심으로 하여 검사석과 피고인 및 변호인석은 양 옆쪽으로 대등하게 마주 보고 위치한다. 그러나 국민참여재판의 경우 배심원단석이 있으므로 일반적인 경우와 법정의 배치가 다르다. 검사석과 피고인 및 변호인석은 대등하게 마주 보고 위치하고 배심원과 예비배심원석은 판사석을 중심으로 하여 왼쪽에 위치한다. 증인석은 재판장을 기준으로 오른쪽에 배심원과 예비배심원을 마주 보고 위치한다.

(2) 배심원과 예비배심원의 착석

1) 배심원 호명 방식

법원은 배심원과 예비배심원에게 번호를 부여하여 그 순서에 따라 착석하도록 한다.[13] 배심원과 예비배심원은 "0번 배심원"이라는 번호로만 호칭된다. 공판조서에도 법원이 배심원과 예비배심원에게 부여한 번호와 그 출석 여부를 기재한다. 배심원과 예비배심원은 추첨을 통해 본인의 배심원 번호가 호명이 되면 호명 순서에 따라 배심원 좌석 번호에 착석한다. 법원은 필요하다고 인정되는 경우에는 변론이 종결될 때까지 배심원과 예비배심원을 따로 구분하지 않을 수 있다. 일반적으로 예비배심원은 모든 심리절차가 끝난 뒤 평의 직전에야 "0번 배심원은 예비배심원입니다"라고 고지하여 알려주게 되는데, 이는 예비배심원이라 하여 심리에 소홀함이 없이 임하도록 하기 위함이다. 실제로 배심재판은 하루 종일 계속되므로 심리 중에 배심원이 배탈이 난다거나 지병이 있는 경우 귀가를 요청하는 경우가 있고 그 경우 예비배심원이 배심원이 되므로 예비배심원은 중요한 역할을 한다.

2) 배심원과 예비배심원의 입정

『국민의 형사재판 참여에 관한 법률』 제39조 제1항은 공판정은 판사 · 배심원 · 예비배심원 · 검사 · 변호인이 출석하여 개정한다고 규정한다. 일반 형사재판은 판사가 입정하여 사건을 호명하면 불구속 재판의 경우 방청석에서 대기하던 변호인과 피고인이 동시에 변호인석과 피고인석으로 나가 착석하고, 구속 재판의 경우 변호인은 방청석에서 나와 착석하고 피고인은 대기실에서 나와 착석한다. 그러나 국민참여재판에서는 배심원과 예비배심원이 먼저 입정하여 있다가 판사가 입정시 기립한다. 그 뒤 피고인과 변호인이 입정한다. 입정 순서는 배심원, 판사, 피고인 순이 된다.[14]

(3) 피고인의 복장

피고인이 미결수용중인 경우 재판에 참석할 때 사복을 착용할 수 있으므로 필요시 사복을 착용하도록 한다.[15] 피고인이 교정시설에서 지급하는 의류를 입고 재판받는 모습은 배심원에게 피고인이 범죄를 저질러 구속되었다는 선입견으로 작용할 수 있다. 한편 국민참여재판에서 교정시설에서 지급하는 의류를 입은 모습

---

13) 『국민의 형사재판 참여에 관한 규칙』 제30조.
14) 법원행정처, "국민참여재판의 이해", 2007년, 87면.
15) 『형의 집행 및 수용자의 처우에 관한 법률』 제82조 (사복착용).

이 배심원의 동정심을 유발하므로 오히려 피고인에게 유리하다는 반대 의견도 있다. 법원은 공판준비기일 등에서 재판장이 변호인을 통하여 피고인의 사복 착용을 권유하도록 하고 있다.[16]

2. 배심원과 예비배심원 선서

(1) 선서의 내용

판사, 검사, 피고인, 변호인, 배심원이 자리에 위치하고 나면 배심원과 예비배심원은 법률에 따라 공정하게 그 직무를 수행할 것을 다짐하는 취지의 선서를 하여야 한다.[17]

일반 형사재판에서는 피고인에 대한 진술거부권 고지가 첫 번째 순서이지만 국민참여재판에서는 재판장은 피고인에게 진술거부권을 고지하기 전에 배심원과 예비배심원으로 하여금 배심원 선서를 하도록 하고, 『국민의 형사재판 참여에 관한 법률』 제42조 제2항에 따른 배심원과 예비배심원의 권한 · 의무 · 재판절차, 그 밖에 직무수행을 원활히 하는 데 필요한 사항을 설명하여야 한다.[18]

배심원 선서의 양식

배심원 선서

본 배심원들은 이 재판에 있어서 사실을 정당하게 판단할 것과 재판장이 설명하는 법과 증거에 의하여 진실하게 평결할 것을 엄숙히 선서합니다.

2000. . .

배심원 ○○○

16) 법원행정처, "국민참여재판의 이해", 2007년, 87면.
17) 『국민의 형사재판 참여에 관한 법률』 제42조 제1항.
18) 『국민의 형사재판 참여에 관한 규칙』 제35조.

(2) 선서 거부의 효과

배심원과 예비배심원이 선서를 거부하면 해임사유가 된다.[19] 정당한 사유없이 선서를 거부하면 과태료 부과 사유가 된다.[20]

3. 재판장의 설명

(1) 종류

국민참여재판에 특유한 절차로 재판장의 설명절차가 있다. 『국민의 형사재판 참여에 관한 법률』에는 두 번의 재판장 설명이 규정되어 있다. 재판 시작 직후에 배심원 선서를 한 뒤 이루어지는 재판장 설명과 변론 종결 후 이루어지는 재판장 설명이다. 이를 법원 행정처의 법원해설서에서는 재판장 모두설명, 재판장 최종설명이라고 부르며 구별하고 있다.[21]

(2) 모두 설명

1) 의의

재판장은 배심원과 예비배심원에게 배심원과 예비배심원의 권한·의무·재판절차 그 밖의 직무 수행을 원활히 하는데 필요한 사항을 설명하여야 한다.[22] 모두 설명 시기는 배심원과 예비배심원이 입장하여 법률에 따라 공정하게 그 직무를 수행할 것을 다짐하는 취지의 선서를 하고 난 직후이다. 재판장의 모두 설명은 재판절차에 익숙하지 않은 배심원과 예비배심원을 배려하는 차원에서 『국민의 형사재판 참여에 관한 규칙』 제35조 제1항에 따라 피고인에게 진술거부권을 고지하기 전에 이루어지는 것이다.

배심원으로 선발된 국민들은 낯선 소송절차와 법률용어로 어려움을 겪게 된다. 재판장의 모두 설명은 비법률가인 배심원들에게 공판 절차와 사건의 주요 쟁점, 재판 절차에 대한 법률원칙을 공판 시작전에 설명하는 절차이다. 또 배심원들이

---

19) 『국민의 형사재판 참여에 관한 법률』제32조 제1항 제1호.
20) 『국민의 형사재판 참여에 관한 법률』제60조 제1항 제2호.
21) 법원행정처, "국민참여재판의 이해", 2007년, 88면.
22) 『국민의 형사재판 참여에 관한 법률』제42조 제2항.

법에 정해진 의무를 위반하여 불이익을 당하지 않도록 배심원의 실질적 직무가 시작되기 전에 그 유의사항을 설명하는 절차이기도 하다.

2) 내용

모두 설명의 내용은 배심원과 예비배심원의 권한·의무, 재판절차 그 밖의 직무 수행을 원활히 하는데 필요한 사항이다. 첫 번째 설명대상인 배심원과 예비배심원의 권리와 의무는 다음과 같다. 재판장은 배심원이 피고인·증인에 대하여 필요한 사항을 신문하여 줄 것을 재판장에게 요청하는 행위를 할 수 있다는 점과 필요하다고 인정되는 경우 재판장의 허가를 받아 각자 필기를 하여 이를 평의에 사용하는 행위를 할 수 있다는 점을 설명한다. 재판장은 배심원이 심리 도중에 법정을 떠나거나 평의·평결 또는 토의가 완결되기 전에 재판장의 허락 없이 평의·평결 또는 토의 장소를 떠나는 행위, 평의가 시작되기 전에 당해 사건에 관한 자신의 견해를 밝히거나 의논하는 행위, 재판절차 외에서 당해 사건에 관한 정보를 수집하거나 조사하는 행위, 국민참여재판에 관한 법률에서 정한 평의·평결 또는 토의에 관한 비밀을 누설하는 행위를 하여서는 아니 된다는 점을 설명한다.[23] 이를 위반할 경우 『국민의 형사재판 참여에 관한 법률』 제32조에 따라 해임될 수 있다는 점을 설명한다. 배심원 유의 사항에 대한 재판장의 구체적 설명사항은 아래와 같다.[24]

○ 배심원 상호간 또는 다른 누구와도 사건에 대하여 이야기하지 말 것
○ 평의에 들어가기 전까지 사건에 관한 자신의 견해를 밝히거나 의논하지 말 것
○ 재판절차 외에서 사건에 관한 정보를 수집하거나 조사하지 말 것. 구체적으로는 신문, 방송 등 언론에 보도된 당해 사건 기사를 읽지 말 것, 범죄장소 또는 사건 관련 장소를 방문하거나 조사하지 말 것
○ 누구라도 배심원 직무에 부당한 영향을 미치려고 하는 어떠한 시도를 알게 된 경우에는 즉시 법원에 그 사실을 알릴 것
○ 심리 도중 법정을 떠나거나 평의, 평결 또는 토의가 완결되기 전에 재판장의 허락 없이 평의, 평결 또는 토의 장소를 떠나지 말 것

---

23) 『국민의 형사재판 참여에 관한 규칙』 제35조.
24) 법원행정처, "국민참여재판의 이해", 2007년, 88면.

두 번째로 재판장은 재판절차 그 밖의 직무 수행을 원활히 하는데 필요한 사항을 설명한다. 그 밖의 직무 수행을 원활히 하는데 필요한 사항은 사건의 주요 쟁점, 재판절차에 대한 법률원칙 및 국민참여재판의 의의·절차, 판사와 검사 및 변호사의 역할, 피고인의 권리 등이다.[25] 이러한 설명은 이 후 검사와 변호인의 모두 진술과 중복될 수 있는 점을 고려하여 간략히 이루어지는 것이 일반적이다. 재판장의 사건 주요 쟁점 설명은 공소사실이 무엇인지와 적용되는 법조문의 내용이 무엇인지, 주요쟁점이 무엇인지에 대한 것이다. 재판절차에 대한 법률원칙은 형사소송법의 증거법을 말하는데 증거와 소송관계인 의견 진술의 차이, 직접증거와 간접증거의 차이, 입증책임이 검사에게 있다는 점 등을 되도록 쉽고 간략히 설명한다.[26] 실제 재판에서는 간단한 안내 책자를 배심원들에게 배부하고, 재판장이 이를 구두로 설명하고 있다.

그러나 최초 설명은 배심원을 위해 이루어지는 것이고 피고인의 진술거부권 고지 전에 이루어지는 것이므로 설명의 대상에는 검사가 아직 공소장에 의해 낭독하지 않은 공소사실 등은 포함되지 않는다. 판례도 같은 입장인데[27] 대법원은 제1심 재판장이 최초 설명 당시 예비적 공소사실에 대해 설명하지 아니하였더라도 재판장의 최초 설명의무 위반이 아니라고 보고 관계 법령 위반이 없다고 판시하였다.

3) 변호인 · 피고인 또는 검사의 요청

실제 재판에서 변호인·피고인 또는 검사는 특별히 재판장이 배심원에게 설명하여 줄 필요가 있다고 판단되는 사항에 대해 서면으로 공판 전 준비기일에 미리 설명 요청할 수 있다.

(3) 최종 설명

1) 의의

재판장은 변론이 종결된 후 법정에서 배심원에게 공소사실의 요지와 적용법조,

25) 법원행정처, "국민참여재판의 이해", 2007년, 88면.
26) 법원행정처, "국민참여재판의 이해", 2007년, 89면.
27) 대법원 2014. 11. 13. 선고 2014도8377 판결.

피고인과 변호인 주장의 요지, 증거능력, 그 밖에 유의할 사항에 관하여 설명하여야 한다.[28] 이 경우 필요한 때에는 증거의 요지에 관하여 설명할 수 있다. 이를 재판장의 최종설명이라 한다.[29] 재판장의 최종 설명은 배심원이 올바른 평결에 이를 수 있도록 지도하고 조력하는 기능을 담당하는 것이다. 배심원의 평결 직전에 권위있는 재판부에 의한 설명이 이루어지는 것이라서 실제로 가장 많은 영향을 미칠 수 있는 만큼 변호인은 잘 듣고 재판장의 최종 설명에 대해 혹시 배심원이 오해할 만한 부분이 있다면 즉석에서 수정 설명을 하여 줄 것을 요구하여야 한다. 예를 들면 재판장이 유죄 심증을 드러내거나 중요한 증거능력에 대한 배제 설명 등을 빠뜨리는 경우 등이다.

2) 내용

재판장이 『국민의 형사재판 참여에 관한 법률』 제46조 제1항에 따라 배심원에게 그 밖에 유의할 사항에 관한 설명을 할 때에는 다음의 내용을 포함하여야 한다. 「형사소송법」 제275조의2에 규정된 피고인의 무죄추정, 제307조 증거재판주의, 제308조 자유심증주의의 원칙, 피고인의 증거제출 거부나 법정에서의 진술 거부가 피고인의 유죄를 뒷받침하는 것으로 해석될 수 없다는 점, 「형사소송법」 제2편 제3장 제2절의 각 규정에 의하여 증거능력이 배제된 증거를 무시하여야 한다는 점, 심리 도중에 법정을 떠나거나 평의·평결 또는 토의가 완결되기 전에 재판장의 허락 없이 평의·평결 또는 토의 장소를 떠나는 행위와 이 법에서 정한 평의·평결 또는 토의에 관한 비밀을 누설하는 행위를 해서는 안된다는 배심원 의무, 평의 및 평결의 방법, 배심원 대표를 선출하여야 하는 취지 및 선출 방법이다.[30]

3) 변호인 · 피고인 또는 검사의 요청권

검사·피고인 또는 변호인은 재판장에게 당해 사건과 관련하여 설명이 필요한 법률적 사항을 특정하여 재판장의 최종 설명에 포함하여 줄 것을 서면으로 요청

28) 『국민의 형사재판 참여에 관한 법률』 제46조 제1항.
29) 대법원 2014. 11. 13. 선고 2014도8377 판결.
30) 『국민의 형사재판 참여에 관한 규칙』 제37조.

할 수 있다.[31] 만약 국민참여재판 당일 증거조사 진행 중에 재판장의 설명 필요성이 생겼는데 하루만에 증거조사가 끝날 것이 예상되는 사건이라 즉일 선고가 예정되어 있다면 재판 중에라도 반드시 재판장에 대한 설명 요청권을 행사해야 한다. 예를 들어 증거조사 중 검사가 증거능력이 배제된 참고인 진술이 담긴 수사보고서와 같은 증거자료를 참고자료 형식으로 제시하여 배심원들에게 그 자료의 내용이 노출되어 버린 경우, 변호인의 즉시 이의에도 불구하고 이미 자료의 내용을 보았기 때문에 내용을 알지만 배심원들은 그 내용을 평결시에 유무죄 또는 양형의 자료로 사용해서는 안 된다. 이 점은 증거법에서 중요한 사항이지만 비법률가인 배심원들은 알기 어렵다. 따라서 재판장이 최종 설명에서 그 참고자료를 특정하여 배심원들에게 그 자료는 배제하고 평의 판단해야 한다는 점을 설명할 필요가 있다. 변호인은 이러한 내용의 재판장 설명을 서면으로 요청해야 할 것이고 서면을 작성할 시간과 공간이 없다면 구두로 요청해야 할 것이다.

재판장 설명 요청서 양식

재판장 설명 요청서

사 건 20 00고합00
피고인 이 0 0

위 피고인의 변호인은 다음 법률적 사항을 재판장 설명에 포함하여 줄 것을 요청합니다.

다 음

첨부 서류

200 . . .
피고인의 변호인
변호사 조 ○○ (인)

○ ○ 지방법원 귀중

31) 『국민의 형사재판 참여에 관한 규칙』 제37조 제2항.

4) 위반의 효과

재판장이 최종 설명에서 설명의무가 있는 예비적 공소사실에 관한 사항을 설명하지 않은 것은 원칙적으로 위법하다. 다만 종합하여 피고인의 국민참여재판을 받을 권리가 본질적으로 침해되었다고 보기 어려운 경우에는 소송행위를 무효로 하지는 않는다.

대법원은 2014. 11. 13. 선고 2014도8377판결 살인미수 국민참여재판사건에서 재판장이 최종 설명할 때 『국민의 형사재판 참여에 관한 법률』 제46조 제1항, 『국민의 형사재판 참여에 관한 규칙』 제37조 제1항에 따라 설명의무가 있는 예비적 공소사실에 관한 사항을 설명하지 않은 것은 원칙적으로 위법한 조치라고 보면서도 다만 공판 과정에서 검사와 변호인의 모두진술로 예비적 공소사실이 모두 드러난 상태이고 재판장의 설명이 없더라도 배심원들이 이해할 수 있을 것으로 보이는 점 및 피고인 등 당사자가 재판 당일 아무런 이의를 제기하지 않은 점 등을 들어 종합하여 피고인의 국민참여재판을 받을 권리가 본질적으로 침해되었다고 보기는 어려우므로 소송행위를 무효로 할 정도로 판결에 영향을 미친 위법이라고 보기는 어렵다고 판시하였다.

2014. 11. 13. 선고 2014도8377판결 살인미수 국민참여재판사건 제1심은 “피고인이 술을 마시다가 피해자를 살해하기 위해 과도로 피해자의 복부를 5cm깊이로 찔렀으나 피해자에게 4주 이상의 상해를 가하는 것으로 미수에 그쳤다”라는 주위적 공소사실에 대해 공소가 제기된 이후 피고인이 국민참여재판을 원하는 의사를 제출하여 국민참여재판의 공판준비기일이 열린 가운데 피고인이 자신은 피해자를 칼로 찌른 적이 없다고 주장함에 따라 제1심 재판장이 사건의 쟁점을 ‘피고인이 자신의 일행인 공소외인에게 칼을 빼앗겼는지’와 ‘피해자가 칼에 찔리게 된 경위’로 정하였다. 검사가 공판준비기일 종결 후 예비적 공소사실로 “피고인이 과도로 피해자를 찔러 상해를 가하였다”는 내용의 폭력행위 등 처벌에 관한 법률 위반(집단 · 흉기등상해)죄의 공소사실을 추가하는 공소장 변경 허가 신청이 있었다. 국민참여재판으로 열린 제1회 공판기일에서 재판장은 최초 설명으로 주위적

공소사실의 요지를 말한 다음 위 두 가지 쟁점만을 설명하였다. 이후 같은 날 증인신문, 피고인신문, 최종 의견 진술 등에서 피고인이 칼로 찌른 사실이 인정되는지 여부가 주로 심리되었고 예비적 공소사실의 내용, 양형 조건은 특별히 심리되지 않았다. 변호인도 공판 절차에 대해 이의가 없다고 진술하였다. 이 후 재판장은 최종 설명을 하면서 공소사실의 요지는 생략하고 주위적 공소사실만이 기재된 배심원설명서에 의해서 설명하였으며 예비적 공소사실의 구체적인 양형 조건 등에 관하여는 설명하지 않았다. 그 결과 배심원들은 주위적 공소사실에 관해 유죄평결을 내리고 징역 2년 6월(4명), 징역 3년(4명), 징역 4년(1명)의 양형의견을 밝혔으며 제1심은 주위적 공소사실을 유죄로 인정하고 징역 3년의 형을 선고하였다. 이에 대해 제2심은 제1심에서 특별한 배제 결정없이 예비적 공소사실에 대해 국민참여재판절차를 진행하지 않아서 피고인의 국민참여재판을 받을 권리의 실질적인 부분을 침해한 위법한 조치이기 때문에 그 공판절차의 소송행위는 무효라고 판단한 다음 제1심이 다시 국민참여재판을 할 필요가 있다는 이유로 제1심 판결을 파기하고 사건을 다시 제1심 법원에 환송하는 판결을 선고하였다. 그러나 대법원은 재판장이 최종 설명때 공소사실에 관한 설명을 일부 빠뜨렸거나 미흡하게 한 잘못이 있다고 하더라도 이를 두고 그 전까지 절차상 아무런 하자가 없던 소송행위 전부를 무효로 할 정도로 판결에 영향을 미친 위법이라고 쉽게 단정할 일은 아니라고 보고 제2심을 파기환송하였다.

4. 진술거부권의 고지와 인정신문

국민참여재판에서 피고인은 진술하지 아니하거나 개개의 질문에 대하여 진술을 거부할 수 있는 진술거부권이 있음은 물론이다.[32] 다만 비법률가인 일반 국민인 배심원의 시선에서는 진술거부권 행사가 자칫 유죄심증으로 이어질 우려가 있으므로 주의해야 한다. 재판장은 피고인에게 진술을 거부할 수 있는 권리가 있다는 점과 진술거부권을 포기하고 진술할 수 있다는 점 및 그 진술은 유죄의 증거로 사용될 수 있다는 사실을 고지한다. 진술거부권 고지 후 재판장은 피고인의

---

32) 『형사소송법』 제283조의 2.

성명, 연령, 등록기준지, 주거와 직업을 물어서 피고인임이 틀림없음을 확인하는 인정신문을 한다. 인정신문 뒤에 재판장은 피고인에게 주소 변동이 있을 때는 법원에 신고하여야 하고 소재가 확인되지 않을 때에는 그 진술없이 재판할 수 있다는 취지를 고지하여 진술거부권 고지 등 절차가 마무리된다.

Ⅲ. 모두진술

1. 국민참여재판 모두진술의 방식

(1) 모두진술 내용

모두진술은 검사의 모두진술과 피고인·변호인의 모두진술 순으로 이루어진다. 재판장은 피고인의 모두 진술이 끝난 뒤 피고인 또는 변호인에게 쟁점의 정리를 위해 필요한 질문을 할 수 있다[33]. 재판장이 쟁점을 정리하는 것이다.

형사소송법에 따라 검사는 공소장에 의하여 공소사실 · 죄명 및 적용법조를 낭독하여야 한다. 또한 피고인은 검사의 모두진술이 끝난 뒤에 공소사실의 인정 여부를 진술할 수 있고 인정여부에는 공소사실 중 인정하는 사실과 인정하지 않는 사실, 유무죄의 인정여부, 이를 입증하기 위한 변호인과 피고인의 입증계획, 이익이 되는 사실이 포함된다.[34]

(2) 프레젠테이션(Presentation)방식의 사용

국민참여재판에서 모두진술은 배심원들에게 잘 전달될 수 있는 방향으로 이루어져야 한다. 그러므로 실제 재판에서 검찰과 변호인 모두가 파워포인트(PowerPoint) 프로그램과 같은 프레젠테이션 도구를 활용하고 있다.

모두절차 진술을 할 때 중요한 점은 배심원들을 향해 강의하듯 잘 설명하는 태도이다. 먼저 “배심원 여러분 바쁘신 와중에도 재판에 참석해 주셔서 감사합니다. 이 사건은 피고인에게 중요한 일입니다. 부디 잘 듣고 올바르게 판단하여 주시기 바랍니다. 검찰에서는 이 사건에 대해 ...라고 기소하였으나 변호인과 피고인

---

33) 『형사소송법』 제287조 제1항.
34) 『형사소송법』 제286조 제2항, 제287조 제2항.

은 …점은 부인하며 …점은 무죄를 주장합니다. 화면을 보며 자세히 말씀드리겠습니다"는 말로 부드럽게 시작한다. 변호인의 복장, 태도, 표정 등이 모두 변호인과 피고인 진술의 신뢰도에 영향을 끼친다는 점을 잊어서는 안된다.

2. 검사의 모두 진술

(1) 의의

검사의 모두진술이란 검사가 공소장에 의하여 공소사실과 죄명, 적용법조를 낭독하는 것을 말한다.[35] 재판장은 필요하다고 판단시 검사에게 공소의 요지를 진술하게 할 수 있다. 검사의 모두 진술은 사건 개요와 입증의 방침을 낭독해서 법원의 소송지휘를 가능하게 하고 변호인과 피고인에게는 변론의 방향을 뚜렷이 정할 수 있도록 하는 효과가 있어 피고인의 방어권 기회 보장의 의미가 있다.[36] 국민참여재판에서 검사의 모두 진술은 일반 재판에 비해 매우 큰 의미가 있다. 배심원들에게 사건의 내용을 처음으로 자세히 설명하는 것이기 때문이다. 공판중심주의적 법적 심리의 출발점이라 하겠다.[37] 그러므로 국민참여재판의 검사의 모두 진술은 공소장을 낭독할 뿐만 아니라 적용법조의 내용과 적용형량이 무엇인지, 이 사건의 사회적 의미 등 공소제기와 적용법조 선택의 배경, 사안의 중요성, 나아가 법률적 쟁점을 모두 설명한다. 사안이 단순하면서도 동종 범행이 반복되어 범죄일람표로 정리되어 있는 사건의 경우에는 공소장을 그대로 읽지 않고 그 요지만을 간략히 진술하기도 한다. 공소장을 그대로 장시간 낭독하면 국민참여재판에서 배심원들의 집중력만 떨어뜨리는 결과를 가져오기 때문이다.

(2) 주의사항

검사의 모두 진술에서 검사가 유죄 입증에 대한 확신에 찬 나머지 증거나 참고자료 중 준비기일에서 제시되지 않은 자료를 제시하거나, 언급하는 경우가 있는데 부적절하다. 변호인이 즉시 재판장에게 이의제기를 한다.

---

35) 『형사소송법』 제285조.
36) 이재상, "신형사소송법", 박영사, 2011, 제446면.
37) 법원행정처, "국민참여재판의 이해", 2007년, 90면.

(3) 검사 프레젠테이션의 예시

사건의 경중에 따라 검사는 파워포인트 등을 사용하여 30분에서 한 시간 가량의 긴 진술을 하게 된다. 이 때 배심원 앞에 나가 화면을 보면서 파워포인트를 한 장씩 넘겨가며 공소사실의 요지, 적용법조의 내용, 사건의 쟁점, 입증 계획을 설명한다.

3. 변호인의 모두 진술

(1) 의의

피고인은 검사의 모두 진술이 끝난 뒤에 공소사실의 인정 여부를 진술하는데 이를 피고인의 모두진술이라 한다.[38] 필요적 변론사건인 국민참여재판에서는 변호인이 피고인을 대리하여 모두진술을 한다. 사건의 성격에 따라 피고인이 직접 진술할 것인지 협의가 필요하다.

(2) 내용

피고인의 모두진술에서 변호인은 공소사실의 인정 여부를 진술한 후에 공소에 대한 의견, 이익이 되는 사실 등을 진술할 수 있다.[39] 국민참여재판에서 변호인의 모두 진술은 사건의 경중에 따라 30분에서 한시간 가량 진행된다. 검사가 기소한 내용에 대한 인부, 사건의 쟁점에 대한 입장, 부인한다면 사실관계 중 무엇을 부인하는지, 적용법조에 대한 의견, 부인하는 부분을 어떤 증거를 통해 입증할 것인지 증인·서증·물증의 개요, 유죄인정하지만 양형을 다투는 취지라면 양형요소 중 어떤 것을 주장하는지, 양형을 위한 참고자료의 개요 등을 진술한다.

(3) 방식과 주의사항

변호인은 자리에서 일어나 배심원단 앞에 서서 법정에 비치된 실물화상기를 이용하여 대형 화면을 가리키며 자료를 한 장씩 설명한다. 이 때 설명 지점을 특

---

38) 『형사소송법』 제286조 제1항.
39) 『형사소송법』 제286조 제2항.

정할 수 있는 레이저포인터를 사용하는 것이 좋다. 주의점으로 검사의 모두 진술과 겹치는 내용을 지나치게 많이 진술하면 오히려 배심원들의 집중력이 흐려질 우려가 있다. 예를 들면 적용법조를 다시 설명한다거나, 공소사실을 반복하여 설명하는 경우이다. 모두 진술에서 입증계획을 설명하다가 관련 판례를 장황하게 설명하거나 증거에 대한 의견을 설명하는 것은 재판장의 제지를 받을 수 있고 뒤에 나오는 증거의견 제시 절차의 설명과 중복된다. 배심원들의 진술에 대한 주의력을 떨어뜨리는 결과를 가져올 수 있다. 진술할 내용을 전체 재판의 각 파트 별로 잘 안배하는 것이 필요하다. 배심원에 대한 전달력을 높이고 평결때 강한 기억을 남길 수 있다.

››› 제2절 사실심리절차 ‹‹‹

Ⅰ.배심원의 권리와 의무

1. 배심원의 신문요청권

(1) 배심원의 신문요청권의 의의

우리나라 국민참여재판에서 배심원과 예비배심원은 피고인·증인에 대해 필요한 사항을 신문하여 달라고 재판장에게 요청할 수 있다.[40] 이것은 미국과 다른 점이다. 미국의 경우 배심원의 신문요청이 재판의 원활한 재판 진행을 방해한다는 이유로 불허하고 있다.[41]그러나 우리나라의 경우도 직접 배심원이 피고인이나 증인에게 신문하는 것이 아니고 재판장에게 요청하여 재판장이 신문을 하는 방식으로 허용하고 있다.

(2) 요청방식 및 요청시기

배심원의 신문요청은 서면에 의하여야 한다.[42] 시기는 피고인신문이나 증인신

40)『국민의 형사재판 참여에 관한 법률』 제41조 제1항 제1호
41) 법원행정처, “국민참여재판의 이해”, 2007년, 95면.

문이 끝난 뒤에 할 수 있다. 배심원은 다수인데 검사와 변호인의 피고인신문이나 증인신문 중에 갑작스럽게 신문요청을 하는 경우 재판이 방해될 수 있기 때문이다. 실제로 배심원 중에는 갑작스럽게 끼어들어 증인에게 질문을 하는 경우가 있는데, 재판에 몰입하여 그런 것이므로 재판장이 적절히 "종이에 적어두었다가 신문 종료 후에 재판장에게 제출하십시오"라며 설명하여 주고 있다. 또한 재판장은 개개의 증인신문과 피고인신문 종료 후에 다시 한 번 배심원들에게 신문요청할 사항이 있다면 적어서 제출할 것을 안내한다.

(3) 신문요청권 행사의 효과

재판장은 배심원의 신문요청지를 받아 읽은 후 신문사항을 수정하여 신문하거나 아예 신문하지 않을 수 있다. 재판의 원활한 진행을 위한 것이다. 배심원의 신문사항 중 받아들여져서 재판장이 신문한 내용은 조서에 기재된다. 신문요청을 받아들이지 않은 경우에는 기록에 남길 필요는 없다고 해석된다.[43] 변호인은 배심원들의 신문사항을 듣고 배심원이 중점적으로 문제라고 생각하는 부분이나 배심원이 오해하고 있는 부분 등을 파악할 수 있으므로 배심원의 신문사항은 매우 중요한 정보가 된다. 변호인은 이러한 신문사항을 듣고 그 후 이어지는 변론에 즉석에서 반영할 수 있어야 한다.

2. 배심원의 필기

(1) 의의

『국민의 형사재판 참여에 관한 법률』제41조 제1항 제2호에 따라 국민참여재판에서는 배심원과 예비배심원은 필요하다고 인정되는 경우 재판장의 허가를 받아 각자 필기를 하여 이를 평의에 사용할 수 있다. 국민참여재판은 하루 종일 계속되거나 수일간 계속되기도 한다. 이 때 배심원이 자신이 생각하는 사항을 그때 그 때 적어 기록하는 것은 유무죄 및 양형에 대한 생각을 정리하고 평의에 들어갔을 때 기억을 되살리는데 도움이 되며 집중력을 높이기도 한다. 또한 배심원

42) 『국민의 형사재판 참여에 관한 규칙』 제33조 제1항.
43) 법원행정처, "국민참여재판의 이해", 2007년, 96면.

의 신문요청권 사용을 위해서도 필기는 필요하다. 배심원들은 사용되는 법률용어들이 익숙하지 않기 때문에 신문을 요청하기 위해서는 검사나 변호인이 사용하였던 용어를 적어둘 필요가 생기는 것이다. 대부분의 배심원들은 필기를 하는 경우가 많다. 피고인신문이나 증인신문의 내용을 포함하여 재판의 전 과정에서 필기가 필요하다. 미국 등 배심제를 실시하는 나라에서도 필기를 허용하는 추세라고 한다.[44]

(2) 허가[45]

실제 재판과정에서 재판장은 배심원에 대한 재판장의 모두 설명에서 배심원에 대한 필기를 허용한다는 점을 설명하고 평의에 사용할 수 있다고 설명하고 있다. 그러나 사건에 따라 재판장의 판단으로 재판과정에서 필기는 허용하지만 평의에 사용하는 것은 금지할 수도 있다. 지나치게 필기에만 집중하여 증인의 증언을 듣는데 소홀하거나 재판과정을 지켜보는데 지장을 초래할 수도 있기 때문이다. 국민참여재판이 수일 동안 이어지는 경우 재판장은 필요한 경우에는 매일의 공판 기일이 종료될 때마다 필기용지를 수거해 보관하였다가 다음날 공판기일이 시작될 때 각 배심원에게 제공할 수도 있다. 배심원이 필기 내용을 가져가서 다른 사람에게 필기 내용이 알려지는 것을 방지하기 위함이다.『국민의 형사재판 참여에 관한 규칙』제34조에 의해 재판장은 필기를 허용한 경우에도 공판 진행에 지장이 초래되는 경우 언제든지 다시 필기를 금지할 수 있고 재판장은 필기를 하여 이를 평의에 사용하도록 하는 경우에 배심원과 예비배심원에게 평의 도중을 제외한 어떤 경우라도 자신의 필기 내용을 다른 사람이 알 수 없도록 할 것을 주지시켜야 한다.

3. 배심원의 의무

(1) 내용상 의무

1) 의의

배심원은 법령을 준수하고 독립하여 성실히 직무를 수행하여야 한다. 배심원은

44) 법원행정처, "국민참여재판의 이해", 2007년, 96면.
45)『국민의 형사재판 참여에 관한 법률』제41조 제1항 제2호.

직무상 알게 된 비밀을 누설하거나 재판의 공정을 해하는 행위를 하여서는 아니 된다.

2) 위반의 효과

배심원 또는 예비배심원이 직무상 알게 된 비밀을 누설한 때에는 비밀누설죄에 해당하여 6개월 이하의 징역 또는 300만원 이하의 벌금에 처한다. 배심원 또는 예비배심원이었던 자가 직무상 알게 된 비밀을 누설한 때에도 같다. 다만, 연구에 필요한 협조를 한 경우는 그러하지 아니하다.

(2) 절차상 의무

1) 의의

배심원은 심리 도중에 법정을 떠나거나 평의·평결 또는 토의가 완결되기 전에 재판장의 허락 없이 평의·평결 또는 토의 장소를 떠나는 행위, 평의가 시작되기 전에 당해 사건에 관한 자신의 견해를 밝히거나 의논하는 행위, 재판절차 외에서 당해 사건에 관한 정보를 수집하거나 조사하는 행위, 법에서 정한 평의·평결 또는 토의에 관한 비밀을 누설하는 행위를 하여서는 안된다. 배심원은 평의·평결 및 토의 과정에서 알게 된 판사 및 배심원 각자의 의견과 그 분포 등을 누설하여서는 아니 된다.

2) 위반의 효과

절차상 의무를 위반할 경우 법원은 직권 또는 검사·피고인·변호인의 신청에 따라 배심원 또는 예비배심원을 해임하는 결정을 할 수 있다. 결정을 함에 있어서는 검사·피고인 또는 변호인의 의견을 묻고 출석한 당해 배심원 또는 예비배심원에게 진술기회를 부여하여야 한다. 이 결정에 대하여는 불복할 수 없다. 이에 따라 배심원이 부족하게 된 경우 예비배심원은 미리 정한 순서에 따라 배심원이 된다. 이 때 배심원이 될 예비배심원이 없는 경우 배심원을 추가로 선정한다. 다만 5인 이상의 배심원이 있다면 결원이 있는 상태로 국민참여재판을 진행할 수 있다.

(3) 금품수수 금지 의무

배심원·예비배심원 또는 배심원후보자가 직무와 관련하여 재물 또는 재산상 이익을 수수·요구·약속한 때에는 3년 이하의 징역 또는 1천만원 이하의 벌금에 처한다. 배심원·예비배심원 또는 배심원후보자에게 재물 또는 재산상 이익을 약속·공여 또는 공여의 의사를 표시한 자도 같다.

Ⅱ. 증거조사

1. 서 설

사실심리절차는 증거조사로 시작하여 피고인신문과 검사 및 변호인과 피고인의 당사자 최종진술로 마무리된다. 검사·피고인 또는 변호인은 서류나 물건을 증거로 제출할 수 있고 증인·감정인·통역인 또는 번역인의 신문을 신청할 수 있다.[46] 증거조사절차는 증거의 신청(당사자의 증거제출)→증거의 결정(증거신청인이 상대방에게 서류나 물건을 제시하고 상대방이 그 서류나 물건의 증거능력 유무와 증거결정에 대한 의견 제시 후 법관의 증거결정)→증거의 조사(증거신청인이 서류나 물건 제시, 증인신문) → 증거조사결과 의견 청취 및 증거조사에 대한 이의신청으로 진행된다.

증거조사는 각종의 증거를 법원이 조사하여 피고사실에 대한 사실인정과 형을 정하기 위한 심증을 얻는 절차이다. 증거 중 인증은 증인, 서증은 검찰 수사서류와 변호인 제출 증거서류를, 물증은 흉기 등 물건 등을 말하고 국민참여재판에서도 일반 형사재판절차와 마찬가지로 검찰 수사기록의 조사, 증인신문, 흉기와 같은 물증의 제시가 이루어짐은 동일하다.

아래에서는 국민참여재판에서 특이한 점과 주의할 점을 중심으로 서술한다.

---

46) 『형사소송법』제294 제1항.

2. 국민참여재판의 특유한 규정

(1) 배심원의 증거능력 판단 배제

배심원 또는 예비배심원은 법원의 증거능력에 관한 심리에 관여할 수 없다.[47] 그 이유는 유죄와 무죄 판단을 할 때 증거능력이 없는 증거는 아예 고려를 하지 않아야 하는데, 이러한 사고에 숙련된 법조인과 달리 일반인인 배심원의 경우 일단 보고 들은 증거가 있는 경우 유무죄 판단을 할 때 이러한 증거의 영향을 완전히 배제하기 어렵다는 점을 고려한 것이다.[48]

이에 따라 일반적인 국민참여재판의 경우 법관과 검사, 변호인, 피고인으로 진행하는 공판준비절차에서 검찰과 변호인측 증거를 미리 제시하고 증거능력 여부를 심리한다. 이렇게 여러 차례의 준비기일에서 정리한 뒤 준비절차에서 증거능력이 인정된 증거들만을 배심원이 출석하는 공판 기일에 제시한다.

그러나 만약 공판기일 도중 증거가 제시된 경우 급박한 사유가 있어 새로운 증거를 배심재판 당일 법정에서 제시한다면 『국민의 형사재판 참여에 관한 법률 제44조』의 명문 규정을 어기고 배심원 앞에서 증거능력 심리부터 모두 하게 되는지 문제된다. 이에 대해서 법원행정처의 법률해설서는 세 가지 방법을 제시한다. 첫째 미국과 같이 법대 협의(sidebar conference)를 진행하는 방법, 둘째 배심원을 법정에 대기하게 하고 재판부와 검사, 피고인 및 변호인이 법원내 제3의 장소로 이동하여 협의하는 방법, 마지막으로 배심원을 평의실 등 제3의 장소로 일시 대기시키고 법정에서 증거능력 심리를 하는 방법이다.[49]

(2) 간이공판절차의 배제

지방법원의 제1심 관할 사건에서 피고인이 공판정에서 공소사실에 대하여 자백한 때에는 법원은 그 공소사실에 한하여 간이공판절차에 의하여 심판할 것을 결정할 수 있다. 이 경우 증거에 대해 정식의 증거조사 방식이 아닌 법원이 상당

47) 『국민의 형사재판 참여에 관한 법률』 제44조.
48) 법원행정처, "국민참여재판의 이해", 2007년, 102면.
49) 법원행정처, 위 법률해설서, 102면.

하다고 인정하는 방식으로 증거조사를 하면 된다.

그러나 국민참여재판에서는 간이공판절차에 관한 「형사소송법」 제286조의2를 적용하지 아니한다.[50] 국민참여재판에서는 피고인이 자백하는 경우라도 배심원 앞에서 엄격한 증거조사 방식으로 진행한다.

(3) 공판절차의 갱신

공판절차가 개시된 후 새로 재판에 참여하는 배심원 또는 예비배심원이 있는 때에는 공판절차를 갱신하여야 한다. 새로 참여한 배심원 또는 예비배심원이 쟁점 및 조사한 증거를 이해할 수 있도록 하되, 그 부담이 과중하지 아니하도록 하여야 한다.[51] 일부 배심원이 급체하여 병원에 가거나 스트레스로 쓰러지는 경우 등 일신상의 이유로 재판에 계속 참여하는 것이 어려운 경우 예비 배심원이 그 자리를 대신하게 되지만, 예비 배심원은 주로 1명을 두므로 그 이상의 결원이 발생하는 경우에는 공판절차의 갱신이 있게 된다. 수일동안 국민참여재판이 계속되는 경우 발생할 수 있다.

3. 서증과 물증 조사

(1) 검사의 증거 낭독 및 제시

피고인이 경찰과 검찰 조사과정에서 피의자 조사를 받아 작성된 사법경찰관 및 검사 작성의 피의자신문조서, 변호인이 증거로 사용함에 동의하여 증거능력있는 목격자에 대한 참고인 진술조서와 계약서, 변호인이 증거로 제출하여 증거능력 있는 각종 서류 및 공판기일 전 준비절차에서 사실조회 및 감정신청하여 작성된 각종 서류들은 증거서류에 해당한다.

증거서류에 대한 증거조사는 신청인이 이를 낭독하여야 하는데 재판장이 열람이 다른 방법보다 적절하다고 인정하는 때에는 아예 증거서류를 제시하여 열람하게 하는 방법으로 조사할 수 있다.[52] 즉 검찰이 제출, 신청하여 조사하게 된 증거

---

50) 『국민의 형사재판 참여에 관한 법률』 제43조.
51) 『국민의 형사재판 참여에 관한 법률』 제45조.
52) 『형사소송법』 제292조.

는 공판 출석한 검사가 낭독하고 변호인 제출 증거는 변호인이 낭독하며 법원이 직권으로 조사하는 경우 소지인이나 재판장이 낭독한다.

검사가 먼저 검찰측 증거서류를 낭독하고 나면, 변호인이 배심원석 앞에 나가 변호인측 증거서류를 낭독한다.

국민참여재판에서는 배심원단석 앞에 스크린을 설치한다. 그 스크린에 증거서류를 비춘 뒤, 검사가 수사기록 중 증거로 채택된 서류를 한 장 한 장 대형 화면에 띄운 뒤, 그 요지를 낭독하면서 읽어간다. 이 과정은 수 시간이 걸리므로 1회의 공판기일로 끝나는 국민참여재판이라면 공판기일 오전에는 주로 배심원 선정과 서증 조사를 하고 점심식사 후 오후에는 주로 증인 신문을 하는 경우가 많다. 그러나 종종 검찰측 증거서류 낭독에 수일이 소요되는 경우도 있다. 간단한 사건의 경우라도 수사기록 중 증거로 제출된 검찰 증거기록은 100～200 페이지에 달하고 복잡한 사건의 경우 수십권에 이르기도 하기 때문이다.

특히 인터넷에 수백건의 글을 올린 명예훼손 사건이나 북한관련 글을 올린 국가보안법 사건이라면 그 서류 자체가 중요한 증거이므로 증거서류 낭독에 많은 증거조사 시간을 할애하게 된다. 생업에 종사하는 여러명의 배심원이 참여하는 국민참여재판의 특성상, 물리적으로 제시할 수 있는 서류의 양에는 한계가 있을 수 밖에 없다. 재판을 수개월씩 할 수는 없기 때문이다. 실무상 서증이 지나치게 많은 사건은 준비절차에서 검사와 변호인이 협의하여 협의된 범위에서 대표적인 서증을 선정하고 배심원에게 제시하여 보여주고, 나머지의 경우 요지를 낭독한다. 증거서류에 대한 조사에 있어서 재판장은 필요하다고 판단할 때는 낭독을 하게 하지 않고 내용을 고지하는 방법으로 조사할 수 있다.[53] 이 경우 변호인과 피고인에게는 준비기일의 증거서류 선정과정에서 피고인의 입장을 잘 전달할 수 있는 자료가 제시자료로 채택되도록 하는 것이 매우 중요하다 하겠다.

물증제시의 경우에는 검사가 압수하여 증거로 채택된 증거물을 꺼내어 배심원단 앞에서 직접 보여준다. 대부분 범행의 도구가 된 흉기, 압수된 신용카드, 절취대상이 된 피해물품 등이다.

동영상이나 녹음의 경우 배심원단 앞에서 재생하여 시청하거나 청취하여 증거

53) 『형사소송법』 제292조 제3항.

조사한다.[54]

(2) 변호인의 증거 낭독 및 제시

검사의 서증 낭독, 물증 제시 등이 끝나면 변호인은 검사 증거조사 결과에 대한 의견을 제시한다. 그 뒤 배심원단 앞에 나가 변호인측 증거를 제시한다. 방식은 검사 제시와 동일하다.

변호인측 서증은 수사기관의 수사과정에서 미처 제시되지 않은 새로운 서류들이 대부분이다. 예를 들면 일부 혐의를 인정하는 사기 사건에서 기소 이후 일부 피해금액을 피해자에게 변제한 경우에는 그 계좌이체 내역 서류, 상해 사건에서 피고인이 피해자를 때린 것은 맞지만 피해자가 이미 기왕증을 앓고 있어서 상해의 결과가 발생한 것이라는 취지로 무죄 주장하는 경우에는 준비절차에서 국민건강보험공단과 병원에 사실조회 신청하여 도착한 피해자의 병원 진료 기록과 의료보험금 지급 내역 서류, 사문서 위조 사건에서 진실한 서류라고 무죄 주장하는 경우에는 준비절차에서 고소인의 서명 부분 감정 신청하여 도착한 감정기관의 필적 감정서 등이다.

배심원들에게 스크린에 서류를 띄워 제시하고 낭독하거나 요지를 진술한다.

특히 범행 장소의 지형이 중요한 사건의 경우 수사기록에 첨부된 현장사진으로는 부족하므로 사건 발생 이후의 지형이라도 변동된 것이 없으면 사진을 여러 각도에서 찍어 제시하거나 동영상으로 촬영하여 제시하기도 한다. 교통사고의 경우 사건 발생 장소의 교통상황을 사건 발생 시간대에 촬영하여 제시하는 경우도 있다.

변호인 증거 제시에 대해 검사가 의견 제시한다.

(3) 증거조사결과에 대한 의견 제시

검사, 피고인 또는 변호인은 위와 같은 증거조사에 관하여 이의신청을 할 수 있고 법원은 신청에 대하여 결정을 하여야 한다.[55] 법원은 이의신청이 있을 때마

54) 『형사소송 규칙』 제134조의 4 제3항.
55) 『형사소송법』 제296조.

다 즉시 결정을 하여야 한다. 이의신청 대상은 증거신청, 증거결정, 증거조사의 실시, 증거능력의 유무 등이 모두 포함되는 것이 일반 형사절차이지만 국민참여재판에서는 이 과정 중 상당수가 이미 준비절차에서 이루어진다. 그러므로 공판기일에서는 증거조사의 실시 과정에서의 문제점에 대해 의견을 제시하게 된다.

실무에서는 서증 등 조사과정과 증인조사과정으로 구별된다. 검사와 변호인의 서류낭독이 끝나면 곧바로 그동안 제시된 서증 등에 대한 각자의 의견을 진술한 뒤 증인신문절차에 들어간다. 반대로 증인신문 후 서증조사를 하는 경우도 있다.

아래는 변호인의 검찰 및 변호인 증거에 대한 의견을 제시한 원고의 예시이다. 버스안에서 여성의 허벅지를 만져 강제추행하였다는 혐의로 기소된 아동·청소년의성보호에관한법률위반 사건에서 변호인이 증거의견 제시하는 경우의 사안이었는데 증거 의견은 배심원과 법관 앞에서 말로 제시하지만 미리 원고를 준비하는 것이 좋다. 배심원들에게 증거서류를 직접 스크린에 레이저포인트로 지적해 가면서 제시한 뒤 원고를 보면서 설명한다.

증거에 대한 의견

1. 검찰 제출 증거에 대한 의견을 말씀드리겠습니다.

가. 증거기록을 전체적으로 살펴 보면 경찰관은 이 사건 버스 내의 씨씨티비 영상을 확보하지 않았습니다. 이는 매우 중요한 점으로서, 수사기관의 수사가 미진하였다는 것입니다. 버스 안 씨씨티비 영상은 쉽게 확보할 수 있는 증거자료입니다. 이 영상만 남아 있었어도 피고인은 기소되지 않았을 것입니다. 이와 같은 수사기관의 미진한 수사 결과 피해자의 피해 진술만으로 피고인이 강제추행범이 되어 기소되었는데 그 후 피고인에게 오히려 본인이 하지 않았다는 사실을 증명하라고 요구하는 것은 무죄 추정의 원칙에 반하는 것입니다. 그렇다면 이 사건에서 피고인에게 책임을 지우는 것은 매우 억울한 일입니다.

나. 증거로 제출된 서류 중 2006년 피고인이 강제추행 사건 피의자로 수사를 받은 기록은 이 사건의 증거자료는 물론이고 양형자료로도 사용되어서는 안됩니다. 피고인의 2006년 강제추행 사건은 어디까지나 공소 기각 된 내용인데, 공소기각이라는 것은 기본적으로 유죄판단을 받지 않은 상태에서 사건이 종결되었다는 뜻으로, 피고인이 공소기각 되었다고 하여 피고인이 이러한 유죄 판결을 받은 것으로 보아서는 안 되기 때문입니다. 오히려, 피고인은 정식재판을 청구하면서까지 다투었는데 그 후 공소기각으로 사건 자

체가 없어져 강제추행을 한 것인지 아닌지 밝혀진 바가 없습니다. 그리고 그 외에 피고인은 단 한 차례도 강제추행으로 처벌받은 적이 전혀 없습니다.

2. 피고인 제출 증거에 대하여 특히 강조할 점을 말씀드리겠습니다.

가. 변호인 제출 증거 중 병원 기록과 같이 피고인의 딸은 2013. 1. 2. 사건 당일 편도선 수술을 받고 있던 중이었습니다. 즉 피고인은 하루 종일 딸에 대한 걱정으로 정신이 반쯤 나가있던 상태였을 것입니다. 이러한 상황에서 어떻게 고소인의 허벅지를 일부러 만질 수 있겠습니까. 이러한 피고인의 사건 당시 심리 상태를 잘 보아 주십시오.

나. 사실조회 회신에 대하여 말씀드리겠습니다. 변호인측 사실조회 회신 결과와 같이 피고인은 이 사건 다음 날인 2013. 1. 3. 버스 회사를 찾아가 씨씨티비 영상을 내어 줄 것을 요청하였습니다. 그런데 경찰관과 같이 와야 보여줄 수 있다는 버스 회사의 거절로 그냥 돌아와야 했습니다. 피고인이 직접 자신에게 불리할 수도 있는 버스 안 영상을 찾으러 다녔다는 점은 매우 중요한 점으로서 피고인이 강제추행 행위를 하지 않았다는 점을 나타냅니다. 이와 같은 증거자료를 잘 보아 주시기 바랍니다.

(4) 조사과정의 문제점

1) 검사가 준비기일에 합의되지 않은 증거·참고자료를 제시하는 경우

실무상 검사가 공판기일에 배심원들에게 갑자기 변호인과 준비기일에 합의되지 않은 증거나 참고자료를 제시하는 경우가 있다. 실수로 준비기일에 미리 제출하지 못한 경우도 있지만 공판에서 유리한 결과를 이끌어 내기 위해 기습적으로 증거나 참고자료를 제시하는 경우도 있다. 일반 형사재판이라면 이러한 경우 변호인과 피고인은 그 자료에 대한 검토를 위한 다음 공판기일 기정을 재판부에 요청하면 된다. 그러나 국민참여재판의 경우 하루 안에 선고까지 모두 이루어지는 경우가 많고 특히 즉일선고가 예상되는 재판의 경우 문제된다.

실재재판에서는 재판부가 법대협의를 진행하여 증거 채택 여부를 정한다. 즉 변호인과 검사를 재판부의 법대 옆으로 불러 재판장이 의견을 들은 후 협의가 되면 재판장이 증거채택 여부 결정을 배심원과 관계자들에게 선언하는 것이다. 이때 변호인은 피고인에게 불리한 증거이고 우리가 대비하지 못하여 반박자료를 준비할 시간이 필요한 증거라고 판단되면 검사가 고의로 증거를 뒤늦게 신청함으로써 공판의 완결을 지연하는 것이므로 증거채택해서는 안된다는 점을 주장해야 한다. 협의 결과 우리 주장이 받아들여지지 않으면 국민참여재판이라 해도 즉일 선고가 아닌 다른 날에 제2회 공판 기일을 열 것을 구두신청한다. 이와 같이 소송당사자의 기습적인 증거나 참고자료 신청은 첨예하게 다투어지는 국민참여재판에서 검사나 변호인에 의해 간혹 있는 일이다. 입법론적으로 이를 어떻게 다룰 것인지 규정이 신설되어야 할 것으로 보인다. 피고인의 방어권과 검찰의 기소유지의무가 대립되는 지점이라고 보이기 때문이다.

2) 유무죄 증거와 양형 증거

증거조사란 법원이 피고사건의 사실인정과 형의 양정에 대한 심증을 얻기 위해 각종 인증·서증·물증 등 증거방법을 조사하여 내용을 파악하는 소송행위이다.[56] 그러므로 유무죄를 다투는 사건의 경우, 검사 제출 증거에는 유죄를 입증하기 위한 증거도 있지만 유죄가 인정됨을 전제로 한 양형 증거도 포함되어 있다. 그리고 이러한 두 종류의 증거는 우리 형사소송법이 외국과 달리 유무죄 인정 절차와 양형 절차를 따로 두지 않고 하나의 재판 안에서 다루기 때문에 한꺼번에 제시가 된다.

이러한 우리법의 증거조사 방식은 국민참여재판의 경우 많은 문제점을 만든다. 배심원들이 양형 자료를 보고 피고인의 유무죄에 대해 예단을 가지게 되는 일이 생기는 것이다. 예를 들어 피고인이 무죄 주장하고 있다면, 숙련된 법조인의 경우 머릿속에서 두 증거를 구분하여 유죄성립의 심증이 선 경우에만 양형 증거에 대해 생각하게 된다. 그러나 일반인인 배심원은 두 증거를 혼동하여 유죄 판단에 사용하기 쉽다. 이것은 무죄 추정의 원칙을 적용받아야 할 피고인에게 매우 불리한 점이다.

구체적 문제 사례로, 검사는 대부분 서증 조사 과정에서 수사기록에 첨부된 피고인의 전과 기록을 배심원단에게 제시한다. 절도죄의 무죄를 다투는 재판인데, 과거 유사한 수법으로 피고인이 절도하여 유죄가 선고된 판결문을 제시하는 경우도 있다. 또 절도의 전과가 이미 여러 차례 있다는 전과기록을 제시한다.

---

56) 이재상, 신형사소송법 제2판, 448면.

이러한 검사의 전과기록 제시는 양형 증거라는 이름으로 허용되고 있다. 그러나 일반인인 배심원들은 동종 범죄의 전과기록을 보는 순간 이미 유죄 심증을 가지게 된다. 법관조차 자유롭지 못하다.

이점에 대한 제도적 해결이 되어야 한다. 무죄 추정의 원칙에 반할 수 있기 때문이다. 제도적 해결책으로 전과기록을 직접 제시하지않고 전과의 의미를 구두로 설명하는 방식을 도입하는 것이 타당하다.

4. 증인신문

(1) 의의

증인신문이란 증인이 실제 경험한 사실을 내용으로 하는 진술을 얻는 증거조사로서 증인에 대한 증거조사를 말한다.[57]

(2)국민참여재판의 특이성

증인 신문이 가장 긴 시간을 소요하는 경우가 많으므로 배심원을 배려한 효율적인 운영이 필요하다. 국민참여재판에서는 배심원의 부담을 최소화하기 위하여 가급적 2, 3일 내에 재판을 마치게 되고, 대부분의 국민참여재판이 하루 안에 선고까지 이루어지는 경우가 많다. 그러므로 증인의 출석확보가 매우 중요하다. 법원은 증인의 소환을 소환장의 송달, 전화, 전자우편, 모사전송, 휴대전화 문자전송 그 밖에 적당한 방법으로 할 수 있다. 증인을 신청하는 자는 증인의 소재, 연락처와 출석 가능성 및 출석 가능 일시 그 밖에 증인의 소환에 필요한 사항을 미리 확인하는 등 증인 출석을 위한 합리적인 노력을 다하여야 한다.[58] 국민참여재판에서 재판부가 증인신문사항을 미리 제출할 것을 검사와 변호인에게 요구하는 경우가 많다. 예를 들면 성범죄의 경우 증인신문사항이 자칫 다수의 배심원 앞에서 피해자의 인권침해에 이르는 일이 될 수 있기 때문이다. 법원의 증인신문사항 제출명령을 받고 신속히 그 서면을 제출하지 않으면 법원은 증거결정을 취소할 수 있다.[59]

57) 이재상, "신형사소송법", 박영사, 2010, 제458면.

58) 『형사소송 규칙』 제67조의 2.

증인신문 방식은 형사소송법이 정한 교호신문제도에 따라 신청인 - 상대방 - 재판장의 순서로 신문한다. 국민참여재판에서는 특히 공판중심주의 실현이 중요하다. 배심원들은 공판정 외에서 증거를 접할 수 없기 때문이다. 따라서 이미 조사된 진술조서의 진정 성립 여부만을 신문하는 것이 아니라 사실관계와 경험한 일을 상세히 신문하여야 한다.

5. 감정 · 통역 · 번역 · 검증

(1) 의의

감정이란 특수한 지식과 경험을 가진 제3자가 그 지식과 경험에 의하여 알 수 있는 법칙 또는 그 법칙을 적용하여 얻은 판단을 법원에 보고하는 것을 말한다.[60] 법원은 학식과 경험이 있는 자에게 감정을 명하고[61] 그러한 명을 받은 자를 감정인이라고 한다. 법정에서는 국어를 사용하지만 외국어에 의한 진술이나 서류가 법정에 제출될 필요성이 있을 때에는 법원이 통역과 번역을 할 것을 명하여 통역인과 번역인이 지정된다. 검증이란 법관이 오관의 작용에 의하여 사물의 존재와 상태를 직접 실험하고 인식하는 증거조사를 말한다.[62]

(2) 국민참여재판의 특이점

일반 형사재판에서 감정의 결과는 감정인으로 하여금 서면으로 제출하게 한다. 외국어에 의한 진술이나 서류는 통역하거나 번역하여 법원에 서면 제출한다. 검증의 결과는 검증조서로 법원이 작성하고 증거능력이 인정된다. 국민참여재판의 경우 배심원들이 출석한 공판 기일에 효율적인 재판이 이루어지도록 준비기일에 미리 감정 · 통역 · 번역 · 검증을 신청해야 한다. 그 뒤 감정인의 감정조서를 공판기일에 일반 서증과 동일하게 배심원과 법관 앞에서 요지를 고지하여 증거조사한다. 피고인이 외국인인 경우 등 증거 중 번역이 필요한 경우 미리 준비하여 공판 기일에 배심원 앞 제시가 무리 없이 이루어질 수 있도록 한다. 통역인이 필요한 경

---

59) 『형사소송 규칙』 제67조.
60) 이재상, "신형사소송법", 박영사, 2010, 제477면.
61) 『형사소송법』 제169조.
62) 이재상, "신형사소송법", 박영사, 2010, 제479면.

우, 역시 미리 법원에 통역인 신청을 한다.

검증의 경우에 범죄현장 등 법원 이외의 장소에서 현장검증이 이루어지는 경우 법원은 배심원과 예비배심원에게 공판정 외 증거조사기일의 일시와 장소를 통지하여야 한다. 배심원과 예비배심원은 공판정 외에서 검증, 증인신문 등 증거조사가 이루어지는 경우에도 출석하여야 한다.[63]

Ⅲ. 피고인신문

1. 국민참여재판에서 피고인신문의 의의

『국민의 형사재판 참여에 관한 법률』에서 국민참여재판의 피고인신문에 대하여 별도의 규정을 두고 있지 않다. 그러므로 형사소송법 제296조의 2 피고인신문에 대한 규정이 그대로 준용된다. 위 규정에 의해 검사 또는 변호인은 증거조사 종료 후에 순차로 피고인에게 공소사실 및 정상에 관하여 필요한 사항을 신문할 수 있다. 다만, 재판장은 필요하다고 인정하는 때에는 증거조사가 완료되기 전이라도 이를 허가할 수 있고 재판장은 필요하다고 인정하는 때에는 피고인을 신문할 수 있다.

피고인신문이란 피고인에 대하여 공소사실과 정상에 관한 필요한 사항을 신문하는 절차이다.[64] 증거조사의 한 절차이지만 특수성을 가지고 있다. 피고인은 증거방법의 지위도 가지고 있지만 당사자이기도 하므로 진술거부권이 인정된다.

형사배심재판에서 피고인신문절차는 일반 형사절차보다 중요하다. 먼저 배심원들에게 피고인의 육성과 태도를 보여줄 수 있어 그 자체로 심증 형성에 매우 큰 기여를 한다. 예를 들어 폭행죄의 경우 왜소한 피고인과 건장한 피해자의 체격의 차이를 눈으로 확인시킬 수 있어 동기에 대해 참작할 점을 부각시킬 수 있고, 다른 물증이 없고 피해자의 주장만 있는 강간죄의 경우 피고인의 일관성 있고 논리 있는 진술을 들려주는 것이 피고인의 진술에 대한 신빙성을 높이고 배심원의 무죄 심증 형성에 기여한다.

---

63) 『국민의 형사재판 참여에 관한 규칙』 제36조.
64) 이재상, 신형사소송법 제2판, 493면.

배심원들은 그동안 피고인신문조서라는 형식의 서류로만 피고인의 주장을 접하였는데, 이 경우 서류에는 경찰과 검사라는 작성주체의 의도가 필연적으로 가미되는 문제가 있다. 피고인신문은 이것을 배제하고 배심원들에게 바로 피고인의 진술을 들려줄 수 있어 효과적이다.

또 피고인신문과정에서 변호인은 주도적으로 신문할 질문을 선택할 수 있다. 수사기관의 피고인신문조서는 범죄를 밝히기 위한 점만을 질문하는데 반해 변호인은 피고인신문에서 변호인이 선택한 신문사항을 통해 그동안의 수사기록에서 부각되지 않은 유리한 증거와 정황에 대한 피고인의 답변을 배심원에게 들려줄 수 있다. 앞선 재판 과정의 증인신문사항에서 일방적으로 된 증인의 주장에 대해 피고인의 답변을 밝힐 수 있다. 그런 의미에서 피고인 신문은 형사배심재판에서 일반 공판절차에서보다 더 중요하다고 하겠다. 한편 반대로 국민참여재판에서 검사의 피고인 신문은 배심원의 유죄 심증에 일반형사재판에서보다 효과적으로 기여한다.

2. 피고인의 권리 및 배심원의 권리

(1) 피고인의 권리

형사소송법 제283조의2에 의해 피고인은 진술하지 아니하거나 개개의 질문에 대하여 진술을 거부할 수 있다.

피고인은 증거방법의 하나로 신문을 받지만 당사자로서의 지위도 가지고 있다. 전체적인 진술을 거부할 수 있으며 개개의 신문에 대해서도 진술 거부권을 가진다. 변호인은 이 점을 미리 피고인과의 상담 과정에서 주지시켜야 한다. 거짓 진술을 하여서는 안 되지만, 진술거부권이 있으므로 검사가 해 올 수 있는 불리한 질문은 거부할 수 있음을 미리 주지시키고 연습하는 것이 좋다.

피고인이 어린 미성년자라거나 장애인, 외국인과 같은 사회적 약자인 경우 배우자, 직계친족, 형제자매, 가족, 동거인, 고용주 기타 피고인의 심리적 안정과 원활한 의사 소통에 도움을 줄 수 있는 사람을 피고인 신문 때 피고인의 옆에 같이 앉을 수 있도록 할 수 있다.[65] 특히 어린 학생인 경우 매우 긴장하므로 부모님이 동석하도록 하거나 청소년 상담을 받고 있는 경우 센터의 선생님 등이 동석하는 것이 유리하다. 이러한 조치는 국민참여재판 준비절차에서 미리 재판장에게 신청하여 재판장의 허가를 받아야 한다. 검사와 법정에서 이견이 있어 장시간 시간을 지체해서는 곤란하기 때문이다.

피고인을 신문할 때 피고인에 대한 진술의 강요와 유도신문은 금지된다.[66] 검사가 위압적이거나 모욕적인 신문을 할 경우 변호인은 즉석에서 일어나 재판장에 향해 검사의 신문을 금지해 줄 것을 신청한다. 그리고 피고인이 피해자나 다른 증인과의 관계가 오랜 지인이거나 연인관계, 고용으로 인한 관계 등이어서 그 피해자나 다른 증인이 법정 방청석에 앉아 있는 상황에서 제대로 된 반론을 할 수 없다고 판단되면 피고인신문전에 재판장에게 해당 인물의 퇴정을 명해 줄 것을 구두신청한다.

재판장은 피고인이 어떤 재정인의 앞에서 충분한 진술을 할 수 없다고 인정한 때에는 그 재정인을 퇴정하게 하고 진술하게 할 수 있다.[67] 이 점은 재판전에 미리 피고인에게 물어보는 것이 좋다.

(2) 배심원의 권리

배심원은 피고인에 대해 필요한 사항을 신문해 줄 것을 재판장에게 요청할 수 있는 신문요청권을 가진다.[68] 이를 위해 실무상 미리 종이와 펜이 배심원에게 제공된다. 검사, 변호인, 재판장의 피고인 신문이 모두 끝난 뒤 재판장이 배심원단을 향하여 신문하고 싶은 사항이 있는지를 묻는다. 이 때 신문할 사항이 있는 배심원은 신문사항을 종이에 적어 재판장에게 전달하고, 이를 재판장이 심사한 후 필요한 질문이라면 대신 신문한다. 변호인은 이 때 배심원단이 어떤 쟁점에 주목하는지를 짐작할 수 있으므로 배심원의 질문을 놓치지 말고 메모한 뒤, 즉석에서 최후 변론에 가미하는 것이 좋다.

---

65) 『형사소송법』 제276조의2.
66) 『형사소송규칙』 제140조의2.
67) 『형사소송규칙』 제140조의 3.
68) 『국민의 형사재판 참여에 관한 법률』 제41조.

3. 순서 및 진행방법

피고인은 원래 변호인과 함께 검사를 마주보고 앉는다. 그러나 피고인 신문시에는 증인석으로 이동하여 앉게 된다.

순서는 검사가 먼저 신문한 뒤 변호인이 신문하고 마지막으로 재판장이 신문한다. 추가로 신문할 사항이 있으면 역시 검사, 변호인, 재판장 순서로 되풀이된다. 다만 재판장은 필요하다고 생각하는 경우 피고인을 언제든지 신문할 수 있다.

또 피고인신문은 항상 증거조사의 마지막에 하게 되어 재판 중반부에 하게 되지만, 서류나 증인 등 다른 증거조사를 하는 중간에라도 필요한 경우 재판장에게 신청하여 허가를 받으면 피고인 신문할 수 있다.

Ⅳ. 양형 증거 조사

1. 의의

증거조사의 결과는 유무죄 판단에도 사용되지만, 유죄로 인정되는 경우 양형요소의 판단 기초가 되기도 한다. 일반 형사 재판에서 양형심리를 위한 구체적인 기일 진행 방식은 피고인의 자백 여부, 사안의 경중, 유무죄 판단 자료 중 양형자료가 포함되어 이미 상당 부분 제출되어 있는지 등에 따라 다양하게 진행된다. 국민참여재판에서는 배심원의 양형 판단을 위한 심증도 법정에서 형성되어야 한다는 점에서 특히 양형을 위한 증거조사가 중요하다.

2. 국민참여재판의 특이점

국민참여재판에서는 특히 양형을 위한 증거조사에 법관・검사・변호인의 세심한 주의가 필요하다. 현재 우리나라 공판절차가 유・무죄 심리 절차와 양형심리 절차로 이분되어 있지 않기 때문이다. 법률 전문가가 아닌 배심원은 양형자료인 피해회복 여부나 전과 특히 동종 범죄 전력과 그 범행 내용을 보고 유・무죄 심리에 영향을 받을 가능성이 크다. 법원에서는 국민참여재판 법률해설서에서 부인하는 사건에서 검사가 양형자료라는 명목으로 증거능력이 없는 증거방법을 제출하는 경우 법관은 그에 대한 조사는 되도록 유무죄 심증이 형성된 후에 진행하여야 할 것이고, 모든 사건에 대해 일률적인 양형심리방식을 적용하거나 양형심리만을 이유로 기일을 속행하는 것보다는 일반 형사재판의 실무보다 좀 더 신중하고 자세한 양형심리가 이루어질 필요가 있는 사건에 대하여는 집중적인 양형심리가 이루어지도록 하여 사실상 공판절차가 이분된 것과 같은 효과를 거두는 것이 바람직하다고 해설하고 있다.[69]

피고인이 공소사실에 대해 모두 자백하는 사건의 경우 양형심리에 집중해서 재판을 진행할 필요가 있다. 사건에 따라 필요한 양형인자를 미리 파악해서 자료로 제출한다. 무죄 주장하는 경우 변호인은 검사가 국민참여재판 초반부에 구성요건적 사실 이외의 양형인자를 자료로 배심원에게 제시하는 것에 대해 이의신청하여 그 자료의 성격이 유죄의 경우를 대비한 양형자료라는 점을 배심원에게 강조한다. 사건에 따라 필요하다고 판단되면 재판장의 배심원에 대한 모두 설명에 유무죄 심리절차와 양형심리절차에 대한 증거가 분리된다는 점을 포함해 줄 것을 신청한다.

3. 입법론

국민참여재판의 경우 일반 형사재판과 달리 공판절차의 이분 필요성이 크다. 실제 국민참여재판에서 피고인의 동종 범죄 경력은 배심원에게 유죄의 선입견을 일으킨다. 무죄 추정의 원칙이 훼손될 우려가 있다. 국민참여재판에 유무죄 인정절차와 양형 절차를 분리할 필요가 있다. 또는 구성요건적 사실을 입증하기 위한 증거자료를 먼저 제시하고 배심원의 심증이 형성되었을 무렵인 재판의 후반부에 양형인자에 대한 자료를 제시하게 하는 식으로 재판 순서를 조정하는 입법적 개선이 필요하다.

69) 법원행정처, "국민참여재판의 이해", 2007년, 115면.

››› 제3절 구형, 최종변론, 최종진술 및 변론의 종결 ‹‹‹

Ⅰ. 국민참여재판의 특징

증거조사가 끝나면 검사, 변호인, 피고인 각 당사자의 의견진술 순서이다. 재판장은 검사의 의견을 들은 후 피고인과 변호인 모두에게 각자 최종의 의견을 진술할 기회를 주어야 한다.[70] 일반 공판 절차에서는 주로 검사의 간단한 이유를 단 구형과 변호인의 변론요지서를 중심으로 한 비교적 간략한 최종변론이 이루어진다. 그러나 국민참여재판에서는 구형, 최종변론, 최후진술이 상당히 긴 시간 동안 배심원들에 대한 프레젠테이션으로 진행된다는 특징이 있다. 실제 검사의 경우 40분, 변호인의 경우 1시간 20분간 각 의견진술을 한 사례가 있다.

그 후 재판장이 변론 종결을 선언한다.

Ⅱ. 당사자들의 최후 진술

1. 검사의 구형

(1) 의의

증거조사와 피고인신문이 종료되면 검사는 사실과 법률적용에 관하여 의견을 진술한다. 이를 검사의 논고라고 하고[71] 이 중 양형에 대한 의견을 구형이라고 한다. 법원은 이에 구속되지 않고 더 높거나 더 낮은 형을 선고할 수 있다.

(2) 국민참여 재판에서 검사 최후 진술의 특징

프레젠테이션 방식을 사용하는 것이 일반적이며 30분에서 1시간 가량 긴 시간이 소요되는 경우가 많다. 변론 과정에서의 쟁점이 즉석에서 더해서 진술된다. 법

---

70) 『형사소송법』 제303조.
71) 이재상, "신형사소송법", 박영사, 2010, 제457면.

원과 배심원에 대해서는 사건의 쟁점과 양형에 대한 검사의 주장을 다시 한번 명확하게 정리하고 적정한 판단을 내려 줄 것을 촉구한다. 피고인에 대해서는 적용될 법령을 명확하게 하고 양형요소를 분명히 확인시켜 준다.

2. 변호인의 최후변론과 피고인의 최후진술

(1) 변호인 최후변론

1) 의의

재판장은 검사 의견을 들은 뒤 변호인에게 최종의 의견을 진술할 기회를 주어야 한다. 이를 주지 않은 채 심리를 마친 경우 위법하다.

2) 방식

배심원들에게 프레젠테이션 방식으로 미리 준비해 온 내용을 진술하는 경우도 있고, 재판의 진행 경과에 따라 재판의 내용을 종합하여 즉석에서 구두로 변론하는 경우도 있다. 어느 경우이든 미리 간단한 원고를 준비하여 가야 한다. 그리고 재판이 하루에 선고까지 끝나는 경우라면 재판 중 원고를 가감하여 수정하여야 한다. 최후변론시 증거조사과정에서 제시된 증거를 다시 제시할 수는 없지만 변론내용에 포함시켜 배심원들의 기억을 환기시킬 필요가 있다. 검사의 의견에 대한 반박과 사건에 대한 최종적 의견을 진술한다.

(2) 피고인 최후진술

재판장은 변호인의 최후변론을 들은 뒤 피고인에게 최종의 의견을 진술할 기회를 주어야 한다. 이를 주지 않은 채 심리를 마친 경우 이는 위법하다. 변호인은 피고인이 최후진술을 어떤 방향으로 할 것인가를 미리 협의하여 준비한다. 다만 배심원의 현장 분위기를 살펴 내용을 가감한다.

3. 변론의 종결

(1) 국민참여재판 변론의 종결

변론 종결은 재판장이 변론종결을 선언하여 이루어진다. 이 때 국민참여재판은 변론 종결 후 법정에서 배심원에게 재판장의 최종설명이 있어야 한다. 최종설명이 없는 경우 위법사유가 된다. 예비배심원은 변론 종결 후에도 재판장의 명에 따라 대기할 의무가 있다.

(2) 재판장의 최종설명[72)]

국민참여재판에서 변론이 종결되면 재판장은 반드시 법에 정해진 사항에 대해 최종 설명을 하여야 한다. 이때 변호인과 피고인은 설명요청권을 활용하는 것이 좋다. 배심원에게 많은 영향을 미치기 때문이다. 재판장이 설명을 마친 뒤 검사와 변호인에게 추가할 사항이 있는지를 확인한다.

(3) 예비배심원에 대한 대기명령

재판장은 종국재판의 고지 전까지 필요하다고 인정되는 경우 예비배심원으로 하여금 법원 내 지정된 장소로 출석하여 그 곳에서 대기하도록 명할 수 있다.[73)] 변론 종결 후에는 재판장이 배심원단을 향해 예비배심원이 몇 번 배심원이었는지를 알려준다. 예비배심원은 재판 중 배심원의 갑작스런 질병, 사고 등으로 배심원 수가 모자라게 되는 경우에 비로소 배심원이 되는 것이므로 당연히 변론 종결 후의 배심원 평의나 평결과정에 참여할 수 없다. 그러나 평의나 평결 과정에서 갑자기 배심원에게 사고가 생기는 경우도 있을 수 있으므로 예비배심원은 재판장의 명령이 있는 경우 선고 때까지 대기할 필요가 있다. 변론 종결 후 예비배심원의 대기는 예비배심원의 의무이다. 이 때 재판장은 변론을 종결하면서 예비배심원에게도 평의가 시작되기 전에 당해 사건에 관한 자신의 견해를 밝히거나 의논하는 행위와 재판절차 외에서 당해 사건에 관한 정보를 수집하거나 조사하는 행위는

---

72) 자세한 내용은 앞선 제5장 공판 절차 Ⅱ. 공판의 개시 중 3. 재판장의 설명 부분 참조.
73) 『국민의 형사재판 참여에 관한 규칙』 제38조.

금지됨을 주지시켜야 한다.

제4절 평의·평결·토의 및 판결 선고

Ⅰ. 서 설

평의란, 배심원이 유무죄에 관한 판단을 하기 위해 서로 의견을 교환하며 논의하는 협의절차를 말한다. 평결이란 평의절차를 거쳐 그 사건에 대해 배심원이 내리는 최종적인 판단을 말한다.[74] 국민참여재판에서 배심원은 유무죄에 대해 평결한다. 양형에 대해서는 토의하고 의견을 개진한다. 그러나 배심원의 평결과 의견은 법원을 기속하지 않는다.[75]

배심원의 평의 방식은 아래와 같은 절차로 이루어진다.[76]

1. 우리나라 국민참여재판 평의 · 평결의 특징

우리나라 국민참여재판 제도는 참심제와 배심제가 혼합된 특유한 형태이다. 배심제란 일반 국민 중에서 선정된 배심원들이 재판에 참여하여 직업법관으로부터 독립하여 사실문제에 대한 판단을 하고 원칙적으로 법관이 그 판단에 기속되어 재판하는 제도이다. 반면 참심제란 일반국민 중에서 선정된 참심원들이 직업법관과 함께 재판부의 일원으로 참여하여 직업법관과 동등한 권한을 가지고 사실문제와 법률문제를 판단하는 것을 말한다. 그런데 우리나라 국민참여재판은 일반국민을 형사재판에 참여하게 하는 것이다.[77]

배심제적 요소가 강하지만 참심제적 요소도 혼합되어 있다. 평의 절차에 법관의 설명 절차가 마련되어 있고 평결에 법관이 구속되지 않고 권고적 효력만을 가진다. 재판과정의 민주적 정당성을 높이면서도 배심원의 판단능력 한계를 인정하

---

74) 김재환, “국민참여재판-이론과 실제”, 베리북스, 2013, 125면.
75) 『국민의 형사재판 참여에 관한 법률』 제46조 제5항.
76) 법원행정처, “국민참여재판의 이해”, 2007년, 144면.
77) 『국민의 형사재판 참여에 관한 법률』 제1조.

배심원의 평의 방식

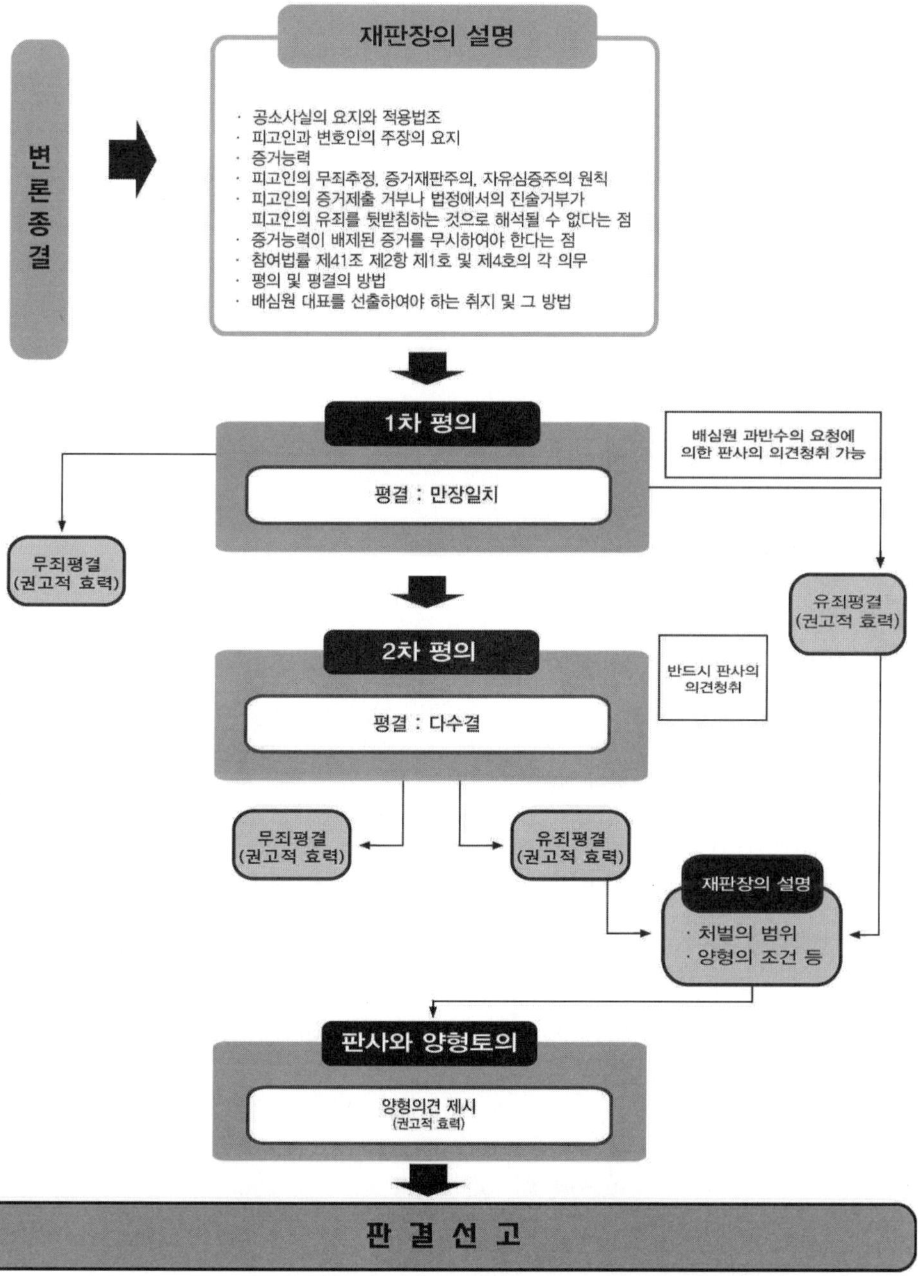
변론종결
재판장의 설명
· 공소사실의 요지와 적용법조
· 피고인과 변호인의 주장의 요지
· 증거능력
· 피고인의 무죄추정, 증거재판주의, 자유심증주의 원칙
· 피고인의 증거제출 거부나 법정에서의 진술거부가 피고인의 유죄를 뒷받침하는 것으로 해석될 수 없다는 점
· 증거능력이 배제된 증거를 무시하여야 한다는 점
· 참여법률 제41조 제2항 제1호 및 제4호의 각 의무
· 평의 및 평결의 방법
· 배심원 대표를 선출하여야 하는 취지 및 그 방법
1차 평의
평결 : 만장일치
배심원 과반수의 요청에 의한 판사의 의견청취 가능
무죄평결 (권고적 효력)
유죄평결 (권고적 효력)
2차 평의
평결 : 다수결
반드시 판사의 의견청취
무죄평결 (권고적 효력)
유죄평결 (권고적 효력)
재판장의 설명
· 처벌의 범위
· 양형의 조건 등
판사와 양형토의
양형의견 제시 (권고적 효력)
판 결 선 고

여 참여법률의 초기단계로 우선 국민참여재판이라는 우리나라만의 독특한 제도를 만든 것으로 볼 수 있다. 입법론적으로는 향후 배심제 또는 참심제를 선택하여 나아가야 할 것이다. 아래에서 서술하는 바와 같이 평의 과정에 법관 관여를 엄격히 제한하고 평의평결 절차를 좀 더 구체적으로 정할 필요가 있다.

2. 평의의 비밀 원칙

배심원의 평결은 권고적 효력만을 갖는다. 그러나 평의 과정에서 개개 배심원의 의견이 제3자에게 알려지면 평결에 대한 신뢰성이 떨어진다. 그러므로 『국민의 형사재판 참여에 관한 법률』은 여러 곳에서 평의의 비밀을 지키기 위한 규정을 두고 있다. 배심원들은 평의·평결 및 토의 과정에서 알게된 판사 및 배심원 각자의 의견과 그 분포 등을 누설하여서는 안되는 의무가 있고 평의·평결 및 토의는 평의실에서만 이루어지며 배심원의 필기서류는 지체 없이 수거하여 폐기한다.

Ⅱ. 평 의

1. 서 설

(1) 평의의 정의

평의는 배심원이 유무죄에 대한 판단에 이르기 위해 진행하는 협의를 의미한다.[78] 심리에 관여한 배심원은 제1항의 설명을 들은 후 유·무죄에 관하여 평의하고, 전원의 의견이 일치하면 그에 따라 평결한다.[79] 재판장은 변론이 종결된 후 법정에서 배심원에게 공소사실의 요지와 적용법조, 피고인과 변호인 주장의 요지, 증거능력, 그 밖에 유의할 사항에 관하여 설명하는 최종설명을 한다.[80] 재판장의 최종 설명은 배심원이 올바른 평결에 이를 수 있도록 지도하고 조력하는 기능을 담당하는 것이다.

78) 법원행정처, "국민참여재판의 이해", 2007년, 127면.
79) 『국민의 형사재판 참여에 관한 법률』 제46조 제2항.
80) 『국민의 형사재판 참여에 관한 법률』 제46조 제1항.

(2) 평의의 장소

평의·평결 및 양형에 관한 토의는 평의실에서 이루어져야 한다.[81] 재판장의 허가를 받지 아니하고는 배심원 이외의 누구도 평의실에 출입할 수 없다.[82] 재판장은 법원경위 등으로 하여금 평의실의 출입을 통제하도록 하여야 한다. 배심원은 평의실을 일시적으로 나갈 경우 재판장의 허가를 받아야 한다.

(3) 평의기일

1) 평의 기일의 지정

평의·평결 및 양형에 관한 토의는 변론이 종결된 후 연속하여 진행하여야 한다. 다만, 재판장은 평의 등에 소요되는 시간 등을 고려하여 필요하다고 인정하는 때에는 변론 종결일로부터 3일 이내의 범위 내에서 평의·평결 및 양형에 관한 토의를 위한 기일을 따로 지정할 수 있다.[83]

2) 평의기일의 속행

평의는 원칙적으로 법원의 근무시간 내에 이루어지는 것이 원칙이다.[84] 배심원들 사이에 심한 의견 대립이 있는 경우, 만장일치가 되지 않으면 다수결원칙에 의해 결정할 수 있고 동수가 되더라도 평결서를 기재하여 제출하는 것으로 끝나기 때문에 현실적으로는 평의기일의 속행 필요성이 많지는 않을 것이다. 다만 사건의 특성상 복잡하여 하루 안에 평의가 끝나지 않는 특수한 사정이 있는 경우라면 첫 번째로 재판장이 배심원들에게 비밀 준수 의무와 위반시의 불이익을 설명을 한 뒤 귀가시키는 방법이 있고 두번째로 별도의 숙소를 마련하고 배심원들을 다음날 평의속행기일을 열 때까지 격리 조치하는 방법이 있다. 첫 번째 방법을 사용할 경우 사실상 배심원들이 귀가하여 가족이나 지인의 의견에 영향을 받을 위험이 크다. 실제 재판에서는 결국 평의가 법원 근무시간인 오후 6시를 넘어 밤

81) 『국민의 형사재판 참여에 관한 규칙』 제39조 제2항.
82) 『국민의 형사재판 참여에 관한 규칙』 제39조 제2항.
83) 『국민의 형사재판 참여에 관한 규칙』 제39조 제1항.
84) 법원행정처, “국민참여재판의 이해”, 2007년, 128면.

늦게 끝나더라도 평의를 당일에 끝내도록 운영하는 것이 일반적이다. 귀가시키는 경우 평의의 비밀을 지키지 못할 위험이 있지만 그렇다고 배심원들의 귀가를 막고 숙소를 잡아 격리시키는 것은 배심원들의 일상 생활에 큰 지장을 줄 것이기 때문이다. 입법론으로는 사건이 복잡하여 배심원들이 하루안에 평의를 끝내기 어려운 경우에 법관이 어떻게 대처할 것인지에 대한 구체적인 법 규정을 두는 것이 필요하다. 왜냐하면 이러한 평의의 어려움으로 인해 지나치게 복잡한 사건의 경우 배심재판에 적합하지 않다는 지적을 받아 배심재판을 받지 못하는 경우가 발생하는데 이 때 배심재판 허용 여부 판단을 법관 개인에만 맡기는 것은 불합리하기 때문이다.

(4) 평의 절차 비공개의 원칙

평의·평결 및 양형에 관한 토의는 공개하지 않는다.[85] 법원사무관등은 평의·평결 및 양형에 관한 토의가 종료된 직후 배심원이 당해 재판과 관련하여 작성한 서류를 지체 없이 수거하여 폐기하여야 한다.[86] 평의의 비밀은 철저하게 보장되어야 하므로 재판부도 법률에 정한 경우가 아니면 평의실에 들어갈 수 없다.

2. 평의절차

(1) 배심원 대표의 선출

1) 배심원 대표 선출 방식

배심원은 평의를 진행하기에 앞서 다수결로 배심원 대표를 선출하여야 한다. 다만, 의견이 분분하여 호선되지 않거나 상당한 시간이 경과한 경우에는 재판장이 배심원 대표를 지정한다.[87] 재판장은 배심원 평의에 앞서 배심원 대표를 선출해야 한다는 점을 설명하는데 이때 배심원 대표선출까지의 선출 과정을 이끌 임시 배심원 대표를 정한다. 실제 재판에서 재판부는 대부분 1번 배심원을 배심원 선출 과정에서의 임시 배심원대표로 지정하고 있다. 배심원 대표를 선출해야 하는

85) 『국민의 형사재판 참여에 관한 규칙』 제39조 제4항.
86) 『국민의 형사재판 참여에 관한 규칙』 제39조 제5항.
87) 『국민의 형사재판 참여에 관한 규칙』 제40조 제1항.

이유는 배심원의 평의는 배심원들만 있는 가운데 진행되므로 누군가 진행을 하여야 할 뿐만 아니라 배심원들의 의견이 만장일치가 되지 않으면 판사에 대한 의견 요청을 하는 등 법원과의 소통을 하는 일을 담당할 사람이 필요하기 때문이다. 실제 재판에서 배심원들은 20대에서 60대 이상까지 나이가 다양하고 직업과 학력 등이 서로 다르기 때문에 평의 절차에서 배심원 대표의 진행 능력은 원활한 평의가 진행되는지 여부에 상당한 영향이 있다. 입법론으로는 배심원 대표의 평의 진행에 대한 절차나 원칙에 관하여 자세한 규정이 있어야 한다.

2) 배심원 대표의 임무

배심원 대표는 배심원 평의의 주재, 평의실 출입 통제의 요청, 『국민의 형사재판 참여에 관한 법률』 제46조 제2항 및 제3항에 따른 판사에 대한 의견 진술의 요청, 증거서류 등의 제공 요청, 평결 결과의 집계, 유무죄에 대한 배심원의 평결 결과를 집계한 서면인 평결서의 작성, 평결서의 전달의 임무를 수행한다.[88]

3) 배심원 대표의 의무

배심원 대표는 평의를 주재하면서 배심원 각자가 충분하게 의견을 진술할 수 있는 기회를 동등하게 부여하여야 한다.[89] 배심원 대표는 증거서류 요청 등의 법원과의 소통임무를 해야 하는데 평의실에 출입을 통제하고 있는 법원경위에게 말하거나 법원 직원에게 연락하는 방식을 취한다.

(2) 증거서류의 제공

1) 증거서류 제공의 의미

재판장은 필요하다고 인정하는 경우에는 배심원 대표의 요청에 의하여 배심원에게 공소장 사본, 재판장 설명서 사본, 증거서류 사본 및 증거물을 제공할 수 있다[90]. 배심원들이 서로의 기억에만 의존하여 평결을 하는 것은 어렵기 때문에 배심원들의 평의를 돕기 위해 제공되는 것이다.

---

88) 『국민의 형사재판 참여에 관한 규칙』 제40조.
89) 『국민의 형사재판 참여에 관한 규칙』 제41조 제1항.
90) 『국민의 형사재판 참여에 관한 규칙』 제41조 제2항.

2) 증거서류 제공 요청의 방식

법령에 증거서류 제공 요청 방식에 대한 규정은 없다. 그러므로 증거 서류 등의 제공은 배심원 1인의 요청이라도 배심원 대표가 구술로 재판부에 전달하면 할 수 있다.[91] 배심원단의 결정으로 요청한다는 규정은 없다. 배심원 각자가 증거서류를 제공 요청할 수 있다는 해석이 있다.[92] 그러나 배심원단은 동일체로 간주되므로 배심원 대표만 요청할 수 있다고 보아야 한다.

3) 공판중심주의와의 관계

배심원에 대해 변론이 종결 된 후 다시 증거를 제시하는 것은 주의를 요한다. 공판중심주의를 해할 수 있기 때문이다.[93] 공판중심주의에 따라 배심원은 공판정에서 그 심증을 형성하는 것이 원칙이고 평의실에서 다시 증거서류나 증거물을 보는 것은 예외적으로 허용되어야 한다. 평의 과정에서 배심원들의 요청 없이 처음부터 증거서류를 제공하는 것은 당연히 금지된다. 그리고 배심원들이 평의 도중 증인의 답변이 기억나지 않는 경우 등 간단한 경우에는 증거인 증인신문조서 전체를 제공할 것이 아니라 그 답변만을 확인해 주면 될 것이다. 배심원에 대한 증거 제공이 자칫 변호인과 피고인 등 소송 당사자가 없는 상황에서 다시 증거조사 절차를 반복하는 것과 동일한 효과를 가져오지 않도록 유의하여야 한다. 이 점에서 입법론적으로 증거서류 제공에 대한 자세한 절차와 한계, 방식 등을 법령으로 규정해야 한다.

4) 증거서류 제공에 대한 법원의 판단절차와 변호인의 권리

평의도중 배심원 대표의 증거서류 제공 요청이 있는 경우 법원은 이것이 평의 지연 목적인 경우 거절하여야 한다.[94] 배심원이 증거 요청권을 남용하는 것은 허용되지 않기 때문이다. 이 때 증거 서류 사본 또는 증거물 제공에 검사나 피고인,

---

91) 법원행정처, “국민참여재판의 이해”, 2007년, 132면.
92) 법원행정처, “국민참여재판의 이해”, 2007년, 133면은 “배심원 각자가 증거 제공을 요청할 수 있으나”라고 하여 배심원 개개인이 요청권을 가지는 것으로 해석한다.
93) 법원행정처, “국민참여재판의 이해”, 2007년, 132면.
94) 법원행정처, “국민참여재판의 이해”, 2007년, 133면.

변호인의 의견을 법원이 들어야 하는지 문제된다. 이 점에 대해 법원은 변호인이 평의 중 항상 대기하는 것이 아니므로 원칙적으로 관련자들의 의견 청취가 필요하지 않고, 예외적인 경우에만 필요하다고 보고 있다.[95] 예외적인 경우란 유무죄에 대해 첨예하게 다투는 경우, 사회적 이목을 끄는 중요 사건인 경우, 중형이 예상되는 경우 등이다. 변호인은 이러한 점을 유의하여 평의 중이라도 법원의 연락이 닿을 수 있도록 연락처를 남기고 법원 주변에 머무는 것이 좋다.

5) 제공 증거서류의 범위

재판장은 증거 제공 여부 및 제공되는 증거의 범위를 재량으로 결정할 수 있다. 실제 재판에서는 재판장이 해당증거 검토의 필요성, 제공할 증거의 범위가 특정 가능한 것인지 여부, 전체적으로 그 증거를 제공함으로 인해 특정 부분이 과도하게 강조되는 것은 아닌지 여부, 재판의 과도한 지연 가능성을 고려하여 제공범위를 정하도록 하고 있다. 그 과정에서 제공범위 결정은 여러 요소를 비교 형량하여 결정한다.

증거는 종류에 따라 증거물의 경우 증거물 원본이 제시되어야 하고 증거서류의 경우 사본이나 원본이 제시될 수 있으며, 증언의 경우 증인신문조서가 이미 작성완료되었으면 그 조서를 제공하고 만약 아직 증인신문조서 작성 완료 전이라면 속기・녹음・영상녹화를 제공한다는 것이 법원 실무이다.

배심원단이 요청한 증거는 다음의 경우 제한될 수 있다. 요청하는 증거물이 흉기 등인 경우, 마약이나 위험한 물건인 경우, 선정성이나 선입견을 불러오는 경우, 증거능력 없는 증거인 경우이다.

(3) 배심원 해임

1) 배심원 해임 요건

배심원은 평의에 참여할 의무가 있다. 다른 배심원의 의견을 듣고 자신의 견해를 말하는 방법으로 참여한다. 국민참여재판의 평의는 배심원 모두가 참여하여야 하기 때문이다. 『국민의 형사재판 참여에 관한 법률』 제41조 제2항 제1호는

95) 법원행정처, "국민참여재판의 이해", 2007년, 133면.

배심원은 평의평결 또는 토의가 완결되기 전에 재판장의 허락 없이 평의실을 떠나서는 안된다고 규정하고 같은 법 제32조 제1항 제2호는 이러한 의무를 위반하여 그 직무를 담당하게 하는 것이 적당하지 않다고 인정되는 때에는 배심원을 해임할 수 있도록 규정한다. 실제 재판에서 일부 배심원의 경우 평의 과정에서 배심원 직무 수행에 관심이 없거나 무조건 귀가를 원하는 경우도 있다. 평의에 참여할 의무를 위반하는 경우란 배심원이 평의에 참여하지 않는 것으로 다른 사람에게 말하지 않거나 다른 배심원으로부터 혼자 떨어져 있는 행위, 평의에 관심을 보이지 않은 채 평의 내내 자거나 책을 읽는 행위 등이 이에 해당한다.96) 이러한 때에 위반 정도가 심하면 배심원을 해임하고 예비배심원을 배심원으로 하여 평의절차를 진행한다. 배심원이 평의나 평결 또는 토의가 끝나기 전에 재판장의 허락 없이 평의실을 떠나는 경우에도 그 정도가 직무를 담당하게 하기에 적당하지 않다고 인정될 때는 배심원을 해임할 수 있다. 그렇다면 그 외에는 어느 정도의 의무 위반이 있어야 해임사유가 되는지 문제된다. 평의실을 떠나는 것과 동일한 수준의 의무 해태가 있다면 해임신청이 가능하다고 보아야 할 것이다.

2) 배심원 해임 심리

평의실에는 배심원 외에는 들어갈 수 없으므로 배심원 대표가 판단하여 해임신청을 재판부에 하는 방식으로 신청한다. 배심원이 평의실에 머물기를 거부하거나 평의 과정에서 비밀 준수를 하지 않는 경우 배심원 대표는 배심원의 해임을 신청할 수 있다. 배심원 대표의 해임 신청이 들어오면 재판장은 그 배심원을 법정에 출석하게 하여 사유를 묻고 배심원 의무를 다하여야 한다는 점을 고지하고, 평의에 성실히 임할 의사가 있는지를 심리한다. 이 때 배심원 선정에 관여하였고 『국민의 형사재판 참여에 관한 법률』 제32조에 따라 배심원 해임신청권을 가지고 있는 검사·피고인·변호인도 심리에 참여할 수 있다고 보아야 한다.97)

96) 법원행정처, “국민참여재판의 이해”, 2007년, 130면.
97) 법원행정처, “국민참여재판의 이해”, 2007년, 131면.

양식

배심원 및 예비배심원의 해임 신청서

사건번호 2000고합 00
피고인 000

신청취지

위 사건의 ○번 배심원 ○○○을 해임한다.

신청이유

첨부서류

2000. 0. 0
신청인 ○○○

○○지방법원 귀중

3) 배심원 해임의 효과

배심원이 해임된 경우 예비배심원이 배심원으로 추가된다. 심리의 진행 정도에 비추어 배심원을 추가선정하여 재판에 관여하게 하는 것이 부적절하다고 판단되는 경우 법원은 검사·피고인 또는 변호인의 의견이나 동의를 받아 남은 배심원만으로 계속하여 국민참여재판을 진행하는 결정을 할 수 있다.[98] 재판장은 평의가 시작된 후 예비배심원이 배심원으로 추가 선정된 경우에는 배심원들로 하여금 평의를 처음부터 다시 시작하도록 하여야 한다.[99]

98) 『국민의 형사재판 참여에 관한 법률』 제34조.
99) 『국민의 형사재판 참여에 관한 규칙』 제41조 제4항.

3. 유 · 무죄에 대한 평의

(1) 평의의 방식

평의는 피고인별, 범죄별로 이루어진다. 재판부는 변론을 종결하기에 앞서 죄명, 공소사실, 적용법조를 정리한 평결서 양식을 마련하여 재판장 최종 설명시 배심원에게 배포하고 있다. 배심원 대표는 평의를 주재하면서 배심원 각자가 충분하게 의견을 진술할 수 있는 기회를 동등하게 부여하여야 한다.[100] 일부 배심원이 평의를 주도하는 것은 타당하지 않다.

(2) 판사의 의견 청취

평의를 진행하는 중 배심원 과반수의 요청이 있으면 배심원 대표의 요청으로 심리에 관여한 판사의 의견을 들을 수 있다.[101] 이러한 판사의 참여는 우리나라 국민참여재판이 배심제와 참심제를 혼합한 형태의 재판 구조를 가지는 결과 허용되는 것이다. 법원의 법률해설서는 이 때 가급적 심리에 관여한 합의부 판사 전원이 참여하도록 하고 있다.[102] 이 때 판사가 의견을 진술하는 경우에도 유무죄에 관한 의견을 진술하여서는 아니 된다.[103] 이 때의 판사의 의견 진술은 배심원들이 만장일치의 평결에 이르는 것을 조력하는 정도에 그쳐야 하고 증거의 증명력, 사실인정과 같이 배심원이 유무죄를 결정하는데 직접적인 영향을 미치는 의견을 진술해서는 안된다[104]. 『국민의 형사재판 참여에 관한 법률』 제46조는 제2항과 제3항으로 판사의 의견을 구분하여 규정하고 있으므로 제2항 평의진행 중 배심원 과반수 요청에 의한 판사 의견진술의 범위와 제3항 유·무죄에 관하여 전원의 의견이 일치하지 아니하는 때의 판사 의견진술의 범위는 다르다고 보는 것이 타당하다.

판사의 의견은 매우 신중하게 제기될 필요가 있다. 법률은 판사의 의견을 들을 수 있다고만 규정하고 있는데, 비법률가인 배심원들에게는 판사의 의견 표명이 매우 큰 영향을 미칠 수 있다. 법관이 의견 표명시 신중을 기하지 않으면 배심

---

100) 『국민의 형사재판 참여에 관한 규칙』 제41조 제1항.
101) 『국민의 형사재판 참여에 관한 법률』 제46조 제2항 단서.
102) 법원행정처, “국민참여재판의 이해”, 2007년, 135.
103) 『국민의 형사재판 참여에 관한 규칙』 제41조 제5항.
104) 법원행정처, “국민참여재판의 이해”, 2007년, 135.

재판을 도입한 취지를 살리지 못하고 법관에 의한 단독 재판이나 다를 바가 없을 것이다. 특히 공개법정과 달리 변호인, 검사 등 소송관계인이 관여할 수 없는 평의실에서 의견 표명이 이루어지므로 더욱 신중하여야 한다. 입법론으로 판사의 의견 진술의 정도와 유의점에 대한 규정을 법령에 명시하는 것이 필요하다.

Ⅲ. 평 결

1. 서 설

(1) 평결의 의의

평결은 당해 사건에 대한 배심원의 최종 판단을 의미한다.[105] 심리에 관여한 배심원은 재판장의 최종 설명을 들은 후 원칙적으로 법관의 관여 없이 유·무죄에 관하여 평의하고, 전원의 의견이 일치하면 그에 따라 평결한다.[106] 이 때 배심원 과반수의 요청이 있으면 심리에 관여한 판사의 의견을 들을 수 있다. 배심원이 만장일치의 평결에 이르지 못한 경우에는 단순 다수결 방식으로 평결하는데 다만 이 때에는 반드시 평결 전에 심리에 관여한 판사의 의견을 들어야 한다.[107] 심리에 관여한 판사는 평의에 참석하여 의견을 진술한 경우에도 평결에는 참여할 수 없다.

(2) 평결의 방식

평결은 피고인별, 범죄별 평의를 거쳐 각 피고인별, 범죄별로 작성되어야 한다. 평결서에 평결의 내용을 기재한다. 재판부는 변론 종결에 앞서 죄명, 공소사실, 적용법조를 적은 평결서를 배심원에게 제공한다.

2. 평결절차

(1) 평결의 진행 방식

배심원 대표는 배심원 모두가 다른 배심원의 의견을 들은 후 자신의 의견을

105) 법원행정처, "국민참여재판의 이해", 2007년, 127면.
106) 『국민의 형사재판 참여에 관한 법률』 제46조 제2항.
107) 『국민의 형사재판 참여에 관한 법률』 제46조 제3항.

개진하는 방법으로 사건에 대해 충분히 토의하도록 한다. 배심원 대표는 평의를 주재하면서 배심원 각자가 충분히 의견을 진술할 수 있는 기회를 동등하게 부여하여야 하는데 실제 평의과정에서는 자기 소신이 뚜렷하고 의견이 강한 일부 배심원들의 의견이 다수의 배심원들의 마음을 움직이거나 두 배심원간의 심한 의견충돌로 만장일치의 결과를 가져올 수 없는 일이 빈번히 발생한다. 배심원 선정절차때 특별히 의견이 강한 배심원이 있는 경우 소송 당사자들은 배심원의 성향을 잘 파악하여 무이유부 기피권을 사용할 것인지를 잘 결정해야 한다. 충분히 토의 후 평결할 수 있을 정도로 의견이 형성되면 배심원 대표는 배심원들의 유무죄 의견을 피고인별, 범죄별로 확인한다.

이 때 문제는 배심원 의견 확인 방식이다. 이에 대한 명확한 규정이 없다. 법원 행정처의 법률해설서에서는 첫 번째로 배심원 대표가 한명씩 배심원 의견을 순차로 말하도록 하여 그 결과를 집계하는 방식, 두 번째로 배심원들이 투표용지에 각자 결과를 적어 투표함에 넣는 방식을 소개하고 있다.[108] 첫 번째 방식인 말하는 방식에 의할 경우 뒷사람은 앞 배심원의 의견에 휩쓸릴 위험이 있고, 특히 다수가 본인의 생각과 달리 유무죄를 말할 경우 본인의 의사를 바꿀 위험이 있다. 반면 두 번째 방식의 경우 진지한 토론없이 각자의 입장만을 확인하게 될 수 있다. 입법론으로 법관의 재량에 맡기지 말고 법령에 규정하여 명문으로 명확히 규정할 필요가 있다.

(2) 만장일치 평결과 다수결 평결

심리에 관여한 배심원은 유・무죄에 관하여 평의하고, 전원의 의견이 일치하면 그에 따라 평결한다. 국민참여재판에서 배심원의 유・무죄평결은 만장일치 평결을 우선으로 한다.[109] 만장일치가 안되는 경우 배심원 대표는 심리에 관여한 판사에게 의견을 요청해야 한다.[110] 이 때의 판사 의견은 앞선 평의 과정에서 배심원 다수결에 의해 판사의 의견진술을 듣는 경우의 판사의견에 비해 그 범위나 기능이 다르다고 보아야 한다. 더 자세히 사건의 쟁점, 증거, 적용법률에 대해 설명한다.[111] 앞선

108) 법원행정처, "국민참여재판의 이해", 2007년, 136면.
109) 『국민의 형사재판 참여에 관한 법률』 제46조 제2항.
110) 『국민의 형사재판 참여에 관한 법률』 제46조 제3항.

평결을 위한 배심원 의견 확인 절차를 거치면서 배심원마다 각자의 의견을 이미 정한 상태이기 때문이다. 또 만장일치 평결이 되지 않아 다수결 평결을 앞두고 있는 시점이므로 충분한 토론 없이 평결이 끝날 위험이 있다. 이 때에도 검사나 피고인 어느 한쪽의 의견을 일방적으로 강조해서는 안될 것이다. 마찬가지로 입법론으로 재판장의 설명 방식에 대한 법령이 명문으로 규정될 필요가 있다.

3. 평결서의 작성

(1) 작성방법

배심원은 유・무죄에 관하여 전원의 의견이 일치하지 아니하는 때에는 평결을 하기 전에 심리에 관여한 판사의 의견을 들어야 한다. 이 경우 유·무죄의 평결은 다수결의 방법으로 한다. 심리에 관여한 판사는 평의에 참석하여 의견을 진술한 경우에도 평결에는 참여할 수 없다. 심리에 관여한 판사가 의견을 진술하는 경우에도 유무죄에 관한 의견을 진술하여서는 아니 된다.

배심원 대표는 평의가 종료되면 배심원 전원에 대하여 개개인의 의사를 명확하게 확인한 후 유죄의견의 수, 무죄의견의 수로 구분하여 평결서를 작성한 후 배심원들의 서명 또는 날인을 받아 즉시 이를 재판장에게 전달하여야 한다[112]

(2) 평결의 효과

평결은 법원을 기속하지 아니한다.[113] 대법원은 평결의 효력에 대해 사법의 민주적 정당성과 신뢰를 높이기 위해 도입된 국민참여재판의 형식으로 진행된 형사공판절차에서, 엄격한 선정절차를 거쳐 양식 있는 시민으로 구성된 배심원이 사실의 인정에 관하여 재판부에 제시하는 집단적 의견은 실질적 직접심리주의 및 공판중심주의하에서 증거의 취사와 사실의 인정에 관한 전권을 가지는 사실심 법관의 판단을 돕기 위한 권고적 효력을 가진다고 한다[114]. 평결결과를 집계한 서

111) 법원행정처, "국민참여재판의 이해", 2007년, 137면.
112) 『국민의 형사재판 참여에 관한 규칙』 제42조.
113) 『국민의 형사재판 참여에 관한 규칙』 제46조 제5항.
114) 대법원 2010. 3. 25. 선고 2009도14065 판결.

평결서 양식

(1인의 피고인 1죄인 경우)

평 결 서

사건번호 2000고합 00

피고인 ○○○

이 사건의 배심원들은 다음과 같이 평결합니다.

다음

『국민의 형사재판 참여에 관한 규칙』 제42조

죄명 및 적용법조

-피고인은 0년 0월 0일 0에서 피해자 ○○를 칼로 찔러 살해함

-살인죄. 형법 제250조 제1항

평결

-유무죄에 대하여 배심원 전원의 의견이 일치하면 만장일치로 평결합니다.

유죄 - 00명

무죄 - 00명

2000. 0. 0

배심원0 번000(서명)

배심원0 번000(서명)

배심원0 번000(서명)

배심원0 번000(서명)

배심원0 번000(서명)

배심원0 번000(서명)

배심원0 번000(서명)

○○지방법원 귀중

평결서 양식

(1인의 피고인 수죄인 경우)

평 결 서

사건번호 2000고합 00

피고인 ○○○

이 사건의 배심원들은 다음과 같이 평결합니다.

다음

1. 살인죄

죄명 및 적용법조

-피고인은 0년 0월 0일 0에서 피해자 00를 칼로 찔러 살해함

-살인죄. 형법 제250조 제1항

평결

-유무죄에 대하여 배심원 전원의 의견이 일치하면 만장일치로 평결합니다.

유죄 - 00명

무죄 - 00명

2. 절도죄

죄명 및 적용법조

-피고인은 0년 0월 0일 0에서 피해자 0의 0을 절취함

-절도죄. 형법 제329조

평결

-유무죄에 대하여 배심원 전원의 의견이 일치하면 만장일치로 평결합니다.

유죄 - 00명

무죄 - 00명

2000. 0. 0
배심원0 번000(서명)
배심원0 번000(서명)
배심원0 번000(서명)
배심원0 번000(서명)
배심원0 번000(서명)
배심원0 번000(서명)
배심원0 번000(서명)

○ ○ 지방법원 귀중

면은 소송기록에 편철한다. 배심원은 평결과정에서 알게 된 판사 및 배심원 각자의 의견과 그 분포 등을 누설하여서는 아니 된다.

Ⅳ. 양형에 대한 평의

1. 양형 토의의 정의

평결이 유죄인 경우 배심원은 심리에 관여한 판사와 함께 양형에 관하여 토의하고 그에 관한 의견을 개진한다. 재판장은 양형에 관한 토의 전에 처벌의 범위와 양형의 조건 등을 설명하여야 한다.

2. 양형토의의 방식 및 양형 의견서 작성

양형에 대한 토의는 판사에 의해 주재된다.[115] 판사는 배심원의 양형에 관한 의견을 적절한 방법으로 집계한다. 양형의견서에 이를 기재하고 재판장이 기명날인한다. 배심원의 양형의견을 종류별로 기재한다.

115) 법원행정처, "국민참여재판의 이해", 2007년, 139면

양형의견서 양식(피고인 1인)

양형의견서

사건번호 2000고합00호
피 고 인 ○○○

□ 죄명 (공소사실) 및 적용법조
- 피고인은 0년 0월 0일 0에서 피해자 0을 칼로 찔러 살해함.
- 살인죄, 형법 제250조 제1항

□ 양형 의견
- 사형 : 명
- 무기징역 : 명
- 유기징역(금고) : 명
- 기타(집행유예 등) : 명

이 사건의 배심원들이 위와 같은 양형의견을 개진하였음을 확인함.

2000. . .
재판장 판사 ○○○ (인)

3. 무죄 의견인 배심원의 양형 의견

다수결에 의해 평결이 유죄로 된 경우 무죄 의견배심원도 양형토의에 참여하는지 문제된다. 배심원은 평의절차에서 다른 배심원의 의견을 듣고 자신의 의견을 개진할 의무가 있을 뿐 아니라 『국민의 형사재판 참여에 관한 법률』은 무죄 의견인 배심원을 양형 토의에서 배제해야 한다는 명문의 규정을 두고 있지 않기 때문이다. 재판장은 다수결에 의한 유죄 평결 후 무죄 의견인 배심원에게 양형토의에 참가할 것을 권유하고 만약 그 배심원이 양형토의 참여를 거부한다면 그러한 취

지를 양형의견서에 기재한다.[116]

4. 양형 토의의 효과

양형 토의 의견은 법원을 기속하지 아니하고[117] 사실심 법관의 판단을 돕기 위한 권고적 효력을 가진다. 양형 토의 의견을 집계한 서면은 소송기록에 편철한다.

Ⅴ. 판결선고

1. 선고기일

일반 형사재판에서 판결의 선고는 변론을 종결한 기일에 하여야 한다. 다만, 특별한 사정이 있는 때에는 따로 선고기일을 지정할 수 있다. 또한 변론을 종결한 기일에 판결을 선고하는 경우에는 판결의 선고 후에 판결서를 작성할 수 있다. 반면 국민참여재판에서는 판결의 선고는 변론을 종결한 기일에 하여야 하고 특별한 사정이 있는 때에는 따로 선고기일을 지정할 수 있지만 선고기일은 변론종결 후 14일 이내로 정하여야 한다.[118] 배심원 평결 직후 선고가 내려지지 않는다면 평결의 비밀이 보장되지 않을 우려가 있기 때문이다. 국민참여재판은 일반 형사재판보다 더 공판중심주의와 집중심리 원칙에 충실할 필요가 있다.

2. 배심원과 판결 선고 방식

즉일 선고하는 경우는 배심원을 다시 법정에 입정하게 하고 배심원석에 착석하게 한 후 선고기일을 진행한다. 특별한 사정이 있어 변론 종결 후 14일 내로 선고기일을 따로 지정한 경우에는 배심원의 출석 없이 선고할 수 있다.[119]

재판장은 판결선고시 피고인에게 배심원의 평결결과를 고지하여야 하며[120], 배

116) 법원행정처, "국민참여재판의 이해", 2007년, 139면.
117) 『국민의 형사재판 참여에 관한 법률』 제46조 제5항.
118) 『국민의 형사재판 참여에 관한 법률』 제48조 제1항 및 제3항.
119) 『국민의 형사재판 참여에 관한 규칙』 제43조.
120) 『국민의 형사재판 참여에 관한 법률』 제48조 제4항.

심원의 평결결과와 다른 판결을 선고하는 때에는 피고인에게 그 이유를 설명하여야 한다. 배심원의 양형에 관한 의견은 법령에서 정한 바가 없으므로 고지여부는 재판부의 재량사항이다.[121] 다만 실제 재판에서는 양형 의견도 고지하는 것이 일반적이다. 배심원과 예비배심원의 임무는 재판장이 종국재판을 고지한 때 종료된다.[122] 실제 재판에서는 재판장이 배심원의 임무 종료를 선언하고 감사의 말을 전하며 평의 등 비밀유지의무에 대해 설명한다.

3. 국민참여재판 판결서의 기재사항

국민참여재판의 판결서에는 배심원이 재판에 참여하였다는 취지를 기재하여야 한다[123] 판결서에는 배심원의 의견을 기재할 수 있다고 규정되어 있으므로 배심원의 의견은 임의기재사항이다.[124] 배심원의 평결결과와 다른 판결을 선고하는 때에는 판결서에 그 이유를 기재하여야 한다.

4. 평결과 선고의 관계

(1) 서설

배심원의 유무죄 평결과 양형 의견은 법원을 기속하지 아니하고 권고적 효력을 가진다[125]. 국민참여재판 결과에 대하여도 통상 재판과 마찬가지로 항소가 가능하다.

(2) 국민참여재판으로 진행된 제1심과 항소심

1) 문제의 제기

항소심도 배심원의 의사에 기속되지 않고 국민참여재판과 다른 내용의 선고를 할 수 있다. 그러나 공판중심주의와 실질적 직접 심리주의 원칙에 근거하여보면 엄격한 선정절차를 거쳐 양식 있는 시민으로 구성된 배심원단이 사실의 인정에

121) 법원행정처, "국민참여재판의 이해", 2007년, 141면.
122) 『국민의 형사재판 참여에 관한 법률』 제35조 제1호.
123) 『국민의 형사재판 참여에 관한 법률』 제49조 제1항.
124) 『국민의 형사재판 참여에 관한 법률』 제49조 제1항.
125) 『국민의 형사재판 참여에 관한 법률』 제46조 제5항.

관하여 재판부에 무죄의 의견을 제시한 경우에 이러한 무죄의 평결이 재판부의 심증에 부합하여 1심에서 그대로 채택되었다면 한층 더 존중될 필요가 있다. 대법원은 2010. 3. 25. 선고 2009도14065 판결에서 이러한 원칙을 판시하였다.

2) 대법원2010. 3. 25. 선고 2009도14065 판결

가. 사실관계

공소사실은 피고인이 공소외인과 합동하여, 모텔에서 피해자를 때려 반항을 억압한 다음, 피해자의 목에 걸려 있던 시가 290만원 상당의 금목걸이를 강취하고, 이로 인하여 피해자에게 약 4주일간의 치료를 요하는 상해를 가하여 강도상해의 죄를 범하였다는 것이다.

국민참여재판으로 진행된 제1심에서는 피고인이 위 범행 당시 피해자의 금목걸이를 피해자로부터 넘겨받게 된 경위에 관하여 피고인의 주장과 피해자의 진술이 상반되고 그에 따라 위 금목걸이의 강취 사실 및 범의 여부가 공판의 쟁점이 되자, 피해자 및 피고인과 함께 모텔에 들어간 일행들과 모텔 주인 등 다수의 관련자들에 대한 증인신문을 실시했다. 그 결과 배심원 9명은 만장일치로 무죄 평결하였고 그 평결 결과를 재판부가 받아들여, 위 공소사실에 부합하는 피해자 및 공소외인 등의 진술의 신빙성을 배척하였고 재물 강취의 고의는 물론 불법영득의 의사로 금목걸이를 강취하였다고 볼 증거가 부족하다는 이유로 위 강도상해의 공소사실에 관하여 무죄로 판단하였다.

항소심은 피해자에 대하여만 증인신문을 추가로 실시한 다음, 그 진술의 신빙성이 인정된다는 이유 등을 들어, 제1심이 증거의 증명력을 판단함에 있어 경험칙과 논리법칙에 어긋나는 판단을 함으로써 자유심증주의에 관한 법리를 오해하거나 사실을 오인한 위법이 있다고 보아 제1심판결을 파기하고 위 강도상해의 공소사실에 관하여 유죄로 판단하였다.

나. 대법원의 판단

대법원은 사법의 민주적 정당성과 신뢰를 높이기 위해 도입된 국민참여재판의 형식으로 진행된 형사공판절차에서, 엄격한 선정절차를 거쳐 양식 있는 시민으로 구성된 배심원이 사실의 인정에 관하여 재판부에 제시하는 집단적 의견은 실질적 직접심리주의 및 공판중심주의하에서 증거의 취사와 사실의 인정에 관한 전권을 가지는 사실심 법관의 판단을 돕기 위한 권고적 효력을 가지는 것이라고 판시하였다. 나아가 배심원이 증인신문 등 사실심리의 전 과정에 함께 참여한 후 증인이 한 진술의 신빙성 등 증거의 취사와 사실의 인정에 관하여 만장일치의 의견으로 내린 무죄의 평결이 재판부의 심증에 부합하여 그대로 채택된 경우라면, 이러한 절차를 거쳐 이루어진 증거의 취사 및 사실의 인정에 관한 제1심의 판단은 실질적 직접심리주의 및 공판중심주의의 취지와 정신에 비추어 항소심에서의 새로운 증거조사를 통해 그에 명백히 반대되는 충분하고도 납득할 만한 현저한 사정이 나타나지 않는 한 한층 더 존중될 필요가 있다고 판시하였다.

즉 국민참여재판에서 피해자를 비롯한 다수의 증인과 피고인에 대한 제1심 사실심리의 전 과정을 직접 지켜본 배심원이 만장일치로 내린 평결 결과를 받아들여 공소사실을 뒷받침하는 피해자 등의 진술의 신빙성을 배척하고 이를 토대로 무죄를 선고한 제1심의 판단을 뒤집기 위해서는 항소심에서의 새로운 증거조사를 통해 그에 명백히 반대되는 충분하고도 납득할 만한 현저한 사정이 나타나는 경우라야 한다는 것이다.

이러한 법리에 근거해 항소심이 유죄의 근거로 삼은 증거들은 피해자의 원심법정 진술을 제외하고는 제1심의 증거조사 과정에서 이미 현출되어 제1심이 관련 진술의 신빙성 유무를 판단함에 있어 이미 고려했던 증거나 사정들 중 일부에 불과하여 제1심의 판단을 뒤집을 만한 특별한 사정으로 내세울 것이 되지 못하고 피해자의 원심법정 진술 또한 피고인과 대립되는 이해당사자로서 수사과정에서부터 대체로 공소사실에 부합하는 내용으로 일관하여 온 같은 진술의 반복에 지나지 아니하여 역시 특별한 사정이라 보기 어렵다고 판단했다. 그 결과 항소심은 공판중심주의와 실질적 직접심리주의의 원칙을 위반하였고 그 결과 범죄사실의 인정은 합리적인 의심이 없는 정도의 증명에 이르러야 한다고 하는 증거재판주의에 관한 법리를 오해한 위법이 있다고 보아 파기환송하였다.

다. 소결

위 판례는 국민참여재판으로 진행된 제1심에서 배심원이 만장일치로 한 평결 결과를 받아들여 강도상해의 공소사실을 무죄로 판단하였으나, 항소심에서는 제1심의 판단을 뒤집어 이를 유죄로 인정한 사안에서, 항소심 판단에 공판중심주의와 실질적 직접심리주의 원칙의 위반 및 증거재판주의에 관한 법리오해의 위법이 있다고 한 사례이다. 대법원의 이러한 법리는 공판중심주의와 실질적 직접 심리주의 원칙 및 증거재판주의에 근거한 것이다. 항소심은 원칙적으로 제1심 증인이 한 진술의 신빙성에 관한 제1심의 판단을 뒤집는 것에 신중해야 한다. 제1심 증인의 진술에 대한 제1심과 항소심의 신빙성 평가 방법의 차이에, 우리 형사소송법이 채택하고 있는 실질적 직접심리주의의 취지 및 정신을 함께 고려해야 하기 때문이다. 제1심판결 내용과 제1심에서 적법하게 증거조사를 거친 증거들에 비추어 제1심 증인이 한 진술의 신빙성 유무에 대한 제1심의 판단이 명백히 잘못되었다고 볼 특별한 사정이 있거나, 제1심의 증거조사 결과와 항소심 변론종결시까지 추가로 이루어진 증거조사 결과를 종합하면 제1심 증인이 한 진술의 신빙성 유무에 대한 제1심의 판단을 그대로 유지하는 것이 현저히 부당하다고 인정되는 등의 예외적인 경우가 아니라면, 항소심으로서는 제1심 증인이 한 진술의 신빙성 유무에 대한 제1심의 판단이 항소심의 판단과 다르다는 이유를 들어 제1심의 판단을 함부로 뒤집어서는 안된다는 것이 대법원의 법리이다. 특히 공소사실을 뒷받침하는 증인의 진술의 신빙성을 배척한 제1심의 판단을 뒤집는 경우에는, 무죄추정의 원칙 및 형사증명책임의 원칙에 비추어 이를 수긍할 수 없는 충분하고도 납득할 만한 현저한 사정이 나타나는 경우라야 한다.

이 판결의 의의는 대법원은 특히 국민참여재판에서 배심원이 만장일치의 의견으로 내린 무죄의 평결이 재판부의 심증에 부합하여 그대로 채택된 경우, 그 증거의 취사 및 사실의 인정에 관한 제1심의 판단을 항소심에서 함부로 뒤집어서는 안된다는 점을 분명히 했다는 것이다.

(3) 입법론

국민참여재판에서 배심원의 평결은 법적으로 권고적 효력만을 가진다. 그러나 국민참여재판으로 진행된 제1심에서 배심원이 만장일치로 한 평결 결과의 경우 항소심에서의 새로운 증거 조사를 통해 그에 명백히 반대되는 충분하고도 납득할 만한 현저한 사정이 나타나지 않은 한 한층 더 존중될 필요가 있다.

영미의 경우 배심재판의 결과에 대해 피고인은 유죄 판결에 대해 항소할 수 있으나, 검사는 무죄 판결에 대해 항소할 수 없다. 배심원들은 이유부 기피, 무이유부 기피 등 엄격한 절차를 거쳐 선정된 시민들이며 그 시민들이 공소사실에 대해 '합리적 의심'을 가지게 되었다면 항소심에서도 이를 존중하는 것이 타당하다는 것이다. 이러한 이유로 국민참여재판으로 진행된 제1심에 대해 배심원과 법관이 일치하여 무죄 의견이라면 검사의 항소를 금지함이 타당하다는 의견이 있다.[126] 국민참여재판의 형식으로 진행되는 형사공판절차의 도입 이유가 사법의 민주적 정당성과 신뢰를 높이기 위한 것이라는 점에 비추어보면 필요성이 인정된다. 신중한 논의를 거쳐, 만장일치로 이루어진 평결과 법관의 판단이 일치하는 경우 제1심의 효력을 더욱 존중할 수 있는 방법을 도입하는 입법적 개선이 필요하다.

126) 차정인, "항소심의 제1심 국민참여재판 판결 파기", 법학연구 제51권 제1호 통권 제63호, 부산대학교 법학연구소, 2010.

보론

국민참여재판이 피고인에게 유리한 점

1. 서　론

국민참여재판은 2008년부터 시행되어 벌써 수년이 지난 제도이지만 그 시행건수가 일반 형사재판에 비하여 매우 적고, 변호사나 피고인들이 참여하기에는 매우 생소한 제도로서 아직 우리 법조계나 국민일반에게 국민참여재판의 운영이나 장단점에 대하여 충분한 이해가 되어 있지 않다. 특히 국민참여재판은 피고인의 신청이 있어야 열릴 수 있는데 국민참여재판을 신청하는 것이 피고인에게 어떤 점에서 유리한 것인지에 대한 논의 자체가 부족한 형편이다.

일반 국민이 형사재판을 받게 되었을 때 자신의 재판을 일반 형사재판으로 진행할 것인지 국민참여재판으로 진행할 것인지 결정하는 것은 어려운 일이며 변호사의 조언이 절실하게 된다. 이때 변호사가 적절한 조언을 할 수 있도록 국민참여재판을 실제로 여러 건 수행한 변호사들의 경험을 토대로 일반 형사재판에 비하여 국민참여재판이 피고인에게 유리한 점을 검토한다.

2. 배심원의 재판관여

(1) 배심원의 선정과 성향

국민참여재판의 가장 큰 특징은 직업법관이 아닌 일반국민이 배심원으로 재판에 관여한다는 점이다. 배심원의 평결은 법원을 기속하지는 못하지만 법원은 배심원의 평결에 반하는 판결을 한 경우에는 그 이유를 기재하여야 한다.[1] 판결서에 기재할 이유에 대하여 구체적인 규정이 마련되지 않았지만 법원이 배심원의 평

1) 국민의 형사재판에 관한 법률 제49조 제2항.

결과 다른 판결을 할 경우에는 왜 그런 심증이 형성되었는지 그 과정을 밝혀야 한다.

배심원의 평결과 다른 판결을 한 법원이 판결서에 밝힌 심증형성과정은 그 과정에서 하자를 지적할 수 있고 유력한 항소이유가 될 수 있다. 또한 엄격한 선정절차를 거친 배심원의 판단은 국민의 정서를 반영하는 것인데 판결서에 기재된 심증형성과정은 법원의 판결이 국민의 정서와 반대되는 이유를 밝히는 것으로 법원으로서는 매우 부담스러운 일이다. 최근 이어진 대법원의 판결을 살펴보면 특히 1심이 국민참여재판으로 진행되었을 때 그 평결을 뒤집는 것은 매우 신중해야 한다는 입장을 보이고 있다.

따라서 배심원의 평결이 가지는 사실상의 효력은 단순한 권고라고 해석하기에는 적지 않은 영향력을 가지고 있다.

위와 같은 영향력을 가진 배심원이 선정되는 절차가 배심원선정절차이다. 배심원선정절차의 핵심을 살펴보면 검사와 변호인이 자신에게 유리한 배심원을 선정하는 것이 아니라 불리한 배심원을 기피신청을 통하여 배제하는 방식으로 선정하는 것이다. 이는 매우 중요한 원칙으로 배심제를 채택하고 있는 국가에서는 '조리'라고 불려도 될 정도로 일반적인 방식으로 '경쟁적 배제방식'이라고 정의할 수 있다. 검사와 변호인이 서로 자신에게 유리한 사람을 배심원으로 내세워 의견을 충돌시키는 것이 아니라 서로 자신에게 불리한 사람을 먼저 배제하는 방식이므로 일방당사자에게 극단적으로 유리한 성향을 가진 배심원후보자는 배심원이 될 수 없다. 결국 비교적 중립적이고 공정한 사람, 그리고 일반적인 헌법원칙인 증거재판주의와 무죄추정의 원칙을 수용하는 사람이 배심원으로 선정될 가능성이 크다. 검사든 변호인이든 어떤 쪽에 우호적인 성향을 보인 사람은 상대방에 의하여 기피될 것이기 때문이다.

이렇게 선정된 배심원들은 범죄자를 전혀 접해보지 않은 사람들이 대부분이다. 범죄자를 전혀 접해보지 않은 배심원들의 판단은 하루에도 수십명의 범죄자를 상대하는 직업법관의 판단과 다를 수밖에 없는데 구체적인 사안에 따라 그 성향을 살펴본다.

(2) 증거재판주의의 엄격한 적용

증거재판주의는 형사소송법의 기본원칙으로 사실의 인정은 증거에 의하여야 한다.[2] 증거는 크게 인증과 물증으로 나뉘는데 인증은 사람의 진술을 증거로 하는 것이며, 물증은 물건의 형상을 증거로 하는 것이다. 유죄판결은 증거능력이 있는 증거에 의하여 합리적 의심을 배제할 수 있을 정도로 엄격한 증명이 있는 경우에만 할 수 있다.

그런데 과거의 사실을 증거에 의하여 입증한다는 것은 매우 어려운 일이다. 특히 그 증거가 인증일 경우 사람은 기억의 혼동을 겪거나 거짓말을 할 가능성이 있어 더욱 신빙성이 부족하다.

우리나라에서 국민참여재판을 진행하다보면 배심원들은 사람의 말만 듣고 재판을 할 수 없고, 물증이 있어야 한다는 생각을 가지고 있다는 것을 알 수 있다. 이러한 생각이 법적으로 타당한 것인가 여부는 별론으로 하고 현실적으로 우리 국민들의 성향을 살펴보면 사람의 말보다는 물증이 있어야 한다는 생각이 바탕이 되는 사고를 하고 있다. 우리나라 국민들은 증인이 하는 선서의 의미를 진지하게 받아들이지 않고 선서를 존중하는 종교적 문화적 역사가 빈약하며, 위증에 대하여 별다른 죄의식이 없는 것과 관련이 있는 것으로 보인다.

하지만 대부분의 형사사건에서 고소인 외에 목격자가 있는 경우는 매우 드물고, 고소인인 목격자는 피고인과 상반되는 이해관계를 가지고 피고인에 대한 형사처벌을 원하는 사람이다. 따라서 비록 선서를 한다고 하더라도 진실만을 말한다고 보기 어렵다. 이해관계가 없는 목격자가 있는 형사사건이라도 사건의 전말을 모두 지켜본 경우는 드물고 일부분만을 목격한 경우가 많다.

직업법관은 많은 형사재판을 진행하면서 피해자의 진술만이 존재하는 경우라도 그 진술에 모순이 없고 주변 상황에 비추어 합리적이라면 유죄의 입증이 충분하다고 판단하고 유죄판결을 선고한다. 하지만 배심원은 위에서 살펴본 대로 인증만으로는 신빙성이 부족하다고 생각하며 특히 피고인과 이해관계가 상반되는 고소인의 진술은 일방당사자의 주장일 뿐 그것을 증거라고 생각하지 않는다. 결국

---

2) 형사소송법 제307조 제1항.

배심원은 고소인의 진술외에 다른 물증이 있어야 유죄판결을 선고할 수 있다고 생각하는 경향이 강하다.

이러한 판단방식의 차이로 인하여 무죄를 주장하는 사건에서는 배심원의 판단방식이 직업법관의 판단방식보다 피고인에게 유리하게 작용한다. 다만 범죄를 자백하는 경우에는 위와 같은 판단방식의 차이가 피고인에게 별다른 이익이 없다. 반면 고소인의 진술이 모순되고 모호한 측면이 있더라도 명확한 물증이 있는 형사사건이라면 배심원의 판단방식은 피고인에게 불리하게 작용한다.

(3) 증거능력에 대한 엄격한 판단

처음 국민참여재판의 도입이 논의될 무렵 가장 우려되었던 것은 배심원들의 무관심과 불성실이었다. 하지만 실제 국민참여재판이 시행되고 배심원들의 재판참여태도나 평의에 임하는 시간을 관찰하면 이러한 우려는 기우에 불과하였고, 오히려 배심원들의 진지하고 성실한 참여를 볼 수 있었다.

특히 배심원들은 재판장의 증거에 대한 지시를 잘 따르는 모습을 보이는데 일반국민은 배심원들은 배심원선정절차에 참여하면서 긴장된 심리상태에서 재판장이 직접 증거에 관한 지시에 따를 것을 배심원들에게 재차 강조하는 말을 반복적으로 들었기 때문으로 생각된다.

유죄인지 무죄인지 다투는 사건에서 증거능력이 없는 증거가 제시되는 경우가 발생하면 검사나 변호인은 당연히 이의를 하고 그 이의가 받아들여지면 재판장은 배심원들에게 해당 증거를 보지 않은 것으로 여기고 판단할 것을 지휘한다. 배심원들은 이 지시를 액면 그대로 받아들이고 따르는 경향이 있다. 배심원들은 마치 그 증거는 존재하지 않는 것처럼 취급하며, 나아가 준비절차에서 제시되지 않은 무리한 증거를 제출하는 측에 불리한 심증을 형성하는 것처럼 보이는 경우도 있다.

반면 직업법관의 증거능력없는 증거에 대한 태도는 다소 차이가 있다. 직업법관은 유무죄의 판단과 더불어 양형까지 비교적 짧은 시간에 많은 사건을 결정해야 하는데 심증을 형성할 때 일단 제시된 증거에서 자유롭지 못한 성향을 보인다. 특히 양형에 관한 증거나 탄핵증거와 같이 엄격한 증명을 요하지 않는 증거가 사실증명을 위한 증거와 함께 제출되면서 혼재되어 있고, 부족한 증거속에서 진실을 찾아야 하는 사건이 대부분인 상황에서 증거능력이 없거나 무관한 증거를 언급하는 모습을 보이는 경우가 있다. 대표적인 사례는 과거 범죄경력조회를 살펴 유사한 수법이 있는지 여부를 살피고 유무죄를 결정하는 모습이다.

구체적으로 유죄인지 무죄인지 다투는 사건을 국민참여재판으로 진행하는 도중에 검사가 피고인이 과거에 행한 파렴치한 범죄전력을 예고없이 공판정에서 증거로 제시하는 경우가 있다. 변호인은 검사가 제시하는 증거가 유죄인지 무죄인지 판단과는 무관한 증거이며 준비절차에서 제시되지 않은 증거임을 이유로 증거로 사용되어서는 안된다고 주장한다. 법원이 변호인의 주장을 받아들이면 재판장은 배심원들에게 방금 검사가 제시한 자료는 증거로 사용할 수 없다고 지휘한다. 일반국민인 배심원은 재판장의 이러한 지휘를 충실히 따르는 경향을 보인다. 하지만 직업법관은 일단 제시된 범죄전력을 심증형성에서 완전히 배제한다고 단정하기 어렵다.

이러한 직업법관의 성향이 갖는 문제점을 해결하기 위하여 선진국에서는 유무죄인정절차와 양형절차를 분리하고 있고, 우리나라에서도 형사소송절차에서 유무죄인정절차와 양형절차를 분리하여야 한다는 논의가 제기되고 있다. 하지만 아직까지 일반 형사재판절차에서 유무죄인정절차와 양형절차를 분리하지 않고 있다. 반면 국민참여재판에서는 배심원의 평의에 있어서는 유무죄인정절차와 양형절차가 명확히 분리되어 있다. 배심원들은 원칙적으로 직업법관의 관여없이 유무죄인정절차인 평의를 진행하고, 무죄로 판단할 경우 평결을 한다. 유죄로 인정할 경우 직업법관과 함께 양형에 대하여 논의한다.

일반국민인 배심원이 증거능력에 대한 재판장의 지시에 잘 따르는 경향 및 유무죄인정절차와 양형절차가 분리되어 있는 국민참여재판에서 배심원들은 증거능력에 대하여 직업법관보다 더 엄격한 기준을 가지고 있다.

(4) 타인에게 가혹하지 못한 국민 정서

배심원은 진행되고 있는 형사재판과 아무런 관련이 없는 사람으로 국민의 주권행사의 일환으로 형사재판에 참여하고 있을 뿐이다. 우리 국민 정서는 직접 이해관계가 없다면 타인에게 관대한 것을 덕으로 생각하고 가혹한 심판자의 역할은 사양하는 경향이 있다.

이미 언급한 바와 같이 과거의 사실을 증거에 의하여 시간과 공간이 제한된 법정에서 재현한다는 것은 매우 어려운 일이다. 명확한 증거가 존재하는 상황이 아니라면 사실의 인정은 불분명한 경우가 많고 그런 불분명한 상황에서 배심원이 피고인에게 유죄를 선고하는 것은 쉽지 않으며, 특히 유죄라고 인정할 경우에도 중형을 선고하는 것은 더욱 어렵다.

직업법관도 우리 국민인 이상 같은 성향을 가지고 있다. 직업법관은 불분명한 상황에서 진실을 찾기 위하여 최선을 다한다. 하지만 최선을 다한 결과 불분명할 때 직업법관의 성향은 두 가지로 나뉘는데 첫째는 무죄를 주장하는 피고인에 대하여 최선을 다해 심리한 결과 유죄라는 판단이 서면 죄를 반성하지 않는다는 이유로 중한 형을 선고하는 성향이 있고, 둘째는 비록 유죄라는 판단을 하였으나 불충분한 증거가 양형에 반영되는 성향이 있다. 이러한 성향은 법관마다 다른 경우도 있고, 같은 법관이라도 사안에 따라 다른 경우가 있다. 하지만 성향의 차이에도 불구하고 불분명할 경우 피고인의 이익으로 판단하기보다는 오히려 피해자의 구제를 우선하는 경향이 있다.

결국 배심원의 성향은 직업법관과 비교할 때 다른 사람의 인생에 중대한 영향을 미칠 수 있는 결정을 함에 있어서 매우 신중하므로 불분명한 사실관계에서 쉽게 유죄의 판단을 하지 않고, 유죄로 판단하더라도 불분명한 사실관계는 양형에 반영될 것이므로 피고인에게 유리하다. 주의할 점은 일반국민인 배심원 중에는 자신이 공정한 판단자로서 역할을 하기 보다는 심판자로서 권한을 행사하길 원하는 사람이 있을 수 있다는 것이다. 심판자로서의 역할에 치중하는 배심원은 피고인에게 매우 불리하므로 변호인은 배심원선정절차에서 위와 같은 성향의 배심원후보자가 배심원이 되지 않도록 노력해야 한다.

3. 입증기회의 충분한 보장

형사재판에서 최근 수년간 공판중심주의가 매우 강화되었고, 일반형사재판에서도 피고인에게 충분한 입증의 기회가 주어지고 있다. 하지만 길게는 수일에 걸쳐 집중적으로 1개의 사건만을 심리하는 국민참여재판에 비하여 하루에 10여개의 사건, 많게는 수십개의 사건을 심리하는 일반 형사재판에서는 피고인의 입증기회는 불충분할 수밖에 없다.

공판중심주의의 강화로 검사나 변호인은 더욱 많은 증거신청을 하게 되었는데 법원도 시간적 제한속에서 업무를 처리할 수밖에 없는 한계를 가지고 있으므로 증거신청이 기각되는 경우가 많다.

국민참여재판은 배심원들이 증거를 충분히 접하고 판단할 수 있도록 증거신청이 폭넓게 허용되고 있다. 또한 검증이나 감정을 할 때 일반국민을 설득하기 위해서는 직업법관보다 더욱 상세한 설명이 필요하므로 전문가증언도 일반형사재판에 비하여 쉽게 채택되는 경향이 있다. 특히 의사나 감정인을 일반형사재판에서 증인으로 소환하는 것이 얼마나 어려운 일인지를 고려하면 국민참여재판은 피고인에게 방어의 기회를 보다 충분하게 제공한다.

현대의 과학적 증거인 동영상이나 사진, 통화내용, 인터넷채팅내용에 대하여 일반형사재판에서는 일부만을 검증하고 그 의견을 제시하는 정도로 증거조사를 하는 경우가 많지만 국민참여재판에서는 배심원들에 대하여 증거에 대하여 세심한 설명을 허용하는 장점이 있다.

4. 공정한 방어기회의 보장

국민참여재판은 미리 철저히 준비를 하여 정해진 기일에 재판을 집중적으로 심리하고 판결까지 마쳐야 하는 시간적 한계가 있다. 시간적 한계는 재판을 준비하는 검사나 변호인에게 매우 부담스러운 일입이지만 각 당사자에게 같은 시간적 한계가 주어지는 것이므로 공정한 것이다.

반면 일반형사재판에서는 검사나 변호인 모두에게 시간적 제한이 없다 .단지 구속기간이 정해져 있어 그 기간내에 가능하면 심리를 마치려는 사실상의 관행이 있을 뿐이고, 구속기간 조차 1심에서만 6개월에 이르는 매우 장기간이다.

이런 장기간의 구속기간 및 재판의 시간적 제한이 없다는 것은 주로 검사에게 유리하게 작용한다. 검사는 수사를 진행하면서 증거를 수집하고 유죄를 입증할 만한 증거가 모이면 공소를 제기하지만 이로써 수사가 종결되는 것이 아니고 공판과정에서 재판의 진행상황에 따라 보완수사를 할 수 있다. 변호인이 재판에서 변론한 내용을 기초로 보완수사를 하는데 이를 공소유지를 위한 수사라고 하며 허용여부에 대하여 논쟁이 있으나 통설은 허용하는 입장이다.

검사가 보완수사를 위하여 공판기일연기신청을 할 때 법원은 대부분 이를 받아들인다. 심지어 구속기간의 만료가 임박하였을 경우에는 별건으로 구속영장을 발부하는 경우도 있다. 하지만 변호인의 공판기일연기신청은 특별한 사유가 있지 않는 한 기각되기 쉽고, 특히 구속기간의 만료가 임박할 무렵에 하는 기일연기신청은 실무상 거의 받아들여지지 않는다.

결국 검사는 공소유지를 위하여 구속만기까지 충분한 공격기회를 갖게 되며 언제라도 보완수사나 별건수사를 할 수 있다. 이런 상황에서 변호인이 충실한 변호를 하여 무죄판결의 가능성이 보이면 검사는 피고인에 대하여 더욱 철저한 수사를 하거나 당해 사건과 무관한 다른 사건에 대하여 추가로 수사를 하게 된다. 일례로 공무집행방해사건에 대하여 공무원인 경찰관의 위법사유가 발견되어 변호인이 공무집행의 위법성을 지적할 경우 이전에는 문제삼지 않았던 모욕죄나 업무방해죄를 인지하여 추가기소하는 경우가 있다. 결국 피고인은 처음 기소된 공무집행방해죄로 무죄판결을 선고받더라도 기소할 만한 사건이 아니었던 사건으로 유죄판결을 선고받는 불이익을 입는다.

형사절차의 전통적인 법언 중에 '피고인에게는 무죄판결을 받는 것보다 형사절차에서 해방되는 것이 더 중요한 이익'이라는 문언이 있는 것은 위와 같은 이유 때문이다.

반면 국민참여재판은 검사와 변호사 모두 동일한 시간적 제한 내에서 입증활동과 변론활동을 한다. 국민참여재판은 변론을 종결한 기일에 선고를 하도록 규정하고 있다.[3] 변론종결시를 기준으로 모든 입증활동과 변론활동이 종결되고 그때까지 제출된 증거를 통하여 배심원과 법원의 판단을 받으므로 재판도중에 수사의 미진함이나 변론의 부족함이 발견되더라도 이를 추가로 수사하거나 변론기일을 연기하여 보충할 수 없다. 무엇보다 피고인에게 다른 죄명이 추가될 위험을 줄일 수 있다. 따라서 국민참여재판은 그 시간적 한계로 인하여 검사와 변호인에게 공평하므로 일반형사재판에 비하여 피고인에게 유리하다.

---

3) 국민의 형사재판 참여에 관한 법률 제48조 제1항.

5. 국민참여재판을 신청하는 행위의 의미

형벌권은 국가가 가지고 있는 권력 중 가장 강력한 권력이다. 국민의 자유를 극단적으로 제한할 수 있고 영구히 박탈할 수 있기 때문이다. 가장 강력한 권력일수록 국민의 통제를 받아야 한다는 것은 당연한 일이지만 국민참여재판의 도입과정은 쉽지 않았고, 어려운 과정에서 많은 사람들의 노력을 통하여 국민이 형사재판에 참여할 수 있는 길이 열렸다.

그런데 국민의 형사재판참여권은 국민참여재판이 열리지 않으면 실현될 수 없다. 권리가 존재한다고 하더라도 그 권리를 실현할 장이 없다면 그 권리는 무의미한 권리가 될 것이다.

현행법에 따라 우리나라에서 국민참여재판은 피고인의 의사에 따라 열린다. 피고인이 국민참여재판을 받기를 반대한다면 국민참여재판은 열릴 수 없으므로 피고인이 국민참여재판을 신청하는 것은 개인적으로 유리한 재판을 받기 위한 신청임과 동시에 사회적으로는 국민의 형사재판참여권을 행사하는 장을 부여하는 의미를 갖는다.

직업법관들의 판단 외에 일반국민들인 배심원의 판단을 받는 것이 갖는 공익적인 측면을 재판과정에서 어떻게 현출하여 피고인에게 유리한 자료로 삼을 것인지는 변호인의 보다 깊은 연구가 필요한 부분이다. 하지만 적어도 배심원들은 피고인이 일반 형사재판을 받을 수 있음에도 국민참여재판을 신청하였을 때 어떤 억울한 사정이 있는지 들어보려는 마음을 갖게 되는 것으로 보인다.

구체적으로 재판과정에서 변호사가 배심원들에게 피고인이 국민참여재판을 청구한 동기를 설명하는 과정에서 '일반법관보다 배심원들의 판단을 받고 싶다'고 표현하였을 때 배심원들의 표정이 다소 우호적으로 변하는 것을 느낄 수 있었다. 아마도 피고인이 직업법관보다 배심원을 더 신뢰한다는 인상이 배심원들에게 전달되었기 때문으로 보인다.

6. 결 론

일반적으로 국민참여재판은 일반형사재판보다 피고인에게 유리한 점이 있고, 배심원이 형사재판에 참여함으로써 피고인에게 유리한 점으로는 배심원의 성향, 증거재판주의의 엄격함, 증거능력에 대한 엄격함, 국민의 정서를 살펴보았고, 절차적인 측면에서 피고인의 방어권보장, 입증기회의 공평, 공익의 기여가 있다.

국민참여재판제도는 설령 실시되지 않더라도 그 제도의 존재로 인하여 피고인은 절차적 권리를 더욱 충실하게 보장받을 수 있게 되었고, 검사는 공소를 제기할 때 국민참여재판으로 진행될 수 있다는 가능성이 있으므로 더욱 철저하게 증거를 수집할 것입니다. 그리고 한 사건으로 재판을 받는 피고인이 이전에 문제되지 않았던 다른 사건으로 추가기소되는 모습도 사라질 것이다. 이러한 변화는 모두 우리나라의 형사사법제계를 더욱 발전시키는 영양분으로 작용할 것이라고 생각된다.

제 2 편

국민참여재판사건 진행사례

- 강간치상사건
- 강도상해사건
- 준강도미수 등
- 아동 · 청소년의성보호에관한 법률위반(강간등) 등
- 특가법위반(절도)

서울서부지방법원 2008고합253 강간치상사건:
2009. 1. 19. 시행

1. 진행경위

이 사건은 피고인이 외국인인 사건으로 서울서부지방법원에서 국선전담변호사가 변호인으로 지정되어 진행된 사건이다. 피고인이 외국인이라도 국민참여재판을 받을 수 있는 권리가 있는데[1] 외국인인 피고인에 대하여 실제 국민참여재판이 시행된 것은 이 사건이 국내에서 첫 번째 사례로 알려져 있다. 이후 외국인에 대한 유명한 국민참여재판사건은 부산지방법원에서 열린 소말리아 해적사건이다.

이 사건은 피고인이 국민참여재판을 신청할 수 있는 시기와 관련하여 『국민의 형사재판 참여에 관한 법률』제8조 제3항의 해석에 대한 적용사례이다. 위 법 제8조 제3항은 「피고인이 제2항의 서면을 제출하지 아니한 때에는 국민참여재판을 원하지 아니하는 것으로 본다.」라고 규정하고 있는데 서면을 제출하지 아니하였더라도 이후 그 의사를 바꾸어 다시 국민참여재판을 신청할 수 있는지에 대한 것이다. 위 사례는 피고인인 외국인이 국민참여재판제도를 알지 못하였고 한글에도 능통하지 않은 상태에서 국민참여재판신청서를 제출하지 않다가 뒤늦게 국민참여재판 신청서를 제출한 경우이다. 국민참여재판을 진행할 당시에는 신청서의 제출시기에 대하여는 별다른 이의가 없었고 이후 대법원의 결정을 통하여 나중에라도 국민참여재판을 신청할 수 있는 것으로 확인되었다.[2]

이 사건은『국민의 형사재판 참여에 관한 법률』이 시행된지 1년이 경과한 시점에 열린 국민참여재판이고, 국민참여재판제도가 이제 조금씩 자리를 잡아가고 있는 상황이었으며, 주로 국선변호인들에 의해 진행되던 국민참여재판이 점차 사선변호인들에 의해 진행되는 사례가 늘어나고 있었다. 국민참여재판은 우리 국민들이 지금까지 경험하지 못했던 사법절차에 관여할 수 있는 권리를 부여하는 제

---

1) 『국민의 형사재판 참여에 관한 법률』 제3조 (국민의 권리와 의무) ① 누구든지 이 법으로 정하는 바에 따라 국민참여재판을 받을 권리를 가진다. ② 대한민국 국민은 이 법으로 정하는 바에 따라 국민참여재판에 참여할 권리와 의무를 가진다.

2) 대법원 2009.10.23. 자 2009모1032 결정 【국민참여재판회부결정에대한재항고】

도로 실질적 국민주권주의를 구현하는 훌륭한 수단이지만 아직 생소한 제도이고 많은 연구가 필요한 부분이 있어 관련 사례를 기록으로 정리하는 것이 바람직하다고 생각되어 아래와 같이 정리한다.

이 사건의 재판부는 서울서부지방법원 형사11부에서 진행하였고, 재판장 장진훈 판사, 배석판사는 조진환 판사, 이연경 판사였으며, 공판검사는 박억수 검사, 수사검사는 김지언 검사, 변호인은 김형국 변호사, 김재훈 변호사였다. 검사의 구형은 징역 2년 6개월, 배심원의 평결은 만장일치 무죄평결, 판결은 무죄로 선고된 사건이다.[3)]

2. 사건의 개요

가. 공소사실의 요지

피고인은 키르기스스탄 국적자로 불법체류중인 자인데 2008. 9. 27. 06 : 10경 서울 용산구 ○○동 소재 피고인의 주거지 내에서 피해자 이○○(여, 25세)를 강간하고자 침대에 밀쳐 넘어뜨린 후 강제로 피해자의 상의속에 손을 넣어 피해자의 브래지어를 뜯어내며 가슴을 만지고, 이에 피해자가 반항하자 손바닥과 주먹으로 피해자의 뺨, 머리부위를 때리고, 손목을 잡아 비튼 후, 집밖으로 도망치는 피해자를 뒤따라가 다시 강제로 집 안으로 데려가기 위해 질질 끌고 가던 중, 저항하는 피해자의 머리 부위 등을 주먹과 발로 수회 폭행하여 강간하려다 미수에 그치고 피해자의 얼굴, 손목 부위에 치료 일수 미상의 찰과상, 타박상 등을 입게 하였다는 사실로 강간치상죄가 적용되어 기소되었다.

나. 피고인의 변소요지

피고인은 이 사건 공소사실에 대하여 피해자로 기재된 이○○과 같이 피고인의 집에 간 것은 서로 합의하에 성관계를 하기 위하여 간 것이며 술에 취한 이○○이 갑자기 소리를 지르자 당황하여 입을 막고 진정시키려 하였을 뿐 때리거나 협박을 한 일이 없어 강간할 의사가 없었으며 피고인이 화장실에 간 사이에 위

---

3) 피고인의 개인정보보호를 위하여 사건번호만 기재하고 실명의 기재는 생략한다. 이하 증인의 실명이나 실제 사건이 발생한 장소도 같다.

이○○이 갑자기 침대에서 일어나 집을 나간 것이라고 변소하였다. 아울러 위 이윤경의 얼굴, 손목에 난 상처는 피고인의 집에 오기 전에 이○○이 술을 마시면서 다른 사람과 싸움을 벌였는데 그 과정에서 생긴 상처라고 변소하였다.

다. 피고인이 주장하는 사건의 경위

피고인은 주점에서 일하고 있는 종업원인데 피고인이 일하는 주점은 남자종업원이 여자손님을 접대하는 속칭 '호스트바'였다. 이○○은 이전에도 피고인이 일하는 술집에 드나들던 사람으로 특히 사건이 발생한 날에는 위 이○○은 피고인을 지명하여 자신의 술서빙을 들도록 하였다. 사건이 발생한 날 위 이○○은 일행인 조○○과 함께 술을 마시다가 취하여 다른 테이블의 손님과 싸움을 벌이며 소란을 피웠고 그 과정에서 손목 등을 다쳤다. 그리고 병원에 데려다 줄 것을 요구하여 피고인이 위 이○○을 택시에 태우고 병원으로 출발하였는데 그 과정에서 위 이○○이 술에 취하여 큰 소란을 피웠고 주점주인은 술값조차 받지 못하였다.

그런데 위 이○○은 피고인과 같이 택시를 타고 병원으로 가다가 마음이 바뀌었다면서 다시 주점으로 돌아갈 것을 요구하였고, 피고인과 함께 다시 주점으로 돌아가 이야기를 하다가 피고인은 이○○에게 호감을 느끼고 "우리 집에 갈래"라고 제안하였다. 위 이○○은 "그래 알았다"라고 동의한 후 같이 택시를 타고 피고인의 집으로 이동하였다. 이때는 밤새도록 술을 마신 다음인 새벽 06 : 00경이다.

집에 도착한 후 택시에서 내려 집안으로 들어가자 피고인은 옷을 갈아입었고 위 이○○은 자연스럽게 침대에 누웠다. 그리고 피고인은 자연스럽게 이○○을 애무하면서 가슴을 만졌는데 농담으로 "가슴이 작다"라고 말하였다. 그 순간 이○○은 갑자기 피고인을 밀치면서 소리를 지르기 시작하였고 피고인은 몹시 당황하여 이○○을 진정시키면서 입을 막았다. 그리고 침대에서 몸을 일으켜 이○○으로부터 떨어졌고 더 이상 애무하거나 옷을 벗기려 시도하지 않았다.

피고인은 이○○의 반응에 놀라 즉시 가슴을 만지는 것을 중단하고 급히 이○○의 가슴에서 손을 뺐는데 이때 이○○이 착용하고 있던 가슴에 붙이는 형식의 브라(일명 '누드브라')가 피고인의 손에 따라 붙어 나와 바닥에 떨어졌다.

피고인은 위 이○○에게 호감을 가지고 있었고 위 이○○도 피고인에게 호감을 가지고 있다고 생각하여 집까지 데려왔는데 이런 이○○의 돌발적인 행동을 보고 매우 당황하였다. 그래서 피고인은 이○○에게 "내가 싫으면 왜 여기에 왔느냐"라고 물었고 이○○의 가방을 던져주면서 돌아가라고 말하고 방을 나와 손을 씻기 위하여 화장실로 갔다. 즉 누드브라 안쪽에 있던 접착제가 피고인의 손에 묻어 이를 씻기 위하여 피고인은 이○○을 방에 남겨두고 화장실로 간 것이다.

피고인이 화장실에 있는 동안 문소리가 들려 내다보니 위 이○○이 집을 나가려고 현관문을 열고 있었다. 피고인은 화장실에서 나오지도 않고 "가방을 챙겨가라"고 말하고 화장실에서 계속 손을 씻었다.

피고인이 화장실에서 나와 보니 위 이○○은 가방을 가져가지 않았고 문이 열려있는 현관에는 여자신발이 그대로 있었다. 이에 피고인은 이○○이 신발을 벗고 나갔다는 생각에 서둘러 집밖에 나갔다. 마침 이○○은 길가에 서 있었고 피고인은 위 이○○에게 다가가 가방과 신발을 가져가라고 말하였다. 하지만 이○○은 뜻을 알 수 없는 소리만 지를 뿐이었다. 피고인은 집에 가서 가방도 가져가라고 설득하였고 그 과정에서 이○○의 팔을 잡아끌기도 하였다. 하지만 위 이○○이 도통 말을 듣지 않자 이○○을 길가에 놓아두고 혼자 4층인 피고인의 집으로 돌아가 이○○의 신발과 가방을 챙겨 내려왔다. 위 이○○은 그때까지 길가에 서 있었고 피고인은 이○○에게 신발과 가방을 건네준 후 다시 집으로 돌아왔다.

피고인은 집에 있다가 담배를 사기 위하여 잠시 집을 나섰고 담배가게 앞에서 경찰에 체포되었다. 이 과정에서 피고인은 정면에서 경찰을 보고도 도망하지 않았고 경찰관을 향해 다가갔으며 별다른 저항없이 순순히 체포에 응하였다.

라. 이 사건의 쟁점

이 사건의 첫번째 쟁점은 피고인이 강간행위를 하였는지 여부이다. 구체적으로는 피고인이 입을 막는 것 외에 폭행을 가하였는지 여부 및 입을 막은 것도 강간행위를 위한 것이었는지 여부도 쟁점이 될 것이나 이 또한 강간행위를 하였는지 여부인 주된 쟁점 안에 포섭될 수 있는 문제이다.

두번째 쟁점은 피해자로 기재된 이○○이 입은 상처가 피고인의 행위로 인하여 발생한 것인지 여부이다. 피고인은 위 이○○의 상처는 피고인의 집에 오기 전에 이○○이 주점에서 소란을 피우면서 생긴 상처라고 주장하고 있다.

세번째 쟁점은 위 이○○이 입은 상처가 강간치상죄의 상해에 해당할 것인지 여부이다. 위 이○○의 상처부위를 찍은 사진이 있으나 상처부위는 너무 희미하여 판별이 곤란할 정도라 이를 형법상의 상해로 볼 수 있을 것인지 문제된다.

네번째 쟁점은 예비적으로 유죄가 인정될 경우 피고인에게 어떤 처벌이 적합할 것인지에 대한 양형사유의 검토이다.

3. 재판의 진행과정

가. 국민참여재판의 신청과 준비절차

(1) 국민참여재판의 신청

통상 국선변호인은 외국인 사건의 경우 사건을 배정받고 기록을 검토한 후 통역인과 시간을 조율한 다음 통역인을 대동하고 구치소에서 외국인 피고인을 접견한다. 사건에 대하여 피고인의 주장을 듣고 증거를 검토한 후 피고인에게 유리한 재판형식으로 국민참여재판이 적합하다는 판단이 되면 피고인에게 국민참여재판 제도의 요지를 설명하고 피고인이 동의하면 변호인이 직접 국민참여재판신청을 한다.

위에서 살펴본 바와 같이 신청시기에 대하여 논쟁이 있었으나 이는 사건이 종결된 이후에 벌어진 것이며 사건을 진행할 무렵에는 별다른 논의가 없었다.[4]

(2) 제1회 공판준비절차

피고인이 국민참여재판을 원하는 의사를 표시한 경우에 법원은 당해 사건을 반드시 공판준비절차에 회부하여야 한다.[5] 이 사건의 제1회 공판준비절차에서는 공소사실의 요지와 피고인의 변소요지가 설명되고 위에서 살펴본 것과 같은 쟁점

4) 위에서 언급한 대법원 결정에서 명시적으로 언급하지 않았지만 당시 변호인이 적법한 국민참여재판신청으로 본 근거는 『국민의 형사재판 참여에 관한 법률』제4조 제4항의 반대해석이었다. 위 법조항은 「피고인은 제9조 제1항의 배제결정 또는 제10조 제1항의 회부결정이 있거나 공판준비기일이 종결되거나 제1회 공판기일이 열린 이후에는 종전의 의사를 바꿀 수 없다.」라고 규정되어 있는데 이 규정의 반대해석에 따르면 공판준비기일이 종결되거나 제1회 공판기일이 열린 이후가 아니라면 국민참여재판을 원하지 아니하는 것으로 간주되었던 종전의 의사를 바꿀 수 있는 것으로 해석하였다.

5) 『국민의 형사재판 참여에 관한 법률』 제36조 제1항.

이 진술되었는데 보다 상세한 쟁점정리를 위하여 법원은 검사와 변호인에게 서면으로 의견서를 제출할 것을 요구하였다. 또한 국민참여재판의 진행과 관련하여 피고인이 외국인인 점을 고려해 피고인이 재판의 진행상황을 파악하고 자신의 의견을 제시할 수 있도록 배려할 방법이 강구되었다. 변호인은 통역인을 2명 선정하여 1명의 통역인은 재판의 진행을 1명의 통역인은 재판과정을 피고인에게 동시통역하는 방법을 제안하였고, 신속하고 정확한 통역을 위하여 검사와 변호인의 진술요지를 미리 통역인에게 교부할 것을 제안하였다. 검사는 별다른 이의를 하지 않았고, 법원은 긍정적으로 검토하기로 하였다.

이후 쟁점정리를 위하여 공판준비절차는 속행되었다.

(3) 제2회 공판준비절차

제2회 공판준비절차는 이미 검사와 변호인이 제출한 의견서를 토대로 쟁점이 정리되었다. 그리고 입증계획이 제시되었는데 검사가 제출한 증거목록에 대하여 변호인의 증거능력에 대한 의견이 제시되었고 변호인이 부동의한 증거에 대하여 검사는 증거능력의 부여에 필요한 증인을 신청하였고 증거목록에 기재된 증거를 제출하기로 하였다. 검사는 피해자로 기재된 이○○, 피고인의 주거지 근처에 살던 목격자 서○○, 현장에 출동한 경찰관 신○○, 고○○을 증인으로 신청하였고, 변호인은 피고인이 일하던 주점의 종업원 김○○, 주점에 있던 피고인의 친구 제○○, 위 이○○의 일행이었던 조○○을 증인으로 신청하였다.

이어 증인외의 증거가 신청되었는데 서증으로는 피고인의 주거지에서 발견된 브래지어를 촬영한 사진, 피고인의 주거지 부근 지도, 피고인의 주거현황에 대한 건축물설계도, 피해자로 기재된 이○○의 상처부위 사진, 피고인에 대한 고등학교 생활기록부, 피고인에 대한 범죄경력조회 등이 신청되었다.

위 서증 중 피고인의 주거현황에 대한 건축물설계도는 용산구청에 사실조회를 보내 건축허가 당시의 설계도면을 송부받기로 하였고, 피고인에 대한 고등학교 생활기록부는 키르기스스탄에 있는 피고인의 어머니가 팩스로 변호인에게 송부하기로 하였다.

검사가 제출하는 서증 가운데 검사작성 피의자신문조서가 있는데 그 조서에 기재된 내용에는 피고인이 자신의 죄를 인정하는 취지 및 브래지어의 형상에 대하여 잘못된 기재가 있었다. 피고인은 접견과정에서 위 조서에 기재된 내용과 같은 진술을 한 일이 없다고 주장하여 변호인은 검사작성 피의자신문조서에 대하여 그 성립을 부인하였다.

검사는 검사작성 피의자신문조서의 증거능력부여를 위하여 위 조서가 작성될 때 입회하였던 통역인을 증인으로 신청하기로 하였다.[6] 증거능력의 부여여부를 결정하기 위한 증인이므로 국민참여재판의 공판기일이 아닌 차회 공판준비기일에서 증인신문을 하기로 하였다.

(4) 제3회 공판준비절차

제3회 공판준비절차는 증인신문이 예정되어 있어 라운드테이블이 있는 준비절차실이 아닌 증인석이 설치된 일반 법정에서 진행되었다. 통역을 한 증인에 대한 변호인의 주된 신문취지는 검사작성 피의자신문조서에 끈이 있는 브래지어를 피해자가 착용하고 있었고 피고인이 잡아뜯어 실밥이 풀어졌다는 기재가 있는데 사건 현장에서 촬영된 브래지어는 누드브라로 끈이 없어 피고인이 실제로 끈이 있는 브래지어를 착용하고 있었다고 진술하였는지 여부 등 그 기재경위를 묻는 것과 피고인은 같은 날 조사를 받으면서 처음에는 강간을 부인하는 것으로 기재되었는데 갑자기 별다른 이유없이 자백하는 진술을 하였다고 기재된 이유를 묻는 것이었다.

통역인은 자신은 들은대로 통역하였다고 끝까지 주장하여 증인신문은 상당히 길어졌다. 긴 증인신문을 마치고 법원은 검사작성 피의자신문조서에 대하여 증거능력을 인정하는 결정을 내렸고 변호인은 설령 증거능력이 인정되어 배심원들에게 제시된다고 하더라도 기재내용의 의문점에 대하여는 다시 배심원들에게 설명하겠다는 의사를 표시하였다. 이후 공판절차에서 할 증인신문의 순서와 시간을 정하였

---

6) 『형사소송법』 제312조 제2항 「제1항에도 불구하고 피고인이 그 조서의 성립의 진정을 부인하는 경우에는 그 조서에 기재된 진술이 피고인이 진술한 내용과 동일하게 기재되어 있음이 영상녹화물이나 그 밖의 객관적인 방법에 의하여 증명되고, 그 조서에 기재된 진술이 특히 신빙할 수 있는 상태 하에서 행하여졌음이 증명된 때에 한하여 증거로 할 수 있다」 규정에 근거한다. 다만 조사자의 증언은 사람의 기억에 의존하는 것이어서 법률이 규정한 객관적인 방법에 조사자의 증언이 포함될 수 없다고 보는 견해가 타당하다.

는데 첫번째 공판기일에는 주로 검찰측이 신청한 증인인 이○○, 조○○, 김○○, 제○○에 대한 신문을 하고 두번째 공판기일에는 피고인측에서 신청한 증인인 서○○, 신○○, 고○○에 대한 신문과 서증조사절차를 진행하기로 정하였다. 이외에 배심원의 수는 9명 예비배심원은 2명으로 정하고 준비절차는 종료되었다.

나. 배심원선정절차

이 사건은 2009. 1. 19. 10 : 00부터 서울서부지방법원 303호 대법정에서 배심원선정절차가 진행되었다. 배심원선정절차가 진행되기 전인 2009. 1. 16. 배심원후보자에 대한 기본 정보가 수록된 배심원후보자명부 및 배심원후보자들이 답변을 기재한 질문표[7]가 검사와 변호인에게 전달되었다. 변호인측은 명부를 검토하고 기피할 배심원후보자와 선정할 배심원후보자를 예측하여 메모하고 배심원후보자에게 질문할 질문표를 작성하는 등 선정절차를 위한 준비를 하였다.

배심원선정을 위한 질문표는 이전에 사용하던 것을 기초로 하되 보다 정확도를 기하기 위하여 답변에 대한 반문을 추가하고 답변태도를 고려할 수 있도록 수정하였다.[8] 기본적인 구조는 질문에 대한 답변에 대하여 우호와 비우호를 평가하

---

7) 『국민의 형사재판 참여에 관한 법률』 제25조에서 규정한 질문표로 법원이 배심원후보자들에게 질문할 사항을 적어 발송한 것이다. 변호인이나 검사가 배심원선정기일을 위하여 준비하는 질문표와는 구별된다.

8) 이 사건에서 사용된 변호인의 질문표는 아래와 같다.

배심원후보자질문사항(2008고합253)

1. 형사소송 상 원칙에 대하여 두 가지 대립되는 견해가 있습니다. 즉 10명의 범죄자를 풀어주더라도 1사람의 억울한 사람을 처벌해서는 안된다는 것과 반대로 1명의 억울한 사람이 처벌되더라도 10명의 범죄자는 처벌하여야 한다는 것입니다. 어느 쪽이 우리 사회에 바람직한 원칙이라고 생각하십니까.
-전자 : 우호, -후자 : 비우호

2. 성인인 남녀가 서로 합의하여 일시적 성관계를 갖는 것에 대하여 어떻게 생각하십니까.
-긍정적인 답변 : 우호, -부정적인 답변 : 비우호
[부정적인 답변에 대한 추가질문] 성인인 남녀가 성관계를 갖는 것을 법으로 금지할 필요가 있다고 보십니까.
-금지해야 한다는 답변 : 매우 비우호

3. 친구나 동료 중 누군가가 술에 너무 취하여 주변 사람들과 싸우는 것을 말려본 경험이 있으십니까.
-긍정 : 우호, -부정 : 비우호
[긍정답변에 대한 추가질문] 술에 취한 사람의 경우 예상하지 못한 돌발행동을 하는 경우가 많던가요.
-긍정 : 우호, -부정 : 비우호

4. 술에 취하고 흥분한 사람의 경우 주변사람들이 보기에 이해하기 어려운 행동을 하는 경우가 있고, 집에 가려다가 다시 술을 마시는 등 일관된 행동을 보이기 어렵다고 생각하십니까.
-긍정 : 우호, -부정 ; 비우호

고 비우호적인 답변이 많은 배심원후보자를 기피하되 답변태도에 따라 강한 비우호적 성향을 보일 경우 우선적으로 기피토록 기피신청권의 행사방침을 정하였다.

배심원선정절차가 시작되기 전에 소환된 배심원후보자들은 상당히 많은 수가 출석하였고 방청석에 앉아 있던 배심원후보자의 수는 50명 이상이 되었다. 그중에서 2명의 예비배심원을 포함하여 11명의 배심원을 선정하게 되었는데 우선 11명의 배심원후보자를 무작위 추첨방식으로 뽑아 배심원석에 앉도록 한 후 법원이 먼저 필요한 질문을 하고 이후 검사와 변호인에게 질문을 할 기회를 부여하였다. 법원의 질문은 배심원결격사유 등 법률이 규정하고 있는 사유에 한정되었고 특별히 추가질문을 하지 않았다. 검사와 변호인은 『국민의 형사재판 참여에 관한 법률』제30조에 따라 배심원이 9인인 경우 5명에 대하여 무이유부기피신청을 할 수 있다. 이유부기피신청은 신청의 횟수에 제한이 없으나 특별한 사유가 없으면 거의 받아들여지지 않으므로 검사와 변호인에게는 사실상 무이유부기피신청권이 실제로 행사가능한 기피신청권이다. 이유부기피신청이 기각된 실례로 변호인의 경우 '구속된

---

5. 교통사고를 겪거나 술집등에서 다른 사람과 시비가 발생하여 실랑이를 해 본 경험이 있으신가요.
[교통사고를 겪은 사람] -당시 후보자께서는 가해자였나요 피해자였나요.
-가해자 : 우호, -피해자 : 비우호
[실랑이를 해 본 경험이 있는 사람] -당시 경찰이 출동하였나요. 출동한 경찰의 태도는 어떠하였나요.
-부당한 취급을 받았다는 취지의 답변 : 우호, -자신의 주장을 경찰이 경청하였다는 취지의 답변 : 비우호

6. 어떤 사고나 사건이 발생하였을 경우 경찰이 수사를 진행하면서 먼저 신고를 한 사람의 말을 우선적으로 믿는다고 보시나요.
[긍정답변] -그런 경찰의 태도는 바람직하다고 보시나요.
-긍정 : 비우호, -부정 : 우호
[부정답변] -비우호

7. 친척이나 친구 등 가까운 사람이 경찰에 범죄혐의를 추궁받은 일이 있으십니까.
-긍정 : 우호, -부정 : 비우호

8. 보통 경찰서에 한번도 가본 일이 없는 사람이 체포되어 경찰서에서 수사를 받을 경우 안정된 마음을 유지할 수 있다고 생각하십니까.
-긍정 : 비우호, -부정 : 우호

9. 누군가 어떤 범죄혐의를 받고 구속이 되었다는 뉴스가 자주 보도되고 있습니다. 어떤 사람이 구속된 것을 보면 그 사람은 무슨 죄든 지었을 것이라고 생각하십니까.
-긍정 : 비우호, -부정 : 우호
[긍정답변에 대한 추가질문] 구속된 사람에게도 무죄추정의 원칙은 적용되어야 한다고 보시나요.
-긍정 : 우호, -부정 : 비우호(특히 이유부부인대상)

10. 최근 범죄뉴스를 보고 외출을 단념하거나 다른 사람과의 술자리를 줄이고 일찍 귀가하거나 현관의 열쇠를 새로 설치하는 등 생활에 변화가 있습니까.
-긍정 : 비우호, -부정 : 우호.

사람은 어떤 죄든 지었을 것이라고 생각하느냐'라는 질문에 '그렇다'라고 답변한 사람에 대하여 구속피고인에 대한 유죄의 편견을 가지고 있다고 이유부기피신청을 하였으나 법원은 이를 기각하였고, 검사의 경우 '본인이 아닌 친척 중에 범죄혐의를 받고 수사를 받은 전력이 있다는 사람'과 '중졸미만의 학력을 가진 사람'에 대하여 편견을 가지고 있다는 이유로 이유부기피신청을 하였으나 기각되었다.

무이유기피신청의 횟수는 제한되어 있으므로 함부로 기피신청을 할 수 없다. 특히 특정배심원후보자에 대하여 무이유부기피신청을 한 후에 새로 추첨되는 배심원후보자가 이전에 기피신청을 한 배심원후보자보다 피고인에게 유리한 사람이라는 보장은 없기 때문에 기피신청권의 행사는 더욱 신중하게 된다. 처음 추첨된 배심원 및 예비배심원 후보자 11명에 대하여 5번의 무이유부기피신청권을 모두 사용하는 경우는 드물고 통상 2~3번 정도 무이유부기피신청을 한다. 비록 피고인에게 불리하다고 생각되는 사람이 남아도 다음에 추첨될 후보자 중에 더욱 피고인에게 불리한 입장을 취하는 사람이 있을 가능성에 대비하기 위함이다.

검사의 질문 중 눈에 띄는 것은 '협박사건에서 증거가 피해자의 진술외에는 없을 경우 피해자의 진술만으로 유죄를 인정할 수 있는가'라는 질문이었다. 한 배심원후보자는 '한쪽 말만으로 범죄를 인정할 수 없다'고 답변하였는데 검사는 그 배심원후보자에 대하여 '그럼 실제로 협박피해를 당한 피해자는 어떻게 해야 하는가'라는 질문을 연달아 던졌고 이에 대하여 배심원후보자가 제대로 답변하지 못하자 계속 답변을 요구하는 모습을 보였다. 배심원에게 지나친 부담을 지우는 검사의 질문에 대하여는 법원이 이를 제한할 수 있다.

처음 추첨된 11명의 배심원후보자에 대하여 검사 및 변호인의 이유부기피신청은 없었고, 검사는 3인에 대하여 무이유부기피신청을 하였고 변호인도 3인에 대하여 무이유부기피신청을 하였다. 무이유부기피신청이 있은 배심원후보자 6명은 배심원석에서 내려가 방청석으로 돌아갔고, 다시 추첨된 6명의 후보자에 대하여 검사 및 변호인의 이유부기피신청은 없었고, 검사는 1인에 대하여 무이유부기피신청을 하였고 변호인도 1인에 대하여 무이유부기피신청을 하였다. 기피신청된 배심원후보자 2명은 다시 방청석으로 돌아갔고 다시 추첨된 2인의 배심원후보자에 대하여 변호인이 1인에 대해 무이유부기피신청을 하였다. 그리고 기피신청된 배심원후보자를 대신하여 다시 배심원후보자 1명을 추첨하였고 검사는 기피신청을 하지 않았으며 변호인은 무이유부기피신청권을 모두 소진하여 더 이상 기피신청을 할 수 없었다. 이로써 배심원단이 구성되었고 배심원선정절차는 종결되었다.

다. 모두진술 및 입증계획진술

공판절차의 처음은 일반 형사재판절차와 같이 재판장의 사건호명으로 시작한다. 개정된 법에 따라 피고인에게는 인정신문에 대하여도 진술거부권이 인정되므로 진술거부권의 고지는 피고인에 대한 인정신문전에 고지되었다.

먼저 검사가 공소장을 낭독하고 모두진술하는데 검사는 일반 형사절차와 달리 파워포인트를 이용하여 공소사실을 배심원들에게 설명해 나갔다. 설명하는 과정에서 미리 증거의 사진을 제시하기도 하였는데 이는 서증조사절차에서 제시되어야 할 증거이지 모두진술절차에서 제시하는 것은 타당하지 않았다. 하지만 객관적인 증거라 할 수 있는 사진에 대하여 미리 제시 자체를 문제삼는 모습은 배심원들에게 변호인이 뭔가 감추려고 시도한다는 인상을 줄 우려가 있어 별도로 이의를 제기하지는 않았다. 다만 재판장이 증거를 미리 제시하지 말도록 소송지휘를 하는 것이 더 적절한 것으로 보인다.

다음으로 변호인이 미리 준비한 파워포인트자료를 이용하여 이 사건의 쟁점을 제시하고 피고인의 변소요지를 설명하였다. 검사의 공소사실에 이어 피고인의 변소내용을 처음으로 배심원들에게 제시하는 절차이므로 그 내용은 다소 길어지게 되었다.[9]

모두진술을 한 이후에는 검사와 변호인이 모두진술에 따른 입증계획을 밝혔다. 검사는 입증계획을 설명하면서 미리 신문하기로 한 증인들과 지도 등 증거들을 제시해 나갈 계획을 밝혔고, 변호인도 증인과 건축물설계도 등을 제시할 것을 밝혔다. 변호인은 강간의 고의와 관련하여 마음속에 있는 내심의 사실인 고의를 인정하기 위하여는 고의를 추단할 수 있는 외부적 사정을 통하여 판단할 수밖에 없

9) 국민참여재판과정 뿐만 아니라 공판과정에서도 파워포인트를 사용할 때에는 반드시 공판전에 법정에 설치된 컴퓨터에서 미리 준비한 파워포인트 자료가 실행되는지 여부를 검토해야 한다. 간혹 프로그램의 버전이 맞지 않아 파워포인트를 실행할 수 없는 난감한 상황이 발생하는 경우가 있다. 이 사건에서도 공판 2일전에 재판부의 양해를 구하여 점심시간을 이용해 법정에서 파워포인트의 실행여부를 확인하였다.

음을 설명하고 외부적 사정을 사건의 진행단계에 따라 4단계로 나눈 후 각 단계에서 입증할 내용을 설명하였다.

모두진술을 하거나 입증계획을 설명할 때에는 배심원들의 태도에 유의해야 한다. 특히 배심원들이 사건의 쟁점을 이해하고 있는지는 변호인에게 더욱 중요한데 이해하려는 시도를 하지 않거나 무관심한 배심원들은 대부분 검사의 주장을 따르기 때문이다. 이 사건의 배심원들은 이 사건의 쟁점에 대하여 비교적 명확하게 이해한 듯이 보였고 각각의 쟁점을 어떻게 판단하여야 하는지에 대한 판단방법에 있어서도 쉽게 이해하는 태도를 보였다. 피고인은 외국인으로 한국어를 잘 구사할 수 없으나 미리 진술요지를 통역인에게 교부하여 통역인이 미리 통역준비를 하였으므로 피고인도 변호인의 모두진술이나 입증계획에 대하여 비교적 긴 내용이지만 잘 이해한 것으로 보였다. 이로써 모두진술과 입증계획진술이 종료되고 증거조사절차가 시작되었다.

라. 증인신문

증거조사는 증인신문과 서증조사로 나누어 지는데 특별한 사정이 없는 한 증인신문을 먼저 하고 증인신문이 모두 종료된 후에 서증조사를 한다. 이 사건에서 국민참여재판 첫째 날에는 4명의 증인을 신문하기로 예정되었다. 하지만 피해자로 기재된 이○○의 친구인 조○○이 출석하지 않아 나머지 3명에 대한 증인신문이 진행되었다. 증인신문의 순서는 공소사실에 피해자로 기재된 고소인 이○○, 피고인과 고소인이 함께 술을 마신 주점에서 일하는 종업원 김○○, 위 주점에서 피고인과 고소인이 함께 있는 것을 목격한 피고인의 친구 제○○ 순으로 진행되었다.

첫번째 증인인 이○○은 피해자로 기재된 만큼 검찰측에 가장 유리한 증인인 반면 변호인으로서는 그 진술의 신빙성을 탄핵해야 하기에 가장 어려운 증인이었다. 검사가 먼저 신문을 하였는데 주점에서의 상황부터 시작하여 피고인이 경찰에 체포되기까지 과정을 매우 상세하게 질문하였다. 하지만 질문이 지나치게 상세하여 이○○의 답변이 막히는 경우가 많았고, 그 결과 이○○의 답변에서 모순점이 부각되어 신빙성이 없어지는 느낌을 받았다.

이후 변호인이 증인에 대한 신문을 하였는데 이때 위 이○○의 답변태도는 더욱 거칠어 졌고 이미 이야기 했다는 이유로 답변을 거절하는 모습까지 보였다. 주된 모순점은 피고인의 집으로 가기 전에 주점에서 술에 취하여 싸움을 벌이고 지나가던 행인에게 시비를 거는 경위, 피고인의 집에 간 것은 손목을 다쳐 치료를 받기 위하여 간 것이라고 주장하는 경위, 피고인의 집에서 피고인이 브래지어를 찢었다고 증언했으나 경찰관이 촬영한 브래지어사진에는 찢긴 부위가 없는 경위, 피고인의 집을 나가면서 피고인이 제지하지 않았는데 탈출하였다고 주장하는 이유 등이었다. 증인 이○○의 거칠고 화를 내는 답변태도는 오히려 피고인에게 유리하게 작용하는 것으로 보였다.

두번째 증인은 위 이○○이 피고인의 집에 오기 전에 술에 취하여 소란을 피운 주점에서 일하는 종업원으로 변호인이 신청한 증인이었다. 변호인이 먼저 신문을 하였는데 주된 사항은 고소인이 주점에서 어떤 소란을 피웠는지 그 경위, 고소인이 주점에서 상처를 입었는지 여부, 피고인과 같이 위 이○○이 주점을 나가게 된 경위 등이었다. 검사의 신문사항도 대체로 유사하였는데 위 김○○은 위 이○○이 술에 취하여 옆 테이블의 손님과 싸움을 벌였고 그 과정에서 테이블과 사람이 함께 넘어진 일이 있으며, 지나가던 깡패처럼 보이는 사람에게 위 이○○이 시비를 걸어 주점으로 끌어들였고, 소란이 생겨 결국 술값을 받지 못하고 피고인으로 하여금 위 이○○을 데리고 나가게 한 것이며, 위 이○○의 상처부위를 직접 보지는 못하였다는 것이었다.

세번째 증인은 피고인의 친구로 주점에서 이○○이 소란을 피우는 것을 직접 목격한 사람으로 주된 증언은 위 이○○이 주점에서 옆테이블의 손님들과 싸움을 벌이고 나서 손목이 아프니 병원에 가야 된다고 말하는 것을 들었고, 주점을 나와서 위 이○○은 일행이었던 조○○과 헤어져 피고인과 단둘이 택시를 타고 출발하였다는 것이었다. 검사는 여러 명이 싸움을 벌였는데 일행인 조○○의 인상착의를 기억하는지 등을 질문하였다.

증인 3명에 대한 신문을 마치자 저녁 6시가 가까워졌고, 국민참여재판 첫째 날의 재판절차는 종료되었다. 둘째날의 재판절차는 다음 날 오전 10 : 00부터 시작되는데 중대한 사건의 경우 배심원들의 오염을 방지하기 위하여 배심원들에게 숙박을 제공하기도 하나 이 사건의 경우 그럴 위험이 적다고 보아 배심원들은 귀가하고 다음날 다시 전원이 법원에 출석하였다.

두번째 공판기일은 예정된 증인신문이 이어졌다. 네번째 증인은 목격자인 서○○인데 이 사람은 피고인의 집 부근에 사는 사람으로 아침에 여자의 비명소리가 들려서 2층 창문을 통하여 내다보니 피고인이 이○○을 끌고 가려하고 있었고 여자는 옷이 드러날 정도로 저항하며 소리를 지르고 있었다는 취지로 수사기관에서 진술한 사람이었다. 검사는 위 서○○이 작성한 진술서를 토대로 당시 상황을 상세히 물었고, 특히 수사기관에서 진술하지 않았지만 서○○과 함께 살고 있는 서○○의 누나로부터 들은 이야기를 자세히 물었다. 변호인은 서○○의 누나가 목격한 사실을 묻는 것은 전문진술이라는 이유로 이의를 제기하였고 법원은 이를 받아 들여 직접 목격한 사실에 한하여 증언하도록 하였다.

검사의 증인신문이 끝난 후 변호인은 이○○이 술에 취한 상태였는지, 피고인의 행동이 가방을 가져갈 것을 권유하는 모습인지 강제로 끌고 가려는 모습인지, 주변을 지나던 행인의 반응은 어떠했는지, 증인이 본 위치와 시간은 어떠한지 등을 질문하였다. 질문의 주된 목적은 증인이 극히 짧은 시간동안 일부 행동만을 보고 사건을 주관적으로 판단하여 진술하고 있다는 점을 배심원들에게 부각시키는 것이었다.

다섯번째 증인은 현장에 신고를 받고 출동한 경찰관 고○○이었다. 출동할 당시의 상황과 당시 고소인의 상태, 그리고 피고인을 체포할 당시의 상황, 피고인이 체포된 후 자신의 집을 안내하는 과정에 대한 질문이 있었다. 고○○은 출동했을 때 여성은 맨발로 옷차림이 흩어져 있었다는 점, 너무 흥분하여 과장된 진술을 하고 있었던 점, 체포시에 피고인의 복장과 도주하지 않으려는 태도, 체포된 후 사건현장인 피고인의 집으로 가려는데 피고인이 다른 집으로 안내한 정황 등을 진술하였다. 특히 위 고○○은 피고인이 '이○○이 소란을 피운 주점으로 안내하면서 그곳이 자기집이라고 하였다'라고 말하였다고 증언하였는데 이 증언에 대하여 변호인이 '어떤 언어로 대화하였는가'라고 추가질문을 하였고, 그러자 '집에 가기전에 불법체류자냐고 물었고 이후 피고인이 안내한 장소가 집이라고 생각하였을 뿐이다'라고 답변하였다. 결국 피고인이 자신의 집을 감춘 것은 아니고 피고인의 집이라고 경찰관이 생각한 것에 불과하다는 것이 밝혀졌는데 피고인이 자신의 집을 숨겼다는 것은 피고인이 죄를 저질렀기 때문이라는 점이 검사의 유력한 주장 중 하나였다.

그때 재판과정을 동시통역으로 듣던 피고인이 변호인에게 증언하고 있는 경찰관이 주점에서 핏방울을 확인한 사람이라고 알려왔다. 경찰관이 핏방울을 확인하였다는 것은 주점에서 고소인이 다른 사람과 싸우면서 상처를 입었을 가능성을 높여주는 근거가 될 수 있는 내용이었다. 하지만 기록상 전혀 나타나지 않았고 피고인 또한 진술하지 않은 부분이어서 변호인이나 검사에게는 새로운 사실이었다.[10] 변호인은 즉시 추가질문을 통하여 경찰관인 고○○에게 주점에서 핏방울을 확인하였는지 여부 및 그 핏방울이 누구의 것인지 확인하였는지 여부를 질문하였고 고○○은 핏방울을 확인하였지만 누구의 것인지 확인하지는 않았다고 답변하였다. 아울러 고소인에게는 특별한 상처부위가 보이지 않았다고 증언하였다.

여섯번째 증인은 위 고○○과 같이 출동한 경찰관 신○○이었는데 질문사항은 고○○에 대한 질문과 유사하였고 답변내용도 대체로 고○○의 증언과 비슷한 답변을 하였다. 이 증인을 마지막으로 증인신문절차는 종료되었다.

마. 서증조사

서증조사절차에서도 증인신문과 마찬가지로 입증책임이 있는 검사가 먼저 서증을 제시한다. 검사가 서증을 제시하고 그 요지를 설명하고 나면 변호인은 검사가 제시한 서증에 대하여 다른 측면으로 보아야 하거나 그 신빙성에 의심이 있는 부분을 지적하는 방법으로 서증조사에 대한 의견을 제시한다. 이후 변호인이 피고인에게 유리한 서증 등을 제시하고 그 요지를 설명하면 이번에는 반대로 검사가 변호인이 제시한 서증에 대하여 의견을 제시한다.

이 사건에서 검사는 증거목록에 있는 진술서 및 신문조서와 현장사진, 지도 등을 증거로 제출하였는데 그중에는 특히 준비절차에서 문제된 검사작성피의자신문조서가 포함되어 있었다. 변호인은 조서에 기재된 브래지어에는 끈이 있다고 기재되어 있는데 브래지어를 촬영한 사진에는 끈이 없는 접착식 브래지어인 점, 강

10) 재판은 역동적인 것이어서 그때그때 적절한 대응이 필요한데 가장 그 사건을 잘 아는 사람은 사건의 당사자인 피고인이므로 피고인과 의사소통이 매우 중요하다. 특히 외국인인 피고인의 경우 동시통역이 없었다면 피고인은 중요한 사실인 핏방울에 대하여 지적하지 못하였을 가능성이 크다.

간혐의를 부인하던 피고인이 별다른 이유없이 조사말미에 갑자기 자신의 범행을 인정하는 진술을 한 것으로 기재된 점에 비추어 검사작성피의자신문조서는 피고인의 진술대로 작성한 것이 아니어서 신빙성이 없다고 반박하였다. 다만 증거능력에 대한 이의는 이미 준비절차에서 법원이 증거능력을 부여하였으므로 공판과정에서 문제삼지는 않았다.

변호인은 사건현장인 피고인의 주거도면, 사진촬영된 브래지어와 유사한 브래지어 실물[11], 피고인의 학교생활기록부 및 피고인의 어머니의 탄원서[12], 상해인정여부에 대한 국어사전의 정의와 대법원의 판례, 변경되기 전의 공소장과 증거목록, 피고인에 대한 범죄경력조회 등을 서증으로 제시하였다.

변호인의 서증제시에 대하여 검사는 피고인의 한국어학당의 성적과 출석기록을 제시하면서 피고인의 평소 생활태도를 문제삼았고, 변호인은 이 사건과 관련이 없는 증거이며 피고인이 일을 하는 불법체류자신분으로 생활비를 벌기 위하여 어쩔 수 없이 일해야 하는 상황에 있었음을 의견으로 제시하였다.

이상으로 서증조사를 포함하여 증거조사절차가 모두 종결되었다.

바. 피고인신문 및 최후변론

피고인신문은 필요적인 절차가 아니어서 피고인신문을 할 것인지 여부에 대하여 피고인의 태도 및 언어구사능력 등을 고려하여 신중하게 결정해야 했다. 특히 변호인만 질문하는 것이 아니라 검사도 질문하게 되므로 답변에 취약한 피고인의 경우에는 아예 피고인신문을 신청하지 않는 것이 더 유리한 경우가 있다. 하지만 이 사건에서는 피고인이 직접 자신의 심경을 진술을 하는 것이 배심원들에게 호소력이 크다고 생각되어 피고인신문을 신청하였다. 피고인은 신문과정에서 주된 쟁점을 잘 이해하고 있고, 재판과정도 동시통역을 통하여 잘 알고 있어 자신의 의견을 침착하게 진술하는 것으로 보였다.

피고인신문을 마치고 검사는 징역 2년 6개월을 구형하였고, 변호인의 최후변

---

11) 여성용 브래지어를 여성인 사무직원을 통하여 구입해 오도록 하였고, 강제로 찢겨질 수 있는 재질인지 실험한 후 공판절차에서 제시하였다.

12) 피고인의 학교생활기록부 및 피고인의 어머니의 탄원서는 통역인을 통하여 피고인의 어머니에게 전화한 후 피고인의 모국인 키르기스스탄에서 팩스로 송부받았다.

론, 피고인의 최종진술이 있었다.[13)]

사. 평의, 평결, 선고

피고인의 최종진술 후에 배심원들은 재판장의 주의사항을 듣고 재판장으로부터 예비배심원이 누구인지 통지받았으며, 배심원 대표를 선출하는 방식을 전달받았다. 이후 배심원들은 평의를 위하여 법정에서 평의실로 이동하였다. 이 사건에서 배심원들의 평의시간은 상당히 오래 걸렸고 저녁 6 : 45경에 겨우 선고가 이루어졌다. 평의과정은 검사나 변호인이 참여할 수 없고, 재판부도 다수결로 평의를 하기 전에는 관여하지 못한다. 평의과정을 직접 보지는 못하였으나 상당한 시간이 걸린 것으로 보아 처음부터 배심원들의 의견이 모아진 것은 아니었고 의견이 갈려 서로 치열한 논쟁을 벌인 것으로 생각된다. 평의결과 배심원들은 피해자로 기재된 이○○의 진술을 믿기 어렵고 피고인의 집으로 이동한 경위를 보면 성관계를 할 의사가 있었던 것으로 보이며, 이○○이 성폭력을 당해 입었다는 상처는 주점에서 이○○이 다른 사람과 싸우다가 입은 것으로 보이고, 상처자체도 그 존부가 의심될 정도로 경미하다는 이유로 만장일치로 무죄평결을 하였다. 법원은 배심원단의 평결과 같이 피고인에게 무죄를 선고하였다.

4. 재판의 각 진행단계에 대한 변호인의 고찰

가. 국민참여재판의 신청과 준비절차에 대한 고찰

이 사건의 피고인은 외국인이라 국민참여재판이라는 제도 자체에 대하여 알지 못하였고 이러한 사정은 일반 국민의 경우에도 크게 다르지는 않을 것으로 보인다. 피고인 스스로 재판의 형식을 선택한다는 것은 전문지식을 갖추지 않은 피고인에게 무리한 일이며 결국 변호인이 사건에 대하여 피고인과 접견을 하고 증거를 검토한 후 피고인에게 유리한 재판형식이 국민참여재판이라는 생각이 들면 이

---

13) 최후에 진술하는 것은 배심원의 판단에 큰 영향을 미칠 수 있어 검사와 변호인 중 최후진술을 누가 할 것인지 문제되었다. 하지만 형사소송법에서 피고인의 최후진술권을 보장하고 있어 피고인측이라고 할 수 있는 변호인이 검사보다 나중에 진술하는 것이 타당하다. 이 사건에서 검사의 구형이나 변호인의 최후진술은 비교적 짧은 시간에 끝났지만 다른 사건에서는 검사가 40분간 구형하고 변호인이 1시간 20분 동안 최후진술을 하는 경우가 있었다.

를 권유할 필요가 있다. 아울러 국민참여재판은 국민이 국가형벌권이라는 가장 강력한 주권을 행사하는 절차에 관여할 수 있도록 하는 것이다. 하지만 국민에게 아무리 권리가 보장되어도 그 권리를 행사할 수 있는 기회가 없다면 그 권리는 무의미할 것이다. 국민참여재판 자체가 가지는 국민주권주의 실현이라는 공익성을 고려할 때 국민참여재판이 보다 자주 열리는 것이 올바른 방향으로 보인다.

이 사건의 준비절차에서 피고인이 외국인으로 국어에 능숙하지 못하다는 점이 문제되었다. 피고인이 재판의 객체가 아니라 자신의 재판상황을 이해하고 각각의 상황에서 자신의 주장을 밝힐 수 있도록 어떤 배려를 할 것인지가 준비절차에서 논의되었는데 변호인은 법정이 다소 소란해 질 수 있으나 동시통역을 제안하였고 증인신문사항 등을 미리 통역인에게 교부하여 통역인이 통역을 준비할 수 있도록 하자고 제안하였다. 재판을 진행하기도 전에 신문사항을 전달하는 것은 보안상 문제가 있다는 반론도 있었지만 법원은 변호인의 제안을 일부 받아들여 결국 통역인을 2인 선정하고 신문사항은 제외하고 모두진술과 입증계획만을 미리 통역인에게 교부하는 방법으로 국민참여재판을 진행하기로 결정하였다. 이외에도 외국인에 대한 배려가 필요한 부분으로 외국에서의 증거조사방법, 외국으로부터 보내온 서류의 번역, 외국에 있는 피고인의 부모 등 이해관계인이 대한민국에 입국할 수 있도록 하는 조치 등이 있었다.

실제로 이 사건에서 피고인이 구속되었다는 소식이 키르기스스탄에 전해지자 피고인의 어머니가 어려운 형편에도 불구하고 어렵게 돈을 마련하여 블라디보스톡까지 비행기를 타고 왔으나 입국허가가 되지 않아 대한민국에 입국하지 못하는 안타까운 일이 벌어졌다. 피고인의 어머니는 2달이 넘게 블라디보스톡에서 입국허가를 기다리다가 결국 아들을 만나지 못하고 다시 키르기스스탄으로 돌아갔다.

이 사건의 준비절차에서 변호인은 검사작성 피의자신문조서의 진정성립을 부인하였다. 통상 형사사건에서 매우 조심스런 부분이며 검사측에서는 검사가 작성한 서류가 잘못 기재되었다는 것을 인정하기 어려우므로 매우 강하게 반발하는 부분이어서 변호인에게 무척 부담스런 부분이었다. 하지만 피고인의 주장이 명확한데다 통역인의 실수가 있을 가능성이 커 피고인의 진술의 의미를 조서 기재로는 알 수 없다는 생각이 들었고, 특히 브래지어의 형상에 대하여 현장에서 촬영된 영상과 다르게 기재되어 있는 점 때문에 증거로 동의할 수는 없었다. 결국 증거능력의 부여를 위하여 조사과정에서 참여한 통역인에 대하여 증인신문이 실시되었고 그 과정에서 통역인은 자신은 아무런 실수를 하지 않았다고 적극 주장하였다. 증거능력부여를 위한 증인신문까지 마친 후에 법원은 검사작성 피의자신문조서의 증거능력을 인정하였지만 그 과정에서 '잡아뜯다'라는 의미를 러시아어로 표현할 때의 차이점이 드러났고, '잡아뜯다'와 '떼어내다'라는 의미의 차이에 따라 피고인이 한 진술의 의미가 분명해지는 성과가 있었다. 아울러 비록 증거능력이 인정되기는 하였으나 조서에 기재된 내용 중 브래지어부분에 대하여는 검사작성 피의자신문조서의 신빙성이 매우 떨어지는 결과가 되었다.

나. 배심원선정절차에 대한 고찰

이 사건은 국민참여재판이 시작된 지 약 1년밖에 경과되지 않은 시점에 열린 국민참여재판으로 이전에 배심원선정절차를 여러번 진행한 경험이 있기는 하지만 역시 배심원선정절차는 어려운 부분이었다. 매우 짧은 시간에 몇 개의 질문으로 피고인에게 유리한 배심원단을 구성하여야 한다는 제한은 적지 않은 부담감인데 성공적인 배심원선정절차를 위해서는 사전준비가 중요하다. 특히 배심원들에게 어떤 질문을 할 것인지 미리 준비하는 질문표의 작성이 핵심이 된다. 어떤 질문을 해야 할지 그리고 그 질문에 대하여 어떤 답을 하는 사람이 피고인에게 유리한 것인지 평가하는 고민은 검사나 변호인이 앞으로도 계속 하게 될 과제일 것이다.

하지만 이런 부분은 법률가의 전문성 외에 다른 분야 전문가의 조력을 받을 필요가 있다. 변호사가 작성한 질문표를 심리학자에게 보내어 검토를 받는 방법이 가장 좋으나 이는 상당한 비용을 발생시키는 것이고 이런 비용을 재판의 필요비용이라고 인정받기도 어려운 부분이다. 또한 전문가의 검토결과가 제한된 시간내에 나오거나 충분한 질문으로 인정받을 수 있을 것인지도 알기 어렵다. 결국 사후에 검토를 받고 이를 다음 재판에 반영하는 방법으로 개선해 나가는 방법이 필요하며 보다 정교한 질문표가 완성될 수 있도록 전문가 및 국민참여재판을 진행하는 변호사들 사이의 협력이 필요하다.

배심원의 보호와 관련하여 살펴보면, 이 사건의 배심원선정절차에서 검사는 배심원후보자들에게 협박사건에서 피해자의 진술외에는 다른 증거가 없을 경우 처벌할 수 있는가라는 질문을 하였고 객관적인 증거없이 피해자의 진술만으로는 처벌할 수 없다고 답변한 배심원후보자에게 실제로 범죄피해를 당한 사람은 어떻게 해야 하는가라는 질문을 하였다. 그리고 배심원후보자가 별다른 답변을 하지 못하자 계속 답변을 요구하였다. 검사의 이런 태도는 배심원후보자를 추궁하는 것으로 보여 바람직하지 않았으며 국민들로 하여금 배심원후보자로 참석하는 것을 기피하는 결과를 초래할 수 있다. 또한 실제 범죄피해가 있음을 가정한 질문이라서 그 질문 자체가 공정한 내용으로 보기도 어려웠다. 위 검사의 질문은 피해자의 진술이 신빙성이 있다면 그 진술만으로도 형사처벌이 가능하다고 보아야 한다는 취지였는데 이러한 취지에 찬성하는지 반대하는지 여부에 대한 배심원후보자의 답변을 들었다면 그것으로 충분하지 배심원후보자의 생각을 바꾸려고 하는 것은 배심원선정절차에서 행하는 질문의 허용범위를 넘는 것이다. 법원은 배심원후보자들이 당황이나 불쾌감을 느끼지 않도록 적절한 소송지휘를 통하여 질문을 제한할 필요가 있으며, 변호인이나 검사도 상대방의 질문이 배심원선정절차의 목적에 부합하지 않는 경우 적극적으로 이의를 제기해야 한다.

다. 공판절차 중 모두진술 및 입증계획진술에 대한 고찰

공판절차가 시작되면 처음 배심원들에게 피고인의 변소요지를 설명하게 되는데 배심원들이 처음 사건에 대한 인상을 결정하게 되는 단계이고, 배심원들은 처음 형성한 심증을 바꾸지 않는 경우가 많으므로 피고인의 변소내용이 설득력 있게 배심원들에게 전달되도록 노력해야 한다. 배심원들이 이 사건에서 쟁점이 무엇이고 그 쟁점을 판단하기 위하여 어떤 증거를 보아야 하는지를 제시하는 것인데 어떤 쟁점을 부각시키고 증거를 어떤 방법으로 제시할 것인지 그 자체가 피고인에게 매우 유리한 방어방법이 될 수 있다.

그런데 이 과정이 중요하다보니 증거조사절차에서 제시되어야 할 증거가 모두진술에서 제시되는 경우가 많아지고 있다. 쟁점정리를 위하여 필요한 부분도 있을 수 있으나 증거조사절차가 아닌 단계에서 증거들이 제시되고 그 증거가치에 대한 공방이 이루어지는 것은 올바른 재판의 모습이 아니다.

아울러 배심원들에게 설득력있게 전달하기 위하여는 구술만 하는 것보다는 파워포인트를 이용하여 화상을 제시하면서 설명하는 방식이 매우 효과적이어서 화상자료를 반드시 준비할 필요가 있는 것으로 보인다.

라. 증인신문절차에 대한 고찰

증인신문과정은 재판에서 매우 긴 시간을 소요하는 절차이다. 따라서 증인신문과정이 길어지면 쟁점이 흐려지는 경우가 많아 신문요지를 정확히 하는 것이 중요하다. 하지만 신문의 요지만을 묻는 것은 사실을 입증할 때는 효과적이나 진술의 신빙성을 다투는 방법으로는 전혀 적절하지 않다. 필요한 사실을 확인할 때에는 해당 사실을 경험하였는지 여부를 물으면 간략하고 명쾌하나 그런 간략하고 명쾌한 답변이 신빙성이 있는지 여부를 살피기 위하여는 다양한 주변 정황을 묻지 않을 수 없다.

특히 반복되는 질문에 대하여 진실을 말하는 사람은 얼마든지 같은 답변을 하고 그 표현방식도 변하지 않는 경우가 많지만 거짓을 말하는 사람은 같은 내용을 답변하더라도 조금씩 그 표현이 변하는 경향이 있다. 직접 목격한 사람과 사실을 상상한 사람의 경험의 차이에서 나타나는 현상으로 보인다. 따라서 반복되는 질문이라도 진술의 신빙성을 다투기 위하여 필요한 경우가 있다. 그런데 법원의 소송지휘를 살펴보면 반복되는 질문에 대하여 그건 아까 증인이 이렇게 답변하였다고 고지하는 경우가 있는데 이는 사실을 확인하는 것이라면 적절한 소송지휘지만 증언의 신빙성을 다투는 상황에서 질문을 막는 것이라면 적절하지 않는 경우가 있다.

이 사건에서는 법원이 신빙성을 다투는 질문을 막는 경우는 없었고, 오히려 고소인이 같은 질문에 대하여 답변을 거부하겠다고 진술하였는데 그런 모습은 오히려 배심원들에게 고소인의 진술의 신빙성을 떨어뜨리는 것으로 보였다.

마. 공판절차 중 서증조사에 대한 고찰

일반재판절차에서 서증의 제시는 비교적 간단하게 진행되는 경우가 많은데 이는 법관이 증거를 언제라도 다시 볼 수 있기 때문이다. 하지만 국민참여재판에서 배심원들은 서증을 다시 보기 어려운 경우가 많으므로 서증의 제시는 매우 중요하다. 특히 배심원들은 서로 상반되는 당사자들의 말보다는 객관적인 증거를 더 선호하는 경향이 있다.

서증을 제시할 때에는 각 증거에 대한 의미를 배심원들에게 잘 설명하는 것이 중요하다. 같은 증거라도 어떤 측면을 강조하는가에 따라 그 의미가 전혀 달라지게 된다. 이 사건에서 검사는 피고인의 한국어학당 성적증명서를 제시하면서 피고인이 성적이 나쁜 것으로 보아 불성실하다는 점을 강조하였고, 변호인은 피고인의 입국목적이 한국어를 배우기 위한 것이 아니라 한국에서 일을 해서 돈을 벌기 위함이라는 것을 설명하였는데 배심원들은 피고인을 동정하는 것 같은 인상을 받았다.

강간치상의 의미와 관련하여 경미한 상처는 형법상 상해에서 제외되어야 한다는 점을 기존의 대법원판례를 제시함으로써 배심원들을 설득하였는데 이런 방식은 별 효과가 없었다. 이 사건에서는 판례의 제시는 간략히 하고 오히려 구술로 모든 상처를 상해로 인정할 경우 작은 상처에도 국민들은 형사처벌의 불안속에 살아야 하는 점을 구두로 설명하였는데 오히려 판례보다는 구두로 하는 설명에 상당수의 배심원들이 동감하는 모습을 보였다.

바. 공판절차 중 피고인신문에 대한 고찰

피고인신문은 임의적이며 피고인은 진술거부권이 있으므로 피고인신문을 거절할 수 있다. 따라서 피고인신문을 진행하는 것이 피고인에게 유리한 것인지 여부에 따라 변호인은 피고인신문에 응할 것인지 여부를 적절히 조언할 필요가 있다. 피고인신문에는 항상 검사의 반대신문권이 있으므로 피고인에게 피고인신문이 유리할 것인지 여부의 판단은 쉽지 않다. 하지만 배심원들에 대한 호소력은 매우 큰 편으로 재판이 끝나고 귀가하는 배심원들 중 일부는 변호인에게 재판이 끝날 때까지 마음을 정하지 못하다가 피고인이 직접 하는 진술을 듣고 마음을 정하였다고 소감을 밝히는 경우가 있었다.

사. 수사절차 중 국민참여재판신청여부를 묻는 것에 대한 고찰

국민참여재판제도가 시행되면서 수사기관에서는 피의자에게 국민참여재판을 신청할 것인지를 묻는 절차가 이루어지고 있다. 피의자가 국민참여재판을 신청하면 상세한 증거가 제출될 필요가 있으므로 보다 철저히 수사를 하기 위함이라고 생각되는데 그 과정에서 피고인 스스로가 납득하는 사실로 기소가 된다면 바람직한 수사가 될 수 있다. 하지만 피의자가 국민참여재판을 신청한다는 이유로 더 가혹한 수사를 받는다면 피의자에게 불이익이 될 수 있고, 또한 피의자의 의사는 확정적인 것이 아니고 제1회 공판기일이 열리기까지 언제든지 변경할 수 있는 것이어서 수사과정에서 피의자의 국민참여재판의사를 확인하는 것은 특별한 의미가 없는 것으로 보인다.

5. 결 론

국민참여재판의 도입에 대하여 많은 찬반의견이 있었고, 우려의 목소리도 있었으며 국민참여재판이 도입되고 난 후에도 반대하는 의견이 적지 않다. 반대하는 의견의 근거 중 하나는 배심원들의 무관심과 방관을 우려하는 것이었는데 이 사건을 진행하면서 느낀 점은 국민참여재판에서 배심원들이 진지한 자세를 잃지 않았고 검사와 변호인의 주장을 세심히 듣고 그 당부를 판단하려는 적극적인 모습을 보였다는 점이다. 또한 국민주권의 중요한 내용인 형사재판에 참여하여 국민의 권리를 행사한다는 것에 자부심을 느끼는 것으로 보였다. 국민참여재판제도를 통하여 우리 국민들은 범죄혐의를 받았을 때 이해하기 어려운 법률전문가들이 아닌 일반국민들의 상식에 따라 재판을 받을 수 있는 권리를 갖게 되었다. 또한 수사기관도 수사의 과정과 결론이 일반국민들에게 평가받을 수 있다는 생각을 염두에 두고 직무에 임하게 되었으며 이는 공정한 수사와 형사재판을 받을 수 있다는 국민의 확신을 강화시키는 바람직한 결과이다. 일부에서는 국민참여재판이 열린 횟수가 적고 국민들의 참여의식도 낮다는 점을 들어 비판적인 시각도 있으나 국민들의 투표율이 낮다고 국회의원선거를 하지 않을 수 없는 것처럼 국민참여재판제도는 그 제도의 존재자체가 가지는 의의가 적지 않은 것으로 보인다.

서울서부지방법원 2008고합00 강도상해사건:
2008. 5. 27. 시행

1. 서 론

2008. 1. 1.부터 『국민의 형사재판 참여에 관한 법률이 시행되면서 국민이 사법권의 행사에 직접 관여할 수 있는 기회가 열리게 되었다. 처음 국민참여재판은 대구 등 지방에서 열렸고, 이 사건은 서울에서 열린 첫번째 국민참여재판으로 2008. 5. 27. 배심원들의 진지한 참여속에서 진행되었다.

이 사건에서 피고인은 사선변호인을 선정할 여력이 되지 않아 국선변호인이 선정되었고, 처음 시작하는 제도인 만큼 여러 쟁점과 과제가 제기되었다. 이 사건은 이례적으로 재판의 전과정을 동영상으로 녹화하여 보존하였다. 동영상과 법률이 규정한 공판조서가 있지만 그 의미가 큰 제도의 시행사례인 만큼 변호인의 입장에서 재판의 과정을 기록한다. 이글은 국민의 사법참여연구회 보고서에도 수록된 내용이다.[1)]

이 사건의 피고인은 미성년자이며, 개인정보의 보호를 위하여 사건번호 및 실명은 모두 공란으로 처리하였고, 사건의 발생일시 및 장소도 공란으로 처리하였다. 이 사건을 진행한 법원은 서울서부지방법원 제11형사부이며, 관여한 판사는 장진훈, 조지환, 이연경, 관여한 검사는 형진휘, 변호인은 김형국 변호사였다.

2. 사건의 개요

가. 공소사실의 요지

피고인은 강도상해죄와 특정범죄가중처벌등에관한법률(이하 '특가법'이라 약칭합니다.)위반(절도)죄로 기소되었는데, 강도상해의 공소사실을 살펴보면 피고인은 2008. 초순경 피해자 김○○의 집앞에서 술에 취하여 귀가하는 피해자 김○○의 잠바를 잡아당겨 바닥에 넘어뜨리고 끌고 가 현금이 들어있는 잠바를 강취하였고

1) 이 글은 예전에 사법참여연구회에 기고한 글을 토대로 오자 등을 수정하여 다시 작성하였습니다. 내용은 대부분 같습니다.

그 과정에서 피해자의 무릎과 어깨 부위에 멍이 들게 하고 피해자의 틀니 2개를 부러뜨리는 상해를 가하였다는 것이다.

특가법위반(절도)의 공소사실을 살펴보면 피고인은 2007.중순경부터 2008.초순경까지 9차례에 걸쳐 병원입원실 등에서 상습으로 재물을 절취하였다는 것이다.

나. 피고인의 변소요지

피고인은 강도상해의 공소사실에 대하여 잠바를 낚아채어 간 것은 사실이나 피해자를 고의로 바닥에 넘어뜨리거나 끌고 간 일이 없다고 주장하였고, 특가법위반(절도)죄에 대하여 모두 자백하지만 법률상감면사유로 자수를 하였다고 주장하였다. 이외에 피고인의 연령 및 성장과정 등 여러 양형사유를 주장하였다.

다. 이 사건의 쟁점

이 사건에서 첫째 쟁점은 강도상해의 공소사실에 대하여 피고인의 행위가 강도인지 절도인지 여부, 강도죄로 인정될 경우 피고인에게 상해의 고의가 있는지 여부 및 상해의 정도가 강도상해죄의 구성요건에 이를 정도의 상해인지 여부였다.

둘째 쟁점은 피고인에게 법률상감면사유인 자수가 인정될 것인지 여부였다.

셋째 쟁점은 피고인의 양형사유를 고려할 때 피고인에게 적절한 양형은 어떤 것인지 결정하는 것이었다. 특히 대부분 범죄를 자백하고 있는 미성년자인 피고인에 대하여 어떤 처분을 할 것인지가 핵심인데 소년보호처분을 할 것인지 일반 형사범과 같이 형벌을 과할 것인지 여부가 중요했고, 설령 형벌을 과한다고 하더라도 어느 정도의 형벌이 적정한 것인지에 대하여 결정할 필요가 있었다.

피고인이 주장하는 주된 양형사유는 ① 피고인은 선도유예처분 3회, 소년보호처분 1회, 집행유예선고 1회를 받은 전력이 있는데 이러한 처분을 받게 된 피고인의 성향, ② 포괄일죄의 범행기간 중에 확정판결이 있는 경우 형법 제39조 제1항에 규정된 경합범사이의 형평을 고려하도록 한 규정을 적용할 것인지 여부, ③ 피고인이 아직 소년이므로 소년법 제60조의 취지, ④ 피고인이 받은 소년보호처분의 내용을 검토하여 피고인에게 더 적절한 처분이 가능하고 재범방지에 효과적인지 여부, ⑤ 피고인의 불우한 성장배경과 범행동기, ⑥ 피고인의 건강, ⑦ 피고인의 반성과 학업을 계속하려는 의지와 가족과의 유대관계였다.

재판의 각 진행단계에서 위 쟁점들에 대하여 구체적으로 주장하고 입증하는 공방이 검사와 변호인 사이에 벌어졌다.

3. 재판의 진행

가. 준비절차

국민참여재판은 반드시 준비절차를 거치도록 되어 있고, 준비절차에서는 주장과 증거를 정리하고 심리계획을 수립한다. 준비절차를 거칠 경우 공판준비기일에서 신청하지 못한 증거는 예외사유에 해당하지 않는 한 공판기일에 증거로 신청할 수 없다.[2)]

이 사건의 준비절차는 법정이 아닌 공판준비실에서 진행되었는데 공판준비실에는 라운드테이블이 놓여 있고 같은 크기의 의자가 배치되어 있어 대등한 위치에서 대화가 가능하도록 설치되어 있다.

준비절차에서 위에서 살펴본 쟁점이 정리되었는데 양형사유에 대하여는 구체적인 언급을 하지 않고 여러 양형사유를 주장할 예정이라고 간략히 진술하였다. 증인으로 검사는 강도상해의 공소사실에서 피해자로 기재된 김○○을 신청하였고, 변호인은 양형사유에 대한 증인으로 피고인의 모 최○○을 신청하였다. 서증으로 검사는 증거목록에 있는 서류와 피해자의 상해사진 등을 제출하겠다고 진술하였고, 변호인은 검사가 제출한 증거목록을 토대로 증거능력에 대한 의견을 밝힌 후 양형에 대한 증거자료로 피고인의 생활기록부, 진단서 등을 제출하겠다고 진술하였다. 이상의 증거는 법원에 의하여 모두 채택되었다.

이어서 배심원의 수를 정하는 절차가 진행되었는데 피고인이 대부분의 공소사실을 인정하고 자백하고 있으므로 5인의 배심원으로 진행하되, 예비배심원을 1인 두기로 하였다.

준비절차에서는 증거를 배심원들에게 제시하는 방법도 논의되었는데 검사나 변호인이 제출하는 서류를 배심원들에게 모두 열람하도록 하는 것은 시간낭비가

---

2) 형사소송법 제266조의13 제1항, 준비절차 종결의 효과인 실권효라고 한다.

너무 심하므로 실물화상기를 통하여 서류를 대형스크린에 투영하고 투영된 서류의 요지를 고지하는 방식이 채택되었다. 아울러 검사는 요지를 고지하거나 입증계획을 설명할 때 파워포인트 프로그램을 사용한 프레젠테이션 방식을 사용할 계획임을 진술하였고, 변호인도 마찬가지 방식을 사용할 예정임을 진술하였다.

마지막으로 국민참여재판에서는 증인의 출석을 확보하는 것이 매우 중요한데 가장 중요한 증인인 피해자 김○○의 출석확보가 분명하지 않아 검사는 법원에 구인장의 발부를 신청하였다. 법원은 검사의 소명을 듣고 위 김○○에 대한 구인장을 발부하였고 이로써 준비절차는 종료되었다.

나. 배심원선정절차

이 사건의 배심원선정절차는 2008. 5. 27. 10 : 00부터 시작되었다. 위 일시 전인 2008. 5. 24. 배심원후보자에 대한 기본정보가 수록된 배심원명부 및 법원의 질문표가 검사와 변호인에게 전달되었고, 이를 토대로 변호인은 배심원선정을 위한 질문표를 작성하였다.[3)]

배심원선정기일에 출석한 배심원후보자는 약 25명가량이었고, 배심원후보자는

---

3) 이 사건에서 변호인이 작성한 배심원선정을 위한 질문표는 아래와 같습니다.

1. 결혼하여 아이를 양육하고 계십니까. 그 아이는 15살이상입니까. -예(우호), -아니오(비우호)
2. 성인이되기 전 청소년시기에 다른 사람에게 알리고 싶지 않은 실수를 한 일이 있습니까. -예(우호), -아니오(비우호)
3. 다른 나라에서는 18세를 성인으로 정하는 경우가 있습니다. 우리나라의 현실에서 18세인 사람은 더 보호받아야 할 나이라고 생각하십니까 아니면 성인으로 보아야 한다고 생각하십니까. -더 보호받아야 한다(우호), -성인이다(비우호)
4. 술에 취하여 인사불성인 취객을 상대해 보신 경험이 있나요. -예(우호), -아니오(비우호)
5. 술에 취해 비틀거리는 사람을 보면 도와주어야 한다는 생각이 먼저 드는가요 아니면 저렇게 술을 마시면 안된다는 생각이 먼저 드는가요. -도와주어야 한다(비우호), -저렇게 술을 마시면 안된다(우호)
6. 최근 흉악한 성폭력 사건이 언론에 보도된 일이 있는데 그런 보도를 보고 외출을 단념하거나 집안에 새로 열쇠를 설치하는 등 생활에 변화가 있습니까. --예(비우호), -아니오(우호)
7. 본인이나 가까운 사람들 중에 부모님 중 한쪽이 일찍 돌아가셨거나 이혼한 사람이 있습니까. -예(우호), -아니오(비우호)
8. 어린 시절 부모를 잃은 고아나 편부, 편모아래 성장한 사람은 어떤 피해의식을 가지고 있으며 이는 치유되기 어려운 것이라고 생각하십니까. -예(우호), -아니오(비우호)
9. 우리나라에서 일을 해야 하는 청소년들은 주유소, 음식배달, 편의점알바 등을 하는데 그런 일을 하는 청소년들이 받는 보수는 적정하다고 생각하십니까 아니면 너무 낮다고 생각하십니까. -적정하다(비우호), -너무 낮다(우호)
10. 교도소에 간 일이 없는 사람이 처음 교도소에 수감될 경우 그 사람은 교화될 가능성이 크다고 생각하십니까 아니면 오히려 교도소에서 범죄에 물들 가능성이 크다고 생각하십니까. -교화될 가능성이 크다(비우호), -범죄에 물들 가능성이 크다(우호)

이름이 아닌 번호로 호칭되었다. 배심원선정절차가 시작될 때 재판장은 유의사항을 고지한 후 추첨을 시작하였다. 추첨하는 방식은 배심원후보자들의 번호가 적힌 표를 상자에 넣은 후 참여사무관이 시선을 상자 밖으로 향한 상태에서 표를 꺼내 재판장에게 전달하는 방식이었다. 이 방식으로 배심원과 예비배심원을 합한 숫자인 6명의 배심원후보자를 추첨하였다.

추첨된 배심원후보자에 대하여 재판장은 배심원면제사유 등을 묻는 질문을 하였고, 한 배심원후보자는 아이를 돌볼 사람이 없어 오후까지 법원에 있기 어렵다는 사정을 설명하였다. 이후 검사, 변호인의 순서로 배심원선정을 위한 질문이 이루어졌다.

변호인은 미리 준비한 질문표에 따라 질문하였고, 배심원후보자의 답변에 따라 우호와 비우호로 나누어 표시하였다. 그리고 나중에 기피신청은 비우호가 많이 표시된 배심원후보자에 대하여 하는 방식으로 진행하였다.

우선 이유부기피신청을 할 기회가 주어졌는데 검사는 이유부기피신청을 할 사람이 없다고 진술하였고, 변호인은 2명의 배심원후보자에 대하여 이유부기피신청을 하였다. 1명의 배심원후보자는 아버지가 범죄피해를 당하여 심한 부상을 입은 경험이 있어 이 사건에서 공정한 판단을 하기 어렵다는 이유였고, 나머지 1명의 배심원후보자는 틀니를 끼고 있었는데 이 사건에서 피해자가 입은 상처에는 틀니가 부러진 것이 포함되어 있으므로 유사한 피해를 당할 수 있다는 생각에서 공정한 판단을 하기 어렵다는 이유였다. 하지만 법원은 변호인의 이유부기피신청을 모두 기각하였다.

다음으로 무이유부기피신청을 할 기회가 주어졌는데 검사는 무이유부기피신청을 할 사람이 없다고 진술하였고, 변호인은 이유부기피신청을 하였다가 기각된 2명의 배심원후보자에 대하여 무이유부기피신청을 하였다. 무이유부기피신청에 따라 2명의 배심원후보자와 면제사유를 소명한 1명의 배심원후보자가 배심원석에서 퇴장하여 3명의 공석이 생겼고, 다시 추첨을 통하여 3명의 배심원후보자를 뽑아 배심원석에 착석하도록 하였다.

새로 추첨된 배심원후보자 3명에 대하여 다시 질문이 반복되었고, 기피신청이 이루어졌다. 검사는 아무런 기피신청을 하지 않았고, 변호인도 새로 추첨된 배심원후보자 3명에 대하여는 기피신청을 하지 않았다. 하지만 이전에 기피신청을 하지 않아 배심원석에 남아 있던 배심원후보자 1명에 대하여 무이유부기피신청을 하였다. 새로 추첨된 배심원후보자 3명보다 이전에 기피신청을 하지 않았던 배심원후보자 1명이 더 피고인에게 불리한 경향을 가진 것으로 판단되었기 때문이다.

검사는 이전에 기피신청을 하지 않아 배심원석에 남아 있는 배심원후보자에 대하여 나중에 기피신청을 할 수 없다고 주장하였고, 변호인은 남아 있는 배심원후보자에 대하여 법원이 배심원으로 선정되었음을 고지하지 않았으므로 무이유부기피신청이 가능하다고 주장하였다. 법원은 변호인의 주장을 받아들여 남아 있던 배심원후보자 중 1명을 배심원석에서 퇴장하도록 하였고 다시 1명의 배심원후보자를 추첨하였다.

새로 추첨된 배심원후보자에 대하여 검사와 변호인의 질문이 반복되었고, 검사와 변호인 모두 기피신청을 하지 않아 그대로 6명의 배심원 및 예비배심원이 정해졌다.[4] 이때가 12 : 00경으로 추첨을 통하여 예비배심원을 정한 후 배심원선정절차는 종료되었고, 점심식사시간이 시작되었다.

다. 공판절차 중 모두진술 및 입증계획진술

오후에 시작된 공판절차는 통상 형사재판절차와 유사하게 시작되었다. 다만 개정법에 따라 진술거부권이 피고인에 대한 인정신문 전에 고지되었다.

먼저 검사가 공소장을 낭독하고 모두진술을 하였는데 검사는 파워포인트 프로그램을 사용하여 조각퍼즐맞추기 게임을 보여주었다. 검사는 조각퍼즐과 같이 완벽한 퍼즐이 갖추어지지 않아도 그 퍼즐의 그림을 알 수 있다고 설명하면서 유죄의 입증도 완벽한 것에 이를 것을 요하지 않는다는 취지로 설명하였고, 공소사실을 구체적으로 현장사진을 보여주면서 설명하였다.

이어서 변호인이 변소요지를 밝혔는데 파워포인트 프로그램을 이용하여 쟁점을 시각적으로 보여주면서 정리하였고, 강도상해죄에 관련하여 대법원판례를 제시하면서 이 사안의 경우 강도죄가 아니라 절도죄가 적용되어야 한다고 주장하였다. 그리고 자수의 점과 양형사유로 범죄일람표, 수사시간표, 범죄경력조회를 제시할

4) 배심원 및 예비배심원은 심리가 종결될 때까지 구분되지 않으므로 이하에서는 배심원으로 통칭합니다.

것을 설명하였다.

이후 검사는 입증계획을 설명하면서 파워포인트 프로그램을 사용하여 대법원 판례를 제시하고 앞으로 증거 조사할 사진까지 미리 제시하면서 증인신문의 내용을 설명하였다. 검사는 모두진술과 입증계획을 분리하여 별도로 준비하였고, 변호인은 모두진술과 입증계획을 한꺼번에 진술하면서 검사의 발언기회가 더 주어진 것이다.

검사와 변호인이 각각 유사한 사안에 대하여 상반된 결과를 보여주는 대법원 판례를 제시하자 배심원들은 다소 혼란스러워 하는 모습을 보였다.

라. 공판절차 중 증인신문

증거조사는 증인신문절차부터 시작되었는데 증인은 강도상해죄의 피해자 김○○, 피고인의 어머니 최○○의 순서로 진행되었다.

증인 김○○은 검사가 신청한 증인이므로 검사가 먼저 신문하였다. 검사의 신문내용의 취지는 대법원판례에서 지적하는 바와 같이 계단에 서 있는 증인을 피고인이 잠바를 잡아당기는 방법으로 끌고 갔는지 여부 및 추가 폭행이 있었는지 여부였다. 대법원은 절도죄와 강도죄를 구별하는 기준에 대하여 점유탈취과정에서 우연히 유형력이 행사된 것인지 아니면 반항을 억압할 목적으로 행사된 것인지에 따라 구분한다.[5] 변호인의 신문내용은 피고인이 한 행동은 잠바를 1회 잡아당긴 것뿐이며 그 힘에 의하여 증인이 쓰러진 것이고 피고인이 쓰러진 증인을 끌고 가지 않았다는 점에 주력했다.

증인신문과정에서 검사는 피해자가 착용하고 있던 잠바와 유사한 옷을 가지고 와서 법정에서 범행현장을 재현하려 하였고, 위 김○○의 진술이 명확하지 않아서 재현이 이루어지지 않자 배심원 중 1명에게 피해자의 역할을 연기해 줄 것을 부탁하였다. 이에 대하여 변호인은 공정한 판단을 해야 할 배심원에게 피해자의 역할을 연기하도록 하는 것은 부적절하다고 이의를 제기하였고 법원은 변호인의 이의를 받아들였다.

증인으로 출석한 김○○은 피고인이 처음 잡아당긴 힘에 의하여 쓰러진 것이

---

5) 대법원 2003도2316, 2007도2601 판결 참조.

지 피고인에게 끌려간 일은 없다고 증언하였다.

강도상해의 점에 대하여 위 김○○의 어깨 및 무릎에 멍이 들었다는 점이 공소사실에 기재되어 있었는데 검사는 재판당일 위 김○○의 무릎을 촬영한 후 그 사진을 증거로 제시하면서 무릎부위에 붉은 자국이 남아 있다고 진술하였다. 그리고 법정에서 증인에게 직접 바지를 걷고 무릎을 배심원들에게 보여줄 것을 요청하였다.[6] 위 김○○은 검사의 요청에 따라 바지를 걷었는데 무릎에는 매우 선명한 붉은 자국이 있었다. 그런데 위 김○○은 사건이 발생한 후 1달이 지나 조사를 받을 때 작성한 피해자진술조서에서 멍이 생겼으나 별다른 치료를 하지 않아 사라졌다고 진술하였다. 그리고 국민참여재판에서 증언을 할 때에는 위 피해자진술조서를 작성하고 약 2달 보름이 지난 시기였다. 또한 위 김○○은 무릎의 상처로 인하여 15일간 일을 하지 못하였다고 증언하였다.

변호인은 반대신문에서 증인 김○○에게 수사기관에서 별다른 치료없이 멍이 사라졌다고 진술하였는데 수개월이 지난 법정에서 아직 붉은 자국이 남아 있다고 주장하는 이유에 대하여 물었고, 위 김○○은 멍이 사라졌고 붉은 자국은 남아 있었다는 취지로 진술한 것이라고 답변하였다.

강도상해의 공소사실 중 상해여부가 문제된 부분은 틀니가 부러진 것이 신체의 손상으로 볼 수 있는지 여부였다. 검사는 틀니가 부러진 것에 대하여 부러진 틀니의 사진과 아직도 틀니를 착용하고 있는 모습을 배심원들에게 제시하였고, 변호인은 틀니가 교환가능한 것인지 여부와 잠을 잘 때 틀니를 빼두는지 여부를 물었다.

두번째 증인 최○○에 대한 증인신문은 변호인이 신청한 증인이므로 변호인이 먼저 신문하였다. 주로 피고인의 성격이나 태도, 범행동기를 물었는데 주된 양형사유는 피고인의 친아버지가 피고인이 3살무렵 사망하였고 피고인이 11살 무렵 피고인의 어머니가 재혼하면서 피고인이 새아버지의 폭력에 시달리면서 성장한 점, 이전에는 별다른 문제가 없던 피고인이 새아버지의 폭력에 시달리고 집에서

---

6) 검사가 국민참여재판 당일 촬영하여 현상한 사진이나 증인의 신체검증은 준비절차에서 언급되지 않은 증거로 실권효의 적용대상이 될 수 있었다. 하지만 변호인으로서는 실권효를 주장하는 것이 배심원들에게 오히려 뭔가 숨기는 인상을 줄 우려가 있어 그 행사에는 신중할 필요가 있다. 이 사건에서 변호인은 실권효를 주장하지 않았다.

쫓겨나 모텔에서 생활하면서 범죄를 저지르기 시작한 점, 피고인의 동생은 장애인인데 피고인의 어머니는 동생을 돌보느라 피고인에게 충분한 관심을 둘 수 없었다는 점, 그럼에도 피고인과 어머니가 서로 믿고 의지하는 유대관계가 있는 점 등이었다. 마지막으로 피고인의 어머니가 배심원들에게 아들인 피고인의 선처를 당부하는 진술을 하였고 증인신문이 종료되었다.

마. 공판절차 중 서증의 조사

증인신문을 마치고 서증조사가 시작되었다. 역시 입증책임이 있는 검사가 먼저 서증을 제시하였는데 검사가 제시하는 서증은 피의자신문조서와 피해자진술조서가 대부분이었고, 강도상해의 점에 대하여 상해사진이 제시되었다. 검사는 파워포인트를 이용하여 상해사진을 제시하였는데 실물화상기를 통하여 확대하는 것보다 더욱 선명한 화질을 보여주어 전달력이 높았다. 서증은 우선 요지를 파워포인트 프로그램을 이용하여 설명하였고, 그 자리에서 리모콘을 이용하여 화면을 실물화상기로 바꾸어 스크린에 투영해 제시하였다.

변호인이 제출한 서증은 피고인의 범죄경력조회, 수사시간표, 생활기록부, 진단서, 저혈압의 종류에 대한 출력물, 소년보호처분의 종류, 청소년절도교정프로그램에 대한 언론보도내용 등이었다. 범죄경력조회는 피고인이 새아버지에 의하여 집에서 쫓겨난 후 범죄를 저지르기 시작했음을 보여주었고, 생활기록부는 피고인의 최근 생활태도를 학교선생님이 객관적으로 기록한 문서라는 점에서 제시하였고, 진단서와 저혈압의 종류는 피고인이 다른 청소년처럼 신체를 적극적으로 사용하는 일을 하기 어려운 건강상태임을 보여주기 위하여 제시하였다. 소년법이 규정하고 있는 소년보호처분의 종류는 피고인이 비록 소년보호처분을 받은 전력이 있으나 가장 경한 처분을 받았을 뿐 더 강한 소년보호처분을 통하여 피고인의 재범을 막을 수 있다는 점을 설명하기 위하여 제시하였고, 언론보도내용은 미성년자에 대하여 특별한 취급이 필요한 이유를 강조하기 위하여 제시하였다. 변호인도 검사와 마찬가지로 파워포인트 프로그램을 이용하여 서증의 요지와 입증목적을 설명한 후 실물화상기로 실제 서류를 제시하는 방법을 사용했다.

바. 공판절차 중 최후변론

증거조사절차가 끝나고 검사의 구형과 변호인의 최후변론, 피고인의 최후진술이 있었다. 검사는 피고인이 불우한 환경에서 성장한 것에 대하여 동정을 표하면서도 강도상해죄의 성립을 주장하였고, 피고인이 선도유예처분과 소년보호처분, 집행유예선고를 받았음에도 범죄를 계속 저질러왔고 그 범죄의 질도 점점 나빠져 중한 처벌이 필요함을 진술하였다.

변호인은 강도상해죄와 관련하여 변호인과 검사가 제시한 대법원판례의 의미를 다시 설명하였고, 이 사건의 경우 강도죄로 볼만한 폭행이 없었다고 주장하였다. 상해의 점에 대하여 증인 김○○의 진술은 수사기관에서 한 진술과 모순되는 것으로 믿을 수 없다고 진술하였다. 양형사유로 피고인의 범죄가 특정한 시기에 집중되어 있어 가혹한 환경으로 인한 것이지 그 심성은 아직 범죄에 물들지 않았고, 피고인이 교도소에 수감된 일이 없어 범죄자들과 접촉하지 않은 상태이며, 미성년자에게는 특별한 조치가 필요하다는 점을 강조하였다. 마지막으로 피고인의 어머니가 가져온 피고인의 어린 시절 사진을 실물화상기를 통해 제시하면서 피고인에 대한 선처의 필요성을 주장하였다.

사. 평의, 평결 및 선고

심리가 종결되고 배심원들은 평의실로 이동하여 평의를 시작하였다. 예비배심원은 그대로 법정에 남아 대기하였다. 이 사건의 평의는 2시간이 넘게 걸렸고, 매우 진지한 토론이 진행되었다고 한다. 하지만 변호인과 검사는 평의에 참석할 수 없으므로 구체적인 내용은 알 수 없다. 배심원들이 유죄평결을 할 경우 배심원들은 판사들과 함께 피고인의 양형에 대하여 토론한다.

이 사건의 평의결과 강도상해 및 특가법위반(절도)의 점에 대하여 유죄로 평결되었다. 판결선고는 평결결과를 재판장이 고지한 후 바로 이루어졌는데 틀니가 부서진 것에 대하여 강도상해죄는 무죄, 나머지 멍이 든 부분 및 특가법위반(절도)의 점에 대하여 유죄, 자수의 점은 인정되지 않았다. 선고형은 피고인에게 소년법에 의한 감경과 작량감경을 한 범위에서 단기 2년 장기 2년 6월의 징역형이

선고되었다.[7)]

판결이 선고된 후 변호인은 피고인 및 피고인의 어머니와 항소여부에 대하여 상담하였고 법정을 나왔다. 이때 시간은 21 : 00경이었다.

4. 재판의 진행단계에 따른 변호인의 조치와 개선점

가. 서류검토 및 접견절차

변호사가 국선변호인으로 선정되면 해당 사건의 증거서류를 검찰청에 가서 복사하고, 그 서류를 검토하면서 피고인과 접견을 준비한다. 그런데 검찰청에서 증거서류와 수사서류를 구분하여 증거서류의 일부에 대하여만 복사를 허용하고 있다. 과거에는 관련서류를 모두 공개하고 증거로 제출하였는데 이제는 증거서류를 따로 구분하여 주로 피고인의 유죄를 입증하기 위한 서류만 제출하고 있는 것이다. 결국 수사과정에서 피고인에게 유리한 서류는 수사서류로 분류되어 그 존재자체가 드러나지 않는 경우가 많다.

예를 들면 강간사건에서 피해자에 대한 정액반응검사결과 정액이 검출되지 않았다는 국립과학수사연구소의 회보가 증거서류가 아닌 수사서류로 분류되어 그 존재 자체가 드러나지 않은 사례가 있었다.

따라서 변호인은 예상되는 수사과정을 숙지하고 있어야 하며, 범죄유형에 따라 수사과정에서 당연히 작성되었을 것으로 보이는 서류가 증거로 제출되지 않은 경우 피고인과 접견을 통하여 해당 서류의 존재여부를 확인해야 한다. 변호인이 재판을 준비할 때 검사가 제출하는 증거목록에 있는 서류만 검토해서는 충실한 변론을 할 수 없다.

이 사건은 주로 법률상 쟁점이 문제가 된 사건이어서 위와 같은 문제점이 없었지만 특히 국민참여재판을 준비하는 변호인이 증거서류를 검토할 때에는 항상 느끼는 부담이다.

---

7) 강도상해죄의 법정형은 형법 제337조에 의하여 무기징역 또는 7년이상의 징역으로 작량감경을 하더라도 3년이 넘어 집행유예가 불가능한 중한 죄이다. 이 사건의 경우 법률상감경사유가 2개 있어 법정형의 1/4까지 판결선고가 가능하였다.

나. 준비절차

준비절차에서 피고인의 주장과 쟁점을 정리하여야 하는데 검사의 주장은 이미 공소장에 나타나 있으므로 변호인의 쟁점정리가 중요하다. 하지만 쟁점정리과정에서 모든 쟁점이 현출되는 것은 현실적으로 어려운 측면이 있다. 한 번의 준비절차로는 모든 쟁점이 정리되기 어려우므로 충분한 시간을 갖는 것이 필요하며 쟁점정리를 위하여 필요하다면 추가로 준비절차기일을 지정하여 줄 것을 법원에 신청하여야 한다. 만일 별도로 기일을 지정하기 어렵다면 적어도 구두로 미리 검사와 법원에 알릴 필요가 있다.

이 사건에서도 일부 쟁점은 나중에 변호인이 추가하여 검사와 법원에 알렸다.

다. 배심원선정절차

국민참여재판의 핵심부분이면서 변호인 등 법률사무종사자에게 가장 생소한 부분이다. 피고인에게 유리한 성향을 가진 배심원을 짧은 시간에 몇 개의 질문을 통하여 파악하는 것은 매우 어려운 일이다.

배심원선정을 위한 질문표를 작성하고 그 답변에 따른 우호도를 평가하는 것은 작성자의 주관에 치우치기 쉬워 객관성을 얻기 어렵다. 예를 들면 이 사건의 배심원질문표 제8항 '어린 시절 부모를 잃은 고아나 편부, 편모 아래에서 성장한 사람은 어떤 피해의식을 가지고 있으며 이는 치유되기 어려운 것이라고 생각하십니까.'라는 질문에 대하여 처음 변호인은 '예'라고 답변한 사람이 피고인에게 비우호적이라고 평가하였다. 치유되기 어렵다고 생각하는 사람은 교화개선이 어려워 장기간 격리해야 한다고 생각하기 쉽다는 이유였다. 하지만 이 질문표를 본 일반국민은 '예'라고 답변한 배심원후보자는 이런 상황에 처한 범죄자를 동정하는 사람이므로 우호적일 것이라고 생각했다. 결국 변호인은 '예'라고 답변한 사람을 우호적으로 변경하였다.

위 질문표는 법조인 2명, 일반 국민 1명의 검토를 거쳤는데 판사와 변호사는 배심원질문표 제8항에 대하여 별다른 의문을 품지 않았다. 아마도 법조인과 일반국민이 느끼는 감각의 차이일 것이며, 일반 국민이 배심원으로 참여하는 국민참여재판에서는 이런 차이점을 고려하여 배심원선정절차를 준비해야 한다.

라. 모두진술 및 입증계획

모두진술 및 입증계획은 검사와 변호인이 모두 파워포인트 프로그램을 이용한 프레젠테이션을 사용하였다. 이 절차에서 배심원들은 처음으로 사건의 내용을 접하고 그 주장의 당부를 판단할 수 있으므로 배심원들에게 변호인의 주장이 보다 합리적이라는 첫 인상을 심어주는 것이 매우 중요하다.

특히 통상공판절차에서 거의 사용하지 않는 프레젠테이션을 적절히 조작하는 능력과 함께 화면을 시각적으로 선명하게 구성하는 것이 배심원들에게 명확한 인상을 심어준다. 다만 명확한 인상을 주는 것에 치중하다보니 서증조사절차에서 증거로 제시되어야 할 사진 등이 모두진술단계에서 미리 제시되면서 절차의 중복을 가져오고 증거조사절차를 형해화하는 문제점이 노출되었다.

마. 증인신문

이 사건의 증인신문절차에서 강도상해의 피해자로 기재된 김○○은 법정에서 전혀 새로운 증거로 자신의 무릎에 난 상처를 제시하면서 그 상처가 강도상해의 피해로 생긴 상처라고 증언하였다. 하지만 앞에서 본 바와 같이 증인 김○○은 사건이 발생하고 1달이 지난 후에 수사기관에서 멍이 저절로 사라졌다고 진술하였다. 따라서 위 김○○의 증언과 수사과정에서의 진술에는 모순점이 있다.

그런데 검사는 증인을 소환하는 과정에서 위 새로운 증거를 몇 시간 먼저 알았고, 국민참여재판 당일 무릎부위를 촬영하여 프레젠테이션에 포함시켜 배심원들에게 제시하였다. 하지만 이를 변호인이나 법원에 알리지 않았다. 그 결과 변호인은 상처부위에 대한 신문사항을 미리 준비하지 못하여 즉석에서 대처해야 했고, 위 상처부위의 감정을 통하여 그 상처가 발생한 시기를 입증할 기회를 잃었다.

이처럼 갑자기 제출되는 증거에 대하여 적절한 대응을 할 수 없는 것은 국민참여재판이 가지는 시간상의 제약에서 기인한 것이다. 우리 형사소송법은 공판준비기일에 신청하지 못한 증거는 원칙적으로 공판기일에 신청할 수 없도록 규정하고 있으나 실제 재판의 진행과정에서 검사의 증거신청을 제약하는 것은 어려운 일이고 법원도 적극적이지 않다. 특히 국민참여재판에서 새로운 증거에 대하여 검증신청을 하고 그 결과를 기다려 다시 배심원들을 소집하는 것은 사실상 불가능한 일이다.

예상하지 못한 새로운 증거의 제출과 그 증거에 대한 탄핵을 국민참여재판이라는 시간적 제약속에서 어떻게 조화롭게 구현할 것인지에 대하여는 새로운 검토가 필요하다.

바. 서증조사

국민참여재판에서 서증의 조사는 일반형사재판과 달리 서증의 의미를 설명하는 부분이 추가된다. 일반형사재판에서 진단서를 제출하면 진단서에 기재된 질병의 의미에 대하여 간단한 설명으로 충분하다. 하지만 배심원을 설득하기 위해서는 그 진단서에 기재된 병의 증상이 어떤 것이며 그 증상이 양형에 어떤 영향을 미치는지 설명해야 한다.

피고인의 전과에 대하여도 마찬가지로 범죄경력조회를 제시하는 것으로는 충분하지 않다. 범죄경력조회의 시기를 구분하여 설명하고 피고인이 받은 소년보호처분이 여러 보호처분 가운데 가장 가벼운 소년보호처분이라는 점을 설명해야 한다. 그리고 소년에 대하여 더 강력한 처분이 많이 남아 있음도 별도로 법조문을 제시하면서 설명해야 했다.

각각의 서증은 제시가 증거조사방법이므로 프레젠테이션으로 그 의미를 설명하고, 실물화상기로 화면을 전환하여 서증을 제시하는데 그 과정은 생각보다 많은 시간이 소요된다. 하지만 국민참여재판에서 배심원들에게 증거를 제시하는 것은 필수적인 절차이며 그 과정 자체가 가지는 증거조사절차의 충실화라는 의미도 크다.

사. 최후변론 및 재판 외 절차

최후변론절차는 복잡한 쟁점을 정리하고 제출된 증거의 의미를 설명하고 불리한 증거를 탄핵하는 과정이다. 지금까지 진행된 공판의 결론부분인데 검사가 먼저 진술하고 나중에 변호인이 진술하는 관계로 변호인에게 다소 유리한 측면이 있다.

그런데 재판과는 별도로 피고인이 구속된 기간 동안 피고인에 대하여 검사의 보강수사가 지속적으로 이루어졌고, 증인을 소환하기 위한 노력이 계속되었다. 이 과정에서 공소장이 보다 구체적으로 변경되기도 하였는데 국민참여재판을 위한 공판준비절차를 거친 후에 피고인에 대하여 보강수사를 하는 것은 국민참여재판을 신청한 피고인을 위축시킬 우려가 있으므로 적절한 것인지 여부를 검토할 필요가 있다.

이 사건에서 나이 어린 피고인은 보강수사과정에서 검사로부터 피해자를 끌고 간 것이냐는 질문에 '예'라고 답변하였다. 그리고 검사는 피고인의 진술에 따라 공소장을 작성하였다고 주장하였다. 하지만 피고인은 변호인의 추가질문을 통하여 끌고 갔다고 진술한 것은 잠바를 잡아당긴 힘에 의하여 피해자가 넘어졌다는 의미이지 쓰러진 피고인을 끌고 갔다는 의미가 아니라고 구체적으로 답변하였다.

검사는 국민참여재판을 위하여 현장사진을 증거로 보강하고 피고인을 체포한 경찰관을 추가로 조사하는 등 활발한 수사를 하였다. 그러나 변호인에게는 피해자의 인적사항이 알려지지 않았고 현장조사를 보낼 인력이 없었으며 경찰관에게 사건에 대하여 물어볼 수사권이 없다. 검사의 활발한 수사를 보면서 변호인에게도 조사관이 있고 필요한 사항을 질문할 수 있는 조사권이 있어야 공평한 것이라는 생각이 들었다. 하지만 조사관을 두는 문제는 비용의 부담이 발생하고 조사권을 주는 문제는 아직 아무런 논의가 없다. 배심제도를 가지고 있는 선진국들이 변호인에게 어떤 권한을 부여하고 있는지 검토하여 이런 문제점들을 해결하려는 노력이 필요하다.

5. 결 론

이 사건은 서울지역에서 열린 첫번째 국민참여재판으로 국민참여재판에 대하여는 많은 찬반의견이 있었고 우려의 목소리도 많았다. 특히 비법률가인 배심원들이 사건에 대하여 무관심과 방관하는 모습을 보일 것이라는 우려가 컸다. 하지만 2008. 5. 27. 진행한 국민참여재판에서 배심원들로 참여한 일반국민들은 장시간의 재판시간에도 불구하고 진지한 자세를 잃지 않았고 검사와 변호인의 주장을 세심하게 듣고 그 당부를 최선을 다해 판단하려는 진지한 모습을 보였다.

배심원들은 자신에게 맡겨진 공무에 충실한 모습을 보였을 뿐만 아니라 국민주권의 중요한 내용인 형사재판에 참여하여 국민의 권리를 직접 행사한다는 것에 대하여 자부심을 느끼는 것으로 보였다. 변호인으로서 법정에서 이루어지는 공방을 일반 국민들에게 알리고 그 내용을 설명하면서 일반 국민들인 배심원의 지지를 얻어내기 위해 노력하는 과정은 새로운 경험이었고 국민들이 법이 이해하는데 더욱 다가설 수 있을 것이라는 느낌이 들었다.

현대사회에서 선진국 대부분은 그 형식에 있어 차이가 있더라도 일반국민이 형사재판에 관여하는 길을 열어두고 있다. 이제 우리나라도 그 대열에 동참하는 중이고 국민이 이해할 수 있는 형사재판은 중요한 가치가 되었다.

서울서부지방법원 2012고합175 준강도미수 등: 2013. 5. 13. 시행

1. 진행경위

변호인이 처음 피고인과 접견하였을 당시 피고인은 공소사실 모두를 부인하는 상황이었다. 피고인은 2008.경 있었던 준강도미수죄와 2010.경에 있었던 특수절도죄를 범하였다는 이유로 기소되었다. 피고인이 기소된 과정이 굉장히 특이했는데, 쌍둥이 동생이 2011.경 검거되면서 이 사건이 시작되었다.

피고인의 동생은 2011.경 다른 절도 사건으로 조사를 받는 과정에서 자신의 디엔에이를 제공하는데 동의하였는데, 피고인 동생의 디엔에이와 현장에서 발견된 디엔에이가 일치하는 사건 두 건이 발견되어 조사를 받기 시작하였다. 피고인의 동생은 자신의 결백을 주장하면서 특히, 2008.경 있었던 준강도미수 사건은 자신이 다리를 다쳐 치료받는 과정에서 일어났던 일이었기 때문에 자신이 절대 범인이 아니라며 관련 자료를 제출하였다. 실제로 피고인의 동생은 2008.경 사건이 발생하기 얼마 전 다리를 다쳐 치료를 받았던 적이 있었고, 이 사건 당시 이미 퇴원한 상태였기는 했으나 통원치료를 받고 있던 상황이었다.

검사는 피고인 동생의 주장을 받아들여 피고인의 동생에게 일란성 쌍둥이 형제가 있는지 물었고, 피고인의 동생은 쌍둥이 형이 있다고 밝히면서 피고인에 대한 수사가 개시되었다.[1] 피고인은 검사에게 자신의 결백을 주장했지만 검사는 받아들이지 않았고, 결국 피고인의 동생이 아닌 피고인이 기소되었다.

피고인은 변호인과 접견하는 과정에서 자신은 2008. 10.경 절도 사건으로 징역형을 선고받아 복역한 적이 있었는데 만약 자신이 2008. 6.경 준강도미수 사건을 저질렀다고 한다면 그 당시에 자백하고 같이 처벌받았을 것이고, 2008. 10.경 징역형을 선고받은 이후 다시 절도죄를 저지르지 않았는데 갑자기 2010.경에 이르러 특수절도 죄를 저질렀다는 것은 말이 되지 않는다고 하면서 자신의 결백을

1) 현재의 과학기술에서 일란성 쌍둥이의 유전자형은 일치한다.

주장하였다.

변호인이 검토하여 보니 2008.경 준강도미수 사건은 집행유예결격사유가 없었으나, 2010.경 사건은 피고인이 2009. 7. 10. 출소한 이후 누범기간 중의 사건이었기 때문에 집행유예결격사유가 있었다. 변호인은 2008.경 준강도미수 사건은 쌍둥이 동생이 당시 거동이 어느 정도 가능하였는지 여부에 따라 무죄가 가능할 수 있다고 판단하면서 설령 무죄가 아니더라도 배심원의 심증을 많이 흔들어 양형판단까지 피고인에게 유리하게 끌고 갈 수도 있겠다고 판단하였고, 2010. 특수절도 사건은 피고인과 피고인의 쌍둥이 동생 중 누가 범행을 하였는지 특정할만한 증거가 존재하지 아니하여 무죄가능성이 높다고 판단하였다.

변호인은 위와 같은 점을 고려하여 피고인에게 국민참여재판의 절차 및 무죄율, 양형에 있어서의 일반 형사재판과 다른 점 등에 대하여 설명하며 국민참여재판으로 진행할 것을 권유하였다. 피고인은 이러한 변호인의 권유를 받아들여 국민참여재판으로 진행하겠다고 결정하였다.

2. 사건의 개요

가. 공소사실의 요지

피고인은 「2008. 6. 3. 04 : 00경 서울 서대문구 소재 피해자의 집 담장을 넘어 집 안으로 침입한 후 안방 창문을 열고 들어가 금품을 절취하려고 하였으나, 우연히 피해자에게 발각되어 뒷목을 잡히게 되자 체포를 면탈할 목적으로 피해자를 수회 밀쳐 넘어뜨린 후 상의 반팔 면티와 긴팔 티셔츠를 벗은 채 달아나 피해자에게 폭행을 가하였다.」는 공소사실과,

「2010. 3. 5. 03 : 00부터 08 : 00경까지 사이에 경기 용인시 소재 피해자 집 앞에 이르러 피해자 등이 잠을 자는 사이에 흉기인 식칼을 들고 작은방 창문 방충망을 뜯고 방 안으로 들어가 그 안에 있던 핸드백에서 반지를 몰래 꺼내어 가지고 가 이를 절취하였다.」는 공소사실로 각 기소되었다.

나. 피고인의 변소요지

피고인은 이 사건 범행을 한 사실이 전혀 없다고 하면서 「피고인은 2011. 10.

경 성실하게 직장생활을 하던 중 검찰청으로부터 연락을 받았다. 피고인은 무슨 일인지 의문이 있었으나 검찰청에서 조사를 받을 것을 요청하였고 그 요청에 따라 조사를 받게 되었다. 검사는 피고인에게 피고인의 동생이 알리바이가 있으니 피고인에게 인정하라는 취지로 말하였으나, 피고인은 이 사건 공소사실에 대하여 전혀 기억이 없어 인정할 수 없었다. 피고인은 사건 현장에서 발견된 옷도 전혀 기억에 없는 옷이고, 2008. 10.경 징역형을 선고받았던 절도 사건도 검거된 후 다시 범행을 하지 않기로 다짐하면서 추가 범행을 자백하여 모두 같이 처벌을 받았는데, 비슷한 시기에 있었던 2008.경 준강도미수 사건만 자백하지 않을 이유가 전혀 없었다. 또한 피고인은 2008.경 이후 다시 절도죄를 저지르지 않고 성실하게 살고 있었는데 갑자기 2010.경에 이르러 다시 절도죄를 저질렀다는 것은 납득하기 어렵다.」고 주장하였다.

다. 이 사건의 쟁점

2008.경 준강도미수사건은 피고인 동생의 알리바이가 명백한지, 피고인 동생이 사건 당시 거동이 가능했는지, 가능했다면 집 담장을 넘을 수 있었는지, 그 담장의 높이가 어느 정도인지가 쟁점이었고, 2010.경 특수절도 사건은 일란성 쌍둥이는 디엔에이가 같기 때문에 피고인의 동생이 아닌 피고인이 범행을 하였다는 사실을 입증할 증거가 있다고 볼 수 있는지가 쟁점이었다. 변호인은 이 사건 디엔에이가 우연히 타인과 일치할 수 있는 확률에 대하여 주장하기도 하였으나, 그러한 주장은 배심원이 받아들이기 쉽지 않다고 판단하였기 때문에 소개하는 정도에 그쳤다.

3. 재판의 진행과정

가. 국민참여재판의 신청과 준비절차

(1) 국민참여재판의 신청

통상 국선변호인은 사건에 대한 피고인의 주장을 듣고 증거를 검토한 후 피고인에게 유리한 재판형식으로 국민참여재판이 적합하다는 판단이 되면 피고인에게 국민참여재판제도의 요지를 설명하고 피고인이 동의하면 변호인이 직접 국민참여재판신청을 한다. 변호인이 이 사건을 검토한 결과 일반 형사재판의 경우 준강도미수 사건은 유죄가 될 확률이 높았고, 특수절도 사건은 피고인의 동생이 아닌 피고인이 범하였다는 증거가 없어 무죄가 될 확률이 높다고 판단되었다. 이 사건을 국민참여재판으로 진행하는 경우 준강도미수 부분에 있어 무죄가능성이 일반 형사재판보다 높다고 판단하였고, 설령 무죄가 아닌 유죄가 된다하더라도 미수감경과 작량감경을 거듭하여 해달라는 취지의 주장을 하는 방식으로 양형을 줄일 수 있다고 생각하여 양형상으로도 불리하지 않을 것으로 판단하였다.[2)3)] 피고인에게 일반 형사재판에서의 이 사건의 절차 등에 관하여 설명하여 준 후 국민참여재판에 대하여 설명하였고, 결국 피고인이 국민참여재판을 원한다고 하여 변호인은 공판기일이 시작되기 전 재판부에 국민참여재판을 원하는 의사를 표시한 서면을 제출하였다.

(2) 제1회 공판준비기일

국민참여재판에서 공판준비기일은 필요적인 절차이고, 재판장은 피고인이 국민참여재판을 원하는 경우 반드시 공판준비기일을 열어야 한다. 변호인은 공판기일이 열리기 전 다시 구두로 국민참여재판으로의 진행 의사를 표하였고, 재판장은 바로 피고인에게 의사를 확인한 후 제1회 공판준비기일로 기일을 진행하였다. 변호인은 제1회 공판기일에서 변호인이 이미 형사소송법 제266조의3 제5항에 의하여 검찰에 수사기록목록의 열람·등사를 신청한 상태임을 밝혔고, 피고인의 동생이 입원했던 병원에 사실조회를 신청하겠다고 하였다.

변호인은 피고인의 동생이 2008. 2.경 해당 병원에 입원한 사실이 있는지, 어떠한 사유로 입원하게 된 것인지, 받은 치료는 무엇인지, 당시 피고인의 동생은 걸을 수 있던 상태였는지, 당시 피고인의 동생은 담장을 넘을 수 있는 상태였는지 등에 대하여 사실조회하면서 관련 자료 제출을 요청하였다.

---

2) 정선희 변호사의 경험에 의하면 일반의 형사재판에서는 임의적인 법률적 감경사유와 작량감경을 거듭하는 경우가 흔하지 않지만, 배심원들은 임의적인 법률적 감경사유와 작량감경을 거듭하여 해주는 경우가 종종 있었다.

3) 특히 준강도미수죄는 형법 제342조, 제335조, 제333조가 적용되어 그 법정형이 3년이기 때문에 양형과 관련된 부분은 피고인에게 매우 중요한 부분이었다.

(3) 제2회 공판준비기일

제2회 공판준비기일에 변호인은 피고인의 동생이 2008.경 치료를 받았던 대학병원에 사실조회신청을 하겠다고 하였고, 재판장은 검사와 변호인에게 입증계획을 밝힐 것을 요청하였다.

(4) 제3회 공판준비기일

변호인은 유전자검사결과의 신뢰성에 관한 논문 등을 검토하여 필요할 경우 증거로 제출하겠다고 밝혔다. 사실조회회신이 도착하지 아니하여 기일이 속행되었다.

(5) 제4회 공판준비기일

변호인은 재판부에서 요구한 공판준비서면에 공소사실에 대한 의견 및 입증계획, 증거에 대한 의견 등을 작성하여 제출하였다. 사실조회가 도착하지 아니하여 기일이 다시 속행되었다.

(6) 제5, 6회 공판준비기일

사실조회회신이 도착하지 아니하여 기일이 다시 속행되었다. 독촉 공문을 다시 보내기로 하였다.

(7) 제7회 공판준비기일

사실조회회신이 도착하지 아니하자 검사가 대학병원에 사실조회를 보내면서 다시 독촉하였다. 변호인은 제7회 공판준비기일에 같이 진행할 변호사를 지정하여 재판부에 선정하여 줄 것을 요청하였다.

(8) 제8, 9, 10, 11, 12회 공판준비기일

대학병원에서 계속 사실조회회신을 보내지 않아 거듭 독촉 공문을 보냈고, 이로 인하여 재판이 지연되었다.

(9) 제13회 공판준비기일

제13회 공판준비기일이 있기 전 대학병원의 사실조회회신이 도착하였고, 변호인들은 사실조회회신을 검토하고 대응방안을 강구하였다. 제13회 공판준비기일에 검사와 변호인이 제출할 증거, 증인 등을 최종확인하였다. 재판부는 배심원을 총 7명으로 하고 예비배심원을 1명으로 하여 총 8명의 배심원을 선정하기로 하였고, 무이유부기피는 4인으로 하기로 정하였으며, 당일 재판 진행에 관하여 09 : 00부터 배심원 선정절차의 진행, 9 : 30경부터 인정신문 및 모두진술, 14 : 00부터 증인신문을 하기로 정하는 등 전체적인 진행 상황에 관하여 결정하였다.

나. 배심원선정절차

배심원선정절차는 국민참여재판에서 가장 핵심적인 부분이라 생각할 정도로 매우 중요한 부분이기 때문에 철저한 준비가 필요하였다.[4] 이 사건은 국민참여재판기일에 서울서부지방법원 303호 대법정에서 배심원선정절차가 진행되었다. 배심원선정절차가 진행되기 약 일주일 전에 배심원후보자에 대한 기본 정보가 수록된 배심원후보자명부 및 배심원후보자들이 답변을 기재한 질문표가 검사와 변호인에게 전달되었다. 변호인은 명부를 검토하고 반드시 배제할 배심원, 반드시 선정할 배심원, 보류할 배심원 등으로 미리 나누어 두고 어떠한 배심원을 우호로 볼 것인가, 비우호로 볼 것인가를 미리 정하여 배심원선정절차에서 원활하게 대처할 수 있도록 하였다. 배심원선정을 위한 질문은 미리 정하여 두되 상황에 따라 추가질문을 통하여 유·불리를 판단할 수 있도록 하였다. 배심원후보자에 대한 질문사항의 중요한 기능으로는 유리한 배심원인지를 판단하는 기능과 질문을 통하여 피고인이 이 사건 범행을 하지 않았을지도 모른다는 무언의 암시를 주는 기능이 있다 할 것이다. 따라서 배심원후보자들에게 질문을 할 때에는 변호인의 옷차림, 말하는 태도, 말의 속도, 눈맞춤 등 모든 것에 있어 배심원후보자들에게 신뢰를 줄 필요가 있으므로 질문사항을 미리 연습하는 것이 필요했다. 변호인은 당시 검정 정장으로 단정한 옷차림을 하고, 머리를 묶어 정돈된 느낌을 주었으며, 배심원들이 변호인의 말에 집중할 수 있도록 배심원과 눈을 맞추는 등 배심원에게 신뢰가 가는 인상을 심어줄 수 있도록 준비하였다.

---

4) 변호인들 사이에서는 '배심원선정에서 90%이상 결과가 결정되는 것이 아니냐.'는 이야기를 하기도 할 정도로 배심원선정절차는 매우 중요한 절차이다.

이 사건에서의 배심원후보자에 대한 질문사항은 아래와 같았다.

배심원후보자질문사항(2012고합175)

1. 형사재판의 원칙에 대하여 두 가지 대립되는 견해가 있습니다. 10명의 범죄자를 풀어주더라도 1사람의 억울한 사람을 처벌해서는 안된다는 것과 1명의 억울한 사람이 처벌되더라도 10명의 범죄자는 처벌하여야 한다는 것입니다. 어느 쪽이 우리 사회에 바람직한 원칙이라고 생각하십니까

   -전자 : 우호, -후자 : 비우호

2. 최근 범죄가 뉴스에 보도되는 일이 잦습니다. 그런 뉴스를 보고 출입문의 비밀번호를 바꾼다거나 열쇠를 추가로 설치하는 등 구체적인 행동을 한 일이 있습니까.

   -있다 : 비우호, -없다 : 우호

3. 평소 가정이나 가방에 현금을 보관하는 일이 많은가요. 아니면 그때그때 은행에 예금하고 약간의 현금만 소지하시나요.

   -전자 : 비우호, -후자 : 우호

4. 여러분 중에 절도 피해를 당한 경험이 있으십니까. 가족이나 친구 중에 절도피해를 당한 사람이 있습니까.

   -있다 : 비우호, -없다 : 우호

   (직접 절도피해를 겪었다면 그 내용을 묻고 이 사건과 유사한 사안이라면 이유부기피대상으로 할 것)

5. 수사기관이 어떤 사람을 범죄혐의로 체포하고 구속까지 되어 형사재판에 회부하였다면 그 사람은 '아니 땐 굴뚝에 연기나랴.' 라는 속담처럼 뭔가 범죄를 저질렀을 것이라고 생각되십니까.

   -그렇다 : 비우호, -사정을 들어보아야 한다 : 우호

   [그렇다에 대한 추가질문] 과거 체포된 적이 있고 형사재판에 회부된 사람이라도 무죄추정의 원칙이 적용되어야 한다고 보시는가요.

   -그렇다 : 우호, -모른다 또는 아니다 : 비우호

   (무죄추정의 원칙에 반대할 경우에는 이유부기피대상으로 할 것)

6. 전과가 있는 사람은 다시 범죄를 범할 가능성이 크다고 생각하시나요. 아니면 사람마다 노력여하에 따라 다르다고 생각하시나요.(전과자에 대한 편견 검토)

   -전자 : 비우호. -후자 : 우호

   (범죄를 범할 가능성이 크다고 강하게 주장할 경우 이유부기피할 것)

7. 경찰관이 도로에서 음주측정을 하는 경우를 보신 적이 있을 것입니다. 경찰관이 사용하

는 음주측정기는 정확하다고 생각하시나요. 아니면 오차가 있다고 생각하시나요.(과학적 기기에 대한 신뢰성 검토)

-정확하다 : 비우호, -오차가 있다 : 우호

8. 최근 컴퓨터 등 과학이 발전하면서 일반인이 이해하기 어려운 장치가 일상생활에 많이 도입되고 있습니다. 전자장비가 부착된 자동차의 경우 원인을 알 수 없는 급발진사고가 종종 발생하는데 자동차에 뭔가 문제가 있다고 생각하시나요. 아니면 운전자가 조작을 실수한 것이라고 생각하시나요.(원리를 알 수 없는 전자기기에 대한 신뢰성 검토),

   -자동차에 문제가 있다 : 우호, -운전자가 실수한 것이다 : 비우호

   (7번과 다소 중복되므로 생략가능.)

9. 교도소에 갇힌 사람은 그 기간 동안 고통스럽게 지낸다고 생각하는가요 아니면 국가에서 주는 급식을 먹고 편안하게 지낸다고 생각하는가요.(형사 처벌의 가혹함에 대한 동정 검토)

   -전자 : 우호, -후자 : 비우호

10. 교도소에 갇힌 사람은 잘 교화되어서 출소한다고 생각하는가요 아니면 더욱 나쁜 범죄를 배워서 출소한다고 생각하는가요.(전과자에 대하여 어떤 감정을 가지고 있는지 파악할 것)

    -전자 : 우호, 후자 : 비우호

    (9번 질문과 중복되는 측면이 있으므로 생략가능.)

11. 미국범죄수사드라마 CSI를 보신 적이 있으십니까. 그 드라마에서는 증거에 대한 과학적 분석을 통하여 범인을 잡는데 그런 드라마의 내용이 현실에서도 가능하다고 생각하시나요.(속칭 'CSI효과'에 영향을 받고 있는지 여부)

    -현실적으로 가능하다 : 비우호, -아직은 비현실적이다 : 우호

12. 얼마 전 소말리아에서 우리나라 선박을 납치한 해적들 5명이 체포되어 우리나라에서 재판을 받았습니다. 그 사건에서는 인질을 향해서 총을 쏜 해적이 밝혀졌지만 만일 5명이 서로 자신이 총을 쏘지 않았다고 주장하여 누가 총을 쏜 것인지 알 수 없다면 어떻게 처벌해야 할까요.

    -5명을 전부 해적죄(해상강도)와 살인죄로 처벌해야 한다.(비우호), -5명을 모두 해적죄(해상강도)로만 처벌하고 살인죄로는 처벌할 수 없다(우호)

    [살인죄로 처벌해야 한다에 대한 추가질문] 형사소송에는 '의심스러울 때에는 피고인에게 유리하게 판단하여야 한다'는 원칙이 있습니다. 배심원으로서 이 원칙에 따라 판단할 수 있습니까.

    -판단할 수 있다.(우호), -판단할 수 없다(비우호 또는 이유부기피)

출석한 배심원후보자들 중에 당일 배심원후보자질문표를 제출하는 배심원후보자들도 있기 때문에 변호인은 배심원선정절차가 시작되기 전에 법원직원으로부터 당일 제출된 배심원후보자질문표를 추가로 받아 검토하여 유·불리 등을 메모해 두어야 한다. 배심원선정절차가 시작된 후 재판장은 배심원 후보자 중에 추첨하여 1번부터 8번까지의 자리에 앉게 하고, 그 후 검사와 변호인이 돌아가면서 질문을 하게 한다.[5] 질문이 끝나면 잠시 결정할 시간을 가진 후 비공개로 판사, 검사, 변호인이 모여 기피할 배심원후보자 번호를 말하는 방식으로 진행을 하였다. 변호인은 호명된 배심원후보자 중에 1, 4, 8번 자리에 앉은 후보자가 불리하다고 판단하여 무이유부기피하였고, 그 중 다시 추첨하여 1, 4번 자리에 앉은 후보자가 불리하다고 판단하여 각 이유부기피하였으나 재판부는 그 중 4번 후보자만 이유부기피의 대상으로 인정하였다. 그 후 4번 자리를 다시 추첨하였는데, 검사와 변호인이 모두 이의가 없어 그대로 확정되었다.

배심원선정이 모두 끝나면 재판장은 예비배심원을 선정하기 위해 배심원선정 시 사용하였던 통 외에 다른 작은 통에서 번호를 뽑아 미리 메모를 해둔다. 다만 재판장은 예비배심원이 재판에 충분히 집중할 수 있도록 변론종결 후 평의에 들어가기 전에 예비배심원을 공개한다.

다. 모두진술 및 입증계획진술

공판절차의 처음은 일반 형사재판절차와 같이 재판장의 사건호명으로 시작한다. 모두진술 및 입증계획은 검사가 공소사실을 낭독하고, 변호인이 주장내용을 설명한 후 검사가 다시 입증계획을 밝히고 변호인이 입증계획을 밝히는 절차로 진행되기도 하나, 검사가 공소사실 및 입증계획을 모두 밝히고, 변호인이 주장내용 및 입증계획을 밝히는 순서로 진행하기도 한다. 이 사건은 검사가 모두진술과 입증계획을 먼저 밝히고, 변호인이 주장내용 및 입증계획을 설명하는 방식으로 진행되었다. 검사가 공소장을 낭독하고 모두진술 하는데 검사는 일반 형사절차와 달리 파워포인트를 이용하여 공소사실을 배심원들에게 설명하였다. 다음으로 변호인

5) 재판장은 참여관으로부터 구멍이 뚫린 네모난 통을 건네받아 구멍에 손을 넣어 그 안에 있는 번호표를 뽑는 방식으로 추첨하는데, 번호가 보이는 것을 방지하기 위해 네모난 통은 불투명하다.

이 미리 준비한 파워포인트를 이용하여 이 사건의 쟁점을 제시하고 피고인의 주장을 설명하는데, 이 때 배심원들은 피고인의 주장을 처음 듣게 되는 것이므로 비교적 자세하게 시간의 경과에 따라 설명할 필요가 있다. 특히, 모두진술을 할 때 배심원들의 사건에 대한 관심이 제일 높을 시기이고, 집중할 수 있는 시기이기 때문에 다소 길더라도 피고인의 주장을 상세하게 밝힐 필요가 있다. 배심원들에게 설명하는 과정에서 어느 부분이 쟁점이니 나중에 이러한 부분을 염두에 두고 판단해 달라고 한다거나, 나중에 피고인이 어떠한 증거를 제출할 예정이니 잘 봐달라고 하는 등의 이야기를 할 필요도 있다.

변호인은 공소사실 제1항과 관련하여 유전자 검사를 신뢰할 수 있는지, 피고인의 동생이 당시 범행을 하였다고 볼 수 있는 사정이 있는지, 공소사실 제2항과 관련하여 유전자검사를 신뢰할 수 있는지, 유전자가 같은 쌍둥이 동생이 아닌 피고인이 이 사건 범인이라고 볼 수 있는 증거가 있는지 판단해달라고 요청하였다.

라. 증인신문

증거조사는 증인신문과 서증조사로 나누어지는데 특별한 사정이 없는 한 증인신문을 먼저 하고 증인신문이 모두 종료된 후에 서증조사를 한다. 준강도미수 사건의 피해자는 범인의 뒷모습을 보긴 하였지만 사건 발생 시간이 새벽이었기 때문에 범인의 얼굴을 전혀 보지 못하였고, 특수절도 사건의 피해자는 범인을 전혀 목격하지 못하였기 때문에 증인으로 채택되지 않았다. 결국 피고인의 동생이 이 사건의 유일한 증인으로 채택되었다.

변호인은 2008.경 이후로 피고인은 다시 절도죄를 저지르지 않았으나 피고인의 동생은 이 사건 재판 당시에도 다른 절도죄로 교도소 수용 중인 사실을 배심원들에게 강조하였고, 피고인의 동생이 준강도미수 사건 범행시기인 2008. 6. 3. 범행을 할 수 있었다는 사실을 입증하기 위해 노력하였다.

변호인은 피고인의 동생이 이전에 처벌받은 전과가 있는지, 전과의 구체적인 내용이 주거침입 절도 사건인지, 절도죄로 몇 번이나 처벌받았는지, 과거 다른 사건 재판을 받을 때에도 무죄를 주장하다 유죄로 확정된 적이 있는지, 2008. 6. 3.경 거주 장소가 어디였는지, 2008. 6. 3.경 다리를 다쳐 치료를 받은 사실이 있는지, 다친 경위가 어떻게 되는지, 퇴원 시기가 언제인지, 퇴원할 때의 상태가 어떠했는지, 통원치료를 받을 때 걸어다닐 수 있었는지, 당시 재산상태가 어떠했는지, 피고인과 피고인의 동생이 같은 사이즈의 옷을 입는지, 2010. 3. 5. 특수절도 사건 당시 거주지는 어디였는지, 2010. 3.경 재산상태가 어떠했는지 등에 대하여 질문하였다. 피고인의 동생은 2008. 6. 3.경 준강도미수 사건 당시 자신은 거동이 불편한 상태였기 때문에 범행을 할 수 없었고, 2010. 3. 5.경 특수절도 사건은 자신이 범하지 않았다고 진술하였으나, 현재 구속되어 있는 이유는 절도죄 때문이고, 이전에도 많은 절도 전과가 있다고 진술하였다. 결국 피고인에 비해 피고인의 동생이 절도 전과가 많고 이 사건 재판당시까지 절도죄로 실형을 선고받아 복역중이라는 사실을 강조하였다.

마. 서증조사

증인신문을 마치고 서증조사가 시작되었는데 검사가 제출하는 서증은 대표적으로 ① 준강도미수 사건에서 발견되었던 범인의 옷과 특수절도 사건에서 범인이 사용했던 칼에서 각 채취된 유전자정보와 피고인의 동생의 유전자형이 일치한다는 감정의뢰회보서, ② 유전자분석감정서, ③ 피고인의 동생에 대한 각 피의자신문조서, ④ 일란성 쌍둥이의 유전자형이 일치한다는 내용의 수사보고서, ⑤ 피고인에 대한 각 피의자신문조서, ⑥ 특수절도 사건에서 발견된 칼에 대한 유전자정보에 대한 감정서, ⑦ 피고인의 동생이 치료받았는지 여부를 확인하기 위한 건강보험요양급여내역서, ⑧ 피고인의 모발에서 유전자형을 채취한 감정서, ⑨ 준강도미수 사건에서의 담장의 높이에 대한 수사보고 ⑩ 대학병원에 대한 사실조회회신 등을 제출하였다.

이에 변호인은 대학병원 담당의가 답변한 사실조회회신과 관련 진료기록을 배심원에게 상세히 제시하면서 피고인의 동생은 2008. 6. 3. 이 사건 이전에 다리 골절상을 당한 사실이 있으나 이 사건 일주일 전에 퇴원한 사실, 퇴원후 통원치료를 위해 반깁스를 하였으나 이 사건 이전에 제거한 것으로 보이는 사실, 이 사건 전에 실밥제거(stitch out)를 한 사실이 있다는 의견을 밝혔고, 담장높이에 관한 수사보고서를 제시하며 이 사건 담장 높이가 130cm정도로 그리 높은 담장은 아니었기 때문에 피고인의 동생이 충분히 뛰어넘을 수도 있었다는 의견을 밝혔으며, 피고인과 피고인 동생의 전과 자료를 제시하면서 피고인은 2008.경 절도죄로 체포된 후 스스로 다른 절도 사건도 자백하였던 사실, 피고인은 2008.경 이후로 다시 절도죄로 처벌받은 적이 없었으나 피고인의 동생은 이 사건 재판 당시에도 절도죄로 구속되어 있는 사실 등을 강조하면서 피고인의 동생이 범인일지도 모른다는 의견을 밝혔다. 특히 2010. 특수절도 사건의 증거물인 칼에서 지문을 채취하였다면 피고인과 피고인의 동생 중 누가 범행을 하였는지 명확하게 알 수 있었음에도 디엔에이는 채취하면서 지문은 채취하지 않은 것은 수사기관의 잘못으로 이에 대한 책임은 피고인에게 유리하게 해석하는 방식으로 수사기관에게 지워야 한다고 주장하였다.[6)]

그 후 변호인은 피고인이 절도죄를 저지르지 않고 직장생활을 열심히 하면서 성실하게 살고 있다는 사실, 우연히 다른 사람과 디엔에이가 일치할 가능성과 관련하여 디엔에이 감정결과의 증거능력과 증명력에 관한 논문 등을 증거로 제출하였다.

바. 피고인신문

변호인은 피고인에게 2011. 11.경 관할 검찰청으로 연락을 받고 처음 이 사건에 대하여 알게 된 사실, 검사가 피고인에게 “디엔에이가 나온 사건이 있는데 네 동생은 확실한 알리바이가 있으니 인정하라.”고 한 사실, 공소사실에 대하여 전혀 아는 바가 없어 인정할 수 없었던 사실, 2008.경 경제적인 어려움으로 절도죄를 저질러 체포된 사실, 체포된 후 후회가 되어 다른 범죄까지 모두 자백한 사실, 그 사건으로 징역형을 선고받은 사실, 2008.경 발각되지 않은 사건까지 모두 자백했는데 2008.경에 있었던 이 사건 공소사실 제1항을 밝히지 않을 이유가 없었던 점, 2008.경 복역을 마친 후 다시 범죄를 저지르지 않았고 성실하게 직장생활을 하고 있는 사실 등에 관하여 질문하였다.

---

6) 일란성 쌍둥이는 유전자형은 같으나, 지문은 다르다.

사. 구형, 최후변론, 최후진술

검사는 피고인의 디엔에이와 각 사건에서의 발견된 증거에서 검출된 디엔에이가 일치하고, 공소사실 제1항 준강도미수 사건은 피고인의 동생의 알리바이가 있어 피고인이 범하였다고 할 수 있으며, 공소사실 제2항 특수절도 사건의 경우에도 피고인의 변소를 믿을 수 없다는 이유로 징역 3년을 구형하였다.

변호인은 최후변론으로 공소사실 제1항 준강도미수 사건과 관련하여 이 사건 이전에 피고인의 동생은 이미 퇴원하였을 뿐 아니라 실밥도 제거된 상태였고, 이 사건 담장이 낮아 피고인의 동생이 충분히 넘을 수 있었으며, 피고인은 2008.경 체포된 후 여죄를 모두 자백하면서 이 사건 공소사실 제1항의 범죄만 자백하지 않을 이유가 없었으므로 무죄를 선고하여 달라고 변론하였다. 또한, 공소사실 제2항 특수절도와 관련하여 피고인이 범인이라는 증거로는 유전자검사결과가 유일한데, 피고인과 피고인의 동생의 유전자가 일치하여 유전자검사결과만으로 피고인의 동생이 아닌 피고인이 이 사건의 범인이라고 할 수 없으므로 무죄를 선고하여 달라고 변론하였다.

아. 평의, 평결, 선고

심리가 종결되고, 재판장은 배심원선정 후 뽑아두었던 예비배심원을 공개하였다. 예비배심원은 그대로 법정에 남아 대기하였고, 배심원들은 평의실로 이동하여 평의를 시작하였다.[7] 하지만 변호인과 검사는 평의에 참석할 수 없으므로 구체적인 내용은 알지 못하였다. 배심원들이 유죄평결을 할 경우 배심원들은 판사들과 함께 피고인의 양형에 대하여 토론한다. 이 사건의 배심원들은 2시간 이상 평의와 평결을 하였다.

평결결과 공소사실 제1항에 대하여 배심원 4인은 유죄의견, 배심원 3인은 무죄의견이었고, 재판부는 유죄의견이었다. 공소사실 제2항에 대하여는 배심원 모두 만장일치로 무죄의견이었고, 재판부도 무죄를 선고하였다. 양형에 관하여는 배심원은 4인이 징역 1년 6월, 2인이 징역 1년, 1인이 9개월의 의견이었고, 재판부는

---

7) 재판부에 따라 예비배심원은 혼자 법정에 남아 대기하는 경우도 있고, 평의실로 같이 이동한 후 평의에는 참여하지 않고 지켜보는 경우도 있다.

징역 1년을 선고하고 법정구속하였다.

4. 위 국민참여재판에 대한 변호인의 고찰

이 사건은 유전자검사결과의 증거능력과 증명력을 어떻게 보아야 할 것인지, 유전자검사결과를 신뢰할 수 있는지, 유전자검사결과 외에 다른 증거가 없는 경우 쌍둥이 중 한명을 유죄로 할 수 있는지, 알리바이는 어느 정도 입증이 필요한지, 지문채취가 가능한 상황에서 지문을 채취하지 않아 명확한 증거를 확보하지 못한 책임은 수사기관에 있는지 등 많은 특이한 쟁점이 있었던 사건이었다. 재판 당시 우리나라 과학기술상 쌍둥이의 유전자가 일치한다고 하여 변호인은 이와 다른 결과가 존재하는지 유전자검사결과에 관한 자료를 찾아보았다. 변호인은 재판 당시 영국에서 쌍둥이의 유전자형을 구별할 수 있는 기술이 있으나, 수억 원이 필요하기 때문에 사실상 구별하기 어려운 것이라는 기사를 찾기도 했다. 변호인은 이 사건을 진행하면서 과학기술이 좀 더 발전한다면 이 사건과 같은 사건은 다시 나오지 않을 것이라는 생각을 하였다.

서울서부지방법원 2013고합27 아동 · 청소년의성보호에 관한법률위반(강간등) 등: 2013. 5. 27. 시행

1. 진행경위

피고인은 아동인 여성 이○○을 강제로 추행하고 상해를 입힌 사실, 일행인 남성 김○○을 폭행하였다는 사실로 약식기소 되었는데, 피고인이 이를 인정할 수 없어 이에 대하여 정식재판을 청구하였고 위 아동 · 청소년의성보호에관한법률위반(강간등) 사건은 합의부 사건에 해당하여 합의부로 배당되었다.

변호인이 처음 피고인과 접견하였을 당시 피고인은 이○○을 추행하고 이○○에게 상해를 가한 사실이 전혀 없어 억울하다고 하였고, 김○○에게 폭행을 가한 것은 사실이나 자신은 더 심한 폭행을 당하여 상해를 입었다고 주장하였다. 특히 피고인은 자신이 성범죄를 저지른 사실은 절대 없는데 이렇게 약식기소되니 억울한 마음에 정식재판을 청구한 것이라고 하였다. 변호인은 기록을 검토하여 피고인이 성범죄 전과가 전혀 없었던 사실, 피고인이 당시 술에 취한 상황이긴 하였으나 당시 상황을 비교적 자세히 기억하고 있던 사실, 길거리에서 걸어가던 피고인이 반대방향에서 일행인 김○○과 같이 걸어오던 이○○을 순식간에 추행하였다는 이○○의 주장은 믿기 어려운 정황, 객관적인 증거라 볼 수 있는 CCTV 등이 존재하지 않는 사정, 피고인이 이 사건 당시 이○○, 김○○으로부터 일방적으로 심한 폭행을 당하여 상해를 입기도 하였던 정황 등을 파악한 후 피고인에게 국민참여재판의 절차 및 무죄율, 양형에 있어서의 일반 형사재판과 다른 점 등에 대하여 설명하며 국민참여재판으로 진행할 것을 권유하였다.

일반 형사재판에서 성범죄는 피해자의 진술을 배척할 증거가 존재하지 아니하는 한 고소한 피해자의 진술을 믿어주는 경우가 많고, 피해자에 대한 증인신문의 어려움 등으로 인하여 무죄입증하기 어려운 점이 많아 오히려 국민참여재판으로 진행하는 것이 유리할 것이라 판단하였다. 특히 이 사건은 피고인이 정식재판청구한 사건으로 설령 배심원들이 이 사건 범행을 유죄라 판단한다 하더라도 불이익변경금지원칙[1)]에 의하여 약식기소된 벌금 이상의 형을 선고할 수 없어 피고인이 양형에 대한 부담을 가질 필요가 없다는 이점이 있었다.

변호인은 위와 같은 점을 고려하여 피고인에게 국민참여재판으로 진행할 것을 적극적으로 추천하였고, 피고인은 변호인의 판단을 받아들여 국민참여재판으로 진행하기로 하였다.

2. 사건의 개요

가. 공소사실의 요지

피고인은 「2012. 7. 15. 23 : 40경 서울 마포구 ○○○ 앞길에서 피해자 이○○(여, 17세)가 지나가는 것을 발견하고, 피해자의 의사에 반하여 기습적으로 피해자의 오른쪽 가슴을 손으로 1회 만져 추행하고, 같은 일시 장소에서 위와 같은 추행사실을 따지는 위 피해자 이○○와 그녀의 일행인 피해자 김○○(18세)와 시비하던 중 피해자 김○○의 멱살을 잡아 흔들고 가슴을 주먹으로 때려 폭행하였으며, 이를 말리는 피해자 이○○을 뿌리치고 수 회 밀어 넘어뜨리고 발로 차 이○○에게 치료일수 불상의 팔꿈치 및 팔, 손목 부위 찰과상 등을 가하였다.」는 취지로 기소되었다.

나. 피고인의 변소요지

피고인은 술을 마시고 택시에서 내려 집으로 가던 중 고소인 일행과 스친 일로 시비가 되어 고소인 김○○이 피고인을 심하게 폭행하자 같이 멱살을 잡으며 폭행한 사실은 있으나, 손으로 고소인 이○○의 가슴을 만져 추행한 사실 및 이○○을 수 회 밀어 넘어뜨리고 발로 차는 등 폭행하여 상해를 가한 사실이 전혀 없으므로 강제추행 및 상해의 점에 관하여는 무죄를 주장하고, 김○○을 폭행한 사실은 인정하나 피고인이 심하게 맞던 중 폭행한 것으로 선처해 달라는 취지의 주장을 하였다.

---

1) 형사소송법 제457조의2(불이익변경의 금지) 피고인이 정식재판을 청구한 사건에 대하여는 약식명령의 형보다 중한 형을 선고하지 못한다.

다. 피고인이 주장하는 사건의 경위

피고인은 당시 퇴근하는 길에 지인들과 저녁식사를 하면서 소주 1병 반 정도를 마시고 귀가하기 위해 택시를 타고 집 근처에서 내렸다. 피고인은 당시 취하였던 것은 맞지만 만취한 상태는 아니었기 때문에 당시 상황을 기억하고 있었는데, 피고인은 택시에서 내려 집으로 걸어가던 중에 고소인들과 잠시 스쳤던 것은 맞지만 고소인 이○○을 추행한 사실은 전혀 없었다. 특히 피고인은 평소 성폭력범죄에 대하여 매우 나쁜 인식을 가지고 있었고, 성폭력 범죄를 저지른 전력도 전혀 없었다. 그 후 피고인은 남자 여러 명과 여자로부터 심하게 구타를 당한 것으로 기억하나, 너무 많이 맞아 그 후 경위가 잘 기억나지 않는다. 이 사건 후 고소인 김○○의 부모가 피고인에게 합의를 하자고 먼저 연락을 해와 150만원을 지급하겠다고 하였으나, 피고인은 강제추행혐의에 대한 억울한 마음에 결코 합의하지 않았다. 이에 고소인 김○○의 부모는 피고인에게 "우리 아들은 미성년자이니 합의를 보지 않더라도 큰 처벌은 받지 않으니 알아서 해라."고 하였다. 피고인은 수사과정에서 대질신문이라도 받기를 원하였음에도 고소인들이 미성년자라는 이유로 대질신문을 받지 못하였다. 피고인은 약식명령을 받은 후 너무 억울한 마음에 이렇게 정식재판까지 청구하게 되었다.

라. 이 사건의 쟁점

이 사건은 피고인과 고소인들 사이에서 싸움이 일어나게 된 원인이 피고인이 고소인 이○○의 가슴을 만져 강제추행을 한 것 때문에 일어난 것인지, 아니면 단순히 술에 취한 피고인과 고소인들 사이에 시비가 붙어 서로 싸운 것에 불과한데 고소인 이○○이 근거 없이 강제추행을 당했다고 주장하는 것인지가 가장 주된 쟁점이었다. 이러한 주된 쟁점의 주된 판단사항은 피고인이 반대쪽에서 일행과 함께 진행하여 오던 고소인 이○○의 가슴을 순간적으로 만졌다는 이○○ 진술의 신빙성, 일행인 김○○ 진술의 신빙성, 이○○과 김○○ 진술의 상호 모순 여부 등이었다.

3. 재판의 진행과정

가. 국민참여재판의 신청과 준비절차

(1) 국민참여재판의 신청

통상 국선변호인은 사건에 대한 피고인의 주장을 듣고 증거를 검토한 후 피고인에게 유리한 재판형식으로 국민참여재판이 적합하다는 판단이 되면 피고인에게 국민참여재판제도의 요지를 설명하고 피고인이 동의하면 변호인이 직접 국민참여재판신청을 한다. 변호인이 이 사건 기록을 검토한 결과 피고인은 성범죄 전과가 전혀 없었고, 이○○ 진술의 모순, 김○○진술의 모순, 이○○과 김○○의 진술의 상호 모순이 있음을 알 수 있었으며, 피고인이 이 사건 당시 이○○과 김○○으로부터 심한 폭행을 당하여 상해를 입었던 사정 등을 알 수 있었다. 위와 같은 사정은 피고인에게 유리한 정황이었으나, 고소인 이○○이 미성년의 여성이고, 피고인이 술에 취한 상태였던 점 등은 피고인에게 불리한 정황이었다. 피고인에게 일반 형사재판에서의 성범죄의 처리 등에 관하여 설명하여 준 후 국민참여재판을 설명하였고, 피고인이 국민참여재판을 원하여 공판기일이 시작되기 전 변호인 의견서에 피고인이 국민참여재판을 원한다는 의사를 기재하는 방식으로 국민참여재판을 신청하였다.

(2) 제1회 공판준비기일

국민참여재판에서 공판준비기일은 필요적인 절차이고, 재판장은 피고인이 국민참여재판을 원하는 경우 반드시 공판준비기일을 열어야 한다. 이 사건은 공판기일이 열리기 전 변호인이 구두로 다시 국민참여재판으로의 진행의사를 표하였고, 재판장은 바로 피고인에게 의사를 확인한 후 제1회 공판준비기일로 기일을 진행하였다. 변호인은 제1회 공판기일에서 피고인의 평소 생활태도를 입증하고자 피고인의 모 및 직장동료를 증인으로 신청하겠다고 구두진술하였고, 재직증명서를 증거로 제출하겠다고 구두로 진술하였다. 재판장은 검사에게 국민의 형사재판 참여에 관한 법률 제9조 제1항 제3호에 따라 피해자의 의사를 확인하여 볼 것을 요청하였다. 변호인은 재판장에게 이 사건은 공소사실 내용이 모두 사실이라 하더라도 기습적으로 옷 위로 가슴을 만진 것으로 수치심의 정도가 크다고 보기 어렵고, 증인신문시 차단막 설치 등으로 증인을 보호할 수 있으므로 설령 피해자가 국민참여재판을 원하지 아니한다 하더라도 위 법률 제9조 제1항 제3호를 적용할 필요성은 매우 낮다는 점을 강조하였다. 이후 쟁점정리를 위하여 공판준비절차는 속행되었다.

(3) 제2회 공판준비기일

제2회 공판준비기일에 변호인은 검찰에 수사기록 목록의 등사를 신청한 사실과 수사기록 중 피고인에게 유리한 자료는 증거로 제출하겠다고 재판부에 밝혔고, 같이 진행할 추가 변호인의 선정요청을 하였으며,[2] 증인으로 할 사람을 구체적으로 확정하여 신청하였다. 검사는 피해자가 국민참여재판으로의 진행을 원하지 아니하는 의사를 표시하지 아니하였다는 점을 밝혀 국민의 형사재판참여에 관한 법률 제9조 제1항 제3호의 배제사유에 해당하지 않음이 명확해졌다. 재판부는 배심원을 총 7명으로 하고, 예비배심원을 1명으로 하여 총 8명의 배심원을 선정하기로 하였고, 무이유부기피는 4인으로 하기로 정하였으며, 당일 재판 진행에 관하여 09 : 00부터 배심원 선정절차의 진행, 10 : 30경부터 인정신문 및 모두진술, 14 : 00부터 증인신문을 하기로 정하는 등 전체적인 진행 상황에 관하여 정하였다.

나. 배심원선정절차

배심원선정절차는 국민참여재판에서 가장 핵심적인 부분이라 생각할 정도로 매우 중요한 부분이기 때문에 철저한 준비가 필요하였다.[3] 이 사건은 국민참여재판기일에 서울서부지방법원 303호 대법정에서 배심원선정절차가 진행되었다. 배심원선정절차가 진행되기 약 일주일 전에 배심원후보자에 대한 기본 정보가 수록된 배심원후보자명부 및 배심원후보자들이 답변을 기재한 질문표가 검사와 변호인에게 전달되었다. 변호인은 명부를 검토하고 반드시 배제할 배심원, 반드시 선정할

---

2) 국선변호인인 경우 법원에서 일방적으로 추가 변호인을 선정해주는 경우가 있을 수 있는데, 이러한 경우 추가 변호인과의 재판준비 및 진행에 있어 문제가 발생할 수 있기 때문에 변호인은 구체적으로 변호사를 지정하여 요청할 필요가 있다. 다만, 이러한 문제는 사선변호인의 경우에는 전혀 문제되지 않는다.

3) 변호인들 사이에서는 '배심원선정에서 90%이상 결과가 결정되는 것이 아니냐.'는 이야기를 하기도 할 정도로 배심원선정절차는 매우 중요한 절차이다.

배심원, 보류할 배심원 등으로 미리 나누어 두고 어떠한 배심원을 우호로 볼 것인가, 비우호로 볼 것인가를 미리 정하여 배심원선정절차에서 원활하게 대처할 수 있도록 하였다. 배심원선정을 위한 질문은 미리 정하여 두되 상황에 따라 추가 질문을 통하여 유 · 불리를 판단할 수 있도록 하였다. 배심원후보자에 대한 질문의 중요한 기능으로는 유리한 배심원인지를 판단하는 기능과 질문을 통하여 피고인이 이 사건 범행을 하지 않았을지도 모른다는 무언의 암시를 주는 기능이 있다 할 것이다. 따라서 배심원후보자들에게 질문을 할 때에는 변호인의 옷차림, 말하는 태도, 말의 속도, 눈맞춤 등 모든 것에 있어 배심원후보자들에게 신뢰를 줄 필요가 있으므로 질문사항을 미리 연습하는 것이 필요하다.

이 사건에서의 배심원후보자에 대한 질문사항은 아래와 같았다.

배심원후보자질문사항(2013고합27)

이제부터 드리는 질문은 개인 사생활에 대한 질문이 포함되어 있기는 하지만 이 사건에 적절한 배심원인지 여부를 가리는 데만 사용되고 그 외 용도로 사용되지 않습니다. 솔직하게 답해 주십시오.

1. 형사소송 상 원칙에 대하여 두 가지 대립되는 견해가 있습니다. 즉 10명의 범죄자를 풀어주더라도 1사람의 억울한 사람을 처벌해서는 안 된다는 것과 반대로 1명의 억울한 사람이 처벌되더라도 10명의 범죄자는 처벌하여야 한다는 것입니다. 어느 쪽이 우리 사회에 바람직한 원칙이라고 생각하십니까.
   -전자 : 우호, -후자 : 비우호
2. 주변 지인들 중 범죄 피해를 당한 사실이 있습니까.
   -긍정적인 답변 : 비우호 -부정적인 답변 : 우호
3. 가족 중에 경찰이나 검찰 등 법률 업무에 종사하는 사람이 있으십니까.
   -긍정 : 비우호, 부정 : 우호
4. 누군가가 재판을 받게 된 경우 "아니 땐 굴뚝에 연기나랴."라는 말처럼 그 사람이 무언가 잘못을 했을 것이라 생각하십니까.
   -긍정 : 비우호, -부정 : 우호

5. 사람은 어릴수록 거짓말을 적게 한다고 생각하십니까.
   -긍정 : 비우호, -부정 : 우호

6. 여러분은 여성이 울면서 이야기 하는 경우 그만큼 억울해서 우는 것으로 그 말이 진실일 것이라 생각하십니까.
   -그렇다 : 비우호, 아니다 : 우호

7. 우리나라 법은 아동・청소년이 성폭력 피해를 당한 경우 더 가중하여 처벌하는 법을 두고 있습니다. 이는 아동・청소년을 성폭력으로부터 더 강력하게 보호하려는 취지입니다. 이와 관련하여, 여러분은 청소년인 사람이 타인을 성폭력 범죄로 고소한 경우, 그 고소인인 청소년의 진술을 성인에 비하여 더 신빙성 있게 보아야 한다고 생각하십니까. (즉, 어떠한 사안을 판단함에 있어 고소한 자가 청소년이라는 이유로 성인에 비하여 거짓말을 하지 않을 것이라 생각하십니까.)
   -신빙성 있다 : 비우호, 없다 : 우호

8. 현재 자녀가 청소년인 분 손들어 주시기 바랍니다. (구체적인 나이 등에 대하여 물을 것)
   -그렇다. : 비우호, 아니다 : 우호

9. 길거리에서 술에 취한 사람이 시비가 되어 싸움을 하고 있는 모습을 보았을 때, 술 취한 사람이 무언가 잘못을 했을 것이라고 생각하십니까.
   -그렇다. : 비우호 , 아니다. : 우호

10. 청소년이 술을 마시는 것에 대하여, 술을 마시는 청소년은 비행청소년일 것이라 생각하십니까.
   -그렇다. : 우호, 아니다. : 비우호

11. 여러분, 일본영화 "그래도 나는 하지 않았어."라는 영화를 보신 분 있으십니까. 그 영화를 보면 주인공이 지하철 성추행범으로 몰려 재판까지 가게 되는데, 결국 유죄라는 판결을 받은 후 "그래도 나는 하지 않았어."라고 말하며 끝이 나는 내용의 영화입니다. 여러분은 실제로 이러한 억울한 일이 발생할 수 있다고 생각하십니까. 아니면 영화일 뿐이라고 생각하십니까.
   -발생할 수 있다. : 우호, 아니다. : 비우호

12. (남성에게) 지하철에서 성추행범으로 몰리지 않기 위해 손을 들고 있는 등의 조치를 취해본 적이 있었던 분 손들어 주시기 바랍니다.
   -그렇다. : 우호, 아니다. : 비우호

출석한 배심원후보자들 중에 당일 배심원후보자질문표를 제출하는 배심원후보자들도 있기 때문에 변호인은 배심원선정절차가 시작되기 전에 법원직원으로부터 당일 제출된 배심원후보자질문표를 추가로 받아 검토하여 유·불리 등을 메모해 두어야 한다. 배심원선정절차가 시작된 후 재판장은 배심원 후보자 중에 추첨하여 1번부터 8번까지의 자리에 앉게 하고, 그 후 검사와 변호인이 돌아가면서 질문을 하게 한다. 질문이 끝나면 잠시 결정할 시간을 가진 후 비공개로 판사, 검사, 변호인이 모여 기피할 배심원후보자 번호를 말하는 방식으로 진행을 하였다. 변호인은 호명된 배심원후보자 중에 4, 5, 7번 배심원 후보자가 불리하다고 판단하였고, 그 중 1인은 이유부기피로, 1인은 무이유부기피로, 1인은 검사가 먼저 기피하여 변호인이 기피하지 않아 총 3명이 기피되었다. 그 후 선정된 배심원후보자들 중 2인이 불리하다고 판단하여 1인은 이유부기피로 그 중 1인은 무이유부기피하였고, 그 후 선정된 배심원후보자는 아무도 기피하지 않아 그대로 배심원들이 확정되었다.

이 사건에서 배심원 후보자에 대한 답변표는 아래와 같이 준비하였다.

배심원 후보자 답변표(2013고합27)

우호 : 20대 후반이나 30대 젊은 남성, 고학력
비우호 : 청소년을 자녀로 둔 부모님(특히 딸)
-반드시 배제할 배심원 : 33, 43
-반드시 선정할 배심원 : 5, 15, 52, 53, 77, 98, 110
-보류할 배심원 : 2, 16, 21, 28, 68

배심원선정이 모두 끝나면 재판장은 예비배심원을 선정하기 위해 배심원선정시 사용하였던 통 외에 다른 작은 통에서 번호를 뽑아 미리 메모를 해둔다. 다만 재판장은 예비배심원이 재판에 충분히 집중할 수 있도록 변론종결 후 평의에 들어가기 전에 예비배심원을 공개한다.

다. 모두진술 및 입증계획진술

공판절차의 처음은 일반 형사재판절차와 같이 재판장의 사건호명으로 시작한다. 모두진술 및 입증계획은 검사가 공소사실을 낭독하고, 변호인이 주장내용을 설명한 후 검사가 다시 입증계획을 밝히고 변호인이 입증계획을 밝히는 절차로 진행되기도 하나, 검사가 공소사실 및 입증계획을 모두 밝히고, 변호인이 주장내용 및 입증계획을 밝히는 순서로 진행하기도 한다. 이 사건은 검사가 모두진술과 입증계획을 먼저 밝히고, 변호인이 주장내용 및 입증계획을 설명하는 방식으로 진행되었다. 검사가 공소장을 낭독하고 모두진술 하는데 검사는 일반 형사절차와 달리 파워포인트를 이용하여 공소사실을 배심원들에게 설명하였다. 다음으로 변호인이 미리 준비한 파워포인트를 이용하여 이 사건의 쟁점을 제시하고 피고인의 주장을 설명하는데, 이 때 배심원들은 피고인의 주장을 처음 듣게 되는 것이므로 비교적 자세하게 시간의 경과에 따라 설명할 필요가 있다. 특히, 모두진술을 할 때 배심원들의 사건에 대한 관심이 제일 높을 시기이고, 집중할 수 있는 시기이기 때문에 다소 길더라도 피고인의 주장을 상세하게 밝힐 필요가 있다. 배심원들에게 설명하는 과정에서 어느 부분이 쟁점이니 나중에 이러한 부분을 염두에 두고 판단해 달라고 한다거나, 나중에 피고인이 어떠한 증거를 제출할 예정이니 잘 봐달라고 하는 등의 이야기를 할 필요도 있다. 검사는 입증계획을 설명하면서 미리 신문하기로 한 증인들과 증거들을 제시해 나갈 계획을 밝혔고, 변호인도 고소인들 진술의 신빙성을 탄핵하고 피고인측 증인을 증언을 들어보겠다는 계획을 밝혔다. 모두진술을 하거나 입증계획을 설명할 때에는 배심원들의 태도에 유의하였고, 배심원들이 변호인과 소통하는 생각을 할 수 있도록 배심원들 한명 한명과 눈을 맞추고 설명하는 방식으로 진행하였다. 이로써 모두진술과 입증계획진술이 종료되고 증거조사절차가 시작되었다.

라. 증인신문

증거조사는 증인신문과 서증조사로 나누어지는데 특별한 사정이 없는 한 증인신문을 먼저 하고 증인신문이 모두 종료된 후에 서증조사를 한다. 이 사건은 검찰 측 증인인 고소인 이○○, 김○○에 대한 증인신문과 피고인 측 증인인 피고인의 모, 피고인의 직장동료에 대한 증인신문을 하였다. 피고인 측 증인은 이 사건 현장을 목격한 자들은 아니었고, 피고인의 평소 생활태도 등에 대하여 증언할 예정이었기 때문에 검찰 측 증인들에 대한 진술의 신빙성을 탄핵하는 것이 무엇보다 중요하였다.

첫 번째 증인인 이○○은 이 사건의 가장 중요한 강제추행 사건의 피해자가 된 자로서 가장 중요한 증인이었다. 변호인은 늦은 시간 미성년자인 이○○과 김○○이 어디에서 술을 마신 것인지, 당시 술에 취한 상태였는지, 일행인 김○○은 수사기관에서 피고인이 고소인들에 앞서 걷고 있었다고 진술하였는데, 이○○의 수사기관에서의 진술은 피고인이 고소인들 반대편에서 걸어오고 있었다고 진술하고 있어 김○○의 진술과 모순되는데 어느 진술이 맞는지, 이○○의 수사기관 진술은 이○○이 도로 안쪽으로 걷고 있었다는 것인데 김○○의 수사기관 진술은 이○○이 도로 쪽으로 걷고 있었다는 것으로 진술이 모순되는데 어느 진술이 맞는지, 시비가 된 경위에 관하여 이○○의 수사기관에서의 진술과 김○○의 수사기관에서의 진술이 다른데 그 이유가 무엇인지, 수사기관에서 추행을 당했다는 가슴이 왼쪽 가슴에서 오른쪽 가슴으로 변경되었는데 그 이유가 무엇인지, 술에 취한 피고인이 찰나에 지나가는 이○○의 가슴을 정확하게 여러 차례 만지고 지나갔다는 것이 상식적으로 납득이 되는지, 과거 형사처벌 받은 전력이 있는지,

상해와 관련하여 처음 수사기관에서의 진술에는 오히려 이○○이 피고인을 때렸다고 진술하였다가 추후 피고인이 이○○을 발로 찼다는 진술을 하였는데 왜 추후 진술이 추가된 것인지, 사건발생 10일이 경과된 후 이○○이 피고인을 폭행한 사실에 관하여 조사를 받던 중 피고인이 이○○을 폭행한 것이라는 주장을 한 이유는 무엇인지, 피고인이 이○○을 수 회 밀어 넘어뜨리고 발로 때렸다면 그 동안 남자친구인 김○○은 무엇을 하고 있었는지, 남자친구인 김○○이 피고인을 심하게 폭행하여 주민들이 말렸고, 경찰관이 출동하자 김○○이 도망친 이유는 무엇인지 등에 대하여 질문하였는데, 이○○은 제대로 답변하지 못한 점, 이○○의 수사기관에서의 진술이 모순되는 점, 일행인 김○○의 진술과도 상호 모순되는 점 등 상식에 부합하지 않는 진술들을 부각시켜 배심원으로 하여금 그 진술의 신빙성에 의심이 들 수 있도록 하였다.

두 번째 증인은 폭행 사건의 피해자이자 이○○에 대한 강제추행 및 상해 사건의 목격자인 김○○이었다. 김○○에 대한 증인신문도 이○○에 대한 증인신문과 마찬가지로, 이 사건 당일 술을 어느 정도 마셨고, 평소 주량은 어느 정도였으며, 이 사건 당시 술에 취한 상태였는지, 피고인이 걸어오는 방향에 관한 진술이 이○○과 다른 이유가 무엇인지, 이○○이 걷던 위치가 도로 안쪽인지 바깥쪽인지에 관한 진술이 이○○과 다른 이유가 무엇인지, 시비가 된 경위에 관하여 이○○의 수사기관에서의 진술과 김○○의 수사기관에서의 진술이 다른데 그 이유가 무엇인지, 이○○이 추행당한 경위에 관하여 이○○의 진술과 다른 이유가 무엇인지, 이○○이 강제추행을 당하는 동안 증인 김○○은 무엇을 하고 있었는지, 과거 형사처벌 받은 전력이 있는지, 피고인이 이○○을 수 회 밀어 넘어뜨리고 발로 때렸다면 그 동안 증인인 김○○은 무엇을 하고 있었는지, 증인인 김○○이 피고인을 심하게 폭행하여 주민들이 말렸고, 경찰관이 출동하자 김○○이 도망쳤는데 그 이유는 무엇인지, 사건이 있은 후 보름이 경과한 후 경찰조사를 받은 이유가 있는지 등에 대하여 질문하였는데, 김○○은 제대로 답변하지 못한 점, 김○○의 수사기관에서의 진술이 모순되는 점, 일행인 이○○의 진술과도 상호 모순되는 점 등 상식에 부합하지 않는 진술들을 부각시켜 배심원들로 하여금 그 진술의 신빙성에 의심이 들 수 있도록 하였다.

특히 변호인이 김○○에게 질문하는 과정에서 피고인이 인정하였던 김○○에 대한 폭행 부분과 관련하여 피고인의 처벌을 원하는지 질문하였고, 김○○은 피고인의 처벌을 원하지 아니한다고 진술하여 피고인의 김○○에 대한 폭행 부분은 공소기각되었다.

세 번째 증인은 피고인의 어머니였고, 네 번째 증인은 피고인의 직장동료였는데, 위 증인들은 피고인이 평소 성실하게 직장생활을 하여 어머니를 부양하고 있는 점, 피고인이 평소 술을 마시고 다른 여성을 만지는 행동을 하여 문제를 일으킨 적은 없다는 점 등 피고인의 평소 생활태도에 관하여 진술하였다.

마. 서증조사

증인신문을 마치고 서증조사가 시작되었는데 검사가 제출하는 서증은 피의자신문조사와 이○○진술조서, 김○○진술조서, 피고인 및 이○○의 상해부위 사진 등이 있었다.

변호인은 국민참여재판이 열리기 전에 검찰에 수사기록목록 및 증거로 제출되지 아니한 수사기록 중 의견서, 피의자체포보고, 수사보고(현장탐문) 등을 열람·등사를 신청하여 확인해보았다. 변호인은 위 서류의 내용으로 김○○과 이○○이 폭력 등의 전과가 다수 있는 사실, 이 사건 당시 김○○과 이○○이 피고인에 대한 폭력행위등처벌에관한법률위반(공동상해)로 입건되어 수사를 받았는데 각 기소유예처분을 받은 사실 등을 알 수 있었다. 변호인은 위 자료를 증거로 제출하는 것은 다소 부적절한 부분이 있어 증인신문사항에 넣기로 하고 증거로는 제출하지 아니하였다. 변호인은 검사가 제출하는 증거 자체로 모순되기 때문에 피고인이 다른 증거를 제출할 필요가 없다고 판단하여 증거자료를 제출하지 아니 한 것이다.

변호인은 검사의 서증제시가 끝난 후 검사가 제출한 서증에 관한 의견을 철저히 준비하였다. 특히 피해자들의 진술이 어떻게 모순되는지 파워포인트에 그림을 삽입하여 배심원들에게 설명하였다. 즉, 김○○과 이○○의 각 진술에 따른 피고인과 만난 경위, 이○○의 위치 등을 각각 그림으로 그려 배심원에게 보여줌으로써 피해자들의 진술이 상호 모순되는 점을 상세하게 설명하였다. 또한, 검사가 제출한 증거 중 피고인의 범죄경력자료조회를 보여주면서 피고인이 성폭력 전과가 전혀 없는 자임을 강조하였다.

바. 피고인신문

증거조사가 완료된 후 피고인신문이 시작되었다. 변호인은 사건의 경위로 피고인이 퇴근 후 지인들과 저녁식사를 한 후 소주 1병 반 정도를 마시고 택시를 타고 집 근처에서 내린 사실, 피고인은 당시 취하였던 것은 맞지만 만취했던 것은 아니었던 사실, 만취하지 않아 사건 경위를 대부분 기억하고 있는 사실, 피고인이 택시에서 내려 집으로 걸어가던 중 피해자들과 지나친 사실, 평소 성범죄에 대하여 매우 나쁜 인식을 가지고 있던 사실, 지나가던 김○○이 피고인에게 "뭘 쳐다보느냐."라고 욕설을 하며 구타를 시작하였고 당시 심한 구타를 당하여 그 후 경위를 잘 기억하지 못하는 사실, 김○○, 이○○ 외에 다른 친구들까지 와서 피고인을 폭행한 사실, 피고인이 당시 너무 심하게 폭행당하여 다음날 아침에서야 겨우 진술할 수 있었던 사실, 사건 이후 김○○의 부모가 피고인에게 먼저 합의를 하자고 연락을 해와 100만 원을 지급하겠다고 한 사실, 피고인은 강제추행혐의가 너무 억울하여 합의하지 않은 사실, 피고인이 합의를 하지 아니하자 김○○의 부모는 "우리 아이는 미성년자이므로 합의를 보지 않더라도 큰 처벌은 받지 않으니 알아서 해라."라고 하면서 돌아간 사실, 피고인은 수사를 받는 과정에서 대질조사를 원했음에도 피해자들이 미성년자라는 이유만으로 대질조사를 받지 못했던 사실, 피고인은 이 사건으로 약식명령을 받은 후 너무 억울한 마음에 정식재판을 청구한 후 국민참여재판까지 청구한 사실, 열심히 일을 하여 어머니를 부양하고 있는 사실, 이 사건 당시 피고인의 상해의 정도 및 그 후 치료 경위 등을 질문하였고, 이에 피고인은 성실하게 답변하여 배심원들로 하여금 피고인의 진술에 신빙성이 있다고 믿게 하였다.

사. 구형, 최후변론, 최후진술

검사는 이○○의 진술과 김○○의 진술이 일부 다소 다른 점이 있다 하더라도 대부분 일치하므로 약식명령 청구된 그대로 벌금 400만 원을 구형하였다.

약식명령청구사건은 형사소송법 제457조의2의 불이익변경금지 조항에 따라 피고인이 정식재판을 청구한 사건에 대하여 약식명령의 형보다 중한 형을 선고하지 못하기 때문에 검사는 원래 약식명령 청구된 벌금 400만 원을 구형한 것이었다.

변호인은 최후변론으로 먼저 강제추행에 관한 이○○과 김○○ 각 진술의 신빙성에 관하여 설명하였다. 이○○은 자신이 인도쪽으로, 김○○이 도로가로 걸어가던 중 피고인이 이○○의 반대쪽에서 걸어오다가 이○○의 오른쪽으로 지나가면서 팔을 뻗어 이○○의 가슴을 만졌다고 진술하였고, 김○○은 자신이 인도쪽으로, 이○○이 도로가로 걸어가던 중 자신들의 앞쪽에서 앞서 걷고 있던 피고인을 지나쳐 걸어가던 중 자신이 피고인에게 "왜 쳐다보냐."고 말해 시비가 되었는데 싸우는 과정에서 피고인이 김○○과 이○○의 사이를 비집고 들어오면서 이○○의 가슴을 만지게 된 것으로 보이고, 피고인이 왼손으로 이○○의 오른쪽 가슴을 만진 것으로 보인다고 진술하였던 점을 비교하면서 두 사람의 진술이 같은 상황을 목격한 것이라 볼 수 없을 정도로 전혀 다른 진술을 하였던 사실, 피해자들은 피고인에게 무차별적인 폭력을 가한 후 피고인이 쫓아오자 친구들까지 불러 피고인을 폭행한 후 동네 주민이 밖으로 나오자 급히 도망간 점, 피고인은 이 사건 다음날 바로 조사를 받았으나 이○○과 김○○은 현장에서 도망친 후 10일이 경과한 후 뒤늦게 조사를 받은 점 등으로 볼 때 피해자들이 피고인에게 상해를 가한 후 자신들의 죄를 가볍게 하기 위해 피고인이 이○○을 강제추행한 것으로 진술하였을 가능성을 배제하기 어려운 점 등을 진술하면서 강제추행의 점에 대한 김○○과 이○○의 진술을 신빙성이 없다고 변론하였다.

다음으로 피고인의 이○○에 대한 상해와 관련하여 이○○은 경찰조사에서 처음에는 경찰관이 "피의자(이○○)는 어떤 폭행을 당하였나요."라고 자신의 피해에 관한 질문을 받게 되자 "그 아저씨가 일부러 때릴려고 때린 것은 아닌 것 같은데 제가 말리다보니 그렇게 되었다."고 진술을 하였다가, 다시 경찰관이 "피의자(이○○)는 상대방을 폭행하지 않았나요."라고 자신에게 불리한 질문을 하자 갑자기 "아저씨가 저에게 달려들어 저의 머리를 잡고 밀쳐서 넘어졌는데 그 아저씨가 발로 수차례 밟아서 여기저기 많이 맞았다."고 진술이 구체화되었던 점, 이○

○은 자신이 진술한 대로 피고인으로부터 심한 폭행을 당하여 상해를 입었음에도 이 사건 이후 병원에 간 사실이 전혀 없었던 점, 오히려 이○○의 일부 상처는 김○○과 함께 피고인을 폭행하는 과정에서 일어났을 가능성이 더 큰 점 등을 변론하여 피고인의 이○○에 대한 상해와 관련된 이○○의 진술은 그 신빙성이 없다고 변론하였다.

변호인은 이○○ 및 김○○의 진술을 믿을 수 없으므로 피고인에게 강제추행 및 상해의 점에 관하여 각 무죄를 선고하여 달라고 최종 변론하였다.[4] 변호인은 최후변론을 마치면서 배심원들에게 "피고인은 오히려 벌금을 납부하면 쉽게 끝날 수 있는 사건을 정식재판 청구하고 국민참여재판까지 신청하게 되었는데, 이는 자신이 성범죄를 저질렀다는 사실을 도저히 인정할 수 없었기 때문이었습니다. 존경하는 배심원 여러분, 피고인에게 부디 억울함이 없도록 현명한 판단을 부탁드립니다."고 진술하였다.

아. 평의, 평결, 선고

심리가 종결되고, 재판장은 배심원선정 후 뽑아두었던 예비배심원을 공개하였다. 예비배심원은 그대로 법정에 남아 대기하였고, 배심원들은 평의실로 이동하여 평의를 시작하였다. 하지만 변호인과 검사는 평의에 참석할 수 없으므로 구체적인 내용은 알지 못하였다. 배심원들이 유죄평결을 할 경우 배심원들은 판사들과 함께 피고인의 양형에 대하여 토론한다. 이 사건의 평의는 1시간 정도가 걸려 일반적인 경우보다 단시간에 결정되었다.[5]

평결결과 배심원들은 피고인에 대한 강제추행, 상해에 대하여 만장일치 무죄의견이었고, 재판부도 배심원들과 같이 강제추행, 상해에 대하여 무죄를 선고하였다.

---

4) 김○○에 대한 폭행의 점은 김○○이 증인신문과정에서 이미 피고인의 처벌을 원하지 아니하는 의사를 표시하여 준비하였던 최후변론을 진행하지 않았다.

5) 배심원들의 평의 시간이 짧을수록 무죄 만장일치의 결과가 나올 확률이 높다. 이는 만약 배심원들이 유죄의견이라고 한다면 다시 양형에 대한 평의를 거치기 때문에 무죄 만장일치의 경우보다 평의 시간이 길어질 수밖에 없다.

4. 재판의 진행단계에 대한 변호인의 고찰

가. 국민참여재판의 신청과 준비절차에 대한 고찰

피고인은 이 사건 피고인을 접견하였을 당시 자신이 성폭력 범죄로 약식기소되었다는 점을 굉장히 억울해 정식재판을 청구하였다고 하였다. 변호인은 피고인의 이야기를 듣던 중 피고인에게 국민이 참여하여 재판하는 국민참여재판이라는 제도를 소개하였다. 피고인은 오히려 자신이 상해의 피해자인데 이렇게 기소되어 너무 억울하다고 하면서 국민참여재판도 할 의향이 있다고 밝혔다.

변호인은 피고인에게 먼저 일반 형사재판에서 성범죄의 경우 진행방식, 무죄율 등에 대하여 설명하면서 이 사건은 국민참여재판이 유리할 수 있다고 설명하였다. 특히 이 사건은 설령 유죄가 선고된다 하더라도 약식기소된 이상의 형을 선고할 수 없다는 점도 국민참여재판으로의 진행을 결정하는데 있어 매우 유리한 점이라고 판단하였다. 변호인은 피고인을 접견하면서 기록을 다시 검토한 후 국민참여재판으로 진행할 수 있는지 검토를 하겠다고 하고 접견을 마쳤다. 변호인이 피고인의 기록을 살펴보니 수사가 매우 불충분했고, 피해자들이 당시 상황에 대하여 전혀 다른 진술을 하고 있음에도 추가 수사나 피해자들 사이의 대질이 이루어지지 않았으며, 피해자들과 피고인과의 대질이 이루어지지 않은 점을 확인한 후 국민참여재판으로 진행할 것을 결정하였다.

변호인이 국민참여재판으로 할 것을 결정하였을 때에는 이미 사건 당시로부터 많은 시간이 경과된 후였기 때문에 추가 증거를 찾기 어려웠고, 검사가 가지고 있는 수사기록을 열람 · 등사 신청하여 추가 자료를 확보하고자 하였다. 변호인은 피해자들의 전과 등을 확인하고자 하였으나 이러한 자료의 등사가 거부되었고, 변호인은 경찰이 작성한 의견서에 기재되어 있는 내용을 토대로 피해자들이 이 사건 외에도 다수의 폭력전과가 있다는 사실을 알게 되었다. 다만, 이는 증거로 제출하는 것이 이상하여 증인신문과정에서 신문하는 것으로 대체하였다.

변호인은 추가 증거를 확인하지 못하였으나, 기록 자체로 피해자들 각 진술 및 상호간의 진술내용도 매우 모순되어 피해자들의 진술을 탄핵하는데 있어 어려움이 없다고 판단하였다. 다만, 배심원들이 피해자들의 진술이 모순된다는 점을 확실하게 알 수 있도록 각 진술을 그대로 그림으로 그려 모순진술을 쉽게 확인할 수 있게 준비하였다. 당시 컴퓨터로 그림을 그리거나 재연 동영상을 제작하는 방법도 생각해 보았으나 쉽지 않았고, 그림을 잘 그리는 사무직원에게 부탁하여 손수 그린 그림을 파워포인트에 삽입하였다.

나. 배심원선정절차에 대한 고찰

국민참여재판을 진행함에 있어 배심원 선정절차는 변호인이 가장 집중해야할 부분이 아닌가 싶을 정도로 매우 중요한 절차이다. 배심원들간의 의견이 첨예하게 갈릴 수 있는 사건의 경우에는 배심원들을 선정하는 것이 재판의 대부분을 차지할 정도로 매우 중요하다.

변호인은 배심원 선정절차를 진행함에 있어 질문표를 미리 준비하는데, 질문을 만드는 것도 중요하지만 그 질문의 의미를 어떻게 평가할 것인가가 매우 중요한 절차이다. 배심원 질문은 단순히 배심원을 평가하는 자료에 그치는 것이 아니라 재판이 시작되기 전에 배심원들이 피고인에게 유리한 평가를 할 수 있는 암시를 주는 역할도 한다.

이 사건에서는 청소년기의 자녀를 둔 부모는 배제하는 것으로 기재하긴 하였으나, 다른 배심원 후보자들에 비하여 비우호적이라는 뜻이지 반드시 배제한다는 뜻은 아니었다. 이 사건 피해자들의 진술은 모순되는 점이 많았기 때문에 배심원이 어떻게 선정되더라도 설득할 수 있다고 생각하였다. 따라서 다른 사건에 비하여 배심원 선정이 치열하게 전개되지는 않았다. 다만, 검사 등 국가기관을 더 신뢰할 것으로 보이는 배심원 후보자를 배제하기 위해 국가기관에서 근무하는 자나 국가기관에서 근무하는 가족을 둔 배심원 후보자는 그 직업이 무엇인지 구체적으로 질문하기도 하였다.

다. 공판절차 중 모두진술 및 입증계획진술에 대한 고찰

공판절차가 시작되면 처음 배심원들에게 피고인의 변소요지를 설명하게 되는데 배심원들이 처음 사건에 대한 인상을 결정하게 되는 단계이다. 배심원들이 이 사건에서 쟁점이 무엇이고 그 쟁점을 판단하기 위하여 어떤 증거를 보아야 하는지를 제시하는 것이다. 국민참여재판 과정에서 피고인이 주장하는 바를 요약하여 진술할 수 있는 경우가 많지 않기 때문에 변호인은 모두진술에서 피고인이 주장하는 바를 상세하게 진술할 필요가 있다.[6] 이 절차에서는 배심원들에게 피고인이 어떠한 주장을 하는지 명확하고 이해하기 쉽게 설명을 할 필요가 있고, 피고인의 주장을 입증할 증거 중 어떠한 증거를 더 주의 깊게 봐달라고 이야기하는 것이 필요하다.

이 사건에서 변호인은 파워포인트를 준비하여 피고인의 주장을 설명하면서 피해자들의 진술이 어떻게 다른지 자세히 살펴봐달라고 하였다.

라. 증인신문절차에 대한 고찰

증인신문과정은 배심원들이 가장 집중하는 시간이기 때문에 불필요한 질문을 배제하되, 중요한 질문을 할 때는 다각도로 물어볼 필요가 있다. 증인에게 친절하게 질문을 시작하되 중요한 순간에는 단호한 어조로 물어봄으로써 배심원들이 더욱 집중할 수 있게 하여야 한다. 증인신문절차를 진행함에 있어 진술조서에 있는 내용을 샅샅이 살펴 모순이 있는 부분을 반드시 물어보아야 한다. 증인신문절차에서는 배심원이 쪽지로 질문을 써서 재판장에게 전달하면 재판장이 대신 질문을 할 수도 있다. 그 질문절차에서 질문을 하는 배심원이 어떠한 점을 중요시 하는지 파악하기도 한다.

이 사건은 청소년에 대한 성폭력 사건이었기 때문에 여성인 피해자 이○○에게는 여성인 변호사가 질문을 하였다. 또한, 성폭력 사건의 경우 피해자가 갑자기 눈물을 흘리는 일이 있을 수 있으므로 친절하고 부드럽게 질문을 하되, 내용은 예리하게 질문하는 방식으로 진행하였다.

마. 공판절차 중 서증조사에 대한 고찰

서증조사는 검사가 먼저 서증을 제시하고 이에 대하여 변호인이 의견을 밝히

---

6) 증인신문, 서증조사, 피고인신문, 최후변론 등에서 피고인의 주장이 나오지만, 증거와 관계없이 피고인이 주장하는 바를 일목요연하게 정리하여 배심원들에게 설명하는 절차는 모두진술이 거의 유일하다 할 것이다.

는 방식으로 진행이 되고, 변호인이 제출한 증거가 있는 경우 역시 변호인이 서증을 제시하고 이에 대하여 검사가 의견을 밝히는 방식으로 진행된다. 증인신문이 끝난 후 검사의 서증 제시는 오후 늦은 시간에 이루어지는 경우가 대부분인데, 배심원들은 사건을 어느 정도 파악한 상태이기 때문에 검사가 서증을 제시할 때 굉장히 지루해 하는 경우가 많다. 따라서 변호인은 검사가 제출한 증거에 대한 의견을 밝힐 때 핵심적인 사항에 대하여만 의견을 밝혀 배심원들의 기억을 환기시키는 정도로만 진행하여야 한다.

피고인 측의 증거가 있을 경우에도 간단히 증거의 요지만 설명하는 방식으로 진행하는 것이 배심원들이 집중할 수 있게 하는 방법이다.

5. 결 론

형사사건 중 성폭력 사건의 경우 피해자의 진술만으로 유죄가 선고되기도 한다. 검사는 이 사건 각 피해자 진술이 다른 피해자의 진술과 일치하지 않고, 모순되는 사정이 있음에도 피고인을 약식기소하였다. 약식기소되어 벌금형에 처해질 것이 예상되는 사건이라고 해서 피고인에게도 가벼운 사건인 것은 결코 아니었다. 피고인이 성범죄의 혐의를 벗기까지는 1년이라는 시간과 배심원들 앞에 서야하는 용기가 필요했다.

서울서부지방법원 2012고합302 특가법위반(절도): 2013. 1. 21. 시행

1. 진행경위

피고인은 2011. 12. 5. 00직업훈련교도소에서 출소하여 2012. 6. 27. 범행하였으므로 집행유예 결격자인 누범이었다.

같은 해 12.까지 합정동에 있는 식당에서 설거지하는 일을 하였고 그 후 생활비가 부족하여 2012. 1. 17.부터 사건 전날인 2012. 6. 26.까지 주유소에서 일을 하는 등 빈곤에 시달렸다. 피고인은 한 달에 120만원을 벌었는데 한 달에 월세 40만원, 간질병, 뇌경색으로 거동이 불편한 아내의 치료비, 공과금, 생활비 등으로 사용하고 나면 남는 돈이 거의 없어 생활하기 어려웠다.

피고인의 오른쪽 눈은 현재 사실상 실명된 상태였는데 이 사건 범행 전 왼쪽 눈이 잘 보이지 않아 검진하였는데, 왼쪽 눈에 백내장으로 인하여 수술이 필요하다는 이야기를 듣게 되어 오른쪽 눈이 보이지 않는 상황에서 왼쪽 눈마저 잘못될까봐 매우 불안하였으나 불과 몇 십만원의 병원비를 마련할 수 없어 수술을 하지 못하였다. 게다가 피고인의 아내는 병으로 거동이 불편하여 피고인의 도움이 반드시 필요한 상태였다.

그러던 중 피고인은 사건 당일 양천구 목동에 있는 SBS 앞에서 지인을 만나기 위하여 가던 중 음료수를 사기 위해 홈플러○에 들어가게 되었는데 담배를 보는 순간 '이 담배를 가져다 팔면 수술비를 마련할 수 있을 것이다.'라는 생각에 무언가에 홀린 듯 담배를 카트에 담았다. 담배를 카트에 담아 나오는데 계산대 앞에서 "삐"소리가 울렸고 직원이 도착하여 현장에서 검거된 사건이다. 피고인은 현장에서 물건을 모두 돌려주고 용서를 빌었으나 피고인은 이미 상습절도로 처벌된 전과가 2회 있어 특정범죄 가중처벌 등에 관한 법률 제5조의 4 제6항 위반의 상습절도로 기소되었고 결국 단기 6년 이상의 중한 형만이 가능하게 되었다. 2012년 당시 위 제5조의 4 제1항은 "상습적으로 「형법」 제329조(절도)부터 제331조까지의 죄 또는 그 미수죄를 범한 사람은 무기 또는 3년 이상의 징역에 처한다."라고 규정하고 제6항은 "제1항 또는 제2항의 죄로 두 번 이상 실형을 선고받고 그 집행이 끝나거나 면제된 후 3년 이내에 다시 제1항 또는 제2항의 죄를 범한 경우에는 그 죄에 대하여 정한 형의 단기의 2배까지 가중한다"라고 규정하여 상습 절도 전과가 3회째가 되면 단기 6년 이상의 형에 처해질 수밖에 없었다.[1] 이로 인해 정말 딱한 형편이 되어 몇 천원 가량의 생필품을 훔치고는 6년 이상의 실형을 복역하는 장발장들이 존재했던 것이다. 당시 법관들이 작량감경을 하더라도 3년 이상의 형을 피할 길이 없었다.

이 사건은 실제 피해는 아예 발생되지도 않았고, 그동안 피고인의 상습 절도 전과를 보면 주로 쌀이나, 분유, 라면 등 먹을 것을 절취한 것이었다. 게다가 이 사건 피해자인 홈플러○조차도 피고인의 딱한 사정을 듣고는 처벌을 원하지 않는다고 진술하였다.

그럼에도 법관에 의한 일반 재판으로 진행한다면 6년, 작량감경하여도 3년 이상의 징역형을 면하기 어려웠다. 이에 국민참여재판을 통해 장발장과 같은 빈곤한 처지에서 담배 몇 보루를 들고 나오다 적발되었다는 이유로 6년의 징역형을 살게 하는 것이 과연 국민의 법 감정에 맞는 것인가 배심원들에게 변호인과 피고인의 답답한 심정을 호소하여 보기로 하였다.

변호인은 피고인에게 국민참여재판의 절차, 양형에 있어서의 일반 형사재판과 다른 점 등에 대하여 설명하며 국민참여재판으로 진행할 것을 권유하였다. 피고인은 이러한 변호인의 권유를 받아들여 국민참여재판으로 진행하겠다고 결정하였다.

2. 사건의 개요

가. 공소사실의 요지

피고인은 「피고인은 2012. 6. 27. 서울 강서구 목동 홈플러스에서 사건 담배 13보루를 들고 나가려고 하였으나 카트에 '삐'소리가 울려 계산대 옆에 놔두고 밖

---

1) 2016.1.6 법률 제13717호에 의하여 2015.2.26 헌법재판소에서 위헌 결정된 제1항을 삭제하고 2015.11.26 헌법재판소에서 위헌 결정된 이 조 제6항을 개정하여 현재는 "상습적으로 「형법」 제329조(절도)부터 제331조까지의 죄나 그 미수죄 또는 제2항의 죄로 두 번 이상 실형을 선고받고 그 집행이 끝나거나 면제된 후 3년 이내에 다시 상습적으로 「형법」 제329조부터 제331조까지의 죄나 그 미수죄 또는 제2항의 죄를 범한 경우에는 3년 이상 25년 이하의 징역에 처"하게 되었다.

으로 나가던 중 보안요원에게 붙잡혀 절취한 것이다」는 상습 절도의 공소사실로 기소되었다.

나. 피고인의 변소요지

피고인은 공소사실을 모두 인정하고 자백하였다. 다만 피고인은 절도행위를 시도하다가 미수에 그친 것이고, 경제적으로 급박한 상황에서 범행하였으며 담배를 보는 순간 우발적으로 범행하였다고 주장하였다.

다. 이 사건의 쟁점

이 사건의 쟁점은 기수여부와 상습성의 존재여부였다. 카트에 담배보루를 담아 나오다가 홈플러스안에서 가지고 나오지 못하고 적발된 것이 절도의 기수라고 볼 수 있는지, 피고인과 같이 경제적으로 급박한 상황에서 우발적으로 절도한 것이 절도 습벽이라고 볼 것인지가 쟁점이었다.

3. 재판의 진행과정

가. 국민참여재판의 신청과 준비절차

(1) 국민참여재판의 신청

변호인이 이 사건을 검토한 결과 피고인은 누범으로서 벌금형이 없는 상습절도로 기소되었으므로 실형을 면하기는 불가능하였다. 다만 병중인 처를 위하여 징역형을 최대한 낮게 선고받는 것을 목표로 하기로 하였다. 만약 상습성이 없었다는 점을 인정받고 더하여 작량 감경이나 미수 감경까지 이루어진다면 1년 6개월의 비교적 낮은 형을 받을 수 있는 가능성이 있었다. 일반 형사재판의 경우 한번 상습절도로 처벌된 전과가 있는 경우, 그 뒤 절도범행시 거의 대부분 상습의 습성이 있다고 인정되고 있었기 때문에 일반 법관에 의한 재판은 불리했다. 변호인은 국민참여재판으로 진행하여, 배심원들에게 궁박한 처지에서 우발적으로 절도한 경우 절도 습벽이 없다고 판시하였던 대법원 판례를 잘 설명하고 이 사건 피고인의 경제적 빈곤과 우발적 범행 상황을 강조하면 평결에서 상습성이 부인될 확률이 높다고 판단하였다. 만약 상습절도로 인정되더라도 국민참여재판으로 가는 것이 양형을 줄일 수 있다고 생각하여 양형상으로도 불리하지 않을 것으로 판단하였다. 피고인에게 일반 형사재판에서의 이 사건의 절차 등에 관하여 설명하여 준 후 국민참여재판에 대하여 설명하였고, 결국 피고인이 국민참여재판을 원한다고 하여 변호인은 공판기일이 시작되기 전 재판부에 국민참여재판을 원하는 의사를 표시하였다.

(2) 공판준비기일

이 사건 공판준비기일은 총 6회에 걸쳐 진행되었다. 변호인은 변호인의 계획을 밝히고 당시 홈플러○의 직원을 증인신청하고 피고인신문을 실시하겠다고 하였다. 이 사건은 사건 사실관계가 비교적 간단하고 사실상 법리 문제였으므로 6회의 준비 기일 이후 공판 기일이 지정되었고 국민참여재판 본 공판에 돌입하였다. 변호인은 법원에 의해 원래 담당 변호인 외 1인이 추가 국선변호인 지정되어 변호인단 형태가 되었다. 일반적으로 공판검사와 수사검사 2인이 검사단이 되기 때문이다.

나. 배심원선정절차

이 사건에서 배심원선정절차는 피고인에게 조금이라도 더 감정적으로 이입될 수 있는 배심원을 선정하되, 상습성 및 미수에 대한 법리도 이해를 잘 할 수 있어야 하므로 이 사건에서 가장 핵심적인 부분이라 생각할 정도로 매우 중요했다. 또 피고인이 진작 사회의 경제적 구호를 받을 수 있었더라면 이러한 일은 발생하지 않을 수 있었다는 점에서 해당 배심원의 범죄 발생 원인을 보는 시각이 어떠한가도 중요했다. 변호인단은 협의 결과 절도나 범죄자에 대한 강한 혐오나 단정적인 태도를 보이는 배심원은 배제하고, 최대한 온정적인 중년 여성으로 배심원단을 구성하기로 했다.[2] 변호인단은 여성 2인으로 구성되었고 온화한 말투를 사용하고 온화한 태도를 유지하였다. 나이든 남성인 피고인에게는 피고인신문과정에 대한 조언으로 어렵더라도 되도록 본인의 어려운 경제적 처지와 심정을 솔직하게

2) 필자의 경험을 일반화할 수는 없으나, 변론 경험상 통상 중년 여성의 경우 피고인의 처지에 감정적으로 동감하는 정도가 높은 반면, 젊은 여성의 경우 범죄자에 대한 두려움으로 오히려 적대적 태도를 보이는 경우가 있었다.

배심원단 앞에 드러내어 줄 것을 당부하였다.

이 사건에서의 배심원후보자에 대한 질문사항은 아래와 같았다.

배심원후보자질문사항(2012고합302 특가법절도)

이제부터 드리는 질문은 개인의 경제력과 같은 사생활에 대한 질문이 포함되어 있기는 하지만 변호인 입장에서 볼 때 이 사건에 적절한 배심원인지 여부를 가리는 데만 사용되고 그 외 용도로 사용되지 않습니다. 솔직하게 답해 주십시오.

1. 형사소송 상 원칙에 대하여 두 가지 대립되는 견해가 있습니다. 즉 10명의 범죄자를 풀어주더라도 1사람의 억울한 사람을 처벌해서는 안된다는 것과 반대로 1명의 억울한 사람이 처벌되더라도 10명의 범죄자는 처벌하여야 한다는 것입니다. 어느 쪽이 우리 사회에 바람직한 원칙이라고 생각하십니까
   -전자 : 우호, -후자 : 비우호
2. 절도나 강도 피해를 당한 경험이 있으십니까.
   -긍정적인 답변 : 비우호 -부정적인 답변 : 우호
3. 가족 중에 경찰이나 검찰 등 법률 업무에 종사하는 사람이 있으십니까.
   -긍정 : 비우호, 부정 : 우호
4. 본인이나 가족 중에 병에 걸렸거나 교통사고를 당하는 등 병원 치료가 필요한데, 돈이 없어 치료에 어려움을 겪었거나 병원 치료비를 마련하기 위해 경제적 어려움을 겪었던 경험이 있으십니까.
   -긍정 : 우호, -부정 ; 비우호
5. 본인이나 가족이 경제적으로 매우 어려운 처지가 되어 밥을 먹을 돈이 부족하다거나, 학비가 없었다거나 차비가 없는 등 어려운 시절을 겪은 경험이 있으십니까.
   -긍정 : 우호, -부정 ; 비우호
6. 본인이 가족을 부양하십니까.
   -긍정 : 우호, -부정 ; 비우호
7. 최근 뮤지컬 영화로 만들어져 상영 중인 프랑스의 소설, 소설가 빅토르 위고의 장편소설 《레미제라블》에서 주인공인 장발장은 단지 빵 한 조각을 훔친 죄로 19년간 감옥살이를 하고 나와 세상을 믿지 못하였지만 한 가톨릭 신부가 다시 은그릇을 훔친 장발장을 용서해주는 자비심으로 장발장이 새 사람이 되어 시의 시장까지 하게 되는 이야기가 나옵니다. 이 영화를 보셨습니까.

-긍정 : 우호, -부정 : 비우호

8. 최근 한화그룹의 김승연 회장은 한화그룹 및 관련 기업에 무려 2,883억원의 손실을 입힌 죄로 구속되었지만 1심에서 단지 4년형을 선고받고 2심 재판 중에 구속정지로 풀려나서 불구속 재판을 받고 있습니다. 오리온 기업의 담철곤 회장은 회사돈 300억원을 횡령했지만 징역 3년에 집행유예 5년을 선고받아 풀려났는데 이 중 50억원은 그림을 사서 집에 걸었다고 하여 많은 비난 여론이 있었습니다. 이와 같이 재벌 총수들의 경우 수백 수천억원대의 재산 범죄를 범하여도 비교적 가벼운 형을 선고받는 반면, 일반인들은 의식주를 해결할 돈이 없어 대형마트에서 값싼 생필품을 훔치는 생계형 범죄를 범하더라도 여러번 훔치게 되면 누범 제도에 의해 몇 년씩 징역형을 사는 경우가 있습니다. 이와 같이 아무리 몇만원의 적은 물건을 훔치더라도 반복하면 3년에서 6년씩 징역형을 살게 하는 현재의 형법 규정은 국민의 법 감정에 맞지 않고 비상식적인 면이 있어서 고쳤으면 좋겠다고 생각하십니까.
   -긍정 : 우호, -부정 : 비우호

8-1. 아니면 재벌들이 선처를 받는 것과는 별개이니 아무리 작은 돈을 훔치더라도 반복하는 경우 엄벌에 처해야 한다고 생각하십니까.
   -긍정 : 비우호 부정 : 우호

9. 누군가 어떤 범죄혐의를 받고 구속이 되었다는 뉴스가 자주 보도되고 있습니다. 어떤 사람이 구속된 것을 보면 그 사람은 무슨 죄든 지었을 것이라고 생각하십니까.
   -긍정 : 비우호, -부정 : 우호

10. 어려운 가정 환경에서도 범죄를 짓지 않고 자수성가하는 사람도 있습니다. 그러나 사회구조적으로 가난을 벗어나기 어려운 사람의 경우 병에 걸리거나 실직을 하면 바로 경제적 나락으로 떨어져 범행을 할 충동을 느낄 수도 있습니다. 범죄자가 생기는 원인에 대해, 사회가 일정부분 그 사람을 범죄자가 되게 만든다고 보십니까.
   -긍정 : 우호, -부정 : 비우호

11. 아니면 범죄자가 되는 것은 의지가 약해서이고 전적으로 개인 본인의 책임이라고 보십니까.
   -긍정 : 비우호, -부정 : 우호

검사는 배심원들에게 범죄 처벌의 필요성, 절도를 반복하는 경우 엄중한 처벌이 필요한지 등 법 준수 의식이 높은지를 알아보는 질문을 다수 실시했다. 변호인과 검사의 배심원단에 대한 질문 결과, 예상대로 중년 여성의 경우 온정적인 태도를 보였다. 변호인은 젊은 남성 중 지나친 적대심을 드러낸 배심원에 대해 무이유부 기피권 행사하였고 검사는 중년 여성들에게 무이유부 기피권을 행사하여 양측이 가진 무이유부기피권을 각자 모두 사용한 뒤 배심원단은 그대로 확정되었다.

다. 모두진술 및 입증계획진술

먼저 검사는 파워포인트를 사용하여 배심원단에게 프레젠테이션하는 방식으로 모두진술을 하였는데, 절도죄가 기수로 성립하였다는 점과 피고인은 여러 차례의 절도 전과가 있는 자 이므로 상습절도의 상습성이 인정된다는 점을 주장하였다. 이에 대해 변호인도 파워포인트를 사용하는 프레젠테이션 방식으로 절도행위를 시도한 것은 맞지만 홈플러○ 밖으로 담배를 가지고 나오지 못했고 삐소리가 나자 계산대 옆에 두고 밖으로 나가던 중 보안요원에게 붙잡힌 경위를 보면 미수일 뿐이라고 주장하였다. 특히 절도죄는 타인의 소지를 침해하여 재물이 자기의 사실적 지배 아래에 둔 때 기수인데 담배 13보루를 카트에 담은 사실만으로는 사실적 지배아래 두었다고 보기 어렵다고 주장했다. 두 번째 쟁점인 상습성 인정여부에 대해 변호인은 대법원 84도35판결을 제시하였다. 즉 전과만 가지고 상습성을 판단할 것이 아니라 그 행위 수단, 방법, 성질이 같은 종류인지 여부를 보아야 하고, 만약 그 범행이 우발적인 급박한 경제적 사정하에서 이루어진 것이라면 상습성을 인정할 수 없다는 것이다. 변호인은 모두 진술에서 앞으로의 재판과정에서 이러한 점을 잘 보아 줄 것을 배심원단에게 요구하였다.

라. 증인신문

증거조사는 증인신문과 서증조사로 나누어지는데 특별한 사정이 없는 한 증인신문을 먼저 하고 증인신문이 모두 종료된 후에 서증조사를 한다. 이 사건에서 증인은 변호인이 신청한 홈플러○ 목동점 직원 이모 한명이었다.

변호인은 증인에게 2012. 8. 27. 오전 8시 30분경 서울 양천구 목동에 있는 증인이 일하는 홈플러스에서 여기 있는 피고인이 담배를 가지고 나가려는 것을 발견한 사실이 있는지를 물었고 그는 목격하였다고 답하였다.

변호인은 피고인의 우발적이고 비계획적 범죄인 정황에 대해 증인은 사건 당시 상황실에서 모니터를 보고 있었는데 화면에 나오는 피고인의 모습을 발견하고 주목하게 되었는데 그 이유가 피고인이 담배를 카드에 담은 뒤에 위를 박스로 가린 뒤에 주의의 눈치를 보며 주눅이 든 모습으로 계산대가 없는 출구 쪽으로 갔기 때문인지를 신문하였다. 그 뒤 증인이 계속 지켜보니, 피고인은 일단 자신의 몸이 먼저 계산대가 없는 출구 밖으로 나간 뒤에 계산대가 없는 출구를 통해 담배가 든 카트를 밀어 가지고 나가려고 시도하였고 그 때 "삐삐"하는 부저가 울렸다는 점을 신문하였다. 피고인이 담배를 가지고 나가려고 시도했던 계산대가 없는 출구의 경우 폭은 매우 큰 편이었다. 그 출구에는 도난방지기가 작동되고 있어 계산대에서 처리 하지 않은 마트 물건을 통과시키는 경우 당연히 부저가 울려 들키게 된다는 점을 신문하여 피고인의 범행이 매우 우발적이고 비이성적이었음을 강조했다.

변호인은 증인은 마트에서 보안요원으로 일한지 수년이 되었고, 일하는 동안 마트에서 절도를 하는 경우를 많이 보았으며 피고인과 같은 방식으로 무작정 담배를 도난방지기가 있는 출구쪽으로 무단반출하는 식으로 절도를 하는 경우는 대부분 모두 적발된다는 점에 대하여 그러하다는 증인의 답변을 들었다. 적발되지 않는 도난범들은 물건의 택을 떼어낸다든가 해서 더 지능적이고 수법이 계획적이라는 것이다. 이러한 신문을 통해 피고인이 경제적으로 너무 어려운 나머지 비계획적이고 우발적으로 절도에 이르렀으므로 상습성에 근거한 절도가 아니라는 점을 부각시켰다.

변호인은 미수 주장의 입증을 위해 피해 담배 보루의 크기에 대해 증인을 신문하였다. 담배 보루 사진을 제시하며 피고인이 가지고 나가려던 담배 보루가 이 사진과 동일한가를 신문한 뒤 피고인이 가지고 나가려던 담배의 양은 13보루이고 두 손으로 들고 나가거나 주머니에 넣어 나갈 수 없다는 점을 강조하여 신문하였다. 이를 통해 사실상 지배에 두지 못한 미수임을 입증하였다.

마지막으로 양형 요소로 중요한 점인 피해자 처벌불원의사 관련, 증인이 근무하는 홈플러○는 이미 합의서를 제출했고 피고인의 처벌 원하지 않는 점을 신문하고 증인신문을 종료하였다.

마. 서증조사

이어 서증조사에 들어가서, 변호인은 검사가 제출한 서증에 대한 의견을 제시하였다. 이 사안은 피고인은 이 사건 사실관계를 인정하고 있으므로 일부 증거에 대하여만 의견을 제시하였다. 카트 및 담배 사진인 증거 순번 3번에 대해 기수 미수 관련하여 카트 사진 및 담배 사진을 보면 쉽게 소지를 이동시키기 어려웠다는 점을 알 수 있다는 점을 의견제시하였다. 검찰 증거 순번 5번의 피고인 지인의 탄원서에 대해 양형을 위해 피고인이 성실하게 일하였다는 부분에 관한 탄원서이므로 잘 보아달라는 의견을 제시하였다. 검찰 증거 순번 7, 9, 10, 11번은 모두 피고인의 전과 관련 전과기록조회서와 판결문이었다. 이에 대해 변호인은 피고인이 비록 절도 전과는 많으나 흉악한 범죄 전과는 없고, 대부분의 전과의 피해품은 라면, 귤, 백미, 분유 등인 점 참작하여 주시기 바란다는 의견을 제시하였다.

바. 피고인신문

피고인 신문 과정에서는 변호인은 전략적으로 피고인이 경제적으로 얼마나 어려운 처지였는지를 강조하였다. 상습성을 부인받기 위해서였다.

변호인은 피고인은 생활비가 부족하여 2012. 1. 17.부터 사건 전날인 2012. 6. 26.까지 성산대교주유소에서 일을 하였고 피고인은 한 달에 120만원을 벌었는데 한 달에 월세 40만원, 간질병과 뇌경색으로 거동이 불편한 아내의 치료비·공과금·생활비 등으로 사용하고 나면 남는 돈이 거의 없어 생활하기 어려웠다는 점, 피고인의 오른쪽 눈은 현재 사실상 실명된 상태인 점, 이 사건 범행 전 왼쪽 눈이 잘 보이지 않아 검진하였는데, 왼쪽 눈에 백내장으로 인하여 수술이 필요하다는 이야기를 들은 점, 수술비는 불과 몇 십만원이었는데도 돈이 없어 수술을 하지 못하다가 이 사건 재판이 시작된 후 재판장의 배려로 재판을 연기한 후 몇 달 동안 돈을 모아 2012. 11. 27. 수술을 할 수 있었던 점을 신문하여 강조하였다.

피고인에 대해 변호인은 사건 당일의 우발적 상황을 신문하였다. 피고인은 사건 당일 양천구 목동에 있는 SBS 앞에서 지인을 만나기 위하여 가던 중 음료수를 사기 위해 홈플러○에 들어가게 되었는데 담배를 보는 순간 '이 담배를 가져다 팔면 수술비를 마련할 수 있을 것이다.'라는 생각에 무언가에 홀린 듯 담배를 카트에 담았으며 그렇게 담배를 카트에 담아 나오는데 계산대 앞에서 "삐"소리가 울렸고 직원이 도착하여 현장에서 검거되었다는 점을 신문하였다.

마지막으로 양형 요소에 대해 변호인은 피고인에게 현장에서 물건을 모두 돌려주고 용서를 빌었던 점, 피고인의 전과를 보면 주로 쌀이나, 분유와 라면 등을 절취하였던 점, 피고인의 아내는 간질병 등으로 거동이 불편하여 피고인의 도움이 반드시 필요한 상태인 점, 반성하고 있는 점을 신문하고 신문 종료하였다.

사. 구형, 최후변론, 최후진술

검사는 특가법 제5조의 4 제6항 상습절도죄가 성립된다고 주장하면서 상습절도죄로 두 번 이상 실형을 선고받고 집행이 종료된 이후 3년 이내 상습절도행위이므로 무기 또는 6년 이상의 징역형에 처해야 한다고 주장하였다. 이에 대해 변호인은 사전 변호인단 회의에서 비교적 간단한 이 사건의 경우 배심원들의 집중력이 저하될 우려가 높으므로 동어반복을 막고 감정에 호소할 필요가 있어, 약간의 부드러운 연설식 최후변론을 하기로 결정하였다. 이에 아래와 같은 최후 변론을 펼쳤다. 비법률적인 최후변론이었으나 뜻밖에 여러 배심원들이 고개를 끄덕였고, 현장 분위기가 상당히 숙연해짐을 볼 수 있었다.

<먼저 상습성 부분에 대하여 말씀드리겠습니다.>

배심원 여러분, 어떤 한 사람이 있습니다. 그 사람은 매우 가난합니다. 그 가난했던 사람은 너무 배가 고플 때 다른 사람의 라면, 쌀 등을 절취하였습니다. 그렇게 절취한 세월이 쌓여 이 사람은 상습으로 절도를 한 자가 되었습니다.

그 사람은 나이가 들어 백발이 성성해졌고, 한쪽 눈이 보이지 않게 되었습니다. 가난한 자와 결혼한, 그리고 범죄자가 된 남편을 만난 죄 많은 병든 아내를 생각하면 가만히 있을 수 없었습니다. 그 사람은 한쪽 눈으로 의지하면서 설거지를 하였고, 주유소 일을 하였습니다. 아침 이른 시간부터 밤 늦게까지 일해야 겨우 120만원을 손에 쥘 수 있었고, 월세를 내고 아내 치료비로 쓰고 나면 손에 남는 것은 없었습니다.

그러던 어느 날 그 사람은 남은 다른 한쪽 눈마저 잘 보이지 않아 병원을 찾았습니다. 병원에서는 말했지요. "수술을 해야 합니다. 다른 한쪽 눈마저 보이지 않을 수 있습니다." 수술비는 기껏해야 몇 십만원이라고 했습니다.

그러나 그 사람은 돈이 없었습니다. 몇 십만원의 여유자금을 만들기 위해서는 몇 달의 노동이 필요했습니다.

그렇게 고민하던 그 사람은 우연히 마트에 갔다가 카트에 담배를 담고 있던 자신을 발견하였습니다. 그 담배를 어떻게 가져갈 것인지는 생각하지 못하였습니다. 경보음이 울릴 것이라는 것을 알았습니다. 그렇지만 그 사람은 그만큼 절박했습니다.

배심원 여러분, 그 자가 바로 피고인입니다. 피고인이 경제적으로 급박하지 않았다고 말할 수 있습니까. 상습성에 대하여 현명한 판단을 부탁드립니다.

<두 번째로 절도의 기수 여부에 대하여 말씀드리겠습니다.>

이미 여러 차례 말씀드렸듯이, 절도죄는 타인의 소지를 침해하여 재물이 자기의 소지로 이동할 때 기수가 된다고 합니다.

만약, 피고인이 가방을 들고 마트에 가서 담배 몇 보루를 가방에 담았다면 그러한 행위는 담는 순간 절도죄가 완성되었다고 볼 수도 있습니다.

그러나 이 사안에서 피고인은 13보루나 되는 많은 양의 담배를 카트에 싣고 나오다 경보음 소리에 더 이상 가져가지 못했을 뿐입니다.

이 담배 13보루가 과연 피고인의 소지 아래로 이동하였다고 볼 수 있습니까. 최소한 마트 밖으로 나왔어야 피고인의 소지 아래로 이동하였다고 볼 수 있지 않겠습니까.

이러한 부분에 대하여 배심원 여러분의 현명한 판단을 부탁드립니다.

<마지막으로 양형과 관련된 말씀을 드리고 마치겠습니다.>

저는 얼마 전 '레미제라블'이라는 영화를 보았습니다. 영화를 보지 않았던 분들도 아마 '장발장'이야기라 하시면 아시는 분이 많으시겠지요.

장발장은 빵 한 조각을 훔친 죄로 19년의 감옥살이를 하였습니다. 장발장은 세상에 대한 원망과 삶에 대한 절망, 분노를 가진 채 출소하였지요. 전과자였던 장발장은 굶주린 상태로 어느 성당 앞에 쓰러지게 됩니다. 그 때 그 성당의 미리엘이라는 신부님은 장발장에게 음식을 나누어 주고 잘 곳을 제공하여 줍니다.

세상에 대한 원망으로 가득차 있던 장발장은 자신을 구해준 신부님을 배신하고 은식기를 훔쳐서 달아나지요. 달아나다 경찰관에게 잡혀온 장발장은 "신부님이 은촛대를 주었다."고 거짓말을 합니다.

경찰관은 장발장을 데리고 신부님에게 가 물어봅니다. 그러자 신부님이 말하죠, "그는 도둑이 아니며 은식기들은 내가 줬다"고 증언하며 은촛대까지 그의 손에 쥐어줍니다.

그 일을 계기로 장발장은 분노와 원망을 내려놓고, 가난한 자를 위해서 한 평생을 살게 됩니다.

배심원 여러분, 부디, 피고인에게 미리엘 신부가 되어 주시기 바랍니다.

이상입니다.

아. 평의, 평결, 선고

당일 바로 선고가 이루어졌다. 상습성은 부인되었다. 다만 절도 기수는 그대로 인정되었다. 결과적으로 일반 절도죄가 인정되어 피고인은 징역 3년형에 처해졌다.

4. 위 국민참여재판에 대한 변호인의 고찰

이 사건은 전형적인 양형을 위한 국민참여재판 사례이다. 사실관계를 다투는 것이 아니라 양형상 유리한 법조문 적용을 받기 위한 재판이었다. 법관에 의할 경우 관행상 검찰과 달리 판단받기 어려우므로 국민의 상식에 호소한 것이다. 그런 점에서 국민참여재판의 도입 취지와도 잘 맞아떨어지는 사례였다. 재판 과정에서 상습성을 부인하기 위해 비법관이 참여한 재판인 국민참여재판을 선택한 변호인의 판단은 옳았다. 또한 배심원단을 선정할 때 온정에 호소할 수 있는 배심원을 선택하기 위해 노력한 점도 좋은 결과에 기여했다.

다만 이 사건은 검사 상소로 서울고등지방법원에서 2심 재판이 진행되었는데 항소심에서는 상습절도가 인정되어 1심 재판의 결과가 파기되었다. 국민참여로 이루어진 재판의 결과가 2심에 이르러 변경된 점에 대해서는 매우 유감스러운 점이다.

별지 1

배심원 후보자 번호
23

※ 귀하는 다음 질문에 대하여 답변을 기재하거나 해당 사유에 √ 표시를 하여 주시기 바랍니다.

예] 성별은 어떻게 되십니까? ☑ 남 ☐ 여

1. 직업 서비스업

2. 최종학력 ☐ 무학 ☐ 초등학교 ☐ 중학교 ☑ 고등학교 ☐ 대학교 ☐ 대학원 이상

3. 가족관계(동거하는 경우에만 기재)

☑ 배우자 연령 46 직업 미용사

☐ 자녀

① 연령 16 성별 남 직업 중학생

② 연령 13 성별 남 직업 초등학생

☐ 부모

① 부 연령 ______ 성별 ____ 직업 _______

② 모 연령 ______ 성별 ____ 직업 _______

☐ 기타

① 연령 ______ 성별 ____ 직업 _______

② 연령 ______ 성별 ____ 직업 _______

4. 귀하나 귀하의 가족, 가까운 친구 중에 경찰관이나 소방관 등 법집행 공무원으로 근무하는 사람이 있습니까?

☐ 예 ☑ 아니오

5. 귀하나 귀하의 가족, 가까운 친구 중에서 범죄 피해를 당한 사람이 있습니까? ☐ 예 ☑ 아니오

6. (5의 답변이 예인 경우), 아래 질문에 답변을 해 주십시오.

① 누가, 언제, 어떤 범죄 피해를 당하였습니까? ____________________

② 경찰에 신고를 하였습니까? ☐ 예 ☐ 아니오

③ 범죄자가 붙잡혔습니까? ☐ 예 ☐ 아니오

④ 귀하나 가족, 친구들이 이 일로 인하여 경찰, 검찰이나 법원에 가서 피해를 진술한 일이 있습니까? ____

____

7. 귀하나 귀하의 가족, 가까운 친구 중에서 범죄를 저질러 재판을 받았거나 유죄판결을 받은 사람이 있습니까?

☐ 예 ☑ 아니오

8. (7번 답변이 예인 경우) 누가, 언제, 어디서, 어떤 범죄를 저질러 어떤 내용의 재판을 받았는지 말씀해 주십시오.

____

배심원 후보자 평가표(2008고합 253)

12	11 112	10 16(X).	9 68(X)	8 21	7 43
	X	O o X	O XX X o	o X o o X X.	o
6 103(X).	5 40	4 110	3 84	2 79	1
O X X					

-반드시 배제할 배심원 : 배심원후보자 번호 15, 16, 74, 77, 86번

-반드시 선정할 배심원 : 배심원후보자 번호

-보류할 배심원 : 배심원후보자 번호 58, 65번

별지 2

배심원후보자질문사항(사건번호 :   )

1. 형사소송 상 원칙에 대하여 두 가지 대립되는 견해가 있습니다. 즉 10명의 범죄자를 풀어주더라도 1사람의 억울한 사람을 처벌해서는 안된다는 것과 반대로 1명의 억울한 사람이 처벌되더라도 10명의 범죄자는 처벌하여야 한다는 것입니다. 어느 쪽이 우리 사회에 바람직한 원칙이라고 생각하십니까.
   -전자 : 우호, -후자 : 비우호

2. 성인인 남녀가 서로 합의하여 일시적 성관계를 갖는 것에 대하여 어떻게 생각하십니까.
   -긍정적인 답변 : 우호, -부정적인 답변 : 비우호
   [부정적인 답변에 대한 추가질문] 성인인 남녀가 성관계를 갖는 것을 법으로 금지할 필요가 있다고 보십니까.
   -금지해야 한다는 답변 : 매우 비우호

3. 친구나 동료 중 누군가가 술에 너무 취하여 주변 사람들과 싸우는 것을 말려본 경험이 있으십니까.
   -긍정 : 우호, -부정 : 비우호
   [긍정답변에 대한 추가질문] 술에 취한 사람의 경우 예상하지 못한 돌발행동을 하는 경우가 많던가요.
   -긍정 : 우호, -부정 : 비우호

4. 술에 취하고 흥분한 사람의 경우 주변사람들이 보기에 이해하기 어려운 행동을 하는 경우가 있고, 집에 가려다가 다시 술을 마시는 등 일관된 행동을 보이기 어렵다고 생각하십니까.
   -긍정 : 우호, -부정 ; 비우호

5. 교통사고를 겪거나 술집등에서 다른 사람과 시비가 발생하여 실랑이를 해 본 경험이 있으신가요.
   [교통사고를 겪은 사람] -당시 후보자께서는 가해자였나요 피해자였나요.
   -가해자 : 우호, -피해자 : 비우호
   [실랑이를 해 본 경험이 있는 사람] -당시 경찰이 출동하였나요. 출동한 경찰의 태도는 어떠하였나요.
   -부당한 취급을 받았다는 취지의 답변 : 우호, -자신의 주장을 경찰이 경청하였다는 취지의

답변 : 비우호

6. 어떤 사고나 사건이 발생하였을 경우 경찰이 수사를 진행하면서 먼저 신고를 한 사람의 말을 우선적으로 믿는다고 보시나요.
 [긍정답변] -그런 경찰의 태도는 바람직하다고 보시나요.
 -긍정 : 비우호, -부정 : 우호
 [부정답변] -비우호

7. 친척이나 친구 등 가까운 사람이 경찰에 범죄혐의를 추궁받은 일이 있으십니까.
 -긍정 : 우호, -부정 : 비우호

8. 보통 경찰서에 한번도 가본 일이 없는 사람이 체포되어 경찰서에서 수사를 받을 경우 안정된 마음을 유지할 수 있다고 생각하십니까.
 -긍정 : 비우호, -부정 : 우호

9. 누군가 어떤 범죄혐의를 받고 구속이 되었다는 뉴스가 자주 보도되고 있습니다. 어떤 사람이 구속된 것을 보면 그 사람은 무슨 죄든 지었을 것이라고 생각하십니까.
 -긍정 : 비우호, -부정 : 우호
 [긍정답변에 대한 추가질문] 구속된 사람에게도 무죄추정의 원칙은 적용되어야 한다고 보시나요.
 -긍정 : 우호, -부정 : 비우호(특히 이유부부인대상)

10. 최근 범죄뉴스를 보고 외출을 단념하거나 다른 사람과의 술자리를 줄이고 일찍 귀가하거나 현관의 열쇠를 새로 설치하는 등 생활에 변화가 있습니까.
 -긍정 : 비우호, -부정 : 우호.

별지 3

국민참여재판

2015고합00

2015. 3. 2.

변호인 조00

별지 4 변호인의 모두진술 PPT 예시

검사의 공소사실

1. 살인 미수

피해자의 목 부분을 찔러 살해하려다 미수에 그침

피고인의 주장

과잉정당방위 내지 폭처법상 상해

피해자가 병을 깨어서 공격하기에 방어하기 위하여 칼로 대응 중 불가피하게 상해

→ 살인의 고의 부정

기타 정상참작 사유

- 피해자의 부재 (피해규명의 어려움)
- 피해자의 처벌불원
- 기초수급대상자/ 5급 장애인
- 봉사활동 경력
- 직장사장의 선처
- 우울증/ 깊이 반성함

입증계획

- 박oo 증인신문
- 김oo(검찰 증인) 반대신문
- 요리용 칼에 의한 과실 증명
- 지형 사진

모두절차와 입증계획 끝.
감사합니다.

참고문헌

가. 단행본

- 권영성, “헌법학원론”, 법문사, 2009.
- 김상준, “미국배심재판제도의 연구”, 이화여자대학교출판부, 2003.
- 닐 비드마르 엮음, 김상준 · 김형두 · 이동근 · 이효진 옮김, “세계의 배심제도”, 나남, 2007.
- 대검찰청, “각국의 국민형사재판참여 제도 : 독일”, 대검찰청, 2005.
- 대검찰청, “각국의 국민형사재판참여 제도 : 미국”, 대검찰청, 2005.
- 대검찰청, “각국의 국민형사재판참여 제도 : 영국”, 대검찰청, 2005.
- 대검찰청, “각국의 국민형사재판참여 제도 : 일본”, 대검찰청, 2005.
- 대검찰청, “각국의 국민형사재판참여 제도 : 프랑스”, 대검찰청, 2005.
- 대법원, “사법참여기획단 제6차 회의자료집”, 대법원, 2009.
- 박광배 · 이수정, “국민참여재판 배심원 선정절차의 운용 및 개선방안”, 법정심리학회, 2009.
- 박미숙 · 이정민 · 황지태 · 김광준 · 추형관 · 임유석, “형사정책과 사법개혁에 관한 조사 · 연구 및 평가(Ⅱ)”, 한국형사정책연구원, 2008.
- 법원행정처, “국민의 형사재판 참여에 관한 법률 해설”, 법원행정처, 2007.
- 법원행정처, “국민참여재판성과분석(2008~2012)”, 법원행정처 사법지원실, 2013.
- 부산지방법원, “소말리아 해적 사건 국민참여재판 백서”, 세종문화사, 2012.
- 사법정책실, “사법참여연구반 제1차 회의 자료집”, 사법정책실, 2009.
- 사법제도개혁추진위원회 기획추진단, “국민의 사법참여제도 외국의 입법례”, 사법제도개혁추진위원회, 2005.
- 사법제도개혁추진위원회, “사법선진화를 위한 개혁 : 사법제도개혁추진위원회 백서 상”, 사법제도개혁추진위원회, 2006,
- 성영훈, “주석 독일법원조직법”, 법무부, 2001.
- 손한기, “중국민사소송법”, 연세법무대학원 중국법강의안, 2012.
- 안경환, 한인섭, “배심제와 시민의 사법참여”, 집문당, 2005.
- 안영문, “당신이 판사”, 산지니, 2008.
- 이재상, “신형사소송법”, 박영사, 2010,
- 정회철, “기본강의헌법”, 도서출판 여산, 2007.
- 제프리 T. 프레더릭, 이은로 옮김, “배심원 선정 : 배심단 구성의 이론과 실제”, 한울, 2008.

- 탁희성, 최수형, "형사정책과 사법제도에 관한 연구(V) : 국민참여재판제도의 평가와 정책화 방안", 한국형사정책연구원, 2011.
- 한상훈, "미국의 배심제도 : 형사배심을 중심으로", 미래한국재단, 2011.
- 후쿠다모리토시, 박덕영 옮김, "미국법과 법률영어", 박영사, 2010.

- Frederick, Jeffrey T. "Mastering voir dire and Jury selection : gaining an edge in questioning and selecting your jury". ABA General Practice, Solo & Small Firm Section. 2005.
- Starr, V. Hale & McCormick, Mark. "Jury selection". Aspen publishers. 2001.
- Vidmar, Neil & Hans, Valerie P. "American Juries : the verdict". Prometheus Books. 2007.

나. 논문

- 권순민, "일본 형사재판에서의 국민 참여에 관한 쟁점과 그 시사점", 「법학연구」 제26집 제4호, 원광대학교 법학연구소, 2010.
- 김용세, "일본 재판원제도의 구조와 특성", 「형사정책연구」 제16권 제2호 통권 제62호, 한국형사정책연구원, 2005.
- 김형국, "국민참여재판에서 배심원선정절차에 관한 실무적 접근방법", 2010 국선전담변호사 위크숍 자료집, 법원행정처, 2010.
- 김형국, "국민참여재판이 피고인에게 유리한 점에 대한 변호인의 고찰", 2009 국선전담변호사워크숍 자료집, 법원행정처, 2009.
- 박미숙, "국민참여재판의 시행 1년의 현황과 운용방향", 「국민의 사법참여」, 국민의 사법참여연구회, 경인문화사, 2010.
- 윤아용, "미연방 배심제에 관한 연구", 연세대학교 행정대학원 석사논문, 2004.
- 이은모, "공법 : 현행 국민참여재판제도의 내용과 문제점-일본의 재판원제도와의 비교를 중심으로", 「법학논총」 26권, 2009.
- 정별님, "국민참여재판의 시행평가와 개선방안에 관한 연구", 연세대학교 대학원 석사논문, 2012.
- 정웅석, "배심원 선정절차에 관한 연구", 「비교형사법연구」 제9권, 2007.
- 정진경, "『국민의 형사재판 참여에 관한 법률』에 따른 배심원재판의 유의점", 「국민의 사법참여」, 경인문화사, 2010.
- 정진수, "일본의 재판원 제도-그 성립경위와 주요내용", 「형사정책연구」 통권 제71-2호, 2007.

- 표성수, “배심원선정절차와 그 타당성에 관한 연구”「법학논총」 제21권 제2호, 2009.
- 한상훈, “사개추위의 국민의 형사재판참여에관한법률 성안시 쟁점과 결론”,「국민의 사법참여」, 국민의 사법참여연구회, 경인문화사, 2010.
- 한상훈, “『국민의 형사재판참여에 관한 법률』 상 배심원선정절차의 내용과 검토”,「형사정책」 제19권, 한국형사정책학회, 2007.
- 한상훈, “미국배심제에서 배심원선정절차”,「저스티스」 통권 94호, 2006. 10.
- 한상훈, “입법동향분석 : 국민의 형사재판참여제도 입법논의”,「법과 사회」 제30권, 법과사회이론학회, 2006.

찾아보기

저자약력

■ 김형국 변호사

고려대학교 졸업
사법시험 45기, 사법연수원 35기
2006. 국선전담변호사로 위촉, 서울서부지방법원 국선전담변호사
제11합의부, 제7단독, 항소2부 전담. 현재 형사6단독 전담
2008. 서울지역 첫 번째 국민참여재판 진행
2009. 외국인에 대한 첫 번째 국민참여재판 진행
2009. 대법원 국민참여재판연구회 회원
2013. 연세대학교 법무대학원 석사학위(LLM) 취득

››› 저술

「국민의 사법참여 공저」, 「국민참여재판이 피고인에게 유리한 점」,
「배심원선정절차 해설」, 「국민참여재판에서 배심원선정절차의 쟁점」
2016. 국선전담변호사로 11년째 근무. 형사사건 4,000건 국선변호인으로 진행

■ 정선희 변호사

숭실대학교 법학과 졸업
사법시험 50회, 사법연수원 40기
2011. 국선전담변호사로 위촉, 서울서부지방법원 국선전담변호사
제11합의부, 제1단독, 제5단독 전담. 현재 형사 제1단독 전담
국민참여재판 20건 이상 진행, 무죄 11건 이상

››› 저술

수사기록 열람 등사에 관하여-국민참여재판을 중심으로(법률신문 연구논단 기고), 국민의 형사재판참여에 관한 법률 제8조 제4항의 해석-재정합의사건과 관련하여(법률신문 연구논단 기고)
2016. 국선전담변호사로 6년째 근무, 1,000건 이상 국선변호인으로 진행

■ 조수진 변호사

경북대학교 졸업
고려대학교 일반대학원 행정법 석사 수료
사법시험 45기 사법연수원 35기
2006. 2.부터 새날법률사무소 변호사
2011. 2.부터 현재까지 서울서부지방법원 국선전담 변호사
형사재판 1,600건 진행
국민참여재판 다수
무죄 판결 다수

국민참여재판론

2016년 5월 20일 초판 인쇄
2016년 5월 25일 초판 발행

공저자 김형국 · 정선희 · 조수진
발행인 배 효 선

발행처 도서출판 法 文 社

주 소 10881 경기도 파주시 회동길 37-29
등 록 1957년 12월 12일/제2-76호(윤)
전 화 (031)955-6500~6 FAX (031)955-6525
E-mail (영업) bms@bobmunsa.co.kr
(편집) edit66@bobmunsa.co.kr
홈페이지 http://www.bobmunsa.co.kr

조 판 법 문 사 전 산 실

정가 29,000원 ISBN 978-89-18-09046-7